Meine Küche der
Gewürze

Genehmigte Sonderausgabe für
Verlagsgruppe Weltbild GmbH, Steinerne Furt, 86167 Augsburg
Copyright der Originalausgabe
© 2009 Verlag Zabert Sandmann, München

Grafische Gestaltung	Georg Feigl
Fotografie	Susie Eising, Martina Görlach
Foodstyling	Monika Schuster
Porträtfotos	Alexander Haselhoff (andere siehe Bildnachweis)
Coverfoto	Alexander Haselhoff (Styling: Petra Gerlich)
Rezeptbearbeitung	Monika Reiter, Gerlinde Reiter
Mitarbeit (Rezepte)	Patrick Raaß, K. Joe Gasser
Redaktion	Alexandra Schlinz, Martina Solter, Kathrin Ullerich
Texte und redaktionelle Mitarbeit	Katja Mutschelknaus
Herstellung	Karin Mayer, Peter Karg-Cordes
Lithografie	Christine Rühmer
Druck & Bindung	Mohn Media Mohndruck GmbH, Gütersloh

ISBN 978-3-8289-2750-6

2014   2013   2012
Die letzte Jahreszahl gibt die aktuelle Ausgabe an.

Einkaufen im Internet:
www.weltbild.de

ALFONS SCHUHBECK

Meine Küche der
Gewürze

Weltbild

Inhalt

Vorwort	6
Gewürze und Kräuter von A–Z	14
Kleine Schule der Gewürzeküche	134
Vorspeisen & Kleine Gerichte	148
Suppen & Eintöpfe	172
Pasta & Reis	198
Gemüse & Beilagen	222

Fisch & Meeresfrüchte	244
Fleisch	276
Geflügel & Wild	304
Desserts	324
Gebäck & Konfekt	348
Register	372

VORWORT

Aromen für Leib und Seele

Gewürze faszinieren mich, seitdem ich Koch geworden bin. Ihr Duft, ihre Würzigkeit, ihre Farben und Formen beleben meine Fantasie und wecken meine Freude am Experimentieren. Die Düfte des Orients, die Aromen Afrikas und die Würzkräuter Europas sind ein Fest für Augen und Gaumen. Sie beflügeln Körper und Seele, machen Speisen bekömmlicher und tragen zu unserer Gesundheit bei. Ohne Gewürze gäbe es keine gute Küche. Sie sind, im wahrsten Sinne des Wortes, Würze des Lebens.

Mit diesem Buch lade ich Sie ein, mit mir auf Reisen zu gehen. Begleiten Sie mich in bedeutende historische Epochen und ferne Erdteile, durch die Wüsten des Orients und über die Weltmeere – dorthin, wo die Geschichte der Gewürze ihren Anfang nimmt. Lernen Sie mit mir tropische Länder und Inseln kennen, exotische Gewürzplantagen und duftende Kräutergärten. Es ist eine Reise zu den Gewürzen dieser Welt, hinein in das Herzstück meiner Küche.

Seit Menschengedenken ist die Geschichte der Gewürze mit der Geschichte der Heilkunst verwoben. Unsere Vorfahren wussten, dass Kräuter und Gewürze eine Quelle des Wohlbefindens und der Gesundheit sind. In meiner bayerischen Heimat nutzen die Menschen seit Jahrtausenden das Salz der Alpen und die Kräuter der Bergwiesen, um ihre Speisen schmackhafter und nahrhafter zu machen. Damit sind sie nicht allein: In allen Kulturen und zu allen Zeiten haben sich die Menschen der Kraft heimischer Kräuter und Gewürze bedient, um ihren Speisen Pfiff zu verleihen und sie bekömmlicher zu machen.

Obwohl uns heute alle Gewürze dieser Welt zur Verfügung stehen, ist das Wissen, wie gesund sie sind und wie sich ihre wohltuenden Wirkungen am besten entfalten, teilweise in Vergessenheit geraten. Dem alten Erfahrungsschatz möchte ich zu neuem Glanz verhelfen. Ich möchte Ihnen zeigen, wie man durch das Kochen mit Kräutern und Gewürzen etwas zur eigenen Lebensfreude und Gesundheit beitragen kann.

VORWORT

Vor allem die ätherischen Öle in Kräuterblättern, Wurzeln, Gewürzkörnern und Samen stecken voller wertvoller Wirkstoffe. Kräuter und Gewürze sind ein Schatzkästchen der Gesundheit – und eine wunderbare kulinarische Spielwiese. Ich bin immer wieder aufs Neue begeistert davon, wie sich mit Gewürzen experimentieren lässt, wie vielfältig man sie kombinieren kann und welche verblüffenden Effekte sich einstellen, wenn man beim Würzen neue Wege einschlägt.

Wir erleben derzeit eine Renaissance der Gewürze, ähnlich wie vor 500 Jahren, als sich den Europäern durch die Entdeckung neuer Kontinente und Seewege ungeahnte Geschmackswelten auftaten. Es ist eine der angenehmen Seiten der globalisierten Wirtschaft, dass sie uns Gewürze aus aller Welt bis vor die Haustür bringt, auf die Märkte und in die Feinkostläden und Supermärkte. Im Mittelalter glaubten die Menschen, das Paradies müsse dort zu finden sein, wo die Gewürze wachsen. Die Fürsten und feinen Herrschaften trugen damals Zimtstangen, Gewürznelken und Muskatnüsse wie Trophäen in Seidenbeuteln bei sich, um sich dem Paradies nahe zu fühlen. Gewürze waren damals kostbar wie Gold. Der unschätzbare Vorteil, den wir gegenüber unseren Vorfahren haben, ist, dass wir die Gewürze nicht mehr mit Gold aufwiegen müssen: Sie sind für jeden erschwinglich geworden.

Lassen Sie sich von der sinnlichen Qualität der Aromen inspirieren. Wenn Ihre Familie oder Ihre Gäste ein wenig rätseln: »Was ist denn da drin? Ich komme einfach nicht dahinter« und wenn Sie und Ihre Gäste gleichzeitig das Gefühl haben: »So und nicht anders muss dieses Gericht schmecken«, dann haben Sie das Geheimnis der Gewürze entdeckt: dass sie das i-Tüpferl einer Küche sind, die Leib und Seele guttut.

Ihr Alfons Schuhbeck

VORWORT

Meine Philosophie der Kräuter und

Kaum etwas ist so eng mit der Kulturgeschichte der Menschheit verknüpft wie die Geschichte der Kräuter und Gewürze. Ihretwegen wurden Kontinente entdeckt, Länder erobert und neue Kulturtechniken für Gartenbau, Medizin und Kochkunst entwickelt. Auch ich bin von Gewürzen und Kräutern begeistert, weil sie zwei Talente besitzen, die für jeden Koch unwiderstehlich sind. Da ist zum einen ihre Sinnlichkeit: Es ist nahezu unmöglich, nicht kreativ zu werden, wenn man mit Gewürzen und Kräutern in Berührung kommt, mit ihrem Duft, ihrer Optik, ihrer reizvollen Sensorik. Sie in die Hand zu nehmen, daran zu riechen, sie zu reiben, zu mahlen und zu rösten ist ein Vergnügen und macht bereits beim Kochen Lust aufs Essen. Zum anderen interessiert mich ihr gesundheitlicher Aspekt: Gewürze sind tatsächlich mehr als schmackhafte Zutaten – sie sind ein Gesundbrunnen. Diese Erkenntnis ist nicht neu. Unter unseren Vorfahren gab es viele kluge Köpfe, die bereits vor Tausenden von Jahren wussten, dass Kräuter und Gewürze zu unserer Gesundheit beitragen. Einer von ihnen war der griechische Gelehrte Hippokrates (460–370 v. Chr.). Er gilt als der Begründer der wissenschaftlichen Heilkunde und hat uns den berühmten Satz überliefert: »Lebensmittel seien Arznei und Arznei sei Lebensmittel«.

Dieser Satz gefällt mir. Er hat meine Art zu kochen wesentlich geprägt. Ich habe mich in den letzten Jahren mit der Wirkungsweise von Kräutern und Gewürzen beschäftigt, habe Bücher und Studien gelesen und immer wieder mit Fachleuten gesprochen. Je tiefer ich in die Erkenntnisse der Kräuter- und Gewürzforschung eingedrungen bin, desto mehr hat mich dieses Gebiet überzeugt. Und so habe ich mir im Laufe der Jahre einen Fundus an Wissen aufgebaut, den ich gern mit Ihnen teilen möchte. Das geht möglicherweise am besten, indem ich Ihnen die Fragen beantworte, die mir am häufigsten gestellt werden:

»Neben Ingwer und Chili ist Knoblauch eines der wichtigsten Gewürze in Ihrer Küche. Warum?«

Knoblauch ist ein schönes Beispiel dafür, dass Gewürze früher vor allem als Medizin galten. Er zählt zu den ältesten Gewürzen der Welt und war schon Jahrtausende vor unserer Zeitrechnung als Heilmittel bekannt: Die Arbeiter im alten Ägypten bekamen beim Bau der Pyramiden im 3. Jahrtausend v. Chr. Unmengen von Knoblauch zu essen. Damit wollte die Obrigkeit verhindern, dass sich unter den vielen Arbeitern, die am Bau beteiligt waren, Infektionen ausbreiteten. Für die schwere Arbeit in der Wüstenhitze sollten die Männer fit gemacht werden. Das heißt: Man wusste damals, dass Knoblauch das Immunsystem stärkt. Es ist für

GEWÜRZE

uns heute ein Rätsel, wie man das zu jener Zeit herausfinden konnte, ohne die Verfahren der modernen biochemischen, pharmazeutischen und medizinischen Forschung zur Verfügung zu haben. Das beeindruckt mich umso mehr, als man heute, 5000 Jahre später, die antibakterielle Wirkung von Knoblauch mit naturwissenschaftlichen Methoden tatsächlich nachweisen kann. Insofern ist der Knoblauch ein prominentes Beispiel für den Erfahrungsschatz, den unsere Vorfahren bereits hatten und der von uns gerade wieder neu entdeckt wird.

Aber Knoblauch ist nicht das einzige Beispiel für das erstaunliche pflanzenkundliche Wissen unserer Vorfahren. In der Antike haben die Menschen getrocknete Kräuter und Gewürze als Räucherwerk benutzt, um Räume zu desinfizieren. Sie zündeten Büschel von getrocknetem Thymian oder Salbei an oder brachten Zimtrinde und Gewürznelken zum Glimmen. Sie versuchten, mit dem wohlriechenden Rauch die Luft von Bakterien frei zu halten. Heute haben Laboruntersuchungen ergeben, dass das ätherische Öl von Salbei, Thymian, Zimt und Gewürznelken antibakterielle und desinfizierende Substanzen enthält.

»Woher weiß man, dass Gewürze in der Antike als Heilmittel genutzt wurden?«

Die frühesten Schriften, die über Kräuter und Gewürze verfasst wurden, waren pharmazeutischer Natur. Berühmt ist zum Beispiel der »Papyrus Ebers«, eine 18 Meter lange ägyptische Papyrusrolle aus der Zeit um 1500 v. Chr. Er enthält Rezepte für therapeutische Anwendungen mit Knoblauch, Kümmel, Wacholder und Zimt. Wie die Ägypter der Antike haben sich alle großen vorchristlichen Kulturen die Kräfte der Natur zunutze gemacht, um gesund zu bleiben. Sie hielten ihr Kräuter- und Gewürzwissen in Keilschrift auf Tontafeln fest oder in Hieroglyphen auf Papyrusrollen. Viele dieser Schriften blieben Gott sei Dank erhalten und dienten

späteren Gelehrten als Quelle. Der griechische Arzt Dioskurides, der im 1. Jahrhundert lebte, und auch der römische Naturforscher Plinius der Ältere schrieben bedeutende Standardwerke über die Wirkung von Gewürzpflanzen und Kräutern. Die Klostermedizin des Mittelalters entwickelte ihre Heilkunde unter anderem auf der Grundlage dieser Werke.

»Wer prüft die Wirksamkeit von Kräutern und Gewürzen?«

Was man früher Klostermedizin nannte, wird heute als Phytotherapie bezeichnet: Damit ist eine Heilkunde gemeint, die zur Vorbeugung und Linderung von Beschwerden auf die Kraft der Pflanzen vertraut. Dazu zählen nicht nur Kräuter und Gewürze, sondern auch pflanzliche Lebensmittel wie Obst, Gemüse und Getreide.

VORWORT

Ihre Wirksamkeit wird unter Laborbedingungen erforscht; sie muss den Prüfungskriterien der Naturwissenschaft standhalten. In der Weltgesundheitsorganisation (WHO), aber auch im Bundesgesundheitsministerium und in Kommissionen der EU sitzen Gremien, die diese Forschungsergebnisse bewerten. Sie geben offizielle Empfehlungen aus, wenn die Wirksamkeit einer pflanzlichen Substanz nachgewiesen worden ist. Für beinahe alle uns bekannten Kräuter und Gewürze konnte unter diesen strengen Bedingungen bestätigt werden, dass sie Substanzen enthalten, die gesundheitsfördernde Eigenschaften besitzen. Damit ist das auf Tradition und Erfahrung beruhende Wissen unserer Vorfahren in der modernen Wissenschaft angekommen.

»Welche Inhaltsstoffe in Kräutern und Gewürzen gelten als besonders gesundheitsfördernd?«

Die genetische Forschung hat mittlerweile mehr als 200 000 sekundäre Pflanzenstoffe identifiziert. Und weil die Forschungsarbeiten weltweit auf Hochtouren laufen, kommen ständig neue Erkenntnisse hinzu. Der Wissensstand ändert sich derart rasant, dass mitunter wöchentlich neue Entdeckungen publik werden, die Aufschlüsse darüber geben, auf welche Weise Pflanzenstoffe den menschlichen Organismus positiv beeinflussen. Zu den sekundären Pflanzenstoffen zählen unter anderem ätherische Öle, Farbstoffe wie Flavonoide und Karotinoide, Bitter- und Gerbstoffe, Schleimstoffe und Fettsäuren, Mineralstoffe und Spurenelemente sowie Enzyme und Vitamine. Alle diese Substanzen sind auch für den menschlichen Organismus lebensnotwendig. Viele davon, zum Beispiel Vitamine, kann er nicht selbst bilden. Er muss sie sich regelmäßig über die Nahrung zuführen, damit sein Immunsystem funktionsfähig bleibt.

»Müsste man nicht Unmengen von Gewürzen zu sich nehmen, um von ihrer gesundheitlichen Wirkung zu profitieren?«

Wenn man pflanzliche Lebensmittel wie Kräuter und Gewürze regelmäßig in die Alltagsküche integriert und das Angebot an Gewürzen als Inspiration für den täglichen Speisezettel begreift, trägt man zu einer ausgewogenen, nährstoff- und abwechslungsreichen Ernährung bei, die dem Körper gibt, was er zur Stabilisierung braucht. Dazu reichen die vergleichsweise geringen Mengen, die man zum Würzen verwendet, vollkommen aus. Wichtig ist die Regelmäßigkeit – und dass man bei der Vielfalt der Gewürze aus dem Vollen schöpft. Das ist ja auch geschmacklich ein Gewinn. Stellen Sie sich vor, wir würden unser Essen nur mit Salz und Pfeffer würzen: Das wäre ganz schön fad.

VORWORT

»Warum geben Sie keine konkreten Empfehlungen aus, wie viel man von bestimmten Gewürzen zu sich nehmen sollte?«

Ich bin Koch, kein Apotheker oder Arzt. Wenn ich Rezepturen empfehlen würde, zum Beispiel in der Art: »1 TL getrockneten Thymian mit heißem Wasser aufgießen, 10 Minuten ziehen lassen – hilft gegen Husten«, dann würde ich im Revier der Mediziner wildern. Das ist nicht meine Absicht. Wer von mir medizinische Ratschläge oder konkrete Dosierungsanleitungen erhalten möchte, den muss ich enttäuschen. Als Koch und Genussmensch geht es mir um etwas anderes. Nämlich darum, durch den sensiblen Umgang mit Gewürzen ihr geschmackliches Potenzial und ihre wertvollen gesundheitlichen Eigenschaften voll auszuschöpfen.

»Wirken Gewürze und Kräuter immer gleich?«

Jedes Kraut, jedes Gewürz besteht aus einer für den Laien schier unüberschaubaren Verflechtung von Einzelsubstanzen und chemischen Verbindungen. Ihr Zusammenspiel ist kompliziert. Herkunft, Boden und Witterungsverhältnisse entscheiden darüber, wie stark sich einzelne Substanzen in den Pflanzen ausbilden. Vor allem die Konzentration der ätherischen Öle hängt davon ab. Hinzu kommt, dass Kräuter und Gewürze auf Verarbeitungsmethoden (zum Beispiel Erhitzen, Einfrieren, Trocknen, Wässern, Schneiden oder Mahlen) ganz unterschiedlich reagieren. Das erklärt auch, warum Gewürze niemals auf die genau gleiche Weise wirken, selbst wenn sie aus einer botanischen Familie stammen, wie beispielsweise die Lippenblütler Salbei, Thymian, Bohnenkraut, Basilikum, Oregano, Majoran oder Rosmarin. Jedes Gewürz hat individuelle Eigenschaften. Wenn man Gewürze miteinander kombiniert, kann das ihre Wirkungsweise sogar beeinflussen – nicht selten sogar so, dass sich die Wirkungen gegenseitig verstärken: Knoblauch und Ingwer sind dafür geradezu ein Paradebeispiel.

»Was ist dran an der Behauptung, dass Gewürze umso wirksamer seien, je frischer sie sind?«

Es ist ein weitverbreitetes Missverständnis, dass in der guten Küche das Getrocknete weniger wertvoll sei als das Frische. Jeder luftgetrocknete Schinken, jede Rosine, jeder norwegische Stockfisch liefert dafür den Gegenbeweis. Auch bei den Gewürzen stimmt das so nicht. Einige ihrer berühmtesten Vertreter nehmen erst dann richtig Geschmack an, wenn man sie trocknet. Frisch vom Baum oder Strauch gepflückt, haben zum Beispiel Vanilleschoten, Pfefferkörner, Muskatnüsse, Gewürznelken und noch einige andere Gewürze ein derart nichtssagendes Aroma, dass wir uns beim Probieren nur wundern würden, weshalb man früher so verrückt nach ihnen war und ihretwegen Kriege führte. Diese Gewürze geben ihr Geheim-

VORWORT

nis erst preis, wenn man sie schrumpelig und welk werden lässt. Während des Trocknens setzt die Fermentation ein, ein Reifeprozess, der all die Stoffe, die unsere Geschmacksknospen zum Tanzen bringen, zum Leben erweckt. Die sekundären Pflanzenstoffe verändern sich und bilden neue Wirkstoffe aus. Man darf sich diesen Prozess ähnlich vorstellen wie das Rösten von Kaffeebohnen. Ungeröstet schmecken die Bohnen nach nichts, nur über dem Röstfeuer verwandeln sie sich in eine Substanz mit Hunderten von Geschmacksnuancen. Ähnliches passiert, wenn Chilischoten an der Sonne trocknen. Erst dann bilden sie ihr Bouquet an Aromen aus, von fruchtig bis angenehm rauchig. Oder denken Sie an getrocknete Tomaten – hier haben wir ein vergleichbares Phänomen. Durch das Trocknen verdichten sich die Geschmacksstoffe. Oder nehmen wir den Thymian, eines der Kräuter, die beim Trocknen ihr Aroma verändern. Seine Würzigkeit gewinnt dadurch an Tiefe, wirkt noch markanter. Oder das Waldmeisterkraut: Nur wenn seine Blätter welken, entfalten sie ihren unvergleichlichen Duft. Andere Kräuter wiederum verlieren beim Trocknen ihre charmante Würze, man denke an die Petersilie oder ans Basilikum. Die meisten Würzkräuter aber haben – kulinarisch betrachtet – mindestens zwei Gesichter: Ihre knackig-frische Seite hat ebenso ihren Reiz wie ihre gereifte, trockene. Frischer Lorbeer schmeckt nicht besser als getrockneter, nur anders. Auch bei Rosmarin und Oregano, bei Ingwer, Galgant und den Minzesorten ist das der Fall.

»Woher wissen Sie, welche Gewürze sich für Mischungen eignen könnten? Wie gehen Sie beim Kombinieren vor?«

Ich stelle mir Gewürze gern wie Menschen vor. Sie sind Persönlichkeiten mit unterschiedlichen Talenten, echte Charaktertypen: Da gibt es die Frechen, Vorlauten, die überaus präsent sind, andere leicht in den Schatten stellen und besser zum Einzelgänger taugen. Das sind die Häuptlinge, um die herum man eine Speise komponieren muss: Chili, Dill, Kardamom und Kreuzkümmel spielen zum Beispiel in dieser Liga. Dann gibt es die Teamplayer, die sich unterordnen, in einem Konzert von Gewürzen ihren Part übernehmen und zu dem harmonischen Gesamteindruck eines gelungenen Gerichts beitragen. Ihre Stärke besteht darin, den charismatischen Gewürzen ein wenig die Spitze zu nehmen: Kurkuma, Koriander oder Petersilie haben diese Eigenschaften. Aber auch der schwarze Pfeffer bringt dieses Kunststück zustande oder der Ingwer, der zum Beispiel den Knoblauch bändigt wie kein anderes Gewürz. Schließlich sind da noch die Zurückhaltenden, die von stärkeren, selbstbewussteren Gewürzen an die Hand genommen werden möchten. Sie brauchen eine Trägersubstanz, eine Art Räuberleiter, die ihre Persönlichkeit emporhebt: Beifuß, Bockshornklee und Curryblätter zählen zu dieser Kategorie; die Kurkuma ließe sich hier ebenfalls einordnen.

»Wann ist der richtige Zeitpunkt zum Würzen?«

Das Timing ist wichtig. Und ein Gefühl für die richtige Temperatur. Gewürze wollen, wie Menschen auch, sensibel behandelt werden. Man muss sie so handhaben, dass sie ihre Aromen zum richtigen Zeitpunkt an ein Gericht abgeben – die Pointe kommt immer zum Schluss. Gemüse, das zu lange kocht, verliert Vitamine. Bei den Gewürzen ist es nicht anders, ihre ätherischen Öle verflüchtigen sich, wertvolle Inhaltsstoffe gehen verloren. Manche Gewürze werden bei zu langem und starkem Erwärmen sogar bitter. Die ätherischen Öle sind überhaupt eine heikle Angelegenheit. Sie sind das kostbarste Gut der Gewürze, sozusagen die Schatzkiste, die

die Aromen birgt. Wenn man sie offen herumstehen lässt, kommt garantiert jemand und raubt sie aus. Der Dieb des Gewürzaromas heißt Sauerstoff. Deshalb zerstoße ich viele Gewürze erst kurz vor ihrer Verwendung im Mörser oder mahle sie in einer Gewürzmühle. Oder ich reibe in allerletzter Minute eine Prise an ein fertiges Gericht. Frische Kräuter hacke ich ebenfalls erst kurz vor Gebrauch.

Gewürze, die ihr Aroma peu à peu entfalten, wie Lorbeer, Piment und Pfefferkörner in einer Wildsauce oder Kümmel und Wacholder im Sauerkraut oder getrockneter Rosmarin und Oregano in einem Ragout für Pasta, gebe ich eine halbe bis Viertelstunde vor Ende der Garzeit an ein Gericht und lasse sie unter dem Siedepunkt ziehen. Auf diese Weise gehen ihre Aromen ein harmonisches Zusammenspiel ein, wirken in die Tiefe und Breite und ergeben einen ausgewogenen Geschmack. Ebenso verfahre ich mit Knoblauch, Ingwer, Zitronenschale oder frischen Kräutern wie Majoran, Thymian und Salbei: Es reicht völlig aus, sie ein paar Minuten vor Ende der Garzeit hinzuzufügen und vor dem Servieren eventuell wieder zu entfernen. Einen Teeaufguss mit Kräutern lässt man auch nicht länger als 10, 15 Minuten ziehen. In dieser Zeit geben die Kräuter ihren Geschmack und ihre wertvollen, gesundheitsfördernden Substanzen an die Flüssigkeit ab.

Gewürze und Kräuter von A–Z

ANIS

Ohne den Anis wären die Küchen Europas um einige Spezialitäten ärmer. Von den tropfenförmigen Früchten der Anispflanze geht ein mildsüßliches Aroma aus, in das sich holzige und pfeffrige Noten mischen. Hierzulande trägt es dazu bei, traditionellen Köstlichkeiten wie Aachener Printen oder Nürnberger Lebkuchen ihren unverwechselbaren Geschmack zu verleihen. Auch in der mediterranen Küche spielt Anis eine Rolle. Dem griechischen Nationalgetränk Ouzo, dem türkischen Raki und dem französischen Pernod gibt er die typische Note.

HERKUNFT UND GESCHICHTE

Die Anispflanze gehört zur Familie der Doldenblütler und ist mit Fenchel, Dill und Kümmel verwandt. Ihre Früchte, gemeinhin Samen genannt, enthalten ein ätherisches Öl, dessen Aromastoffe sich in langen, heißen Sommern am besten ausbilden. Der östliche Mittelmeerraum ist die ursprüngliche Heimat des Anis. Heute wird er überwiegend in Süd- und Südosteuropa, Nordafrika, Asien sowie Mittel- und Nordamerika kultiviert. Schon im alten Ägypten und mehr noch im antiken Griechenland und Rom schätzte man den Anis als Heilpflanze und Küchengewürz. Erstmals erwähnt wird er im »Papyrus Ebers«, der ältesten Rezepturensammlung der ägyptischen Arzneikunde, die um 1500 v. Chr. entstand. Später, in der griechischen Antike, war es gang und gäbe, das tägliche Brot mit Anis zu würzen. Es soll dem Philosophen Pythagoras (etwa 570–510 v. Chr.) so gut geschmeckt haben, dass er es in den Rang einer Delikatesse erhob. Die Römer würzten mit Anis ihre Fleischspeisen, Küchlein und Dessertweine. Durch die römischen Truppen wurde der Anis auch nördlich der Alpen bekannt; im frühen Mittelalter war er in fast ganz Europa gebräuchlich. Wegen ihrer Heilwirkung ließ Karl der Große (748–814) Anispflanzen in allen Klostergärten seines Reichs kultivieren.

QUALITÄT UND INHALTSSTOFFE

Die zwei bis drei Millimeter großen Anisfrüchte werden getrocknet, im Ganzen oder gemahlen als Pulver angeboten. Sie enthalten zwei bis sechs Prozent ätherische Ölkomponenten: Estragol, Anisaldehyd, Terpineol und Anethol, das in dieser Gruppe mit 90 Prozent den größten Anteil hat. Der Volksmund gab Anis den Beinamen »süßer Kümmel«. Nicht ohne Grund: Kümmel enthält ähnliche Wirkstoffe, allerdings fehlt ihm das zartsüße Aroma, das den Anis so unverwechselbar macht. Um diesen Geschmack zu beschreiben, vergleicht man ihn oft mit dem Süßholz, der Lakritze. Wie andere Gewürze auch, sollte Anis lichtgeschützt und luftdicht verschlossen aufbewahrt werden, damit sich sein ätherisches Öl nicht verflüchtigt. Es ist daher besser, ihn in ganzen Samen und nicht als Pulver zu kaufen. Sein zartes Aroma verliert durch den Kontakt mit Luft schnell an Intensität.

VERWENDUNG IN DER KÜCHE

Die Süße des Anis ist fein und zurückhaltend. Daher setzt man ihn nicht nur in der Süßspeisenküche, sondern auch in der pikanten Küche ein. Alle Kulturen, die Anis verwenden, sei es in Europa, Indien, Asien oder Afrika, kennen Rezepte für Fisch-, Meeresfrüchte-, Fleisch- und Gemüsegerichte sowie für salziges und süßes Gebäck, in denen das Gewürz eine Rolle spielt. In der europäischen Küche des Mittelalters wurde Anis vor allem wegen seiner appetitanregenden Wirkung verwendet. Der Überlieferung nach nutzte man ihn auch, um Haustiere gesund zu erhalten: Man gab ihn in das Futter für Pferde, Haus- und Hofhunde, und sogar Mausefallen wurden mit ihm parfümiert, weil man glaubte, die Nager würden dem süßen Lockruf des Anis erliegen. In der

ALFONS SCHUHBECK

FÜR SÜSSES UND SALZIGES

Trotz seines intensiven Eigengeschmacks ist Anis vielfältig einsetzbar. Er ist sogar ein ausgesprochen interessantes Kombinationsgewürz, das sich gut in Gewürzmischungen macht. Unter anderem harmoniert Anis mit Estragon, Fenchel, Kardamom, Kümmel, Muskatnuss, Gewürznelken, Pfeffer, Piment, Sternanis und Zimt. Aber auch mit Honig, Schokolade, Mandeln und Orange verträgt er sich gut. Er eignet sich also bestens für süßes, aber auch für salziges Gebäck. Ich verwende Anis gern für meine orientalischen Gewürzmischungen sowie als raffinierte Würze für Fischsaucen. Aber Achtung: Anis sollte man immer vorsichtig dosieren, damit er andere Gewürze nicht dominiert!

Pimpinella anisum **ANIS**

feinen Küche verwendet man Anis zum Beizen von Lachs und dunklem Fleisch. Seefisch und Meeresfrüchten sowie Kalbfleisch verleiht er ebenfalls eine raffinierte Note. Obwohl er ein sehr charakteristisches Aroma hat, kann man mit Anis gut experimentieren, zum Beispiel auch bei Eierspeisen, Geflügelgerichten und Salatdressings. Die leicht erfrischende Note seines Aromas nimmt fetteren Speisen etwas von ihrer Schwere.

Gesundheitsfördernde Eigenschaften

Es ist verblüffend, welche umfangreichen Kenntnisse unsere Vorfahren über die wohltuende Wirkung des Anis hatten. In der »Leipziger Drogenkunde« aus dem 15. Jahrhundert heißt es beispielsweise, Anis lasse sich äußerlich wie innerlich anwenden, helfe gegen Blasen- und Magenleiden, lindere Entzündungen, fördere die Bildung von Muttermilch und rege die Verdauung an. Heute lassen sich diese Eigenschaften dank wissenschaftlicher Forschungen präziser beschreiben und erklären. Vor allem das im Anis enthaltene Anethol verfügt über entzündungshemmende, antibakterielle, antioxidative, schleimlösende und entkrampfende Eigenschaften. Außerdem wirkt Anis nachweislich magenberuhigend, da das enthaltene Anethol die Produktion verdauungsfördernder Enzyme unterstützt. Auf die Nierentätigkeit wirkt sich Anis ebenfalls günstig aus, was sich in einer leicht harntreibenden Wirkung bemerkbar macht.

Anissamen
Sie variieren farblich von Blassbraun bis Graugrün. Richtig gelagert, bleiben sie mindestens zwei Jahre aromatisch.

GEWÜRZE UND KRÄUTER VON A–Z

BÄRLAUCH

Viel ist gerätselt worden um den Namen dieses Wildkrauts: Bärlauch ist eine der frühesten Wildpflanzen im Jahreslauf. Unsere Vorfahren glaubten daher, er habe Bären nach ihrem Winterschlaf als Futter gedient und dank seiner Inhaltsstoffe den trägen Stoffwechsel der Tiere auf Trab gebracht. In der Volksmedizin galt Bärlauch bis ins 16. Jahrhundert hinein als eine der bedeutendsten Heilpflanzen. Danach fiel er in einen Dornröschenschlaf. Erst Anfang der 1970er-Jahre feierte er in unserer heimischen Küche ein glanzvolles Comeback.

HERKUNFT UND GESCHICHTE

Wie der Lauch, der Knoblauch, der Schnittlauch und die Zwiebel gehört der Bärlauch zur Familie der lilienähnlichen Zwiebelgewächse. Bärlauch wächst nur auf der nördlichen Erdhalbkugel; feuchte Auenlandschaften und schattige Buchen- und Mischwälder bereiten seinem Wildwuchs den idealen Boden. Seine Blätter, die wie die Spitze einer Lanze aussehen, verströmen einen durchdringenden Geruch, ähnlich wie Knoblauch. Dort, wo Bärlauch wächst, ist er nicht zu verfehlen. Es verwundert daher nicht, dass er bereits in frühen Kulturen als Würzpflanze bekannt war. Anhand von Ausgrabungen konnte man belegen, dass Bärlauch in den jungsteinzeitlichen Pfahlbausiedlungen des nördlichen Alpenraums gezielt genutzt wurde. Auch, weil Knoblauch damals noch unbekannt war. Die Römer der Antike schätzten den Bärlauch sehr. Und zwar nicht nur als Gewürz: Sie nannten ihn *herba salutaris* – Gesundheitskraut.

QUALITÄT UND INHALTSSTOFFE

Wie alle Laucharten ist Bärlauch reich an organischen Schwefelverbindungen, sogenannten Alliinen. Diese sind dafür verantwortlich, dass Lauchöle entstehen: essenzielle ätherische Öle mit starker Duft- und Heilwirkung. Darüber hinaus enthält Bärlauch Kalium, Mangan, Zink und Vitamin B6. Die Qualität, Intensität und Zusammensetzung dieser sekundären Pflanzenstoffe wandeln sich im Lauf der Reifezeit. Vor der Blüte, das heißt je nach Witterung von Mitte Februar bis etwa Ende Mai, finden sich diese Inhaltsstoffe in den Blättern in hoher Konzentration. Danach verändert sich ihre Zusammensetzung: Die Blätter vergilben, und die Inhaltsstoffe der Pflanze werden nun in stärkerem Maße für die Blütenbildung benötigt. Man pflückt sie daher am besten jung. Beim Sammeln sollte man Vorsicht walten lassen: Das ungeübte Auge könnte die Bärlauchblätter leicht mit den giftigen Blättern von Herbstzeitlosen und Maiglöckchen verwechseln. An einem lassen sie sich jedoch eindeutig erkennen: an ihrem Geruch.

VERWENDUNG IN DER KÜCHE

Die gesundheitsfördernden und geschmacklichen Qualitäten des Bärlauchs kommen am besten zur Geltung, wenn man ihn vor der Blüte erntet und anschließend so frisch wie möglich verwendet. Durch Wärme und zu lange Lagerung verflüchtigt sich sein ätherisches Öl rascher, als dies beim Knoblauch der Fall ist. Bärlauch harmoniert mit Wildkräutern, Blattsalaten, Spinat, Tomaten, Eiern, Champignons, Kartoffeln und Nudeln. Er passt zu Fisch, Geflügel, Kalbfleisch und Lamm, aber auch zu Ziegenkäse, Frischkäse, Quark und saurer Sahne sowie zu mildem Hartkäse. Man kann ihn zu Pesto verarbeiten, unter Kräuterquark und Kräuterbutter ziehen, fein gehackt in ein Salatdressing geben oder, in feine Streifen geschnitten, unter Kartoffelsalat oder Semmelknödelteig mischen. Übrigens enthalten 100 g Bärlauch etwa 300 mg Kalium. Man weiß heute, dass kaliumreiche Lebensmittel zu einer sinnvollen Ernährung bei Bluthochdruck und Herz-Kreislauf-Erkrankungen beitragen.

ALFONS SCHUHBECK
LIEBLINGSKRAUT DER FRÜHLINGSKÜCHE

Ich war schon immer ein Freund von Bärlauch: Bereits vor 30 Jahren stand die Bärlauchsuppe als Klassiker auf meiner Speisekarte. Inzwischen ist Bärlauch als Pesto- und Saucenkraut fast genauso beliebt wie Basilikum. Ich blanchiere die Bärlauchblätter etwa 1 Minute in kochendem Salzwasser – das mildert ihr Aroma. Danach drücke ich sie aus, hacke sie fein und ziehe sie unter eine Suppe oder Sauce, zum Beispiel zu Geflügel, Fisch und Eiern. Allerdings sollte die Sauce dann nicht mehr kochen! Auch für die Zubereitung von Bärlauchpesto kann man die Blätter vorher blanchieren, wenn man die Knoblauchnote abmildern möchte. Etwas frisch geriebener Ingwer neutralisiert das Aroma ebenfalls.

Allium ursinum BÄRLAUCH

GESUNDHEITSFÖRDERNDE EIGENSCHAFTEN

Neuere wissenschaftliche Studien bestätigen das überlieferte volksmedizinische Wissen über die gesundheitsfördernden Eigenschaften des Bärlauchs. Im Mittelalter glaubte man, seine Blätter würden Magen und Darm reinigen. Tatsächlich wirkt das im Bärlauch enthaltene Lauchöl blutdrucksenkend und ausgleichend auf einen erhöhten LDL-Cholesterinspiegel. Voraussetzung ist allerdings, dass man ihn während der Saison regelmäßig zu sich nimmt. Forschungen haben zudem ergeben, dass Bärlauch als natürliches Antibiotikum eingestuft werden kann: Er wirkt antibakteriell und antimykotisch und unterstützt den Heilungsprozess von Infektionen. Bei Bronchialkatarrh wirkt er krampflösend. Bärlauch enthält viele antioxidative Substanzen und gilt als hochwirksamer Radikalfänger. Die in ihm enthaltenen Spurenelemente Mangan und Zink fördern die Enzymproduktion, regen den Stoffwechsel an und stärken das Immunsystem. Man vermutet auch, dass bestimmte Komponenten des Lauchöls Schwermetalle im Körper binden und deren Ausscheidung fördern können.

Bärlauchblätter

Vorsicht beim Sammeln: Bärlauchblätter erkennt man eindeutig an ihrem knoblauchartigen Duft. Sie sehen ähnlich aus wie Maiglöckchen- und Herbstzeitlosenblätter, die beide hochgiftig sind.

BASILIKUM

Seit der Antike kennt man Basilikum auch als »Königskraut« – das altgriechische Wort »basileus«, »König«, stand hierfür Pate. Kaum ein Gewürz in der Kulturgeschichte beschäftigte die Gelehrten so sehr wie das Basilikum. Der Grund hierfür ist sein einzigartiger Duft. Der griechische Arzt Dioskurides schrieb im 1. Jahrhundert das bedeutendste arzneikundliche Werk der Antike. Darin heißt es, Basilikum habe eine »reinigende Wirkung auf das Haupt«. Tatsächlich fand die moderne Forschung heraus: Basilikum enthält einen Stoff, der gute Laune macht.

HERKUNFT UND GESCHICHTE

Den Ursprung des Basilikums vermutet man in Indien, obwohl es auch in Südostasien, Vorderasien, Nordafrika und Südeuropa wild vorkommt. Über 60 Basilikumsorten sind heute identifiziert. Das Würzkraut gehört zur Familie der Lippenblütler, was insofern von kulinarischem Interesse ist, als auch die Minzen Lippenblütler sind. Basilikumkräuter lassen sich grob in zwei Gruppen einteilen: in die indischen und asiatischen Arten einerseits und die europäisch-mediterranen andererseits. In Indien und Südostasien ist Basilikum nachweislich seit 3000 Jahren in Gebrauch. Die Inder weihten es wegen seines Dufts als »Heiliges Basilikum« dem Gott Vishnu. Auch mit dem mediterranen Basilikum waren im europäischen Mittelalter quasireligiöse oder abergläubische Vorstellungen verbunden. Es galt als Zauberkraut und sollte gegen Fabelwesen und böse Geister wirksam sein. Noch heute hängt man in Tunesien Basilikumbüschel über die Haustür, um Unheil abzuwenden. Und auch in Liebesdingen vertraut so mancher auf die Macht des Würzkrauts. In Italien heißt es, eine Dame müsse nur einen Topf Basilikum auf ihr Fensterbrett stellen, um ihrem Liebhaber zu signalisieren, dass er willkommen sei.

QUALITÄT UND INHALTSSTOFFE

Frische Basilikumblätter enthalten zwar nur 0,5 Prozent ätherisches Öl – das sich je nach Sorte unterschiedlich zusammensetzt –, doch genau dieses halbe Prozent macht den Reiz dieses Würzkrauts aus. Je nach Klima, Standort, Witterungsverhältnissen und Sorte kann Basilikum mehr oder weniger wie Anis, Zimt, Minze, Zitronenschale, Piment oder Gewürznelken duften. Das leicht süßliche wie auch dezent pfeffrig anmutende ätherische Öl der mediterranen Basilikumsorten setzt sich aus zahlreichen Duft- und Wirkstoffen zusammen; hauptsächlich besteht es aus Cineol und Citral, Eugenol (dem Gewürznelken-Duftstoff), Estragol, Geraniol, Kampfer und Linalool. Letzteres ist der eingangs erwähnte Stimmungsaufheller.

VERWENDUNG IN DER KÜCHE

Seit einigen Jahren sind bei uns nicht nur die mediterranen, sondern auch die indischen und asiatischen Basilikumsorten erhältlich. Zu den heimischen Sorten zählen das Gewöhnliche Basilikum, das Griechische Busch-Basilikum, dessen winzige Blätter ein ungewöhnlich intensives Aroma haben, sowie das Salatblättrige Basilikum aus Süditalien, das man an seinen großen, leicht runzeligen Blättern erkennt. Das Zimt-Basilikum stammt aus Mexiko, das dem Aussehen der Pfefferminze nicht unähnliche African Blue aus Afrika. Immer beliebter werden auch die asiatischen Sorten wie beispielsweise Thai-Basilikum, Anis-Basilikum, Zitronen-Basilikum oder Thai-Zitronenbasilikum. Alle asiatischen Sorten schmecken wegen ihrer anders zusammengesetzten Duftstoffe deutlicher nach Anis und sogar nach Kampfer, enthalten jedoch kaum Linalool. Eine intensive Piment- und Anisnote ist das Charakteristikum des Heiligen Basilikums *(Ocimum sanctum)* der Inder. So unterschiedlich der Ge-

ALFONS SCHUHBECK

DEKORATIV UND HOCHAROMATISCH

Frische Basilikumblätter verändern ihr Aroma durch den Kontakt mit Säure (zum Beispiel Essig) sowie durch Erhitzen. Will man das Aroma eines Gerichts bewusst mit Basilikum betonen, sollte man es erst kurz vor dem Servieren mit den frischen Blättern würzen. Die Blätter des Roten Basilikums nutze ich gern zum Garnieren. Griechisches Busch-Basilikum zählt zu meinen Favoriten, weil es ein besonders intensives, würziges Aroma hat. Zu Pesto verarbeitet, lässt sich der Geschmack von frischem Basilikum am besten konservieren. Dafür verwende ich auch einige fein geschnittene Stiele: Sie sind ebenfalls aromatisch, deshalb wäre es schade, sie nicht mit zu verarbeiten.

Ocimum basilicum **BASILIKUM**

schmack auch ist, für alle Basilikumsorten gilt: Sie vertragen keine Hitze. Man verwendet die Blätter daher roh oder fügt sie bei warmen Gerichten erst ganz zum Schluss hinzu. Sehr fein schmeckt Basilikum auch in einem Kräutersalat, zusammen mit Kerbel, Petersilie, Zitronenmelisse und Minze.

Gesundheitsfördernde Eigenschaften

Die besondere Zusammensetzung der Duftstoffe im Basilikum wirkt belebend, konzentrationsfördernd und hilfreich bei geistiger Anspannung und Erschöpfung. Eugenol und Estragol haben überdies die Eigenschaft, Völlegefühl und leichte Krämpfe im Magen-Darm-Trakt zu lindern. In letzter Zeit konzentriert sich die Forschung auf die Frage, wie die antioxidativen Substanzen des Basilikums auf den menschlichen Organismus wirken. Es ließ sich nachweisen, dass einige Bestandteile seines ätherischen Öls die Zellmembranen von Bakterien und Pilzen schädigen und somit entzündungsfördernde Prozesse hemmen. Zudem wirkt Basilikum wie eine Art »innere Sonnenbrille«: Es enthält die Karotinoide Lutein und Zeaxanthin, die auch die Pigmentschicht unserer Augennetzhaut bilden und die Sehzellen vor den Ultraviolettstrahlen des Sonnenlichts schützen.

Thai-Basilikum
Es zählt zu den asiatischen Basilikumsorten, die sich geschmacklich von ihren europäischen Verwandten leicht unterscheiden.

Gewöhnliches Basilikum
Diese Sorte ist bei uns am weitesten verbreitet. Sie eignet sich besonders gut für die Herstellung von Pesto.

Griechisches Busch-Basilikum
Seine Blätter sind zwar klein und zart, haben aber ein ungewöhnlich intensives Aroma.

BEIFUSS

Immer wieder wird fälschlicherweise behauptet, Beifuß sei außerhalb der deutschen Küche weitgehend unbekannt. Dabei haben über 50 Sprachen einen eigenen Begriff für Beifuß – von Arabisch über Gälisch bis Weißrussisch. Die japanische Küche kennt ihn als Gewürz für eine Süßspeise. Beifuß ist mit dem Estragon und dem Wermut verwandt. Obwohl er ein eher schmuckloses Gewächs am Wiesen- und Wegesrand ist, wurde er schon in der Antike aufgrund seines starken Dufts keineswegs übersehen, sondern gezielt als Heilmittel eingesetzt.

HERKUNFT UND GESCHICHTE

Beifuß ist ein Korbblütengewächs, das in Asien, Europa und Nordamerika wild vorkommt und schon in frühen Kulturen als Heilkraut genutzt wurde. Um seinen Namen ranken sich viele Geschichten. Man erzählt sich, ein Büschel Beifuß, um die Füße gebunden, habe bereits den römischen Legionären die Fußmärsche erleichtert. Bedeutungsgeschichtlich verhält sich die Sache jedoch anders: Der Name »Beifuß« ist eine Weiterentwicklung des althochdeutschen Verbums *bōßen,* was »stoßen, schlagen« bedeutet. Man darf vermuten, dass sich diese Bezeichnung aus seiner Zubereitungsmethode herleitet: dem Zerstoßen in einem Mörser. Beifuß war seit der Antike auch als Arznei gegen Frauenleiden bekannt. Im Mittelalter riet Hildegard von Bingen, die berühmte kräuterkundige Äbtissin (1098–1179), zu Beifußabsuden bei Verdauungsbeschwerden. Als Küchenkraut hat man dem Beifuß lange Zeit weniger Beachtung geschenkt. Bis er als »Gänsekraut« Karriere in der deutschen Küche machen konnte, dauerte es noch eine Weile. Erstaunlicherweise brachte das bürgerliche 19. Jahrhundert mit seiner Sonntagsbratenkultur den Beifuß in keinem bedeutenden deutschen Kochbuch mit Gänse- oder anderen fetten Braten in Verbindung. Erst in der ersten Hälfte des 20. Jahrhunderts wurde es Mode, das Kraut in die Bauchhöhle der Weihnachtsgans zu stopfen, bevor diese in den Ofen kommt.

QUALITÄT UND INHALTSSTOFFE

Wie bei den meisten Kräutern schwankt auch beim Beifuß die Zusammensetzung der Inhaltsstoffe je nach Klima, Standort, Bodenverhältnissen und Erntezeitpunkt. In seinen Blätterspitzen ist die Konzentration seines spezifischen ätherischen Öls vor der Blütezeit am höchsten. Beifuß enthält nur etwa 0,3 Prozent ätherisches Öl, das sich unter anderem aus Kampfer, Thujon und Linalool zusammensetzt, das auch im Basilikum enthalten ist. Doch diese Menge reicht aus, um ihm ein dezent mentholartiges, ansatzweise sogar pfeffriges und anisartiges Aroma zu verleihen. Zusätzlich enthält Beifuß Bitterstoffe, weshalb er in der Frühen Neuzeit beim Bierbrauen ein gern verwendeter Ersatz für Hopfen war. Heute wird Beifuß überwiegend in getrockneter Form als Mischung aus den ungeöffneten Blütenknospen und Blätterspitzen angeboten.

VERWENDUNG IN DER KÜCHE

Odo von Meung, ein französischer Mönch und Arzt, bezeichnete Beifuß im 11. Jahrhundert als »Mutter aller Kräuter«. Im 18. Jahrhundert war es in Mitteleuropa üblich, frische Beifußblätter – ähnlich wie Petersilie – großzügig über die Speisen zu streuen. Hauptsächlich kam Beifuß jedoch als Begleiter von fetten Speisen zum Einsatz, unter anderem in Osteuropa als Gewürz für Karpfen. Auch zu anderen fetten Fischen wie Aal oder Makrele sowie zu Hammel- und Schweinebraten verwendete man ihn als Würzmittel, um die Fettverdauung zu unterstützen. Im 19. Jahrhundert wurde er in den deutschen Rezeptbüchern zu diesem Zweck

ALFONS SCHUHBECK

FÜR BESSERE BEKÖMMLICHKEIT

Nicht ohne Grund hat es in der deutschen Küche Tradition, Ente und Gans mit Beifuß zu würzen: Das Fleisch wird dadurch einfach bekömmlicher. Weniger bekannt ist allerdings noch, dass sich das Kraut wegen seiner verdauungsfördernden Wirkung auch sehr gut für Pilze, Hülsenfrüchte und herzhafte Gemüsegerichte (zum Beispiel mit Kohl) eignet. Auch wer Schweine- oder Gänseschmalz selbst herstellt, kann ihm mit etwas Beifuß eine interessante Note geben. Ganz gleich, ob man Beifuß frisch oder getrocknet verwendet – wichtig ist, dass er immer mitgekocht werden muss, damit sich seine mildherbe Würze und verdauungsfördernde Kraft optimal entfalten können.

Artemisia vulgaris **BEIFUSS**

von Estragon, Thymian und sogar Basilikum verdrängt. Sein leicht pfeffriges, mildbitteres Aroma braucht Wärme und entfaltet sich erst während des Garprozesses.

Gesundheitsfördernde Eigenschaften

In der Volksmedizin galt Beifuß jahrhundertelang als Aphrodisiakum. Man sagte dem Kraut fruchtbarkeitsfördernde Eigenschaften nach. In Bayern zum Beispiel kannte man den Brauch, ein Büschel Beifuß in den Stall zu hängen oder beim jährlichen Almauftrieb den Stier und die Leitkuh mit Beifuß zu schmücken. Auch als Mittel gegen Insekten wie Mücken und Fliegen ist er bekannt. Die Traditionelle Chinesische Medizin nutzt ihn zur Malariatherapie. In Europa interessiert man sich vor allem für die verdauungsfördernden Eigenschaften des Beifußes. Die Bitterstoffe seines ätherischen Öls haben ähnlich magenfreundliche Eigenschaften wie der Wermut, obwohl sie im Wermut in etwas höherer Konzentration enthalten sind. Diese Gerb- und Bitterstoffe regen die Enzymproduktion im Magen-Darm-Bereich an und fördern den Gallenfluss sowie die Produktion von Magensäure. Daher hat sich Beifuß als appetitanregendes Mittel sowie bei leichter Übelkeit bewährt. Einige Inhaltsstoffe seines ätherischen Öls haben auch eine antibakterielle und antimykotische Wirkung. Bei erhöhtem Blutdruck kann Beifuß blutdrucksenkend wirken. Außerdem gibt es Hinweise darauf, dass er Leberentzündungen vorbeugen kann.

Frischer Beifuß
Der französische Mönch und Arzt Odo von Meung bezeichnete Beifuß im 11. Jahrhundert als »Mutter aller Kräuter«.

Getrockneter Beifuß
Er hat ähnlich verdauungsfördernde und appetitanregende Eigenschaften wie der Wermut.

BOCKSHORNKLEE

Bockshornklee ist eines jener Gewürze, die erst im Zusammenspiel mit anderen Zutaten ihre charakteristischen Eigenschaften voll und ganz zur Geltung bringen. Man könnte durchaus sagen, dass er ein typischer »Teamplayer« ist. Mit anderen, vornehmlich orientalischen und indischen Gewürzen entfalten die Samen ihre wohltuenden Qualitäten. Dazu gehören eine dezente Bitternote, eine frische, an Gräser erinnernde Würzigkeit sowie karamellartige Töne, die in Gewürzmischungen für eine schöne Farbe und kräftigen Geschmack sorgen.

HERKUNFT UND GESCHICHTE

Bockshornklee ist ein Gewächs aus der Familie der Schmetterlingsblütler (Erbsengewächse). Von Kleinasien bis Indien, in Nordafrika sowie in Süd- und Südosteuropa wächst er wild. Seine getrockneten Samen sehen aus wie millimetergroße, vierkantige, curryfarbene Steinchen. Wer sie zum ersten Mal zerkaut, staunt, wie kräftig sie sind. Sie wirken hart und robust, und vielleicht war dies einer der Gründe, weshalb die Samen des Bockshornklees dem Ägypterkönig Tutanchamun als Grabbeigabe für die Reise ins Jenseits mitgegeben wurden. Aufgrund dieses archäologischen Funds vermuten Historiker, dass Bockshornklee ursprünglich aus Ägypten stammt. Archäologen entdeckten noch einen weiteren Beweis für die Wertschätzung, die unsere Vorfahren diesem Gewürz entgegenbrachten. Sie stießen auf Funde aus der Frühen Eisenzeit, einer Epoche, die ab 900 v. Chr. anzusetzen ist. Im jordanischen Teil des Jordangrabens fanden sie Reste eisenzeitlicher Gewürzmischungen, die neben Rosinen und Kreuzkümmel auch Bockshornkleesamen enthielten. Eine Art Ur-Curry? Die Römer jedenfalls nannten den Bockshornklee »Griechisches Heu«, eine volkstümliche Bezeichnung, die für den heutigen lateinisch-botanischen Namen *Trigonella foenum-graecum* Pate stand. Seit dem frühen Mittelalter kennt man den Bockshornklee auch in Mitteleuropa und nutzt ihn insbesondere in der Volksmedizin als Heilkraut. In unseren Breiten kommt er nicht wild vor, sondern wird in Nutzgärten kultiviert.

QUALITÄT UND INHALTSSTOFFE

Bockshornklee wird hierzulande überwiegend in getrockneter Form (die Blätter der Pflanze) und als Samen angeboten. Sie werden nach der Ernte in der Sonne getrocknet. Von den Blättern wie von den Samen geht ein markanter Duft aus, der an Heu und Liebstöckel erinnert. Das lässt sich leicht erklären: Bockshornklee enthält den Duftstoff Sotolon, der mit den Aromastoffen des Liebstöckels verwandt ist. Im ätherischen Öl des Bockshornklees konnten bis heute

40 verschiedene Komponenten wissenschaftlich identifiziert werden. Darüber hinaus enthält er ähnlich hochwertige Proteine und Aminosäuren wie Wiesengräser. Getrocknete Bockshornkleesamen sollte man luftdicht, kühl und dunkel aufbewahren – dann behalten sie ihr Aroma etwa ein Jahr.

VERWENDUNG IN DER KÜCHE

In der Küche Äthiopiens, Arabiens, Indiens und Persiens haben Samen und Blätter des Bockshornklees als Gewürze eine lange Tradition. Die Samen nutzt man insbesondere für Gewürzmischungen und -pasten. Sie werden vor dem Mahlen geröstet, wobei sie eine nussige, karamellartige Note annehmen – eine unverzichtbare Komponente, die allzu scharfe oder dominante Gewürze wie Chili oder Kreuzkümmel harmonisiert. Berühmte Gewürzmischungen mit Bockshornklee sind zum Beispiel das bengalische Panch Phoron (mit Senfsamen, Kreuzkümmel, Schwarzkümmel und Fenchel), das südostindische Sambhar Podi (unter anderem in

ALFONS SCHUHBECK

WÜRZIG UND NAHRHAFT

Ich verwende Bockshornkleesamen gern für meine unterschiedlichen Currymischungen. Wenn man Bockshornklee dezent dosiert, sorgt er dafür, dass die Vielfalt der Gewürze einen runden, ausgewogenen Gesamteindruck macht. Wenn Bockshornkleesamen geröstet werden, verlieren sie weitgehend ihre Bitterkeit und duften würzig wie gebratenes Lammfleisch. Übrigens enthält Bockshornklee die Vitamine A, B_1 und C; er ist reich an lebenswichtigen Mineralstoffen und Proteinen. Er gilt als so nahrhaft, dass man ihn in anderen Kulturen, etwa in Indien, Afrika und im Vorderen Orient, als Stärkungsmittel zur allgemeinen Kräftigung des Organismus einsetzt.

Trigonella foenum-graecum BOCKSHORNKLEE

Kombination mit Koriander- und Senfsamen) oder das äthiopische Berbere – eine Gewürzmischung aus mindestens zehn Zutaten (beispielsweise Langer Pfeffer und Kurkuma), die aufwendig einzeln geröstet und dann miteinander vermahlen werden. Eine Leibspeise der Perser ist das Ghormeh Sabzi, ein Ragout mit Lammfleisch, getrockneten Limetten und Bockshornkleeblättern, das mit Reis serviert wird. Gedünstete Bockshornkleeblätter haben eine ähnliche Konsistenz wie Spinat und schmecken leicht herb. In der indischen Küche werden Bockshornkleeblätter als Gemüse mit Spinat, Kartoffeln oder Reis gekocht. Indischen Currymischungen verleiht gemahlener Bockshornklee ihre typisch feinherbe Note.

Gesundheitsfördernde Eigenschaften

Wissenschaftliche Untersuchungen haben ergeben, dass Bockshornklee entzündungshemmende Substanzen enthält. Ihre Wirkung war schon vor mehr als 3000 Jahren bekannt: Im »Papyrus Ebers«, der bedeutendsten medizinischen Textsammlung des alten Ägypten aus der Zeit um 1500 v. Chr., finden sich Rezepturen für Pasten aus Bockshornkleesamen. Neueste Forschungen geben Hinweise darauf, dass Bockshornklee sich möglicherweise förderlich auf die Senkung des LDL-Cholesterinspiegels auswirken kann sowie die Fließeigenschaft des Bluts verbessert und den Blutzuckerspiegel reguliert. Darüber hinaus enthält er Substanzen, die die Magenschleimhaut schützen.

Bockshornkleesamen
Sie werden nach der Ernte in der Sonne getrocknet. Ihr Aroma behalten die Samen etwa ein Jahr, vorausgesetzt, man bewahrt sie luftdicht auf.

GEWÜRZE UND KRÄUTER VON A–Z

BOHNENKRAUT

Wie der Name schon sagt, passt Bohnenkraut ausgezeichnet zu allen Arten von Bohnen-
gerichten, doch reichen seine kulinarischen Talente weit darüber hinaus. In den Küchen des
östlichen Mittelmeerraums, Vorderasiens, Arabiens und Persiens weiß man das schon länger.
Dort hat das Kraut eine jahrtausendealte Tradition und würzt nicht nur Gerichte, die Boh-
nen enthalten. In unseren Breiten wurde das Kraut in der Antike durch die Römer bekannt.
Sie brachten es bei ihren Feldzügen gegen die Germanen mit über die Alpen.

HERKUNFT UND GESCHICHTE

Der römische Dichter Vergil (70–19 v. Chr.) lobte das Bohnenkraut als »eines der aromatischsten Kräuter überhaupt«.
Das zur Familie der Lippenblütler gehörende Würzkraut
stammt ursprünglich wohl aus West- und Zentralasien, verbreitete sich von dort über den östlichen Mittelmeerraum
und kommt heute vor allem in Süd-, Südost- und Osteuropa, in Vorderasien, Arabien und im Iran in verschiedenen
Arten wild vor. In Mitteleuropa wurde es jahrhundertelang
weniger wegen seines aromatischen Dufts als vielmehr wegen seiner deutlich pfeffrigen Geschmacksnote geschätzt.
Die Franzosen nennen es *poivrette,* kleiner Pfeffer, und auch
im Deutschen ist es unter dem volkstümlichen Namen »Pfef-
ferkraut« bekannt. In der Tat spürt man bei frischem Bohnenkraut, das kurz vor der Blüte gepflückt wurde, auf der
Zunge einen deutlichen Zug ins Scharfe. Deshalb hat man
im Zweiten Weltkrieg in Deutschland Bohnenkraut statt
der schwer aufzutreibenden schwarzen Pfefferkörner verwendet. Auch im pfefferverliebten Mittelalter diente das
Kraut als günstiger Pfefferersatz für die kleinen Leute, die
sich den Luxus des teuer gehandelten Echten Pfeffers nicht
leisten konnten.

QUALITÄT UND INHALTSSTOFFE

Je nach Sorte, Herkunftsort und Erntezeit macht sich das
ätherische Öl des Bohnenkrauts in einer ganzen Bandbreite von Duft- und Geschmacksnuancen bemerkbar. Der pfeffrige Einschlag erinnert bei genauerem Hinschmecken weniger an schwarzen Pfeffer als an Sichuanpfeffer: Er weist
nämlich eine leicht prickelnde, zitrusartige Komponente
auf. Außerdem hat der Geschmack von Bohnenkraut starke
Ähnlichkeiten mit den Aromen von Thymian, Minze und Majoran. Der würzige Wohlgeschmack kommt von einer ganzen
Gruppe aromagebender Komponenten im ätherischen Öl,
beispielsweise Thymol, Citral, das auch im Zitronengras vorkommt, und insbesondere Carvacrol, das auch im Oregano
enthalten ist.

VERWENDUNG IN DER KÜCHE

Auf unseren Märkten finden wir ab Juli fast ausschließlich
die einjährige Sorte *Satureja hortensis,* das Sommerboh-
nenkraut. Aber auch das mehrjährige, robustere Winter-
bohnenkraut (*Satureja montana*), das Iranische Bohnenkraut (*Satureja thymbra*) sowie das heute unter anderem
in Slowenien und Kroatien verbreitete Zitronenduftende
Bergbohnenkraut (*Satureja montana citriodora*) werden
hierzulande mehr und mehr kultiviert. Genau zu der Zeit,
in der unsere heimischen Bohnensorten reifen, erreicht
auch das Bohnenkraut seine höchste Konzentration an Würzigkeit. Bohnen sind reich an Faserstoffen – das macht sie
schwer verdaulich. Da das ätherische Öl des Bohnenkrauts
verdauungsfördernde Prozesse unterstützt, ist es also nur
schlüssig, in beiden ein ideales Team zu sehen. Bohnenkraut sollte kurz vor der Blüte geerntet werden, dann
schmeckt es am intensivsten und bewahrt sein kraftvolles
Aroma auch nach dem Trocknen. Frisches Bohnenkraut

ALFONS SCHUHBECK

EIN GEWÜRZ, DAS SALZ SPAREN HILFT

Für die Küche ist Bohnenkraut nicht nur wegen seines
kräftigen, vollmundigen Aromas, sondern vor allem
wegen seiner verdauungsfördernden Eigenschaften interessant. Trotzdem ist es eines der am meisten unter-
schätzten Gewürze. Es kann viel mehr, als nur Gerichte
mit Bohnen zu würzen. Es passt zu vielen Gemüsen,
vor allem zu Zucchini, und es schmeckt wunderbar in
Eintöpfen und Suppen. Ich verwende es auch gern zum
Würzen von Schwein, Kalb, Rind und Lamm. Mit der
Schärfe von Pfeffer harmoniert es besonders gut – es
macht sie noch eine Spur frischer und lebendiger. Wenn
man ein Gericht mit Bohnenkraut würzt, kommt man
außerdem mit weniger Salz aus.

Satureja hortensis **BOHNENKRAUT**

kann seine pfeffrige Seite am besten ausspielen, wenn man es nicht erhitzt. Fein gehackt, kann man es zum Beispiel in Kartoffel-, Bohnen- oder Linsensalate geben. Getrocknetes Bohnenkraut ist ein fester Bestandteil der klassischen Kräutermischung Herbes de Provence, zusammen mit getrockneten Lavendelblüten, Thymian, Salbei, Rosmarin und Oregano. Die Gründerväter der USA nahmen Bohnenkraut aus England mit in ihre neue Heimat; seither würzt es den Truthahn zum traditionellen Thanksgiving-Fest.

GESUNDHEITSFÖRDERNDE EIGENSCHAFTEN

Viele Kräuter aus der Familie der Lippenblütler tun sich mit magen- und darmfreundlichen Eigenschaften hervor. So wirkt auch das ätherische Öl des Bohnenkrauts förderlich auf die Produktion von Verdauungssäften und kann deshalb helfen, Völlegefühl und leichte Bauchkrämpfe zu mildern. Wie einige seiner Verwandten (zum Beispiel Thymian oder Basilikum) wirkt auch Bohnenkraut antioxidativ, antibakteriell und antimykotisch.

Bohnenkraut
Es hält sich mit etwas Wasser in einem Glas im Kühlschrank bis zu einer Woche.

CHILIPULVER

Es ist noch nicht lange her, da galt eine Prise Cayennepfeffer in unseren Küchen als das höchste der Chiligefühle. Anders als die Länder des Südens, die ihre Fischeintöpfe und Ragouts mit den frischen Schoten aufpeppten, tat man sich in Mittel- und Nordeuropa mit den kleinen Scharfmachern schwer: Lieber gab man dem leichter zu handhabenden Chilipulver den Vorzug. Cayennepfeffer ist aber nur das bekannteste Chilipulver; mittlerweile hat man die Qual der Wahl – von mild bis sehr scharf.

HERKUNFT UND GESCHICHTE

Als die Spanier und Portugiesen nach der Entdeckung Amerikas im 16. Jahrhundert begannen, Chilipflanzen in Europa und entlang der westafrikanischen Küste in ihren Kolonien anzubauen, brachte man den fremdartigen Pflanzen in unseren Breiten erst einmal Skepsis entgegen. Nur ein paar wagemutige Landesfürsten hielten sich die Gewächse aus der Neuen Welt als Exoten in ihren Schlossgärten. Trotzdem entstand bald darauf in Europa ein Namenswirrwarr um die Chilischote – und das ist bis heute so geblieben. In Lettland, Griechenland und Portugal etwa bezeichnet man die Chilifrüchte heute noch als »Cayennepfeffer« – aber das hat mit dem hierzulande beliebten, feinen Pulver aus verschiedenen Chilisorten nichts zu tun. Der Name »Cayenne« kommt nicht – wie oft fälschlicherweise behauptet wird – von der gleichnamigen Hauptstadt Französisch-Guayanas, die einst für ihren Gewürzhandel berühmt war. Es ist vielmehr ein Wort aus der Sprache der Tupí-Indianer, bei denen die Chilischoten *kyinha* hießen. Von den indianischen Ureinwohnern ist auch ein frühes Rezept für Chilipulver überliefert: Sie verrieben Chilischoten mit Mehl und Salz zu einer Paste, formten daraus Fladen, ließen diese in der Sonne trocknen und mahlten sie anschließend zu Pulver.

QUALITÄT UND INHALTSSTOFFE

Bis vor einigen Jahren war Cayennepfeffer die einzige bei uns erhältliche Chilipulversorte. Es handelt sich dabei um eine Mischung aus mehreren getrockneten roten Chilisorten, die fein vermahlen werden. Heute sind viele verschiedene Chilipulver auf dem Markt, die als Einzelgewürze aus jeweils einer Sorte bestehen. Je nach Hersteller und verwendeter Sorte weisen Chilipulver einen mittleren bis hohen Schärfegrad auf. Auch ihre satte orangerote Färbung kann gewissen Schwankungen unterliegen; sie ist ebenfalls von der verwendeten Sorte abhängig. Da Chilipulver aus puren, vermahlenen Chilischoten bestehen, enthalten sie auch alle ihre Wirkstoffe, insbesondere die für die Schärfe

verantwortlichen Capsaicinoide, jene für Chilischoten typischen Geschmacks- und Duftstoffe, die im allerschärfsten Fall (bei einigen wenigen Chilisorten) bis zu über drei Prozent ihrer Inhaltsstoffe ausmachen können. Gute Chilipulver erkennt man an ihrer kräftigen Farbe, ihrem kraftvollen, mitunter durchaus fruchtigen Duft sowie an ihrem geschmacklichen Nuancenreichtum.

VERWENDUNG IN DER KÜCHE

Feines Chilipulver ist bei uns auch deshalb so beliebt, weil es berechenbarer zu handhaben ist als frische oder getrocknete ganze Chilischoten. Man kann es gezielt dosieren, und es bietet, wie alle getrockneten Früchte, einen gewissen aromatischen Vorteil. Ian Hemphill, einer der weltweit anerkanntesten Gewürzkenner aus Australien, hat dieses Phänomen einmal in den griffigen Vergleich gepackt: »Getrocknete Tomaten schmecken anders als frische.« Während des Trocknens verdunstet das Wasser aus den Früch-

---

ALFONS SCHUHBECK

WOHLDOSIERTE SCHÄRFE

Cayennepfeffer ist eine Chilimischung, für die meist drei bis vier Chilisorten vermahlen werden. Chilipulver und Chiliflocken sind hingegen sortenrein und variieren daher in Geschmack und Schärfegrad. Ich verwende Chilipulver gern, weil es wesentlich einfacher zu dosieren ist als frische Chilischoten und weil man damit die Schärfe gezielt steuern kann. Die Auswahl an Chilipulvern ist groß – ich bevorzuge die mittelscharfen Sorten, vor allem für Saucen und Suppen. Um punktgenau zu würzen, rühre ich das Pulver immer erst am Ende der Garzeit unter die Speisen. Zu meinen Favoriten zählen Chiliflocken, auch weil sie sich in Füllungen und Farcen sowie in Nudelgerichten optisch sehr gut machen.

Capsicum annuum, Capsicum frutescens **CHILIPULVER**

ten; zurück bleibt eine mehr oder weniger starke Dichte an Aromen und Wirkstoffen, die eine geschmackliche Tiefe mit sich bringt und unter Umständen mehr in die Breite gehen kann als beim frischen Ausgangsprodukt. Deshalb kann man selbst mit einem Hauch Chilipulver ganz verblüffende Effekte erzielen.

Gesundheitsfördernde Eigenschaften

Wie frische Chilischoten auch, enthalten die daraus hergestellten Chilipulver Capsaicin sowie die Spurenelemente Zink, Kupfer und Mangan. Ihre Pflanzenwirkstoffe stärken das Immunsystem, erweitern die Gefäße, regen die Durchblutung und den Stoffwechsel an und können zur Senkung des LDL-Cholesterinspiegels beitragen. Außerdem haben sie fiebersenkende, antibakterielle und entzündungshemmende Eigenschaften. Capsaicin unterstützt die Tätigkeit der Verdauungsorgane und trägt dazu bei, fette Speisen bekömmlicher zu machen. Studien geben außerdem Hinweise darauf, dass Capsaicin unser Hungergefühl steuert und dazu beiträgt, dass wir uns schneller satt fühlen.

Cayennepfeffer
Diese klassische Mischung aus verschiedenen Chilisorten zeichnet sich durch seine feine Konsistenz aus. Es ist auch für weniger geübte Köche leicht zu dosieren.

Chiliflocken
Sie lassen sich einfach dosieren und peppen Gerichte auch optisch auf.

CHILISCHOTEN

Chilischärfe ist nicht gleich Chilischärfe, und das nicht nur, weil es einige Tausend Sorten dieses tropischen Scharfmachers gibt. Das Gewürz ist nicht mit dem Pfeffer, sondern mit der Paprika verwandt. Wenn der Volksmund dennoch von »Pfefferschoten« spricht, hat das mit dem aromatischen Feuerwerk zu tun, das sie auf unseren Geschmacksknospen entfachen. Wer sich durch die bunte Welt der Gewürzpaprikas probiert, wird erstaunt sein, welche Fülle an Aromen sich unter ihrem scharfen Deckmäntelchen verbirgt.

HERKUNFT UND GESCHICHTE

Die Erfolgsgeschichte der Chilischoten beginnt in den nördlichen Anden und in den Urwäldern Mittel- und Südamerikas. Die Inkas, die Azteken, die Indianerstämme Brasiliens und Perus und auch die Ureinwohner der karibischen Inseln kultivierten schon vor rund 6000 Jahren Chilischoten für ihre Küche. Bis die Europäer, vor allem aber auch die Inder und Asiaten, einen Teil ihrer Küchentradition auf sie umstellten, musste erst Christoph Kolumbus auf den Plan treten und den Chilischoten-Kontinent entdecken. Kolumbus war auf der Suche nach dem Seeweg nach Indien, nach Gold und Pfeffer. Was er schließlich fand, war der Kontinent Amerika und ein Gewürz, das noch schärfer als Pfeffer war. Seitdem kultivierten die Spanier und Portugiesen verschiedene Chiliarten und -sorten in Europa sowie in ihren Kolonien in Afrika und Indien. Weil der Echte Pfeffer teuer war, galt Chili in Europa einige Jahrhunderte lang als der »Pfeffer des kleinen Mannes«. Ihren Weg in die Gulaschküchen der Donaumonarchie fanden die Chilischoten durch die Eroberungskriege der Osmanen. Hätten die Türken nicht Ungarn und den Balkan erobert, hätte es dieses berühmte Ragout aus der k.-u.-k.-Epoche wohl nie gegeben.

QUALITÄT UND INHALTSSTOFFE

Aus den fünf botanischen Arten der Chiligewächse haben sich weltweit tausenderlei Sorten entwickelt. Heute unterscheidet man zwischen lateinamerikanischen, mexikanischen, karibischen, europäischen und asiatischen Sorten. Auf unseren Märkten sind sie mittlerweile aus allen Anbaugebieten zu bekommen – frisch wie getrocknet. Ihr ätherisches Öl, das hauptsächlich aus dem für die Schärfe verantwortlichen Capsaicin besteht, setzt sich je nach Art und Sorte aus vielen verschiedenen Komponenten zusammen. So kommt es, dass Chilischoten neben ihrer unterschiedlich starken Schärfe auch süßliche, grasig-würzige (Jalapeño), rauchige (Chipotle), zitronige oder anisartige Geschmacksnoten haben. Die Schärfegrade variieren je nach Sorte.

Sie reichen von einem zarten Anflug bis hin zur Höllenschärfe. Man hat versucht, die Schärfe für den Verbraucher nachvollziehbar zu machen. Deshalb entwickelte der Pharmazeut Wilbur Scoville im Jahr 1912 in den USA die Scoville-Einheiten (SU). Danach schmeckt die europäische Sorte Sweet Banana so mild, dass sie auf 0 SU kommt. Habanero, der schärfste Chili der Welt, bringt es dagegen auf stolze 300 000! Heute macht man es sich leichter und misst die Chilischärfe in Graden von 1 (mild) bis 10 (extrem scharf).

VERWENDUNG IN DER KÜCHE

In den Küchen Südindiens, Thailands, Sri Lankas, Sichuans, Mexikos oder Zentralafrikas dreht sich alles um Chilischoten. Auch in Süditalien spielen Peperoncini eine zentrale Rolle. Die bekanntesten Würzsaucen und -pasten der Welt basieren auf Chili: Tabasco, Piri-Piri, Harissa oder Sambal Oelek beispielsweise. Die Farbe von Chilischoten sagt übrigens nichts über ihre Schärfe aus. Wenn Chilischoten reifen

ALFONS SCHUHBECK

BELIEBTE SCHARFMACHER

Chilischoten zählen zu meinen absoluten Lieblingsgewürzen. Nicht nur wegen ihrer interessanten Schärfe, sondern weil sie – je nach Sorte – überraschend vielfältige geschmackliche Nuancen aufweisen, die sich effektvoll kombinieren lassen. Wer hätte zum Beispiel vermutet, dass Chili perfekt mit Vanille harmoniert? Beide enthalten Pflanzenwirkstoffe, die zu den Vaniloiden zählen und sich positiv auf das Nervensystem auswirken. Chilischoten verlieren durch das Kochen nicht an Aroma. Ich gebe sie daher – zusammen mit einer Scheibe Ingwer und Knoblauch – gern ins Nudel- oder Kartoffelkochwasser. Auch beim Blanchieren von Gemüse füge ich eine frische Chilischote hinzu.

Capsicum annuum, Capsicum frutescens **CHILISCHOTEN**

und trocknen, nehmen sie eine rote bis bräunlich violette Farbe an. Als Faustregel darf gelten: Je kleiner die Schoten sind, desto schärfer sind sie. Die meiste Schärfe sitzt in den Samen und in den Häutchen, an denen sie wachsen. Wer es weniger scharf mag, schlitzt die frischen Schoten auf, entfernt beides und nutzt nur das Fruchtfleisch.

Gesundheitsfördernde Eigenschaften

In Relation zu ihrer Größe enthalten Chilischoten mehr Vitamin C als Zitrusfrüchte. Auch der Scharfstoff Capsaicin hat es in sich: Er wirkt sich positiv auf das Wohlbefinden aus, weil er die Freisetzung von Endorphinen (körpereigenen Stimmungsaufhellern) fördert. Außerdem regt er den Stoffwechsel an, fördert die Durchblutung und hat schleimlösende und entzündungshemmende Eigenschaften. In verträglichen Mengen genossen, wirkt Capsaicin sogar stimulierend auf die Magenschleimhäute. Es fördert die Magensaftsekretion und regt die Bewegungstätigkeit der Verdauungsorgane an. Da Capsaicin nicht durch Hitze zerstört wird, bleibt seine Wirkung auch nach dem Kochen erhalten.

Chilischoten
Weltweit gibt es Tausende Sorten von Chilischoten, deren Schärfegrad von sehr mild bis höllisch scharf reicht.

CURRYBLÄTTER

Von den Blättern des indischen Currybaums geht ein erfrischender, an Limetten und Mandarinen erinnernder, warmer würziger Duft aus. Sie schmecken auch nicht nach Currypulver, wie man aufgrund ihres Namens vielleicht vermuten könnte. Vielmehr verleihen sie vielen traditionellen indischen und ceylonesischen Schmorgerichten eine angenehm zitronige Note. Und weil »kari« im Tamilischen »Suppe, Sauce« bedeutet, bekamen die Curryblätter von dieser Spezialität ihren Namen.

HERKUNFT UND GESCHICHTE

Der Currybaum, auch »Orangenraute« genannt, ist ein immergrüner tropischer Laubbaum aus der Familie der Rautengewächse. Seine botanische Bezeichnung *(Murraya koenigii)* verdankt er zwei europäischen Botanikern, dem Schweden Johann Andreas Murray (1740–1791) und dem Deutschen Johann Gerhard König (1728–1785). Seine Heimat ist Indien, dort kommt der Currybaum vom Süden bis zu den Ausläufern des Himalajas wild vor. Aber auch in Burma, Thailand, Malaysia und Sri Lanka wächst er wild. Auf La Réunion, in der Karibik, in Südafrika und Australien haben ihn indische Einwanderer eingeführt; heute wird er dort kultiviert. In Südindien und Sri Lanka gehört der Currybaum praktisch in jeden Haus- und Nutzgarten. In Indien werden seine Blätter als Haarfärbemittel kosmetisch genutzt. Aber auch in den Küchen des indischen Subkontinents macht man ausgiebig Gebrauch von den weichen Blättern mit dem unnachahmlichen Duft – vor allem für Currygerichte.

QUALITÄT UND INHALTSSTOFFE

Das ätherische Öl der Curryblätter setzt sich je nach Herkunft der Pflanze etwas unterschiedlich zusammen. Je nachdem, ob der Currybaum in Sri Lanka oder im Norden Indiens wächst, kann der Gehalt des aromatischen Öls zwischen einem halben und knapp drei Prozent schwanken. Unabhängig von der Herkunft enthält das Öl der Currybaumblätter unter anderem Caryophyllen, das auch in Bitterorangen, Mandarinen, Limonen oder im Ceylon-Zimt vorkommt, sowie Alpha-Selinen, das sich ebenfalls in vielen Würzpflanzen und Früchten findet, etwa in Mandarinen oder im Lorbeer. Ähnlich wie diese enthalten Curryblätter auch eine feine, aromatische Säure, die appetitanregend wirkt. Beim Kauf von getrockneten Curryblättern sollte man darauf achten, dass sie grün und nicht bräunlich vergilbt sind. Die grüne Farbe ist ein Indiz dafür, dass die Blätter schonend getrocknet wurden und sich so ein Großteil der aromagebenden Stoffe in den Blattzellen erhalten hat.

VERWENDUNG IN DER KÜCHE

Die sattgrün glänzenden Blätter des indischen Currybaums waren bei uns bis vor Kurzem nur getrocknet erhältlich oder als Zutat für Currymischungen bekannt. Erst in letzter Zeit kommen sie immer öfter frisch in den Handel. Man findet sie in gut sortierten Asienläden oder in Geschäften, die tropische Früchte und Gewürze im Sortiment haben. Allerdings sind die indischen Curryblätter nicht mit den länglichen, silbergrauen Blättern des europäischen Currystrauchs zu verwechseln, die eher wie Rosmarinnadeln aussehen. Die echten Curryblätter sind weicher als die Blätter des Kaffirlimettenbaums. Curryblätter spielen in der indisch-vegetarisch-ayurvedischen Küchentradition eine bedeutende Rolle. Sie passen gut zu Gemüse-, aber auch zu Fleisch- und vor allem zu Fischcurrys. Um ihr Aroma noch intensiver zu nutzen, werden sie in der indischen Küche vor dem Gebrauch gern in Öl oder Butterfett (Ghee) angedünstet und dann als knusprige Würze über die Speisen gestreut.

ALFONS SCHUHBECK

INDISCHES TRADITIONSGEWÜRZ

Gut, dass es Curryblätter inzwischen bei uns auch frisch zu kaufen gibt. Mir gefällt nicht nur ihr schönes, zitrusartiges Aroma; sie sind auch wohltuend für unsere Verdauungsorgane. Da die frischen Blätter sehr weich sind, kann man sie mitessen, selbst wenn man sie im Ganzen an ein Gericht gibt. Für traditionelle Currygerichte lässt man sie – ähnlich wie Lorbeerblätter – am besten die letzten 15 Minuten vor Ende der Garzeit mitköcheln. Getrocknete Curryblätter haben ein dezenteres Aroma und werden in der Regel für Gewürzmischungen zusammen mit anderen Gewürzen fein vermahlen, meist in Verbindung mit Kreuzkümmel, Bockshornklee, Chili, Senfsamen und Koriander.

Murraya koenigii CURRYBLÄTTER

GESUNDHEITSFÖRDERNDE EIGENSCHAFTEN

Die Inhaltsstoffe von Curryblättern haben viele gesundheitsfördernde Eigenschaften. Unter anderem enthalten sie keimhemmende Substanzen, das heißt, sie verändern den Nährboden für Keime so ungünstig, dass deren Wachstum gebremst wird. Diese Eigenschaft macht man sich in der asiatischen Volksmedizin seit alters zur Therapie von Hauterkrankungen zunutze. Man verwendet sie zum Beispiel pulverisiert als Bestandteil von Breiumschlägen zur Wundheilung bei leichten Verbrennungen oder entzündlichen Insektenstichen. Frische Curryblätter werden gern zu Tee aufgebrüht: Er wirkt wohltuend bei leichter Übelkeit und Erbrechen und hilft gegen Durchfall. Diese Wirkung geht auf die Gerbstoffe zurück, die in Curryblättern enthalten sind. Sie schützen die Magen-Darm-Schleimhaut und machen sie widerstandsfähiger gegen Reizungen. Darüber hinaus haben Curryblätter leicht schweißtreibende Eigenschaften, weshalb man sie in subtropischen Ländern traditionell zur Bekämpfung von leichtem Fieber und Erkältungskrankheiten einsetzt.

Getrocknete Curryblätter
Ihr Aroma ist deutlich weniger intensiv als das der frischen Blätter. In Currypulvermischungen tragen sie zur Balance der unterschiedlichen Aromen bei.

Frische Curryblätter
In einem Gefrierbeutel kann man sie im Kühlschrank eine Woche aufbewahren.

CURRYPULVER

Ein indisches Sprichwort sagt: »Es gibt so viele Currypulver, wie es Köche gibt.« Das lässt schon ahnen, wie ungeheuer vielfältig die Variationsmöglichkeiten bei der Herstellung von Currymischungen ist. Das Pulver kann aus über 20 Einzelgewürzen bestehen. Früher mischten viele Inder für jedes Gericht einen passenden Curry. Die dafür ausgewählten Gewürze wurden erst kurz vor der Verwendung geröstet und im Mörser zerstoßen. In jeder Familie gibt es spezielle Rezepturen, die von Generation zu Generation weitervererbt werden.

HERKUNFT UND GESCHICHTE

Der Name »Curry« leitet sich von dem tamilischen Wort *kari* ab – so werden in Südindien Eintöpfe, Suppen und Saucen genannt. Je nach Tradition, Rezeptur und Zutaten für das *kari* ändert sich die Zusammensetzung für die jeweilige Gewürzmischung. Welche Gewürze zum Einsatz kommen, wird von Familie zu Familie anders gehandhabt, außerdem gibt es regionaltypische Nuancen. Das ideale *kari*-Gewürz sollte jedoch stets eine Balance aus fünf Geschmackskomponenten herstellen: Süße und liebliche (Zimt), würzige und herbe (Bockshornklee), fruchtig-frische (Ingwer) und beißend scharfe Gewürze (Chili) werden mithilfe von neutraleren Aromen (Kurkuma) zu einer individuellen Gesamtkomposition gemischt. Wie viele Gewürze man nimmt, hängt wiederum vom gewünschten Geschmack der Speise ab: Es sollten mindestens drei, können aber auch mehr als ein, zwei Dutzend sein. Die Kunst, die Gewürze zu mischen, lag in Indien traditionellerweise in den Händen der *masalchi*, der Gewürzmischer. Folglich nennt man die Gewürze dort im Allgemeinen *masala*. Insofern ist das traditionelle nordindische Garam Masala (übersetzt: Gewürzmischung) aus Kardamom, Koriander, Kreuzkümmel, Lorbeer, Gewürznelken, Pfefferkörnern und Zimt eigentlich ein Currygewürz.

QUALITÄT UND INHALTSSTOFFE

Die englische Kolonialmacht in Indien hatte zur Zeit Königin Viktorias (1819–1901) ihren Höhepunkt erreicht. Damals kamen die ersten indischen Einwanderer nach Großbritannien, wo sich eine eigene Currytradition entwickelte. In Europa hergestellte Currypulver sind oftmals weniger herb; sie geben sich ausgewogener und halten sich mit bitteren Komponenten wie Bockshornklee eher zurück. Zudem enthalten sie Gewürze, die in Europa beliebt, in Indien aber nicht unbedingt in Gebrauch sind, beispielsweise Kümmel, Piment oder Rosmarin. Unverzichtbar für alle Currypulver sind Bockshornklee, Ingwer, Kardamom, Koriander, Kreuzkümmel, Kurkuma, Nelken, Senfsamen, schwarzer Pfeffer und

Zimt. Eine gute Qualität gebrauchsfertiger Currypulver erkennt man an ihrer satten Farbe, die vom warmen Ockerton bis zu einem feurigen Hellorange reichen kann, an ihrem kräftigen Duft sowie an einem charakteristischen Geschmack, der vollmundig ist und es darauf anlegt, uns den Mund wässrig zu machen.

VERWENDUNG IN DER KÜCHE

In der indischen Küche werden die Currygewürze vor dem Mahlen häufig angeröstet, und zwar entweder trocken oder – bei einigen wenigen Rezepten – in etwas Öl oder Butterfett (Ghee). Dann lösen sich die ätherischen Öle der einzelnen Aromakomponenten rascher heraus und ihr Geschmack verbindet sich noch intensiver mit den anderen Zutaten. Aber Vorsicht: Curry verbrennt leicht! Auch fertiges Currypulver kann man in einer Pfanne ohne Fett anrösten, bis es zu duften beginnt. In der Regel sind gute Currypulver aber so frisch und intensiv, dass man sie auch direkt an die Spei-

ALFONS SCHUHBECK

FASZINIERENDE VIELFALT

Currymischungen sind ausgesprochen reizvolle Gewürze, weil man mit ihnen vielfältig experimentieren kann: Die Bandbreite zwischen süßlich milden und herbscharfen Currypulvern ist nämlich groß. Letztere eignen sich vor allem für Gerichte mit Kokosmilch, weil sie die Schärfe mildert und der Bitternote mancher Currymischungen die Spitze nimmt. Fein dosiert, verwende ich Curry fast als Universalwürze, um vielen Gerichten den letzten Schliff zu geben – und zwar sowohl geschmacklich als auch optisch. Wenn ich Currymischungen in Dips oder kalte Saucen gebe, rühre ich das Pulver zunächst in etwas heißer Brühe an, damit es sein Aroma besser entfalten kann.

CURRYPULVER

sen geben kann, vor allem, wenn diese einen gewissen Fettanteil haben, der die Entfaltung der Würze fördert. Currypulver eignen sich für Eierspeisen und cremige Gemüsesuppen (etwa Kürbissuppe), sie geben Dips und Saucen, Fleisch und Geflügel sowie Gerichten mit Fisch und Krustentieren den gewissen Kick. Ganz besonders gut harmonieren sie mit Hülsenfrüchten, Karotten, Blumenkohl und Spinat. Auch kohlenhydratreiche Lebensmittel wie Reis, Nudeln und Kartoffeln sind ideale Geschmacksträger für Currymischungen. Currypulver sollte man immer lichtgeschützt aufbewahren – es verliert sonst Aroma und Farbe.

Gesundheitsfördernde Eigenschaften

Currymischungen bestehen aus vielen einzelnen Gewürzen, deren wohltuende Substanzen sich in ihrer Wirkung gegenseitig verstärken. Fast alle Currypulver enthalten zum Beispiel Bockshornklee und Kurkuma (Gelbwurz). Die Wirksamkeit der Bitterstoffe des Bockshornklees ergänzt sich mit den gesundheitsfördernden Eigenschaften der Kurkuma. In Kombination wirken beide besonders magen- und darmfreundlich, regen die Funktionen von Leber, Galle und Bauchspeicheldrüse an und haben einen positiven Einfluss auf den Cholesterinspiegel.

Indischer Maharadja-Hochzeitscurry

Fein zu Ente und Lamm: eine Mischung aus Chili, Ingwer, Kardamom, Knoblauch, Kokospulver, Koriander, Kreuzkümmel, Kurkuma, Lorbeer, Muskatblüte, Muskatnuss, Nelken, edelsüßem Paprika, schwarzem Pfeffer, Piment, Sternanis, Zimt und Rosenblüten.

Schuhbecks Currypulver

Eine milde, vollmundige Mischung aus Bockshornklee, Chili, Fenchel, Ingwer, Kardamom, Knoblauch, Koriander, Kreuzkümmel, Kurkuma, Muskatnuss, Nelken, Paprika, Piment, schwarzem Pfeffer, Rosmarin, Zimt, Zwiebeln und Vanille.

Madras-Currypulver

Eine feinherbe Mischung aus Bockshornklee, Chili, Curryblättern, Ingwer, Knoblauch, Koriander, Kreuzkümmel, Kurkuma, Paprika, schwarzem Pfeffer, Senfsamen, Zimt und Zwiebeln.

DILL

Bis vor Kurzem fristete das Dillkraut sein Dasein hierzulande überwiegend in Gurkensalat-schüsseln und Einmachgläsern. Dill gilt als unverzichtbar für Essiggurken und heißt deshalb auch »Gurkenkraut«. Die Saure-Gurken-Zeit ist für das Doldenblütengewächs jedoch end-gültig vorbei, seit die feine Küche es neu für sich entdeckt hat. Aus gutem Grund: Sein ätheri-sches Öl harmoniert erstaunlich gut mit den Aromen des Südens. Dill ist ursprünglich nämlich kein Kind des Nordens, sondern des östlichen Mittelmeerraums.

HERKUNFT UND GESCHICHTE

Obwohl sich der Dill in nördlichen Gefilden wohlfühlt und in den Gärten Skandinaviens sowie Mittel- und Osteuropas in Hülle und Fülle gedeiht, liegen seine Wurzeln im mediter-ranen Orient. In Vorderasien wie auch im Zweistromland zwi-schen Euphrat und Tigris ließ man sich bereits um 3000 v. Chr. von seinem ätherischen Öl anregen. Dill weist mehr oder weniger starke Ähnlichkeiten mit Anis, Fenchel und Kümmel auf, was kein Zufall ist, denn diese Gewürzpflanzen stam-men aus ein und derselben Familie (Doldenblütler). Schon in altägyptischen Schriften und in der Bibel wird Dill erwähnt. Bei den Römern erfreute er sich außerordentlicher Beliebt-heit. Sie schätzten die Pflanze unter anderem als Gladiato-renkraut – mit Dill stärkten sich die Kämpfer vor ihren Auf-tritten im Kolosseum. Von dem Dichter Vergil (70–19 v. Chr.) ist überliefert, dass sich römische Mädchen und Frauen Kränze aus Dillblüten ins Haar steckten. Als die Römer Ger-manien eroberten, bauten sie dort Dill in ihren Kräuter- und Gemüsegärten an. Ausgrabungen eines antiken römischen Legionslagers in Neuss bei Düsseldorf ergaben, dass er dort um 70 n. Chr. neben Thymian und Korianderkraut gedieh. Im Mittelalter vertraute man auf die Heilkräfte des Dills bei Magenbeschwerden, sprach ihm aber auch Zauberkräfte zu: Unsere Vorfahren waren davon überzeugt, Dill verleihe Frauen die Macht, ihre Ehemänner zum Schweigen zu brin-gen. Ein Büschel Dill war ein beliebtes Brautgeschenk. In der Frühen Neuzeit kursierte in Deutschland der Spruch: »Ich habe Senf und Dill, mein Mann muss tun, was ich will!«

QUALITÄT UND INHALTSSTOFFE

Dill hat ein belebendes und appetitanregendes Aroma, das an Kümmel, Anis und Petersilie erinnert. Trotzdem ist sein Charakter unverwechselbar. Sein ätherisches Öl besteht nicht nur aus dem Duft- und Geschmacksstoff Carvon, der für die kümmelartige Note sorgt. Es enthält auch Limonen, das ihm ein heiteres, zitrusfruchtiges Prickeln verleiht. Be-vor sich die Blütenknospen bilden, konzentrieren sich der typische Duft und Geschmack des Dills in den gefiederten, zarten Blattspitzen. Erst wenn die Samen – die korrekter-weise Früchte genannt werden müssten – nach der Blüte voll ausgebildet sind und eine hellbraune Farbe angenom-men haben, enthalten sie ausreichend Carvon. Das gibt ih-nen den charakteristischen Dillgeschmack. Er ist allerdings milder und süßlicher als der des frischen Krauts.

VERWENDUNG IN DER KÜCHE

Nicht nur in Skandinavien und Osteuropa, auch im Orient hat Dill einen festen Platz in der Küche. In Griechenland und der Türkei, in Persien, Indien und China würzt er Gerichte mit Reis, Gemüse, Fisch und Fleisch, aromatisiert Suppen und Linseneintöpfe und wird als Zutat für Milchprodukte ge-schätzt. Mit Joghurt, saurer Sahne, Quark und Frischkäse har-moniert er besonders gut, aber auch mit Tomaten, Bohnen und Kartoffeln. Er ist ein ideales Senf- und Dressinggewürz und passt sogar zu Lamm und Leber. Das beweist, welch fas-

ALFONS SCHUHBECK

FEIN ZU FISCH

Dillkraut ist recht empfindlich: Es lässt schnell die Spit-zen hängen und verliert an Aroma. Daher verwende ich das Kraut immer ganz frisch, schneide es erst kurz vor Gebrauch und gebe es dann sofort an das jeweilige Ge-richt. Wegen ihres feinen Aromas und auch aus dekora-tiven Gründen nehme ich hauptsächlich die Spitzen. Zum Marinieren oder Beizen (zum Beispiel von rohem Fisch) oder für Fischfonds kann man auch die ganzen Zweige verwenden, wenn man sie vor dem Servieren wieder entfernt – die Stiele schmecken ähnlich wie Wur-zelgemüse. Da das Aroma von Dill äußerst flüchtig ist, darf man das Kraut niemals lange erhitzen oder mitko-chen. Es eignet sich jedoch gut zum Einfrieren.

Anethum graveolens DILL

zinierende Bandbreite an kulinarischen Möglichkeiten der Dill eröffnet. Man muss ja nicht gleich so weit gehen wie der amerikanische Kulturhistoriker Waverley Root, der Hinweise darauf fand, dass Dill sogar Apfelkuchen aromatisiere. Doch warum eigentlich nicht? Schließlich ist Dill unentbehrlich für die schwedische Spezialität Gravlax (eingedeutscht: Graved Lachs): gebeizten, rohen Lachs mit Dill, Senf- und Pfefferkörnern – und einer beachtlichen Prise Zucker!

Gesundheitsfördernde Eigenschaften

Dill enthält viele gesundheitsfördernde Substanzen, vor allem Mineralstoffe. Ihr Anteil ist besonders hoch und beträgt rund sieben Prozent, wobei Kalium, Kalzium und Schwefel etwa fünf Prozent ausmachen. Auch sein Gehalt an sekundären Pflanzenstoffen, vor allem Karotinoiden, ist beachtlich. Karotinoide zählen zu den sogenannten Antioxidantien – sie schützen den Körper gegen freie Radikale.

Dillkraut
Dill hält sich nicht lange, selbst im Kühlschrank welkt er nach zwei Tagen. Man verwendet ihn am besten so frisch wie möglich.

37

ESTRAGON

In den meisten Ländern Europas war Estragon seit dem Mittelalter im Volksmund als »Drachenkraut« bekannt. Als Gewürz wurde es kaum genutzt. Anders in Frankreich: Die französische Küche wusste die vielfältigen kulinarischen Verwendungsmöglichkeiten des Krauts relativ früh zu schätzen. Seit dem hohen Mittelalter entwickelte sich hier eine Tradition für Gerichte mit Estragon. Marie-Antoine Carême (1784–1833), der Begründer der klassischen französischen Küche, fand sogar, er sei so aromatisch, dass er Salz und Pfeffer ersetzen könne.

HERKUNFT UND GESCHICHTE

Estragon ist ein kulturgeschichtlich eher junges Gewürz. Es darf als gesichert gelten, dass das Kraut ursprünglich in der Steppenlandschaft Sibiriens beheimatet war. Die alten Griechen kannten es und nutzten es für diesen oder jenen Zauber. Sie gaben ihm den Namen *drakos*, »Schlange, Drache«. Daraus wurde im Arabischen die Bezeichnung *tarkhun*, aus dem sich im Deutschen der Begriff »Drakonkraut« entwickelte. Nach Europa kam der Estragon relativ spät. Manche behaupten, er sei erst ab dem 11. Jahrhundert mit den Kreuzrittern vom Orient in den Okzident gereist; andere meinen, schon die Araber hätten ihn im frühen Mittelalter nach der Eroberung Spaniens auf den Fürstentafeln Europas salonfähig gemacht. Tatsache ist, dass der Estragon erst ab 1600 Karriere machte, und zwar in den Töpfen der französischen Hofköche. Seither haucht er einigen Spezialitäten der Grande Cuisine jenen Oh-là-là-Effekt ein, für den sie so berühmt sind. Der Sonnenkönig Ludwig XIV. (1638–1715) befahl, Estragon in seinen königlichen Parks zu kultivieren.

QUALITÄT UND INHALTSSTOFFE

Estragon ist mit dem Beifuß und dem Wermut (*Artemisia absinthium*) verwandt und gehört wie diese zur Familie der Korbblütengewächse. Insbesondere die Verwandtschaft mit dem Wermut ist nicht uninteressant – sie erklärt den deutlichen Anflug von Liköraroma, den man in frischem Estragon ausmachen kann. Mitunter wird der Duft der Blätter mit dem Geschmack von Lakritze verglichen. Vermutlich wird man dem charakteristischen Aroma des Krauts aber eher gerecht, wenn man es als warm, leicht süß, mit Anklängen an Anis, Bergamotte und Ceylon-Zimt beschreibt. Vor allem die getrockneten Blätter wecken die Assoziation an Zimt, wenn sie von guter Qualität, also kräftiggrüner Farbe sind. Von den drei bekannten botanischen Estragonarten – Russischer Estragon, Deutscher Estragon und Französischer Estragon – haben die beiden Letztgenannten das intensivste Aroma. Diese Estragonarten enthalten bis zu

drei Prozent ätherisches Öl, das zu 80 Prozent aus dem Duft- und Geschmacksstoff Estragol besteht. In den restlichen 20 Prozent machen sich unter anderem Eugenol, das auch in Gewürznelken vorkommt, Zimtsäure, Camphen und Limonen bemerkbar. Russischer Estragon, der hierzulande häufig in Gärtnereien angeboten wird, enthält kein Estragol. Will man Estragon selbst für die Küche kultivieren, sollte man daher auf Deutschen oder Französischen zurückgreifen. Allerdings braucht Estragon sehr viel Sonne und Wärme, um sein spezifisches Aroma auszubilden.

VERWENDUNG IN DER KÜCHE

Wohlklingende Namen gehen dem Ruf des Estragons als Küchenkraut voraus; sie zeigen, dass das Gewürz eng mit der Tradition der französischen Küche verbunden ist. Estragon würzt so manche bekannte französische Delikatesse wie die Sauce béarnaise, eine Variante der Remoulade, und sahnige Geflügelragouts wie Hühnchen in Estragonsauce

---

ALFONS SCHUHBECK

WÜRZE FÜR SUPPEN UND SAUCEN

Die frischen Blätter des Estragons haben einen relativ intensiven Geschmack; es empfiehlt sich daher, sie immer mit Bedacht zu dosieren. Ich selbst verwende Estragon gern – natürlich für die Sauce béarnaise, aber auch für helle Fisch- und Geflügelsaucen. Zum Beispiel für eine Weißweinsauce, die ich kurz vor Ende der Garzeit mit einigen Zweigen Estragon aromatisiere. Vor dem Servieren entferne ich die Zweige wieder. Oder ich bereite eine Kräutersuppe mit Petersilie, Kerbel, Brunnenkresse, Bärlauch, Basilikum und Estragon zu. Da Estragon sehr dominierend wirken kann, kombiniere ich ihn gern mit Anis, Fenchel und Knoblauch, weil diese Gewürze ihm die Spitze nehmen.

Artemisia dracunculus **ESTRAGON**

(Coq à l'estragon). Estragon gehört in die klassische Kräutermischung Fines Herbes, die vor allem für Eierspeisen, helles Fleisch und helle Saucen verwendet wird, und würzt diverse Senfsorten und Gewürzessige. Auch zu Fisch passt er wunderbar. Er macht sich gut im Salatdressing, vor allem zu Tomaten. Über die Leibspeise der bürgerlichen französischen Küche, Hühnchen in Estragonsauce, schrieb ein deutscher Restaurantkritiker, die Sauce sei so köstlich, dass man sie »am liebsten mit dem Löffel essen« wolle.

Gesundheitsfördernde Eigenschaften

Estragon enthält Cumarin und ist reich an sekundären Pflanzenstoffen (zum Beispiel Gerbstoffe). Ob Estragon, wie man in volkstümlichen Schriften verschiedentlich lesen kann, tatsächlich ein bewährtes Mittel gegen Schluckauf ist, sei dahingestellt. Medizinisch interessant ist vielmehr, dass das Kraut die Funktionen des Magen-Darm-Trakts unterstützt. In der Volksmedizin wird Estragon als Tee gegen Zahnschmerzen sowie als leichtes Beruhigungsmittel empfohlen.

Estragonblätter
Fein gehackt, passen sie ausgezeichnet zu Erbsen, Pilzen, Salaten und als Würze für Kräuterbutter oder Sauce tartare.

FENCHEL

Möglicherweise ist Karl der Große dafür verantwortlich, dass wir den Fenchel heute mehr als Gemüse und Medizin denn als Gewürz schätzen. Der Frankenherrscher befahl, Fenchel in allen Klostergärten seines Reichs als Heilpflanze anzubauen. Heute verabreichen wir Fenchel in Form von Hustenbonbons oder als Tee gegen Magenbeschwerden. Aber nur die wenigsten wissen, welche geschmackliche Fülle sich in seinen Samen verbirgt. Man braucht sie nur zu kauen – schon erlebt man ein kleines Geschmackswunder.

HERKUNFT UND GESCHICHTE

Als Doldenblütengewächs ist der Fenchel mit Kümmel, Dill und Anis verwandt. Während wir dem Kümmel jedoch ohne weiteres zutrauen, in einem Gericht die Hauptrolle unter den Gewürzen zu spielen, haben wir dem Fenchel bisher eher eine Nebenrolle zugewiesen. Dabei hätte er das Zeug zum Star. Fenchelsamen, die man botanisch korrekt als Früchte bezeichnet, schmecken süßer als Anis, tiefgründiger und vielschichtiger als Kümmel. Ihr Aroma erinnert an Honig, Liebstöckel und ein wenig an Pfeffer. Karl der Große, König der Franken und Kaiser des Weströmischen Reichs (748–814), hatte persönlich angeordnet, den süßen Fenchel in allen Klostergärten seines Reichs anzubauen. Karl verstand sich gut mit Harun ar-Raschid, dem Kalifen von Bagdad (763–809), und hatte durch diesen die Gewürzkultur des Orients schätzen gelernt. Fenchel stammt aus dem Mittelmeerraum, im Vorderen Orient war er zu Karls Zeiten schon seit Jahrtausenden in Gebrauch. Was den Kaiser am Fenchel besonders faszinierte, war dessen Wirksamkeit als Arznei. In der mittelalterlichen Klosterheilkunde wurde der Fenchel, dessen gesundheitsfördernde Wirkungen schon die alten Ägypter kannten, zu einer festen Größe als Hausmittel. Dabei geriet in Vergessenheit, was die Kulturen der Antike an ihm schätzten: Fenchel war für sie – wie auch Granatapfelkerne, Koriander oder Pfeffer – ein unentbehrliches Gewürz für feine Speisen.

QUALITÄT UND INHALTSSTOFFE

Wenn wir von Fenchelsamen sprechen, meinen wir die Früchte des Süßfenchels. Er ist die über Jahrtausende gezüchtete, süßlichere Variante des Bitterfenchels (*Foeniculum vulgare var. vulgaris*), der heute noch im Mittelmeerraum wild wächst. Sowohl die zarten, gefiederten Blätter als auch die Samen des Süßfenchels enthalten ein ätherisches Öl, das in den Samen jedoch wesentlich stärker konzentriert ist. Es besteht bis zu 80 Prozent aus Anethol, das auch in Anis und Sternanis enthalten ist. Aber auch die Duft-

und Geschmacksstoffe Fenchon, Estragol, Limonen und Camphen tragen neben anderen Komponenten zum Facettenreichtum des Süßfenchelaromas bei. Die Früchte des süßen Fenchels behalten nach dem Trocknen ihre helle, gelbgrüne Farbe. Je kräftiger dieses Hellgrün ausfällt, desto besser ist die Qualität der Fenchelsamen.

VERWENDUNG IN DER KÜCHE

Die italienische, insbesondere die toskanische Küche rollt dem Fenchel den roten Teppich aus: Seine Samen geben der berühmten Fenchelsalami Pfiff, sie würzen Schweinebraten, Gemüse, gegrillten Fisch sowie Ragouts und Sugos. Bei uns darf Fenchel als Roggenbrotgewürz seine Talente ausspielen. Dabei knüpfen wir an eine uralte Tradition an, denn schon in der Antike wussten die Griechen und Römer, wie gut sich das Fenchelaroma mit dem Geschmack von Brot verträgt. In der indischen Küche wird Fenchel oft gemeinsam mit oder anstelle von Anis verwendet, auch für die Gewürz-

---

ALFONS SCHUHBECK

PERFEKT FÜR FETTE SPEISEN

Fenchel ist ein ideales Gewürz für fette Speisen, da das ätherische Öl der Fenchelsamen die Fettverdauung unterstützt. Es enthält Substanzen, die die Produktion der Magensäfte anregen. Um diese Wirkung zu erzielen, muss man die Fenchelsamen jedoch vor der Verwendung quetschen (zum Beispiel, indem man sie im Mörser zerstößt), weil sich die gesundheitsfördernden Stoffe nur so herauslösen und mit den anderen Zutaten verbinden können. Ich verwende Fenchel gern für Fischgerichte oder in Verbindung mit Lavendel, dem er etwas von seiner »Seifigkeit« nimmt. Wenn man Fenchelsamen in einer Pfanne ohne Fett röstet, kommt ihre leichte Süße stärker zum Tragen.

Foeniculum vulgare var. dulce **FENCHEL**

mischung Garam Masala wird er gebraucht. Besonders gut harmoniert er mit Muskatnuss, Kümmel und Zitronenschale, zum Beispiel als raffinierte Würze für Kartoffelpuffer.

Gesundheitsfördernde Eigenschaften

Die heilkundige Äbtissin Hildegard von Bingen (1098–1179) hielt Fenchel für eines der wichtigsten Heilkräuter. Sie empfahl ihn sogar bei Augenleiden. Damit griff sie ein Erfahrungswissen der Volksmedizin auf, die abgekühlten Fencheltee gegen Sehstörungen verwendete. Allgemein bekannt ist, dass das ätherische Öl der Fenchelsamen Wirkstoffe enthält, die sich wohltuend auf den Magen-Darm-Bereich auswirken. Sie haben entzündungshemmende, krampflösende und harntreibende Eigenschaften. Außerdem können Fenchelsamen antibakteriell und desinfizierend wirken, da sie die Bildung von Keimen hemmen. Wissenschaftliche Studien haben auch ergeben, dass Fenchel Substanzen enthält, die die Funktion der Flimmerhärchen in den Atemwegen (Bronchien und Nase) unterstützen und somit schleimlösend wirken. Fencheltee ist daher nicht nur ein wohltuendes Mittel bei Magenbeschweden, sondern auch bei Katarrh. Ob Fenchelsamen jedoch tatsächlich fröhlich stimmen, wie die heilige Hildegard von Bingen meinte, konnte bislang wissenschaftlich nicht bestätigt werden.

Fenchelsamen
Ihre Farbe variiert zwischen Hellbraun und Grünlichgelb. Je kräftiger dieses Hellgrün ausfällt, umso besser ist die Qualität der Fenchelsamen.

GALGANT

Wenn man einen prominenten Bruder hat, ist es nicht leicht, aus dessen Schatten zu treten. So ergeht es auch dem Galgant: Wann immer man in der Küche Galgant verwenden könnte, hat man den beliebteren Ingwer meist schon zur Hand. Das war nicht immer so – auch der Galgant hatte seine Glanzzeiten. Die Knollen schmecken nämlich pfeffriger als Pfeffer, und genau dies wurde ihnen zum Verhängnis. Denn als Echter Pfeffer erschwinglicher wurde, geriet der Galgant ins Hintertreffen. Doch diese Zeiten sind vorbei: Galgant ist wieder im Kommen.

HERKUNFT UND GESCHICHTE

Ursprünglich stammt Galgant aus dem südlichen China oder Südostasien (Java). Nach Europa kam er erst relativ spät, nämlich im 9. Jahrhundert. Byzanz und die Hafenstädte des Vorderen Orients waren die Umschlagplätze, an denen die Araber und Byzantiner ihren Gewürzhandel trieben, auch mit dem Europa des Mittelalters. Doch gerade als der Gewürzhandel mit Indien und Fernost gegen Ende des Mittelalters bei uns vollends in Schwung kam, verschwand der Galgant aus unseren Küchen. Bis dahin hatte er in Europa hauptsächlich als Pfefferersatz gedient. Galgantpulver entfacht auf der Zunge ein Geschmacksszenario in drei Akten: Für einen Bruchteil von Sekunden schmeckt es limettenfruchtig wie Ingwer, dann wird es pfeffrig scharf, um schließlich in eine angenehme Herbheit überzugehen, wie bei einem guten italienischen Amaro (Bitterlikör). Diese Pfeffrigkeit ist für den, der Galgant nicht kennt, eine Überraschung. Sie hat etwas Erfrischendes – und genau das hat unsere Vorfahren wohl so am Galgant fasziniert.

QUALITÄT UND INHALTSSTOFFE

Galgant ist in drei Varianten auf dem Markt: als frische Wurzel, als getrocknete Wurzel (in Scheiben) und als Pulver. Frische Wurzeln gibt es in zwei Sorten: Großer Galgant *(Alpinia galanga)* und Kleiner Galgant *(Alpinia officinarum)*. Der Kleine Galgant ist bei uns weniger bekannt und seltener im Handel. Botanisch korrekt spricht man eigentlich nicht von Wurzeln. Wie der Ingwer ist Galgant ein sogenanntes Rhizom, ein knolliger Wurzelstock. Er sieht auch ähnlich aus wie Ingwer und hat ebenfalls verdickte Finger, doch seine Schale ist transparenter, heller und weist die typischen orange-braunen »Tigerstreifen« auf. Die eigentümliche Pfeffrigkeit von Galgant ist in zimtige, holzige und zitrusfruchtartige Nuancen eingebettet. Sein ätherisches Öl setzt sich unter anderem aus den Duft- und Geschmacksstoffen Zimtsäure, Cineol, das auch im Eukalyptus enthalten ist, Eugenol, das man ebenso in Gewürznelken findet, Bergamoten

und Kampfer zusammen. Außerdem enthält es ein Harz, das die Schärfe liefert und auch im Ingwer vorkommt. Dieses Harz bezeichnete man früher als Galangol oder Alpinol, heute zählt man es zur Gruppe der Gingerole. Im getrockneten Galgant – und damit auch im Pulver – kommt der Geschmacksstoff Farnesen besonders zum Tragen. Er ist zum Beispiel auch im schwarzen Pfeffer und in manchen Minzesorten enthalten.

VERWENDUNG IN DER KÜCHE

Die Küchen Chinas, Südostasiens und Thailands haben Galgant über Jahrtausende die Treue gehalten. Nicht umsonst nennt man ihn auch »Thai-Ingwer«. Viele Spezialitäten der thailändischen Küche erhalten ihren typischen Geschmack unter anderem durch Galgant. Beispielsweise die auch bei uns in thailändischen Restaurants beliebten Suppen Tom yam, eine klare Brühe mit fruchtig-säuerlicher Note, und Tom khaa, eine scharfe Hühnersuppe mit Kokosmilch.

ALFONS SCHUHBECK

WIRKSAM WIE EIN DIGESTIF

Galgant kann – wie frischer Ingwer auch – je nach Bedarf in Scheiben geschnitten, gehackt oder gerieben verwendet werden. Seine Schärfe ist weniger beißend als die des Ingwers. Sie tendiert mehr ins Pfeffrige und harmoniert deshalb sehr gut mit Fleisch, aber auch mit kräftigeren, kohlenhydratreichen Gemüsesorten wie Kürbis oder Kartoffeln. Auch beim Würzen fetthaltiger Speisen wie Schweinebraten, Gans oder Ente erweist sich eine Spur Galgant als hilfreich. Denn Galgant enthält wertvolle Bitterstoffe, die sich positiv auf die Verdauung auswirken. Er ist deshalb eine wichtige Zutat vieler Kräuter-Digestifs. An Gewürzmischungen mit Ingwer gebe ich immer auch eine kleine Menge Galgant.

Alpinia galanga, Alpinia officinarum **GALGANT**

Frischer Galgant würzt die thailändische rote und grüne Currypaste. Galgantpulver indessen gehört in die marokkanische Gewürzmischung Ras-el-Hanout. Getrocknete Galgantscheiben müssen vor Gebrauch eine halbe Stunde eingeweicht werden; vor dem Servieren sollte man sie entfernen. Sie verleihen Suppen, Saucen, Fonds und Schmorgerichten eine feinherbe, nicht zu aufdringliche Pfeffernote. Galgantpulver passt gut zu Fleisch (Wild, Rind, Schwein) – vor allem zu Grillfleisch – sowie zu herzhaften Festtagsbraten (Ente und Gans).

GESUNDHEITSFÖRDERNDE EIGENSCHAFTEN

Das ätherische Öl des Galgantwurzelstocks enthält Bitterstoffe, die funktionellen Störungen der Gallenblase vorbeugen können. Außerdem regen seine Scharfstoffe die Durchblutung an und wirken entzündungshemmend. Galgant hat deshalb als Heilmittel in der indischen wie auch in der Traditionellen Chinesischen Medizin eine lange Geschichte. Hildegard von Bingen (1098–1179) empfahl die Einnahme von Galgantpulver bei Magen-Darm-Krämpfen und leichteren Gallenbeschwerden.

Galgantwurzel
Galgant ist ein Verwandter des Ingwers. Wenn man ihn frisch verwendet, schmeckt er jedoch milder als dieser.

Galgantpulver
Es schmeckt herber und schärfer als frischer Galgant. In Duft und Farbe erinnert es an Kassia-Zimt.

43

GEWÜRZNELKEN

Bereits Jahrhunderte vor Christi Geburt waren Gewürznelken bei den Indern und Chinesen bekannt und begehrt. Im antiken Rom wurden sie als Luxusgut gehandelt, und im Mittelalter durften sie als erlesene Spezerei auf keiner Fürstentafel fehlen. Damals glaubte man, der Duft der Nelken könne »Tod und Teufel« und vor allem die Pest abwehren. Doch um die duftenden Blütenknospen rankt sich nicht nur mancher Wunderglaube. Ihre Geschichte ist gespickt mit klangvollen Namen und handelt von tollkühnen Seefahrern, Kriegen und Machthunger.

HERKUNFT UND GESCHICHTE

Bis vor 200 Jahren gedieh der tropische Gewürznelkenbaum, ein Myrtengewächs, einzig und allein auf den Molukken – jenen sagenumwobenen Inseln im Pazifischen Ozean, die heute zu Indonesien gehören. Wahrscheinlich brachten malaiische Seefahrer die ersten Nelken ans Festland, wo chinesische Händler den Weitertransport übernahmen. Durch die Araber gelangte das Nelkengewürz schließlich in den Mittelmeerraum. Während in der römischen Antike die ägyptische Hafenstadt Alexandria der Hauptumschlagplatz für Gewürze war, nahm später Venedig diesen Rang ein. Wo die begehrten Gewürznelken eigentlich herkamen, das wussten allerdings auch die venezianischen Kaufleute nicht genau. Jahrhundertelang spekulierten Gelehrte über ihre Herkunft. Händler, die es wussten, hüteten ihr Geheimnis wie einen Schatz, um sich Konkurrenten vom Leib zu halten. Entdecker wie Marco Polo, Christoph Kolumbus und Vasco da Gama stachen in See, um die Heimat der Nelken zu finden. 1512 waren die Portugiesen am Ziel: Sie brachten den Nelkenhandel von den Molukken aus in ihre Hände. Was dann folgte, waren erbitterte Machtkämpfe zwischen den europäischen Seemächten. Es wurde ein hoher Blutzoll gezahlt, denn mit Gewürznelken ließ sich ein Vermögen machen. 1669 entschieden die Holländer den Kampf für sich. Sie verhängten die Todesstrafe für jeden, der versuchte, die Pflanze von den Gewürzinseln zu schmuggeln. 1766 gelang es dem französischen Naturforscher Pierre Poivre, einige Setzlinge heimlich nach La Réunion und Mauritius zu bringen. Der Weg für den weltweiten Nelkenhandel war frei.

QUALITÄT UND INHALTSSTOFFE

Weil Gewürznelken handgeschmiedeten Nägeln ähnlich sehen, nannte man sie im Mittelalter »Nägelein« – daraus hat sich der Name »Nelke« entwickelt. Was wie ein kleiner Nagel aussieht, ist die von vier Kelchblättern gehaltene Knospe der Gewürznelkenblüte. Die kurzen Stängelchen müssen von Hand geerntet werden, noch bevor sie sich öffnen.

Das ist mühsam und zeitaufwendig und daher bis heute kostspielig. Nach der Ernte werden die grünen Blütenknospen in der Sonne getrocknet; dabei verfärben sie sich dunkelbraun. Verglichen mit anderen Gewürzen, enthalten Nelken ungewöhnlich viel ätherisches Öl: Sein Anteil kann bis zu 15 Prozent betragen. Dieses Öl besteht bis zu 85 Prozent aus dem Duft- und Geschmacksstoff Eugenol. Es schmeckt süß wie Dörrobst, pfeffrig, extrem würzig und ein wenig nach Zedernholz. Ein Aroma, das im besten Sinne des Worts betäubend wirkt, denn Eugenol hat desinfizierende und schmerzstillende Eigenschaften.

VERWENDUNG IN DER KÜCHE

Gewürznelken sollte man im Ganzen kaufen – gemahlen verlieren sie schnell an Aroma. Gute Qualität erkennt man an den Nägeln mit Köpfen: Die geschlossenen Blütenknos-

ALFONS SCHUHBECK

MIT ODER OHNE KÖPFCHEN

In der süßen Küche sind Nelken für mich unverzichtbar, um zum Beispiel Gewürz- und Lebkuchen ihr unverwechselbares Aroma zu verleihen. Auch in einigen meiner Gewürzmischungen, wie dem Apfelkuchen- oder dem Blaukrautgewürz, geben sie den Ton an. In anderen Kompositionen, etwa dem Wild- oder dem Arabischen Kaffeegewürz, setze ich die leicht pfeffrige Note der Gewürznelken ein, um den Geschmack harmonisch abzurunden. Auch mit Tomaten und Lorbeer harmonieren sie gut. Weil Nelken ein sehr intensives Aroma besitzen, sollte man sie vorsichtig dosieren. Der größte Anteil des ätherischen Nelkenöls sitzt in den kleinen Knospenköpfen. Wer nur ein leichtes Nelkenaroma wünscht, sollte deshalb die Köpfchen abknipsen und lediglich die Stängel an das Gericht geben.

Syzygium aromaticum **GEWÜRZNELKEN**

pen stecken unversehrt und fest in den Kelchblättern. Wenn die Nelkenköpfchen bei leichtem Druck zwischen den Fingern einen Teil ihres Öls abgeben, ist das ein Qualitätsmerkmal. Weil Nelkenöl sehr intensiv ist, kann es andere Gewürze und Zutaten leicht dominieren. Und doch wären die englische Worcestershiresauce, das chinesische Fünf-Gewürze-Pulver, das indische Garam Masala, die französische Gewürzmischung Quatre Épices, Glühwein und Feuerzangenbowle, Lebkuchen und Zwetschgenmus ohne Nelkenaroma nicht das, was sie sind. Aus der bürgerlichen Küche des 19. Jahrhunderts ist ein reizvoller Tipp für feinen Reis überliefert: Dieser bekäme eine besondere Note, wenn man während des Dämpfens eine Gewürznelke hinzufüge.

GESUNDHEITSFÖRDERNDE EIGENSCHAFTEN

Nelkenöl gilt als stärkster Radikalfänger unter den Gewürzen. Es wirkt antibakteriell, antiviral und antiseptisch, wobei die meisten Wirkstoffe in den Blütenknospen sitzen. Seit alters wird Nelkenöl als Heilmittel bei entzündlichen Insektenstichen und Entzündungen im Mund- und Rachenraum verwendet. In der Zahnheilkunde kommt Nelkenöl zum Einsatz, weil es neben keimtötenden auch leicht schmerzstillende Eigenschaften besitzt. Dank des Wirkstoffs Aceteugenol hat Nelkenöl krampflösende Eigenschaften und kann lindernd bei Verdauungsbeschwerden wirken. Die in Gewürznelken enthaltenen Gerbstoffe können außerdem die Gallensaftproduktion unterstützen.

Gemahlene Gewürznelken

Von der würzigen Schärfe gemahlener Nelken profitieren berühmte Gewürzmischungen wie das indische Garam Masala oder das chinesische Fünf-Gewürze-Pulver.

Ganze Gewürznelken

Erst nach dem Trocknen nehmen die Knospen ihre rötlich schokoladenbraune Farbe an.

INGWER

Nur die wenigsten würden wohl vermuten, dass Ingwer im Mittelalter hierzulande eine feste Größe in der Küche war. Die scharfen Knollen galten damals als der »Pfeffer der armen Leute«, da sich den Echten Pfeffer nur die reiche Oberschicht leisten konnte. Wie die meisten aromatisch duftenden Gewürze galt Ingwer früher als Aphrodisiakum. Auch bei Seekrankheit und Magenbeschwerden vertraute man auf seine Heilwirkung. Mit dem Siegeszug der asiatischen Küche erlebte der Ingwer bei uns in jüngster Zeit eine eindrucksvolle Renaissance.

HERKUNFT UND GESCHICHTE

Woher der Ingwer kommt, war in der Forschung lange umstritten. Seine ursprüngliche Heimat ist das Gebiet zwischen Südostchina und Nordindien. Die Kulturgeschichte der Knolle beginnt etwa 4000 v. Chr., als es zwischen den chinesischen, indischen und südpazifischen Inselvölkern eine große Wanderungsbewegung gab. Mit ihr nahm auch die Geschichte des Ingwers ihren Lauf: Um 1000 v. Chr. hatte er im Mittelmeerraum Fuß gefasst. Das erlaubte es den Römern der Antike, reichlich Ingwer zu konsumieren. Sie importierten ihn aus den Hafenstädten Ägyptens und Vorderasiens. Die scharfen Knollen waren bei ihnen so begehrt, dass man sie sogar mit einer Luxussteuer belegte. Besonders beliebt in den Küchen der antiken römischen Oberschicht war ein Würzsalz, das mit Ingwer aromatisiert wurde. Es verlieh vor allem Würsten und Braten den letzten Schliff. Auch im europäischen Mittelalter wollte man nicht auf Ingwer verzichten – wohl auch, weil man sich von ihm hilfreiche Dienste in Liebesangelegenheiten versprach. Im 19. Jahrhundert lernten die britischen Kolonialherren Ingwer in Indien kennen und schätzen: Bis heute würzt er in der englischen Küche Plätzchen, Kuchen, Bier und Limonade.

QUALITÄT UND INHALTSSTOFFE

Im botanischen Sinn ist der Ingwer keine Wurzel, sondern ein Rhizom – so nennt man den Wurzelstock aus unterirdischen knolligen Trieben, die sich in die Erde graben. Die Ingwerpflanze ist ein dem Bambus ähnliches Schilfgewächs und mit der Kurkuma und dem Galgant verwandt. Ingwer wird heute beinahe rund um den Globus angebaut: in Nordafrika sowie in den tropischen Klimazonen Südchinas, Südostasiens, Indiens, Südamerikas, Jamaikas und Australiens. Frisch geschälter Ingwer duftet nach Limettenschale. Seine Schärfe hat ähnlich Biss wie die von Chilischoten und wärmt von innen. Der Ingwer aus Jamaika gilt wegen seines feinen, fruchtigen Aromas als der beste. Frischer Ingwer hat eine glatte, seidig glänzende, hellkaramellfarbene Haut ohne

Falten und Runzeln. Er wird vor der Verschiffung gewaschen und kurz getrocknet. Das Fleisch der frischen Ingwerwurzel ist zartgelb und keineswegs faserig, sondern saftig und knackig. Für die Schärfe ist ein würziges Harz verantwortlich, in dem die Schärfestoffe Zingeron, Gingerol und Shoagol eingebunden sind. Je länger die Ingwerwurzel gelagert wird, desto mehr wandeln sich die schärferen Gingerole in die milderen Shoagole um. Ingwerpulver aus getrockneten Knollen kommt an die erfrischende Zitrusfruchtigkeit der frischen zwar nicht heran, aber seine prickelnde Schärfe verleiht vielen Gerichten eine wärmende Note.

VERWENDUNG IN DER KÜCHE

Die Schärfe des Ingwers hat durchaus etwas Freches und Herausforderndes. Trotzdem ist die Knolle sozusagen ein »Teamplayer«, weil sie die Qualitäten anderer Aromen unterstützt. Besonders gut harmoniert Ingwer mit Basilikum,

ALFONS SCHUHBECK

DAS NATURWUNDER AUS FERNOST

Knoblauch und Ingwer sind das Traumpaar schlechthin in meiner Küche. Ich kombiniere die beiden Gewürze immer wieder gern miteinander. Und das nicht nur, weil Ingwer den Knoblauch bekömmlicher macht und seinem Geschmack etwas die Spitze nimmt. Als Duo verstärken die beiden auch ihre positive Wirkung auf unsere Gesundheit: Wenn man sie zusammen verwendet, erhöht das die antioxidative Wirkung beider Gewürze um 50 Prozent! Übrigens: Ingwer eignet sich für süße und salzige Speisen. Er muss nicht geschält werden, wenn man ihn in Scheiben geschnitten in ein Gericht gibt und mitziehen lässt. Seine Schale enthält viele wertvolle Inhaltsstoffe. Möchte man ihn aber hacken oder reiben, sollte man die Schale vorher unbedingt entfernen.

Zingiber officinale **INGWER**

Chili, Limetten und Zitronen, Zitronengras, Kaffirlimettenblättern und Koriandergrün. Frischer Ingwer wird in Scheiben geschnitten, fein gehackt oder gerieben verwendet. Es lohnt sich, auf sehr frische Ware zu achten: Die Wurzeln sollten sich fest anfühlen und keine schrumpeligen Stellen aufweisen. Für Dressings und Marinaden, die man nur leicht aromatisieren möchte, reibt man die frische Ingwerwurzel. Ingwerpulver ist unentbehrlich in der Lebkuchen- und Printenbäckerei. Und auch die traditionelle Gewürzmischung der französischen Küche, Quatre Épices, mit Muskatnuss, schwarzem Pfeffer und Gewürznelken, wäre ohne Ingwerpulver nicht vollständig.

GESUNDHEITSFÖRDERNDE EIGENSCHAFTEN

Im Islam gilt das Aroma des Ingwers als paradiesischer Duft; es heißt dort, es würze das Wasser im »Brunnen der Seligen«. Ingwer enthält viele wertvolle Mineralstoffe wie Kalium, Kalzium, Phosphor, Magnesium und Eisen. Er fördert die Sekretproduktion von Magen und Gallenblase und schützt die Magenschleimhaut. Bereits in der mittelalterlichen Heilkunde war Ingwer für seine schmerzstillenden, entzündungshemmenden und antibakteriellen Eigenschaften bekannt. Er hilft, das Herz-Kreislauf-System zu stärken und den LDL-Cholesterin- sowie den Blutzuckerspiegel zu senken. Zudem fördert er die Fließeigenschaften des Bluts.

Ingwerwurzel
Gute Qualität erkennt man daran, dass die Wurzel bei leichtem Druck nicht nachgibt und eine mattglänzende, unversehrte Schale hat.

Geschroteter Ingwer
Er eignet sich vor allem als Bestandteil von Mischungen für Gewürzmühlen.

Ingwerpulver
verleiht Ragouts und Braten sowie traditionellem Weihnachtsgebäck eine feine Hintergrundschärfe.

KAFFIRLIMETTENBLÄTTER

Die Blätter des Kaffirlimettenbaums sind bei uns mittlerweile fast so bekannt wie Zitronengras. Der erfrischend zitronige Duft, der von ihnen ausgeht, ist angenehm belebend und appetitanregend. Ein paar Blätter reichen aus, um so manchem Gericht eine sonnige, tropische Note zu verleihen. Und auch optisch machen die Limettenblätter einiges her: In frischem Zustand sind sie sattgrün und haben eine weiche, glänzende Oberfläche – ganz anders als die Kaffirlimetten selbst, die eine runzelige, dicke Schale umgibt.

HERKUNFT UND GESCHICHTE

Der immergrüne, niedrig wachsende Kaffirlimettenbaum ist ein sogenanntes Rautengewächs der Gattung *Citrus*. Nichtsdestotrotz ist er eher im weiteren als im engeren Sinn mit dem Zitronen-, Limetten- und Orangenbaum verwandt. Er ist ein Kind der Tropen und kommt ursprünglich aus Südostasien. Es ist also nur natürlich, dass die Würze seiner Blätter vor allem die Küche Thailands geprägt hat. Die Herkunft des deutschen Namens »Kaffir« lässt sich nicht eindeutig bestimmen. Sprachforscher vermuten, dass er sich vom arabischen *kafir* herleitet, was übersetzt »Ungläubiger« bedeutet. Diese Bezeichnung rührt aus der Zeit, als die Islamisierung mancher Regionen Südostasiens noch nicht begonnen hatte. Vor dem weltweiten Siegeszug der thailändischen Küche waren Kaffirlimettenblätter außerhalb Thailands kaum bekannt. Mitterweile werden Kaffirlimettenbäume auch in anderen Regionen der Erde kultiviert, insbesondere in Indonesien, Australien und den USA.

QUALITÄT UND INHALTSSTOFFE

Der Kaffirlimettenbaum ist eine ergiebige Küchenpflanze, da sowohl seine zitrusartigen Früchte als auch seine Blätter kulinarisch reizvoll sind. Die reifen Früchte haben eine gelblich hellgrüne Farbe, ähnlich der von Granny-Smith-Äpfeln. Ihre Schale ist dick, auffallend großporig und unregelmäßig genoppt und wird als Würze entweder fein abgerieben oder hauchdünn abgeschält. Das Innere der Frucht wird hingegen kulinarisch kaum genutzt, da die Früchte sehr sauer sind. Die Blätter der Kaffirlimette sind dank ihrer charakteristischen Form einfach zu erkennen: Es handelt sich um Doppelblätter, die eins hinter dem anderen miteinander verwachsen sind. Die Blätter enthalten ein ätherisches Öl, das zu 80 Prozent aus Citronellal und zu zehn Prozent aus Citronellol besteht und darüber hinaus Spuren von Nerol und Limonen aufweist. Citronellal kommt auch in der Zitronenmelisse und im Zitronengras vor. Citronellol ist ein Hauptbestandteil der Duft- und Aromastoffe von Zitrusfrüchten.

Wegen des geringen Anteils an Citronellol fehlt den Kaffirlimettenblättern die Säure von Zitrusfrüchten; ihr Aroma ist wesentlich eleganter. Frische Kaffirlimettenblätter erkennt man daran, dass sie sich wie weiches Leder anfühlen und eine glänzend tannengrüne Farbe haben. Die getrockneten Blätter sind blassgrün und aromatisch wenig interessant: Ihnen fehlt es an Duftigkeit und appetitlicher Frische.

VERWENDUNG IN DER KÜCHE

Kaffirlimettenblätter sind das A und O in der thailändischen Küche. Ihr Aroma erinnert zwar an Limetten, Zitronen und Orangen, ist jedoch mit keiner Zitrusfrucht eindeutig vergleichbar. Manche beschreiben es als cremig, weil es weicher und milder wirkt als das anderer Zitrusfrüchte. Darüber hinaus weist es eine leichte Bitternote auf. Auch die Früchte des Kaffirlimettenbaums sind nicht mit den bei uns handelsüblichen Limetten zu verwechseln. Jedoch kommen sie hierzulande – anders als die Blätter – nur selten auf den Markt.

ALFONS SCHUHBECK

I-TÜPFERL DER THAILÄNDISCHEN KÜCHE

Hauchfein geschnittene frische Kaffirlimettenblätter sind nicht nur optisch ein Genuss. Sie ergänzen sich geschmacklich perfekt mit frischen Chilischoten, Korianderblättern, Ingwer und sogar Vanille. Und farblich setzen sie asiatischen Gerichten sowieso das i-Tüpferl auf. Ich verwende sie übrigens auch gern zum Würzen von Hühnersuppe, Fisch und Schalentieren, wie zum Beispiel Jakobsmuscheln – vor allem, wenn ich dazu Saucen und Vinaigrettes serviere, die ich mit Limettensaft aromatisiert habe. Obwohl die Früchte und Blätter der Kaffirlimette mit denen der Limette nicht identisch sind, ähneln sich beide im Aroma und verstärken sich gegenseitig in ihrem Duft und Geschmack.

Citrus hystrix **KAFFIRLIMETTENBLÄTTER**

Fein gerieben, sind Kaffirlimettenblätter Bestandteil der grünen und roten Thai-Currypaste; ihr mildzitroniges Aroma harmoniert bestens mit der sahnigen Konsistenz von Kokosmilch. In der indonesischen Küche verwendet man fein zerriebene, getrocknete oder zerstampfte frische Kaffirlimettenblätter zum Abschmecken von Gewürzmischungen und -pasten wie Sambal Bajak. Beim Pochieren von Fisch oder beim Dämpfen von Gemüse und Reis geben ein, zwei mitgegarte frische Kaffirlimettenblätter eine feine Note an das Gericht. Zum Aromatisieren von Speisen, die länger garen (zum Beispiel Currys), fügt man die ganzen Blätter schon während des Kochens hinzu, allerdings erst die letzten zehn, fünfzehn Minuten vor Ende der Garzeit. Sollen die Blätter mitgegessen werden, muss man vor der Verarbeitung den etwas harten Mittelstrang entfernen: Dafür faltet man jedes Blatt einmal der Länge nach in der Mitte und zupft den biegsamen Stiel von oben nach unten heraus. Anschließend kann man die Blätter in feinste Streifen schneiden.

Gesundheitsfördernde Eigenschaften

Bislang wurden die möglichen gesundheitsfördernden Wirkungen von Kaffirlimettenblättern kaum umfassend untersucht. Jedoch konnte in einigen wenigen pharmakologischen Studien nachgewiesen werden, dass sie antioxidative Eigenschaften besitzen sowie leicht antibakteriell und entzündungshemmend wirken.

Kaffirlimettenblätter
Für ein dezentes Zitrusaroma gibt man sie, in feinste Streifen geschnitten, kurz vor dem Servieren an ein Gericht.

KARDAMOM

Auf den berühmten Gewürzstraßen des Orients wurde bereits in vorchristlicher Zeit mit Kardamom Handel getrieben. Der Verwandte von Ingwer und Kurkuma wird gern als »König der Gewürze« gepriesen – neben Safran und Vanille zählt er zu den kostbarsten Gewürzen der Welt. Für ihren Preis haben die äußerlich eher unscheinbaren Kardamomsamen auch einiges zu bieten: Sie sind mit vielen kulinarischen Talenten gesegnet, bringen Magen und Darm auf Trab und enthalten außerdem einen Stoff, der ähnlich belebend wie Koffein wirkt.

HERKUNFT UND GESCHICHTE

Kardamom stammt ursprünglich aus Indien und Sri Lanka und war bereits im 3. Jahrtausend v. Chr. zwischen Euphrat und Tigris sowie in China als Heil- und Gewürzpflanze bekannt. Per Schiff und auf Karawanenpfaden transportierten orientalische Gewürzhändler Säcke mit Kardamom bis an die östliche Mittelmeerküste. Zur Zeit der römischen Antike blühte zwischen Rom und den Küstenstädten Nordafrikas und Vorderasiens ein reger Handel. Vom Ende des 2. Jahrhunderts ist uns eine Zollliste der ägyptischen Hafenstadt Alexandria erhalten geblieben. Darin ist Kardamom neben Spezereien wie Safran und Datteln als Handelsgut verzeichnet. Im europäischen Mittelalter war er ebenfalls wohlbekannt: Im »Parsifal« des mittelhochdeutschen Dichters Wolfram von Eschenbach wird ein prunkvoller Teppich beschrieben, der mit Kardamom, Muskatnüssen und Gewürznelken verziert ist. Zur damaligen Zeit galten diese Gewürze als wertvolle Kostbarkeiten. Heute stammt die Welt-Kardamomernte etwa zur Hälfte aus Guatemala, aber auch Indien und Sri Lanka haben einen bedeutenden Anteil an der Produktion. Die Plantagen in Guatemala gründeten deutsche Siedler Ende des 19. Jahrhunderts.

QUALITÄT UND INHALTSSTOFFE

Kardamom kommt in unterschiedlichen Arten vor, bei uns ist Grüner Kardamom die gebräuchlichste. In der Gebirgsregion des Himalaja, in Südchina, Südostasien und Afrika gedeihen auch sogenannte schwarze Arten, die je nach Herkunft botanisch *Amomum* oder *Aframomum* genannt werden. Anders als der Grüne Kardamom werden sie über offenem Feuer getrocknet, was ihnen ein rauchig-würziges Aroma verleiht. Je nach Art enthält Kardamom drei bis zehn Prozent ätherisches Öl. Es setzt sich unter anderem aus den Duft- und Geschmacksstoffen Limonen, Menthon, das sich auch in der Pfefferminze und in Geranien findet, Cineol, das im Eukalyptus enthalten ist, sowie Myrcen zusammen, welches dem Kardamom einen rosenähnlichen Anflug verleiht.

Das ätherische Öl ist in den Samen der Kardamomkapseln am höchsten konzentriert. Bei Kontakt mit der Luft verflüchtigt es sich rasch. Gute Qualität erkennt man an den geschlossenen Kapseln, die man zwischen den Fingern quetscht, um sie aufzubrechen. In ihrem Inneren sitzen bis zu 20 dunkelbraune Samenkörnchen, die leicht knuspern, wenn man sie zerkaut.

VERWENDUNG IN DER KÜCHE

Kardamom ist ein Verwandlungskünstler. Der Duft seiner Samenkapseln hat etwas Balsamisches, Wärmendes und weckt Assoziationen an heißen Kakao und dunkle Schokolade. Zerkaut man jedoch die Samenkörner, wird schnell klar, weshalb Kardamom zur Familie der Ingwergewächse zählt: Ähnlich wie Ingwer hat er eine fruchtig-erfrischende, von Kampfer und Eukalyptus umspielte Schärfe. In Indien aromatisiert man mit Kardamom unter anderem den traditionellen Gewürztee Chai Masala. In Europa ist Kardamom

ALFONS SCHUHBECK

KLEINE KAPSELN, GROSSE WIRKUNG

Kardamom ist nicht nur ein perfektes Kaffeegewürz, sondern auch ein wichtiger Bestandteil des Currypulvers. Überhaupt ist er ein ideales Kombinationsgewürz: Er harmoniert mit vielen Gewürzen, die in unserer Küche eine lange Tradition haben, zum Beispiel mit Anis, Kümmel und Fenchel. Hervorragend passt er auch zu Nelken, Sternanis, Zimt, Zitrusschalen und Vanille. Ich verwende ihn sowohl für salzige Gerichte als auch für Desserts. Wenn ich eine Speise nur leicht aromatisieren möchte, nehme ich die ganze Kapsel, lasse sie kurz mitziehen und entferne sie dann wieder. Um Kardamom besonders fein zu dosieren, gebe ich die angedrückten Schalen und Samen in eine Gewürzmühle.

Elettaria cardamomum, Amomum, Aframomum **KARDAMOM**

unentbehrlich für Lebkuchen, englisches Ginger Bread oder skandinavische Pfefferkuchen. Überhaupt schätzen die Küchen Skandinaviens Kardamom sehr – und zwar schon seit den Zeiten der Wikinger, die den Kardamom aus Indien in den rauen Norden brachten. Das butterknusprige dänische Plundergebäck wäre ohne Kardamom nur halb so köstlich, und nordische Würste und Pasteten erhalten durch Kardamom eine warme Note. Auch berühmte Gewürzmischungen wie das äthiopische Berbere, das nordindische Garam Masala, das marokkanische Ras-el-Hanout sowie das arabische Baharat kommen nicht ohne Kardamom aus.

Weil Kardamom an der Luft schnell an Aroma verliert, ist es wichtig, die Kapseln immer erst unmittelbar vor der Verwendung aufzubrechen.

Gesundheitsfördernde Eigenschaften

In der Erfahrungsheilkunde gilt Kardamom als Tonikum, als Mittel zur Stärkung von Körper und Geist. Er besitzt krampflösende Eigenschaften, regt die Produktion der Magen- und Gallensäfte an und schützt die Magenschleimhaut. Außerdem unterstützt er den Gehirnstoffwechsel und wirkt sich ähnlich konzentrationsfördernd aus wie Koffein.

Schwarze Kardamomkapseln
Sie sind kein Ersatz für Grünen Kardamom, sondern ein eigenständiges Gewürz, das vor allem in der indischen Küche von Bedeutung ist.

Grüne Kardamomkapseln
Als Zeichen von hoher Qualität gelten die limettengrüne Färbung sowie fest geschlossene, unversehrte Kapseln.

KERBEL

Kerbel ist ein typisch europäisches Würzkraut, das vor allem in der französischen und süd-deutschen Küche eine Rolle spielt. Schon die Römer der Antike fanden an ihm Gefallen. Die zarten, gefiederten Blätter des Kerbels duften stärker, als sie schmecken. Wegen dieser Duftigkeit sind sie ein unverzichtbarer Bestandteil vieler Gerichte, die bei uns traditioneller-weise den Frühling einläuten: Die Frankfurter Grüne Sauce zählt dazu, aber auch eine Sauce hollandaise zu Spargel, die mit fein gehacktem Kerbel aromatisiert wird.

HERKUNFT UND GESCHICHTE

Wie die Petersilie und der Dill ist auch der Gartenkerbel ein Doldenblütengewächs. Der Wiesenkerbel, ein naher Verwandter des Gartenkerbels, kommt in Mittel-, Süd- und Osteuropa wild vor. Die ursprüngliche Heimat des Gartenkerbels liegt im Kaukasus und in Südosteuropa. Früheste Hinweise darauf, dass Kerbel gezielt kultiviert wurde, datieren aus der römischen Antike. Im antiken Griechenland hingegen scheint der Kerbel als Heil- und Küchenkraut noch unbekannt gewesen zu sein. Dafür schätzten ihn die Römer umso mehr: Das berühmte Kochbuch des Apicius (»De re coquinaria«, »Über die Kochkunst«) enthält ein Rezept für Kerbel-Hühnchen. Ob die Römer bei ihren Eroberungszügen in Germanien und Gallien den Kerbel bei uns bekannt machten, ist zwar nicht sicher, aber wahrscheinlich. Denn Quellen aus dem frühen Mittelalter belegen, dass er in dieser Zeit in unseren Breiten als Gartenkraut bereits weithin kultiviert wurde. Karl der Große (748–814) beispielsweise ließ den Kerbel in allen Klostergärten seines Reichs anbauen. Seither zählte das Kraut zum Kanon der klösterlichen Kräuterheilkunde und wurde von Nonnen und Mönchen als Mittel zur Blutreinigung empfohlen. Da die gefiederten Blätter des Kerbels denen der Petersilie ähnlich sehen, trägt das Kraut bei uns auch den Beinamen »Französische Petersilie«. Tatsächlich ist Kerbel ein beliebtes Gewürz der französischen Küche und unter anderem ein fester Bestandteil der traditionellen Kräutermischung Fines Herbes.

QUALITÄT UND INHALTSSTOFFE

Im antiken Rom nannte man den Kerbel *cherifolium*, was in etwa »Blatt, das Freude schenkt« bedeutete. Tatsächlich geht von frischen Kerbelblättern ein angenehmer Duft aus, der hauptsächlich auf die Wirkstoffe Estragol und Undecan zurückzuführen ist. Zwar enthält Gartenkerbel nur geringe Mengen an ätherischem Öl, doch besonders sein Estragol-Gehalt macht sich in einer deutlichen Anisnote bemerkbar. Überhaupt erinnert sein Aroma ein wenig an Dill und Estra-

gon, und nicht wenige machen darin sogar eine leichte Myrrhenote aus. Obwohl es Kerbel auch getrocknet zu kaufen gibt, bleibt das frische Kraut für die feine Küche die erste Wahl. Allerdings sollte man hier auf beste Qualität achten: Die Blätter sind empfindlich, welken rasch und zeigen bereits nach einem Tag Lagerung gelbliche Verfärbungen. Auch für getrockneten Kerbel gilt: je dunkelgrüner die Blätter, desto besser die Qualität. Wer Kerbel im eigenen Garten kultiviert, erntet die Blätter am besten vor der Blüte – dann ist ihr Aroma am ausgeprägtesten.

VERWENDUNG IN DER KÜCHE

Die französische Küche hat ein Faible für Kräuter mit anisartigem Aroma. Das Würzen mit Kerbel hat dort daher eine lange Tradition. Kerbel ist nicht nur Bestandteil des Bouquet garni sowie der Kräutermischungen Fines Herbes und – wenn auch selten – Herbes de Provence, sondern würzt auch Kräu-

---

ALFONS SCHUHBECK

MILDES FRÜHLINGSKRAUT

Kerbel ist ein Kraut, das man unbedingt frisch verwenden muss, da sich sein zartes Aroma verflüchtigt, sobald er zu welken beginnt. In getrocknetem Zustand ist er für die feine Küche uninteressant. Ich verwende frischen Kerbel für Frühlingsgerichte mit Kräutern, zum Beispiel für Saucen und Dips oder Kräutersuppen. Oder ich mische sie unter eine Kräutervinaigrette für Salate. Sein mildes Aroma harmoniert sehr gut mit Petersilie sowie mit Fisch und Spargel. Da die Blätter recht empfindlich sind, darf man sie erst kurz vor dem Servieren fein schneiden. Längeres Erhitzen vertragen sie ebenfalls nicht. Ähnlich wie bei Petersilie kann man auch die Kerbelstiele hacken und mitverwenden.

Anthriscus cerefolium **KERBEL**

teressige und Kräuterbutter. In der deutschen Küche ist er ein Muss für den Frühlingsklassiker Frankfurter Grüne Sauce. Die österreichische Küche wiederum verwendet Kerbel traditionell zum Würzen der berühmten Kärntner Kasnudeln. Frischer Kerbel passt sehr gut zu Eiern (Omelett mit Frühlingskräutern), Quark und Frischkäse, aber auch zu Fisch. Als Kombinationsgewürz mit anderen Kräutern harmoniert er mit Borretsch, Dill und Petersilie – mediterrane Kräuter würden sein zartes Aroma überdecken.

Gesundheitsfördernde Eigenschaften

Die mittelalterliche Klosterheilkunde schätzte Kerbel als harntreibendes und blutreinigendes Kraut. Tatsächlich ist Kerbel ein ideales Frühjahrstonikum: Er gilt als blutdruckregulierend und enthält entwässernd wirkende Flavonoide, die nachweisbar die Funktion der Entgiftungsorgane Niere und Leber unterstützen. Seine Gerb- und Bitterstoffe fördern die Gallensekretion und helfen, fetthaltige Speisen leichter zu verdauen. Außerdem ist er reich an Vitamin C.

Kerbelblätter
Ihr Aroma ist zart und flüchtig und verträgt das Trocknen schlecht. Kerbel wird daher meist frisch verwendet.

KNOBLAUCH

Ähnlich wie Salz wird Knoblauch in fast allen Kulturen als Universalgewürz verwendet. In seiner jahrtausendealten Geschichte erlebte er Höhen und Tiefen: Mal verehrte man ihn als Göttergabe, mal mied man ihn wegen seines Geruchs, mal pries man ihn als Allheilmittel und glaubte sogar, mit den Knollen eine Wunderwaffe gegen Vampire in der Hand zu haben. Mittlerweile ist Knoblauch aus unserer Küche nicht mehr wegzudenken – weil er nicht nur für Würze sorgt, sondern mit seinen Inhaltsstoffen auch der Gesundheit gute Dienste erweist.

HERKUNFT UND GESCHICHTE

Laut einer Studie isst weltweit jeder Mensch ungefähr ein halbes Pfund Knoblauch im Jahr. Historiker vermuten, dass dies im alten Babylonien nicht anders war. Der Ur-Knoblauch stammt aus Zentralasien und nahm von dort seinen Weg in die frühen Hochkulturen des Vorderen Orients, Indiens und Chinas. Hier hatte er schon in vor- und frühgeschichtlicher Zeit vor allem kultische Bedeutung. Am Knoblauch schieden sich allerdings von jeher die Geister: Wegen seines intensiven Geruchs war es in manchen Kulturen verboten, ihn für Götterkulte zu verwenden (wie etwa im 1. Jahrtausend n. Chr. in Indien und China). Im alten Ägypten wiederum erachtete man ihn als so wertvoll, dass man mit Knoblauch sogar die Nasenhöhlen verstorbener Könige schmückte (wie im Falle Tutanchamuns bei dessen Einbalsamierung 1339 v. Chr.). Beim Bau der Pyramiden gab man den Arbeitern rohe Zwiebeln und Knoblauch zu essen, um sie vor Krankheiten zu schützen und bei Kräften zu halten. In Babylonien ritzte man Rezepte für Gemüsesuppen mit Knoblauch in Tontafeln. Aus dem antiken Rom ist überliefert, dass die Senatoren den Knoblauch eher gering schätzten, das Volk ihn hingegen umso mehr liebte und wegen seiner antibakteriellen Wirkung als Allheilmittel nutzte. Der starke Geruch der Knolle führte dazu, dass sich um den Knoblauch viel Aberglaube rankte. Im Mittelalter flocht man aus Knoblauch Kränze und hängte sie sich um den Hals, in der Hoffnung, Dämonen und Vampire fernhalten zu können. Später, im Zeitalter der Aufklärung, machte sich unter anderem der Feinschmecker Karl Friedrich Freiherr von Rumohr (1785–1843) um den Ruf des Knoblauchs in der Küche verdient. In seinem Buch »Geist der Kochkunst« legte er der bürgerlichen Köchin den »Knopflauch als Würze« ans Herz.

QUALITÄT UND INHALTSSTOFFE

Knoblauch, Zwiebeln, Schalotten, Lauch, Schnittlauch und Bärlauch gehören zu den Laucharten und als solche zur Familie der Liliengewächse. Knoblauch gibt es bei uns in verschiedenen Sorten: vom jungen Frühlingsknoblauch mit seinen zartweißen, milchigen Knollen bis zu den reiferen Sorten, die mit weißer, rosafarbener oder zartvioletter Haut auf den Markt kommen. Der violette Knoblauch ist in Frankreich beliebt. In den Ländern des Balkans, aber auch in Bayern und Österreich werden auf den Märkten geräucherte Knoblauchknollen angeboten. Das für das Knoblaucharoma so typische ätherische Lauchöl bildet sich, sobald man die Knoblauchzellen verletzt – also immer dann, wenn man die Zehen schält, schneidet oder hackt. Dann erst entfaltet sich jenes vollmundige Aroma, das vielen Speisen den letzten Schliff gibt. Die chemischen Vorstufen dieses Öls müssen mit Luft in Kontakt kommen, um sich zu Lauchöl entwickeln zu können. Seinen Geruch verdankt das Lauchöl dem Stoff Allicin, der auch für die Knoblauchschärfe verantwortlich ist. Darüber hinaus enthält Knoblauch viele Mineralstoffe wie Eisen, Kalzium, Selen, Phosphor sowie zahlreiche Vitamine, unter anderem Vitamin E und C.

ALFONS SCHUHBECK

DIE GESUNDE POWERKNOLLE

Wie man Knoblauch idealerweise zerkleinert, ist fast zu einer Glaubensfrage geworden. Ich presse Knoblauch nie, sondern schneide ihn entweder in feine Scheiben oder reibe ihn auf der Zestenreibe. Knoblauchzehen können ihr Aroma auch gut entfalten, wenn man sie mit etwas Salz mit dem Messerrücken zerreibt. Auf diese Weise lassen sie sich zum Beispiel für ein Gulaschgewürz leicht mit Zitronenschale und Kümmel mischen. Ingwer mildert die geruchsbildende Wirkung von Knoblauch. Deshalb gebe ich an jedes Gericht, das ich mit Knoblauch aromatisiere, eine Scheibe Ingwer. Das ist auch gesundheitlich sinnvoll, weil sich die positiven Eigenschaften beider Gewürze gegenseitig verstärken.

Allium sativum **KNOBLAUCH**

Verwendung in der Küche

Je nachdem, wie man Knoblauch behandelt, ob man ihn roh oder gegart verwenden möchte, im Ganzen oder zerkleinert, mit oder ohne Haut, angebraten oder gedünstet, verändert sich die Wirkung des Allicins. Daher schmeckt Knoblauch nicht immer gleich. Man kann durch die Art seiner Verarbeitung die Intensität seines Geschmacks und die Schärfe seiner Würze beeinflussen. Deren Bandbreite ist erstaunlich: Knoblauch kann prickelnd scharf wie Ingwer schmecken, er kann – vor allem wenn er frisch und roh an die Speisen gegeben wird – sehr nachhaltig und dominierend wirken, er kann aber auch süßliche und milde Eigenschaften entfalten und sich harmonisch mit anderen Gewürzen verbinden. Es hängt vom Fingerspitzengefühl des Kochs ab, ob Knoblauch als hervorstechend oder angenehm wahrgenommen wird. Nur eines ist sicher: Brät man Knoblauch scharf an, verliert er sein Aroma und wird bitter.

Gesundheitsfördernde Eigenschaften

Der französische Chemiker Louis Pasteur (1822–1895) wies die antibakterielle Wirkung des Knoblauchs erstmals wissenschaftlich nach. Knoblauch wirkt antiseptisch, antibiotisch und antimykotisch. Er stärkt das Herz-Kreislauf- und das Immunsystem, hat blutverdünnende Eigenschaften und kann Bluthochdruck vorbeugen. Außerdem hilft er, die Blutfett- und Blutzuckerwerte zu senken.

Knoblauchknollen

Junge Knoblauchknollen sind mild und saftig und besitzen eine weiche, weiße Schale. Violetter Knoblauch ist vor allem in Frankreich beliebt. Getrocknete Zehen können je nach Sorte auch eine rosa oder violette Schale haben. Knoblauch sollte kühl und trocken gelagert werden.

KORIANDER

Bei kaum einem Gewürz lässt sich seine Geschichte so weit zurückverfolgen wie beim Koriander. Er wurde schon um 9000 v. Chr. von steinzeitlichen Höhlenbewohnern kultiviert. Auf einer Keilschrifttafel der Sumerer ist ein Rezept für Suppe mit Koriander überliefert, und auf ägyptischen Papyrusrollen sowie im Alten Testament wird Koriander ebenfalls erwähnt. Ein Grund für die Beliebtheit der Pflanze ist sicherlich ihre Vielseitigkeit: Von der Wurzel über die Blätter bis zu den Früchten (Körner) kann man alles für die feine Küche verwenden.

HERKUNFT UND GESCHICHTE

Die ursprüngliche Heimat des Korianders ist der östliche Mittelmeerraum. Man kann dies belegen, weil Archäologen aus allen vorgeschichtlichen Epochen, von der Stein-, Bronze- und Eisenzeit bis in die Antike hinein, in diesem Kulturraum Korianderfunde ausgegraben haben. Historiker gehen davon aus, dass dies kein Zufall der Natur ist. Vielmehr haben sich die frühen Kulturvölker – Sumerer und Babylonier, Ägypter, Perser, Griechen und Römer – vom Koriander einen Hauch Lebenswürze versprochen und ihn gezielt als Heil- und Küchenpflanze angebaut. Marcus Gavius Apicius, der bekannteste Kochbuchautor der Antike, schätzte den Koriander sogar so sehr, dass er ihn für über 70 Speisen als Gewürz empfahl. Diese Vorliebe ist auch aus heutiger Sicht nachzuvollziehen: Man muss nur einmal die Samenkörner im Mörser zerstoßen, schon duftet es nach einer Mischung aus Blütenhonig, Zedernholz und Pfeffer. Werden die Körner vor dem Mahlen langsam geröstet, passiert noch etwas anderes: Dann schmecken sie wie Nüsse, und ihr Duft erinnert an die Kruste von ofenwarmem, knusprigem Brot. Da verwundert es nicht, dass Koriander im deutschsprachigen Raum eines der beliebtesten Brot- und Lebkuchengewürze ist. Heimisch wurde der Koriander in unseren Breiten durch die Römer. Sie brachten das Doldenblütengewächs bei ihren Eroberungszügen nach Germanien mit. Seit dem frühen Mittelalter wurde er hierzulande in den Klostergärten kultivert. Allerdings schätzten ihn damals die Apotheker und Heilkundigen mehr als die Köche: Man empfahl ihn als Mittel bei Husten und kräftigem Aufstoßen.

QUALITÄT UND INHALTSSTOFFE

Koriander ist bei uns als frisches Kraut (auch unter dem Namen Cilantro) und als getrockneter Samen (Körner) erhältlich. Handelsüblich ist hierzulande weniger die indische Sorte mit ihren ovalen Früchten als vielmehr der sogenannte marokkanische Typus, dessen reife Früchte kugelig sind. Sie sind kleiner als Pfefferkörner, aber heller und glatter als

diese und von gelbbräunlicher Farbe. Das ätherische Öl des Korianders ist in den Früchten intensiver als in den Blättern. Es besteht etwa zur Hälfte aus Linalool , das auch im Basilikum enthalten ist, sowie aus anderen Stoffen, hauptsächlich Limonen, Camphen, Myrcen und Cymen, das sich auch im Pfeffer und in der Petersilie findet. Nicht von ungefähr nannte man bei uns das frische Korianderkraut früher »Chinesische Petersilie« – was auch daran liegt, dass die Blätter des Korianders der glatten Petersilie ähnlich sehen, obwohl sie wesentlich zarter und weicher sind als diese.

VERWENDUNG IN DER KÜCHE

Das leicht zitronig schmeckende Korianderkraut ist bei uns immer mehr in Mode gekommen, seit die Thai-Küche Trend ist. Sie verwendet die gehackten oder frisch gezupften Blätter gern als i-Tüpfelchen für Currygerichte. Wie gut frischer Koriander, insbesondere in Verbindung mit frischer Minze, Basilikum, Zitronen- oder Limettensaft, Chili und Petersilie

ALFONS SCHUHBECK

FRUCHT MIT REICHEM INNENLEBEN

Korianderkörner sind eines meiner Lieblingsgewürze, weil sie vielseitig und bekömmlich sind. Vor allem mag ich den nussigen Geschmack gerösteter Korianderkörner. Ich röste sie in einer Pfanne bei milder Hitze, bis sie anfangen zu duften, und gebe sie dann in eine Gewürzmühle. Korianderkörner sind in vielen meiner Gewürzmischungen enthalten, weil sie anderen, dominanteren Gewürzen die Spitze nehmen. Ich verwende Koriander für Geflügel- und Gemüsegerichte sowie für Hülsenfrüchte, weil er sie bekömmlicher macht. Und ich würze damit eines meiner liebsten Gerichte, eine ganz schlichte Speise: Schnittlauchbrot, das durch gerösteten Koriander zusätzlichen Pfiff bekommt.

Coriandrum sativum **KORIANDER**

als Würzsauce taugt, beweisen einige arabische Rezepte. Auch in den Küchen Lateinamerikas würzt Korianderkraut scharfe Salsas und Dips. In der indischen und asiatischen Küche werden gemahlene Korianderkörner vor allem wegen ihrer harmonisierenden Eigenschaften geschätzt. Koriander ist trotz seines eigenständigen Geschmacks ein vorzügliches Bindeglied für verschiedene starke Aromen und kann zwischen diesen eine Balance herstellen. Auch deshalb ist er nicht wegzudenken aus indischen Currypulvern, arabischen Gewürzmischungen (wie etwa Baharat) und dem marokkanischen Ras-el-Hanout. In Europa nutzt man ihn vor allem als Brotgewürz, er wird aber auch gern in Gerichten mit Zwiebeln verwendet. Dass diese Kombination ausgesprochen gut schmeckt, wusste man bereits um 1800 v. Chr. in der Palastküche des syrischen Königs Zimri-Lim.

GESUNDHEITSFÖRDERNDE EIGENSCHAFTEN

Das ätherische Öl des Korianders ist seit alters als bakterienhemmendes Mittel bekannt. Koriander gilt als stark antioxidativ. Studien geben Hinweise darauf, dass er die Produktion von Verdauungsenzymen fördert, die Insulinproduktion der Bauchspeicheldrüse unterstützt und blutzuckersenkend wirkt. Man nimmt außerdem an, dass er hilft, den LDL-Cholesterinspiegel zu senken.

Korianderblätter
Sie verlieren schnell an Aroma und sollten immer frisch und erst kurz vor dem Servieren zum Würzen verwendet werden.

Korianderkörner
Currypulver, indische und arabische Gewürzmischungen, aber auch die scharfen Salsas der Mexikaner kommen nicht ohne ihr zitroniges Aroma aus.

57

GEWÜRZE UND KRÄUTER VON A–Z

KREUZKÜMMEL

Unter dem Namen »jeera« ist Kreuzkümmel eines der wichtigsten Gewürze der indischen Küche, vor allem für Currypulver und die Gewürzmischung Garam Masala. Kreuzkümmel duftet warm, süß und schwer, ein wenig wie Parfüm, und tatsächlich ist er in vielen Düften enthalten. Wegen seines Namens wird er oft mit dem Kümmel verwechselt. »Cumin«, »Kümmel« – viele Sprachen tun sich schwer, die beiden begrifflich auseinanderzuhalten. Charakterlich sind die beiden Gewürze trotz ihrer botanischen Verwandtschaft jedoch grundverschieden.

HERKUNFT UND GESCHICHTE

Kreuzkümmel gehört wie Kümmel zur Familie der Doldenblütler. Er stammt aus dem östlichen Mittelmeerraum, Vorderasien gilt als seine früheste Heimat. Seine historischen Spuren führen – wie bei so vielen Gewürzen – in den Kulturkreis rund um das antike Zweistromland (Mesopotamien). Dort kultivierten ihn die Sumerer, die ihn *gamun* nannten, bereits um 3000 v. Chr. Das Alte und das Neue Testament erwähnen sowohl den Kümmel als auch den Kreuzkümmel. Der früheste archäologische Fund von Kreuzkümmel stammt aus Babylonien, dem heutigen Irak. Dort fand man bei Ausgrabungen eines Wohn- und Wirtschaftsgebäudes aus der Zeit um 1700 v. Chr. Knoblauch, Koriander- und Kreuzkümmelfrüchte, wie man die Samen korrekterweise nennt. Ausgehend vom Zweistromland, nahm der Kreuzkümmel seinen Weg in die großen Kulturen der Antike: Ägypten, Griechenland und Rom. Sein intensiver Geruch war wohl der Grund, warum er nicht nur als Gewürz, sondern auch als Heilpflanze eingesetzt wurde: Man traute ihm zu, Flöhe, Mücken und Skorpione zu vertreiben. Bei den Römern war Kreuzkümmel ein Muss in der feinen Küche. Er erfreute sich derartiger Beliebtheit, dass sie ihn in großen Mengen aus Nordafrika und Vorderasien importierten. Als die Römer Gallien und Germanien eroberten, wollten sie auf ihr Lieblingsgewürz nicht verzichten und versuchten, es in den neu eroberten Gebieten zu kultivieren. Ihre Bemühungen schlugen jedoch fehl, weil der Kreuzkümmel ein warmes Klima benötigt, um zu gedeihen. Da hatten die Spanier mehr Glück, als sie im 16. Jahrhundert Mittelamerika eroberten. Sie machten den Kreuzkümmel in der Neuen Welt heimisch. Heute gibt er zum Beispiel dem berühmten Chili con Carne das gewisse Etwas.

QUALITÄT UND INHALTSSTOFFE

Wenn wir von Kreuzkümmel sprechen, meinen wir seine verbreitetste Art mit ihren karamell- bis zartgrünfarbenen ovalen Früchten. Dieser Kreuzkümmel enthält ein ätherisches Öl, dessen charakteristische Note durch den Duft- und Geschmacksstoff Cuminal bestimmt wird. Was den Gebrauch von Kreuzkümmel in der Küche so spannend macht, ist der unterschiedliche Eindruck, den er auf der Zunge und in der Nase hinterlässt. Er riecht wesentlich süßer und lieblicher, als er schmeckt. Man ist erstaunt, welch herbe, ja sogar minzartige Nuance er am Gaumen entfaltet. Im Kaschmirgebiet und im Iran kommt noch eine weitere Kreuzkümmelart vor: der Schwarze Kreuzkümmel. Er ist seltener erhältlich und weniger in Gebrauch.

VERWENDUNG IN DER KÜCHE

Vor allem gemahlenen Kreuzkümmel sollte man zügig verwenden, da sich sein ätherisches Öl ausgesprochen schnell verflüchtigt. Einige berühmte Gerichte aus aller Welt verdanken dem Kreuzkümmel ihren charakteristischen Geschmack: marokkanischer Couscous, israelisches Hummus (Kichererbsenpüree), arabische Falafel (frittierte Kichererb-

---

ALFONS SCHUHBECK

DER DUFT DES ORIENTS

Kreuzkümmel entwickelt ein noch tiefgründigeres, nussiges Aroma, wenn man ihn bei milder Hitze in einer Pfanne ohne Fett anröstet, bis er zu duften beginnt. Anschließend lässt man ihn kurz abkühlen und zerkleinert ihn im Mörser oder gibt ihn in eine Gewürzmühle. Anders als Kümmel verwende ich Kreuzkümmel selten im Ganzen. In meinen Currymischungen dosiere ich ihn vorsichtiger als in anderen, handelsüblichen Mischungen. Ich mag sein Aroma sehr, möchte aber nicht, dass es die Mischungen dominiert. Ich verwende Kreuzkümmel gern für Gerichte mit Lamm und Hülsenfrüchten sowie für orientalisch gewürzte Dips und Sugos, vor allem in Kombination mit Rosinen.

Cuminum cyminum **KREUZKÜMMEL**

senbällchen) oder türkische Köfte (Hackfleischbällchen). Unverzichtbar ist er in Gewürzmischungen wie dem bengalischen Panch Poron, dem indischen Garam Masala und nicht zu vergessen: in den verschiedenen indischen Currypulvern. Auch in den Küchen Mittel- und Südamerikas hat er einen festen Platz, vor allem zum Würzen von gebratenem Fleisch, Saucen und Dips. Auch zu Huhn und Fisch passt er ausgezeichnet. Im Zusammenspiel mit anderen Gewürzen harmoniert Kreuzkümmel am besten mit Koriander, Chili, Fenchel, Gewürznelken, Pfeffer und Zimt.

GESUNDHEITSFÖRDERNDE EIGENSCHAFTEN

Die heilkundige Äbtissin Hildegard von Bingen (1098–1179) empfahl Kreuzkümmel zum Käse, wohlwissend, dass Kreuzkümmel die Eiweiß- und Fettverdauung günstig beeinflussen sowie leichte Krämpfe im Magen-Darm-Bereich mildern kann. Er wirkt außerdem blutfett- und blutzuckersenkend. Darüber hinaus enthält sein ätherisches Öl entzündungshemmende und antibakterielle Substanzen sowie Vitamine, Spurenelemente und Mineralstoffe, die für den Zellstoffwechsel und das Immunsystem wichtig sind.

Gemahlener Kreuzkümmel
Sein Aroma ist am intensivsten, wenn man ihn erst kurz vor der Verwendung frisch mahlt. Das Pulver ist im Handel auch unter dem Namen Cumin erhältlich.

Kreuzkümmelsamen
Sie werden von Hand geerntet und anschließend in der Sonne getrocknet. Von Kümmelsamen unterscheiden sie sich durch ihre typischen Längsrippen.

59

KUBEBENPFEFFER

Das ganze Mittelalter hindurch, bis weit in die Frühe Neuzeit hinein, wurde Kubebenpfeffer als Gewürz und Heilmittel bei uns allgemein geschätzt. Denn Kubebenpfeffer ist von allen Pfeffersorten die ungewöhnlichste. Er enthält Bitterstoffe und kampferähnliche Substanzen, die von hohem gesundheitlichem Wert sind. Zerkaut man ein paar Körnchen, wirken sie wie Erfrischungsbonbons: Man bekommt einen frischen Atem wie von Pfefferminze. Vielleicht glaubten unsere Vorfahren deshalb, Kubebenpfeffer mache attraktiv – und fördere die Liebe.

HERKUNFT UND GESCHICHTE

Kubebenpfeffer ist eine Schlingpflanze aus der Familie der Pfeffergewächse. Sie stammt ursprünglich aus Indonesien und wird vorwiegend auf Java und in einigen ostafrikanischen Ländern angebaut. Der Wortstamm *kubeba* (oder *kubebe*) kommt aus dem Arabischen, was ein Hinweis auf die frühe Beliebtheit dieses Gewürzes im arabischen Raum ist: Tatsächlich waren die ersten Gewürzhändler, die mit diesem Pfeffer Handel trieben, Araber. Seit etwa 1000 n. Chr. exportierten sie Kubebenpfeffer nach Europa. Er war eines jener Gewürze und Heilmittel, das jede gut sortierte mittelalterliche Kloster- und Ratsapotheke im Sortiment haben musste. Die ersten Kolonialwarenläden, in denen man sich mit Gewürzen, Kaffee, Tee, Rohrzucker oder Kakao versorgte, wurden in Europa erst nach der Entdeckung Amerikas und des westlichen Seewegs nach Indien eröffnet. Vorher gab es viele dieser Köstlichkeiten entweder gar nicht zu kaufen, oder man bekam die wenigen Gewürze, die in Europa bekannt waren, nur in Apotheken. Im Mittelalter war Kubebenpfeffer trotz seines stolzen Preises recht begehrt – nicht zuletzt, weil er als Aphrodisiakum galt. So sollte etwa ein mit Kubebenpfeffer gewürzter Wein »die eheliche Werck erreitzen«. Da Nürnberg damals ein Zentrum des Gewürzhandels war, wurde der Kubebenpfeffer hier eine wichtige Zutat für den Lebkuchenteig. Trotzdem zog das kostspielige Gewürz mehr das Interesse der Heilkundigen als der Hausfrauen auf sich. Seit dem 16. Jahrhundert wird Kubebenpfeffer in größerem Umfang auf Java kultiviert. Das machte ihn zu einem günstigen Ersatz für Echten Pfeffer.

QUALITÄT UND INHALTSSTOFFE

Kubebenpfefferkörner sind die Beeren der Kubebenpfefferpflanze. Sie werden unreif geerntet und traditionellerweise an der Sonne getrocknet. Bei diesem Fermentationsprozess verdunstet ihr Flüssigkeitsanteil; sie schrumpeln und nehmen eine schwarzbraune bis tintenschwarze Farbe an. Während dieses kontrollierten Welkungsvorgangs gewin-nen ihre aromatischen Substanzen an Intensität. Ganze getrocknete Kubebenpfefferkörner duften warm und süßlich, ein wenig wie Piment, Muskatnuss oder Ceylon-Zimt. Ihr Geschmack entfaltet sich in drei Phasen: Zunächst wirken sie scharf, dann macht sich eine Bitternote bemerkbar, die sehr eindringlich sein kann. Gegen Ende entwickelt sich ein langanhaltendes Eukalyptus- oder Kampferaroma. Kubebenpfeffer enthält bis zu zehn Prozent ätherisches Öl, das sich aus komplexen Verbindungen und vielen einzelnen Substanzen zusammensetzt, unter anderem Cineol, das früher Eukalyptol genannt wurde, Caryophyllen, das auch in Zitrusfrüchten enthalten ist, sowie Cubebin und Cubeben, das man auch in Zitronen-Eukalyptus findet.

VERWENDUNG IN DER KÜCHE

Kubebenpfeffer ist ein sehr charaktervolles Gewürz von prägnantem Eigengeschmack. Da er viele aromatische Facetten aufweist, kann man ihn gut mit anderen Gewürzen

ALFONS SCHUHBECK

STARK IM TEAM

Da Kubebenpfeffer einen eigenwilligen Geschmack hat, verwende ich ihn in meiner Küche nie als Einzelgewürz. Für Gewürzmischungen ist er aber eine interessante Zutat, allerdings muss man mit der Dosierung sehr vorsichtig sein. Nimmt man nämlich zu viel, wird die Mischung bitter. Wohldosiert bringt Kubebenpfeffer hingegen mit seinem leichten Zitrus- und Kampferaroma frischen Wind in jede Pfeffermischung. Ich verwende ihn zum Beispiel für meine nordafrikanische Gewürzmischung Ras-el-Hanout, weil die leichte Zitrusnote des Kubebenpfeffers die Mischung etwas aufhellt und ihr einen lebendigen, frischen und appetitanregenden Touch verleiht.

Piper cubeba **KUBEBENPFEFFER**

kombinieren. Gibt man etwa einen geringen Anteil Kubebenpfeffer zusammen mit schwarzem und weißem Pfeffer, Langem Pfeffer, Piment und Zimtstangenbröckchen in eine Pfeffermühle, ergibt das eine aparte Kombination, die durch den Kubebenpfeffer eine erfrischende, feinherbe Note erhält. Kubebenpfeffer eignet sich am besten für den frischen Gebrauch; man mahlt die Körner zusammen mit anderen Gewürzen bei Bedarf. In nordafrikanischen und indonesischen Rezepten wird Kubebenpfeffer häufiger verwendet – in anderen Küchen spielt er so gut wie keine Rolle.

GESUNDHEITSFÖRDERNDE EIGENSCHAFTEN

Das ätherische Öl des Kubebenpfeffers enthält eine Kombination aus Bitter- und Scharfstoffen. Aufgrund dieser Zusammensetzung gilt Kubebenpfeffer als hochwirksames Gewürz sowohl für den Magen-Darm-Bereich als auch für das Herz-Kreislauf-System. Sein Scharfstoff Piperin wirkt keimtötend und durchblutungsfördernd. In der Aromatherapie gilt Piperin als Stoff, der die Ausschüttung körpereigener Opiate (Endorphine) fördert – er macht uns also glücklich und gibt uns frischen Schwung.

Kubebenpfefferkörner
Kubebenpfeffer wird bei uns auch »Javanischer Pfeffer« oder »Schwanzpfeffer« genannt. Man erkennt die Körner an ihrem kurzen, geraden Stiel.

Zerstoßener Kubebenpfeffer
Kubebenpfeffer ist eine ideale Zutat für kräftige Gewürzmischungen, wie zum Beispiel Ras-el-Hanout. Würde man ihn allein verwenden, könnte er allzu dominierend wirken.

KÜMMEL

Wilder Kümmel ist seit Jahrtausenden in Mitteleuropa heimisch. Manche Forscher vermuten sogar, dass er in unseren Breiten das älteste Würz- und Heilmittel ist. Vor allem im Magen-Darm-Bereich entfalten die beißend scharfen Kümmelsamen ihre wohltuende Wirkung. Im Mittelalter reichte man an den Fürstenhöfen kandierten Kümmel nach dem Essen als Konfekt. Heute noch ist Kümmel ein fester Bestandteil verdauungsfördernder Elixiere – es gibt kaum ein nord- und mitteleuropäisches Land, das kein Rezept für Kümmelschnaps kennt.

HERKUNFT UND GESCHICHTE

Kümmel gehört zur Familie der Doldenblütler und ist unter anderem mit Dill, Fenchel und Anis verwandt. Die Pflanze gedeiht besonders gut in sonnenbeschienenen, jedoch klimatisch eher kühleren Zonen. Auf vielen Alpenwiesen beispielsweise kommt die Pflanze heute noch wild vor. Bei uns nennt man sie daher auch »Wiesenkümmel« oder »Echter Kümmel«. Im Mittelalter und in der römischen Antike hat man die Früchte der Kümmelpflanze häufig mit denen des Kreuzkümmels verwechselt. Die damaligen Rezeptsammlungen nahmen es nicht so genau und warfen die Begriffe für beide Gewürze gern in einen Topf. Bevor die Römer den Echten Kümmel in ihren nördlichen Provinzen kennenlernten, kannten sie bereits den Kreuzkümmel, der bei ihnen *cuminum* hieß. Wiesenkümmel ist ein sehr altes Gewürz. Wir wissen, dass er bereits in den jungsteinzeitlichen Pfahlbausiedlungen am Bodensee gedieh. Was unsere steinzeitlichen Vorfahren damit gewürzt haben, ist allerdings nicht überliefert. Die Frage hingegen, warum der Kümmel ausgerechnet in der süddeutschen Küche eine so lange Tradition hat, führt uns zurück zu den alten Römern. Sie kultivierten den Echten Kümmel in vielen ihrer Alpenprovinzen, unter anderem im heutigen Bayern und Oberschwaben, im Salzburger Land und in der Schweiz.

QUALITÄT UND INHALTSSTOFFE

In den Früchten der Kümmelpflanze steckt das ätherische Öl Carvon, dessen Aroma in der Welt der Gewürze nahezu unverwechselbar ist. Die sichelförmigen, bis zu einem halben Zentimeter langen Samen enthalten manchmal drei, oft sogar bis zu sieben Prozent Carvon. Das Aroma des Öls wird zu einem geringen Teil auch von dem Duft- und Geschmacksstoff Limonen geprägt. Bei den geschlossenen Früchten macht es sich nur in einem dezenten Anflug bemerkbar. Erst wenn die Früchte zerrieben, gekaut oder erwärmt werden, entfalten sie ihr frisches, eukalyptusartiges Aroma, das eine zartherbe Süße aufweist, ähnlich der von Hefe. Hochwertigen Kümmel erkennt man an der leicht ins Hellgraue tendierenden, mattseidigen Farbe der Samen und an dem eleganten Duft, der von ihnen ausgeht.

VERWENDUNG IN DER KÜCHE

Kümmel ist eines jener Gewürze, deren gesundheitsfördernde Wirkung bereits in frühen kulturgeschichtlichen Epochen gezielt kulinarisch genutzt wurde. Man kann heute wissenschaftlich nachweisen, was schon in der Antike und im Mittelalter allgemein anerkannt war: Kümmelfrüchte besitzen starke verdauungsfördernde Kräfte. Als Begleiter zu fettem Fleisch und ballaststoffreichen Gemüsen, etwa zu Schweinebraten, Gulasch, Kohl und Sauerkraut, aber auch für das schwere Roggenbrot gilt Kümmel seit langen Zeiten als ideale Würzzutat. Er ist ein Traditionsgewürz vieler Nationalgerichte, beispielsweise für das Irish Stew, den bayerischen Obadzd'n oder das ungarische Pörkölt. Kein Wunder, harmoniert er doch sehr gut mit Paprika, Kartoffeln, Rot-

---

ALFONS SCHUHBECK

URBAYERISCHE WÜRZE

Wer das Aroma von Kümmel nicht mag, aber von seiner verdauungsfördernden Wirkung profitieren möchte, kann mit etwas abgeriebener Zitronenschale und Petersilie gegensteuern – sie neutralisieren den Geschmack des Kümmels, ähnlich wie Ingwer den des Knoblauchs. Außerdem werden die Kümmelsamen durch Rösten im Backofen milder. Für mich ist Kümmel das urbayerische Gewürz schlechthin – ein Nonplusultra für Bauernbrot, Krautsalat und Bratkartoffeln. Schwer Verdauliches wie Pilze oder fettere Speisen werden durch Kümmel bekömmlicher. In der Erfahrungsmedizin wird er traditionell als sanft krampflösendes Mittel bei Beschwerden im Magen-Darm-Bereich eingesetzt.

Carum carvi **KÜMMEL**

schmier-, Hart- und Frischkäsesorten sowie mit Knoblauch, Zwiebeln, Pilzen und Geräuchertem. Dass der Kümmel auch als Schnaps eine steile Karriere gemacht hat, verdankt er wohl nicht nur seinem würzigen Geschmack, sondern vor allem seinem Talent als Digestif. Unsere Vorfahren kannten den Brauch, nach dem Essen Kümmelkörner zu kauen, um den Atem zu erfrischen und etwaigem Völlegefühl vorzubeugen. Dennoch täte man dem Kümmel unrecht, wollte man ihn auf die rustikaleren Spielarten der guten Küche beschränken. Schon im alten Rom schätzte man beispielsweise Räucherwürstchen aus Fleisch und Pinienkernen, die mit Kümmel aromatisiert wurden.

GESUNDHEITSFÖRDERNDE EIGENSCHAFTEN

Wir wissen nicht, ob das abergläubische Mittelalter mit seiner Vermutung recht hatte, die Kümmelpflanze sei ein probates Mittel gegen den Seitensprung. Was wir aber seit Langem wissen, ist, dass der Kümmel den leiblichen Genüssen außerordentlich förderlich ist. Die Wirkstoffe des Carvons gelten als antibakteriell und entzündungshemmend. Sie regen die Produktion der Verdauungsenzyme an und unterstützen die entgiftende Funktion der Leber. Dadurch wirkt Kümmel lindernd bei Völlegefühl und leichteren Krämpfen im Magen-Darm-Bereich. Darüber hinaus ist Kümmel besonders reich an Vitamin C und stärkt das Immunsystem.

Kümmelsamen
Ihr frisches, eukalyptusartiges Aroma verträgt sich gut mit Kartoffeln, Knoblauch, Zwiebeln und Pilzen.

Gemahlener Kümmel
Da sein Aroma relativ flüchtig ist, sollte man ihn nur in kleinen Mengen kaufen und zügig verwenden.

63

KURKUMA

Kurkuma ist eine faszinierende Tropenpflanze, die wunderschöne Blüten treibt. Das warme Gelb ihres Wurzelstocks gibt dem Currypulver seine satte Farbe. In der hinduistischen Kultur wird dieses Orangegelb als Symbol der Sonne und des Glücks verehrt. Seit der Mensch Kurkuma nutzt, war sie ihm stets mehr als nur ein Gewürz: Die Pflanze spielt in der Heilkunst eine Rolle, in Volksbräuchen wie Hochzeiten oder Verlobungsfeiern, und sie wird seit alters als Schönheits- und Färbemittel geschätzt.

HERKUNFT UND GESCHICHTE

Kurkuma ist ein Ingwergewächs, und wie bei ihren Verwandten Ingwer und Galgant verwendet man vor allem den Wurzelstock der Pflanze (wissenschaftlich Rhizom genannt), aus dem die eigentlichen Wurzeln treiben. Dennoch hat es sich bei uns eingebürgert, von der Kurkuma als einer Wurzel zu sprechen. Ihre genaue Herkunft ist nicht eindeutig zu bestimmen, doch wird man Südostasien als ihre ursprüngliche Heimat annehmen dürfen. Dort wird sie seit mehr als 4000 Jahren verwendet – für religiöse Zeremonien, zum Färben von Textilien, Kosmetika und Speisen und natürlich auch als Gewürz. Vor allem Indien ist ein Kurkuma-Land. Hier lernten die Griechen in der Antike das Gewürz kennen und schätzen. Auch in den frühen Hochkulturen Mesopotamiens und Chinas spielte Kurkuma eine Rolle. Bei uns wurde die Wurzel erst im Hochmittelalter bekannt und in der Klostermedizin genutzt: Man schrieb ihr mannigfache Heilwirkungen zu und gab ihr den Namen »Gelbwurz«. Und weil sie so sonnig leuchtet, heißt es im »Elsässischen Arzneibuch« aus dem Jahr 1418, Kurkuma wachse »in den Ländern gegen Sonnenaufgang«.

QUALITÄT UND INHALTSSTOFFE

Für das typische Orangegelb der Kurkumawurzel ist der sekundäre Pflanzenstoff Curcumin verantwortlich, der chemisch ähnlich aufgebaut ist wie der Scharfstoff von Ingwer und Galgant. Scharf schmeckt Kurkuma jedoch nicht – zumindest nicht getrocknet und in Pulverform, wie es bei uns üblicherweise im Handel ist. Die färbenden Eigenschaften der Kurkuma haben dazu geführt, dass sie als Safrankopie eine zweifelhafte Karriere gemacht hat – bis heute. Doch ihr Geschmack ist ganz anders als der des Safrans. Gutes Kurkumapulver riecht würzig-erdig, ein wenig wie frisches, duftendes Heu, kombiniert mit einer warmen, eleganten Holznote. Allerdings verblasst dieses Aroma ebenso rasch wie die kräftige Farbe. Man sollte Kurkumapulver daher möglichst zügig verwenden und dunkel und kühl aufbe-

wahren. Sein angenehmer Geschmack geht vor allem auf zwei Inhaltsstoffe des ätherischen Öls zurück: Tumeron und Zingiberen, das auch im Ingwer vorkommt. Obwohl der Geschmack markant ist, drängt er sich nicht auf, sofern man das Pulver wohldosiert. Kurkuma bietet sich als Begleiter für kräftigere Gewürze an. Nicht umsonst ist sie ein idealer Bestandteil des Currypulvers: Sie bildet die solide Basis, die dominantere Gewürze harmonisch mit einbindet und in eine geschmacklich angenehme Balance bringt.

VERWENDUNG IN DER KÜCHE

Obwohl Indien fast die gesamte Kurkuma-Welternte verbraucht, spielt das Gewürz in anderen Küchen ebenfalls eine wichtige Rolle. Und das nicht nur als Bestandteil sämtlicher Spielarten von Currypulvern; auch für die gelbe Currypaste der Thai-Küche ist es unverzichtbar (dafür wird die frische Wurzel verwendet). Im arabischen Kulturkreis war es im Mittelalter Sitte, Brot, Reis und Süßspeisen mit

---

ALFONS SCHUHBECK

WURZEL MIT VIELFÄLTIGER WIRKUNG

Ich verwende Kurkuma für fast alle meine Senfkompositionen und Currymischungen, weil sie verschiedene Aromen harmonisch miteinander in Einklang bringt. Auch aus gesundheitlichen Gründen bin ich ein Freund von Kurkuma: Sie ist das wissenschaftlich am besten erforschte Einzelgewürz. Und natürlich setze ich Kurkuma aus optischen Gründen gern ein, weil sie vielen Gerichten eine appetitliche Farbe verleiht. Eine Prise Kurkumapulver sorgt zum Beispiel dafür, dass selbst gemachte Teigwaren wunderschön dottergelb werden. Oder man gibt einfach 1 TL Kurkumapulver ins kochende Nudelwasser. Auch Blumenkohl kann man so beim Blanchieren etwas Farbe mitgeben.

Curcuma longa **KURKUMA**

Kurkuma zu färben – eine Gewohnheit, die sich durch die Kreuzzüge und die arabischen Eroberungen in Süditalien und Spanien in Europa verbreitete. Mit Kurkuma gefärbter Reis hat sich auch hierzulande in indischen Restaurants etabliert. Das hat zu der Annahme geführt, in Indien werde Reis grundsätzlich mit Kurkuma zubereitet, was so nicht stimmt. Kurkuma harmoniert aber tatsächlich sehr gut mit kohlenhydratreichen Lebensmitteln wie Kartoffeln, Reis und Hülsenfrüchten, die sie zudem bekömmlicher macht.

Gesundheitsfördernde Eigenschaften

In letzter Zeit beginnt sich die Wissenschaft mehr und mehr für die gesundheitsfördernden Wirkungen des ätherischen Öls der Kurkuma zu interessieren. Studien weisen darauf hin, dass es die Senkung der Blutfettwerte unterstützen kann und das Herz-Kreislauf-System stärkt. Laborstudien geben außerdem Hinweise darauf, dass Curcumin ein wirksamer Zellschutzstoff ist, der möglicherweise tumorhemmende Wirkungen entfalten kann.

Kurkumawurzel
Kurkuma lässt sich leicht von Ingwer und Galgant unterscheiden: Ihre Wurzelfinger sind länger und runder als diese und von glänzend orangebrauner Farbe.

Gemahlene Kurkuma
Die beste Qualität für indisches Kurkumapulver liefern die gemahlenen Wurzeln aus Alappuzha (vormals Alleppey) und Madras. In luftdichten Behältern bleibt das Pulver ein Jahr aromatisch.

GEWÜRZE UND KRÄUTER VON A–Z

LAVENDEL

Der mittelalterlichen Klostermedizin ist es zu verdanken, dass Lavendel in unserem Kulturkreis populär wurde. Namhafte Heilkundige wie die Äbtissin Hildegard von Bingen haben seine Wirkungen beschrieben – schon damals kannte man seine schmerzstillenden und beruhigenden Eigenschaften. Im Barockzeitalter war es in Frankreich »en vogue«, Süßspeisen wie Eiscreme, Pudding, Biskuit oder Trinkschokolade mit Lavendel zu aromatisieren. Aber die wahren kulinarischen Talente des Lavendels hat erst die Küche der Provence geweckt.

HERKUNFT UND GESCHICHTE

Lange bevor der Lavendel in unseren Küchen Einzug hielt, spielte er in der Welt der Duftwässerchen und Schönheitsmittel eine bedeutende Rolle. Der Lavendel stammt vermutlich aus dem westlichen Mittelmeerraum. Sein Name leitet sich vom lateinischen Verb *lavare*, »waschen«, ab. Das kommt nicht von ungefähr, denn die antiken Römer – und vor allem wohl die Römerinnen – nutzten ihn als wohlriechenden Badezusatz. In unseren Breiten wurde die Verwendung von Lavendel erst einige Jahrhunderte später üblich: Der klösterlichen Heilkunde ist es zu verdanken, dass dieses Lippenblütengewächs seit dem Hochmittelalter in den wärmeren Regionen Europas in Gärten und auf Feldern kultiviert wurde. Und wer denkt, wenn vom Lavendel die Rede ist, nicht gleich an die Provence und hat nicht das Bild von violett blühenden, sonnenbeschienenen Lavendelfeldern vor Augen? Es ist nicht verwunderlich, dass die Provenzalen die Ersten waren, die den Lavendel als Gewürz für ihre Mittelmeerküche entdeckten.

QUALITÄT UND INHALTSSTOFFE

Hierzulande gedeiht am besten der sogenannte Echte Lavendel mit seinen silbergrau grünen, schlanken Blättern und veilchenblauen Blüten. Anders als etwa der Provenzalische Lavendel oder der Spanische Schopflavendel ist er dezenter in Duft und Aroma. Deshalb eignet er sich auch als Küchengewürz, sein Aroma ist frisch und elegant. Idealerweise verwendet man Lavendel aus dem eigenen Garten; auch in Töpfen gedeiht er ohne Probleme. Man sollte die Blüten ernten, kurz bevor sie voll ausgebildet sind. Übrigens sind auch die Blätter essbar. Frischer Lavendel entfaltet eine Fülle an Aromen: Er duftet und schmeckt nach Vanille, Rosmarin, Kampfer und Bergamotte (eine Zitrusfrucht). Man kann es den Weinexperten gleichtun und bei genauem Hinschmecken und -riechen ein ganzes Bouquet ausmachen. Verantwortlich für diese anmutige Würzigkeit sind die verschiedenen Inhaltsstoffe des ätherischen Lavendelöls:

Echter Lavendel enthält unter anderem Kampfer, Linalool, das die blumig-frische Note mit sich bringt, Cineol, das auch ein Bestandteil im Rosmarin ist, sowie Umbelliferon, das man ebenso im Liebstöckel findet. Werden die Lavendelblüten getrocknet und länger aufbewahrt, geht vor allem etwas von dem Kampferaroma und der Zitrusnote verloren. Beim Kauf getrockneter Lavendelblüten sollte man darauf achten, dass sie ein feines Aroma und eine violette Farbe haben. Auf keinen Fall dürfen sie seifig riechen. Deshalb sollte man Küchenlavendel nicht als Duftsäckchen in der Parfümerie, sondern unbedingt im Gewürzhandel kaufen. Verblasste, graue Blüten sind ein Zeichen für veraltete Ware.

VERWENDUNG IN DER KÜCHE

In Südfrankreich hat man keine Scheu, Lavendel an Fleisch, Gemüse und Käse zu geben: Mit Lavendelblüten und Olivenöl marinierte Lammkoteletts, Salatdressings mit fein gehackten Lavendelblättern, überbackene Pfirsiche mit

ALFONS SCHUHBECK

ENTSPANNEND UND HARMONISIEREND

Lavendel ist ein ausgesprochen attraktives Gewürz, allerdings muss man ihn vorsichtig dosieren. Besonders gut harmoniert er mit Fenchelsamen und abgeriebener Orangenschale – diese Mischung ist ideal zum Würzen von Fisch. Als Dekoration für Desserts tauche ich Lavendelblüten erst in leicht verquirltes Eiweiß und dann in feinsten Kristallzucker. Danach lasse ich sie bei 50° C im Backofen 3 Stunden trocknen. Übrigens konnten pharmazeutische Studien nachweisen, dass die Substanz Linalylazetat im ätherischen Öl des Lavendels tatsächlich entspannende Wirkungen hervorruft, vor allem, wenn man Lavendel innerlich anwendet. Ein Grund mehr, ihn in der Küche einzusetzen!

Lavandula angustifolia **LAVENDEL**

Lavendelblüten und -honig, ja auch Lavendel zu kräftigem cremigem Käse wie Roquefort oder Ziegenkäse – alles ist denkbar. Lavendel gibt der provenzalischen Gemüsespezialität Ratatouille das raffinierte Etwas. Neben Salbei, Thymian, Rosmarin und Oregano ist er ein wichtiger Bestandteil der klassischen Gewürzmischung Herbes de Provence, aber auch mit Knoblauch, Basilikum, Bohnenkraut, Estragon und Pfeffer verträgt er sich bestens. Cremige, fetthaltige Zutaten wie Butter, Milch, Sahne oder Eigelb-Zucker-Schäume sind die idealen Träger für das feine Lavendelaroma. Aber wie bei jedem guten Parfüm gilt auch für die Verwendung von Lavendel: Weniger ist mehr!

GESUNDHEITSFÖRDERNDE EIGENSCHAFTEN

Lavendel kann zwei Dinge: beruhigen und anregen. Man vermutet, dass die Wirkstoffe seines ätherischen Öls, vor allem der Gerbstoff Rosmarinsäure, die Produktion des Gallensekrets fördern. In der Erfahrungsmedizin gilt Lavendel als kreislaufanregendes, durchblutungs- und appetitförderndes Mittel. Auch nervöse Reizzustände können durch Lavendel harmonisiert werden. Insbesondere bei Reizsymptomen im Magen-Darm-Bereich hat er eine lindernde Wirkung. Medizinisch bestätigt ist außerdem die beruhigende und stabilisierende Wirkung des Lavendelöls bei geistiger und körperlicher Überanstrengung und Erschöpfung.

Frischer Lavendel
Die Konzentration des ätherischen Öls ist in den Lavendelknospen kurz vor ihrer Blüte am intensivsten.

Getrocknete Lavendelblüten
Sie entfalten ihr Aroma am besten, wenn man sie erwärmt. Ihre dezente Bitternote harmoniert gut mit Fisch und gegrilltem Fleisch.

LIEBSTÖCKEL

Obwohl er eigentlich eine mediterrane Pflanze ist, gilt Liebstöckel als typisch deutsches Würzkraut. Das kommt nicht von ungefähr: Schon 1543 schrieb der Botaniker Leonhart Fuchs in seinem »Neuen Kräuterbuch«, dass man in den Gärten überall Liebstöckel finde. Das hatte auch damit zu tun, dass Liebstöckel seit dem Mittelalter bei uns im Aberglauben eine wichtige Rolle spielte. Unsere Vorfahren meinten, er könne mit seinem intensiven Duft böse Geister vertreiben. Heute dagegen entfaltet Liebstöckel seinen ganzen Zauber in der Küche.

HERKUNFT UND GESCHICHTE

Die antiken Römer schätzten den Liebstöckel so sehr wie keine andere Zivilisation vor und nach ihnen. Die Spitzengastronomie zu Zeiten Julius Cäsars (100–44 v. Chr.) erging sich regelrecht in Liebstöckelorgien. Die Hautevolee im alten Rom liebte es, Würste, Braten, Brühen und Saucen mit Liebstöckelblättern und -wurzeln abzuschmecken. Auch Weine wurden mit dem Kraut gewürzt. Diese Tradition ist bis heute im südalpinen Raum erhalten geblieben. In Österreich aromatisiert man Obstler mit Liebstöckelblättern, nennt das Ganze »Luststock« und trinkt es als Aperitif oder Verdauungsschnaps. Ursprünglich stammt der Liebstöckel aus dem zentral- und kleinasiatischen Raum. Später gedieh er prächtig in den Villengärten des Römischen Reichs, vor allem in Ligurien. Noch im mittelalterlichen Latein hieß er *ligusticum apium*, »Ligurischer Eppich«. Das Wort »Eppich« ist eine altdeutsche Bezeichnung für den Sellerie, mit dem der Liebstöckel verwandt ist. Trotz seines galanten Namens gehörte der Lust- oder Liebstöckel seit dem frühen Mittelalter bei uns in jeden klösterlichen Kräutergarten. Das hatte Karl der Große (748–814) per kaiserlichem Erlass festgelegt. Nichtsdestotrotz ist der Liebstöckel bis heute eher ein Gewürz des Südens geblieben.

QUALITÄT UND INHALTSSTOFFE

Während unsere Ahnen den Liebstöckel noch mit Stumpf und Stiel schätzten und sowohl die Samen als auch die Blätter und Wurzeln kulinarisch und heilkundlich einsetzten, verwenden wir heute fast nur die robusten, dunkelgrünen Blätter. Ihre gefiederte Form erinnert an die der glatten Petersilie. Frische Liebstöckelblätter haben einen unverwechselbaren Geruch und Geschmack. Er ist so intensiv, dass junge Mädchen im Mittelalter den Brauch pflegten, ihr Badewasser mit Liebstöckel zu parfümieren, um die Gunst der Männer auf sich zu ziehen. Das ätherische Öl des Liebstöckels setzt sich aus Inhaltsstoffen zusammen, die ähnlich intensiv nur noch im Sellerie vorkommen. Es handelt

sich um sogenannte Phthalide. Die Maggiwürze, ein Gärungsprodukt aus Getreide- und Hülsenfruchtproteinen, besteht unter anderem aus ähnlichen chemischen Aromaverbindungen. Duft und Geschmack frisch gezupfter Liebstöckelblätter erinnern an Meersalz, Hefe, Sellerie, Petersilie und auch ein wenig an Zitrusfrüchte. Da Liebstöckel in unseren Breiten gut gedeiht, ist er nahezu das ganze Jahr über auf den Märkten frisch zu haben.

VERWENDUNG IN DER KÜCHE

Liebstöckel ist kein Pflänzchen, das sich bescheiden im Hintergrund hält, wenn man es als Würze einsetzt. Er kann mit seinem kraftvollen, eindringlichen Geschmack recht selbstbewusst auftreten. Man muss ihn daher mit Bedacht verwenden. In kräftige Fleischsuppen oder Gemüsebrühen, die den würzigen, leicht salzigen Charakter von Liebstöckel bestens vertragen, gibt man ihn beispielsweise erst in den letzten zehn Minuten der Garzeit. Da das Liebstöckelaroma

ALFONS SCHUHBECK

FEINES FLEISCHGEWÜRZ

Das kräftige Aroma des Liebstöckels wird in letzter Zeit wieder mehr geschätzt. Zwar sollte man Liebstöckel vorsichtig dosieren, da er sehr intensiv duftet und schmeckt, aber es lohnt sich unbedingt, ihn vielseitiger zu verwenden! Ich bereite daraus zum Beispiel Pesto zu – zusammen mit Petersilie, frischem Spinat und Mandeln. Probieren Sie es aus, es ist eine herrliche Beilage zu gekochtem Fleisch! Liebstöckel harmoniert überhaupt gut mit Fleisch und mit klarer Brühe. Außerdem kann er den leicht dominierenden Geschmack von Sojasauce neutralisieren. Deshalb lasse ich in Gerichten, die ich mit Sojasauce würze, kurz vor Ende der Garzeit gern ein paar Blätter Liebstöckel mitziehen.

Levisticum officinale **LIEBSTÖCKEL**

auch etwas Erdiges an sich hat, harmoniert es wunderbar mit Wurzelgemüse (Karotten, Sellerie, Topinambur, Pastinaken), Pilzen und Nachtschattengewächsen (Kartoffeln und Tomaten). Die Rahmigkeit von Sahne, Quark und Käse nimmt dem Liebstöckelaroma die Spitze und bindet es harmonisch ein. Auch Essig und Senf bekommen ihm gut. Ein paar fein gehackte Liebstöckelblätter geben der Salatvinaigrette einen raffinierten Kick.

GESUNDHEITSFÖRDERNDE EIGENSCHAFTEN

Die Naturheilkunde nutzt die Wurzeln des Liebstöckels von jeher als Mittel gegen Nieren- und Blasenleiden. Tatsächlich konnte die moderne medizinische Forschung nachweisen, dass auch die Blätter des Liebstöckels harntreibend und entwässernd wirken. In der Erfahrungsmedizin sind getrocknete Liebstöckelblätter daher Bestandteil von Teemischungen gegen Blasenentzündungen.

Frische Liebstöckelblätter
Während man bei uns die Wurzeln und Samen des Liebstöckels kaum verwendet, werden die Blätter umso mehr geschätzt. Liebstöckel ist das ganze Jahr über erhältlich.

Getrocknete Liebstöckelblätter
Ihre Würzkraft ist ebenso kräftig wie die der frischen Blätter. Durch das Trocknen schmecken sie etwas stärker nach Sellerie.

GEWÜRZE UND KRÄUTER VON A–Z

LORBEER

Viele von uns kennen die getrockneten Blätter des Lorbeerbaums, wissen aber möglicherweise nicht, welch balsamische Würzigkeit von frischem Lorbeer ausgeht. Im mediterranen Süden, wo der Lorbeerbaum zu Hause ist, braucht man die Blätter nur zu streifen, schon verströmen sie einen noblen Duft. In der Antike hatte Lorbeer eher kultischen als kulinarischen Wert: Mit den immergrünen Blättern bekränzte man die Häupter von Sportlern und ruhmreichen Feldherren – als Zeichen der Ehrerbietung und als Symbol für ewiges Leben.

HERKUNFT UND GESCHICHTE

Der Lorbeerbaum stammt aus Kleinasien und wurde im antiken Griechenland im Mittelmeerraum als Kulturpflanze berühmt. Damals glaubte man, der Gott Apollon habe sich so heftig in die Nymphe Daphne verliebt, dass er ihr allzu stürmisch nachgestiegen sei. Die Schöne flüchtete und konnte sich vor den Avancen des Verehrers nur retten, weil die Götter sie in einen Lorbeerbaum verwandelten. Apollon setzte sich daraufhin einen Lorbeerkranz auf, um Daphne immer bei sich zu tragen. Vielleicht um ihn zu trösten, weihte man ihm die sogenannten »Pythischen Spiele« in Delphi, eine Art Vorläuferveranstaltung der Olympischen Spiele. Dort war es Sitte, den Sieger eines Wettkampfs mit Lorbeer zu bekränzen. Die Römer weiteten diese Symbolsprache auf Cäsaren und ruhmreiche Feldherren aus. Dass man auch Geistesgrößen zu Helden krönt, hat sich in der italienischen Renaissance eingebürgert. Seither spricht man von einem honorigen Dichter als dem *poeta laureatus* und zeichnet ihn mit Lorbeer aus. Da Lorbeer den Frost mindestens so fürchtet wie Daphne den Apollon, haben sich diese Sitten in unseren nördlichen Breiten nicht lange gehalten.

QUALITÄT UND INHALTSSTOFFE

Frische Lorbeerblätter sind geschmeidig wie weiches Leder; sie zeichnen sich durch eine glänzende Oberfläche und ein sattes Tannengrün aus. Die Qualität getrockneter Blätter erkennt man an ihrem kräftigen Hellgrün – je grüner sie sind, desto besser sind sie. Lorbeerblätter dürfen nach der Ernte nur im Schatten getrocknet werden, in der Sonne würden sie ausbleichen und ihr Aroma verlieren. Ein weiteres Zeichen für Qualität sind im Ganzen abgepackte Blätter, die nicht zerbröselt sind. Seitdem man auf manchen Märkten frischen Lorbeer kaufen kann, wird unter Feinschmeckern diskutiert, was besser sei: frischer oder getrockneter Lorbeer? Frische Blätter weisen zwar eine gewisse Bitterkeit auf, jedoch ist die an Eukalyptus erinnernde, angenehme Kühle, die von Lorbeer ausgeht, nur in ihnen enthalten. Andererseits zählt Lorbeer zu jenen Gewürzen, die ihr Aroma in getrocknetem Zustand sehr gut bewahren – und durch Erwärmen über einen längeren Zeitraum intensiv an die Speisen abgeben. Die Bitterkeit der frischen Blätter verliert sich, wenn man sie trocknet. Das ätherische Öl des Lorbeers setzt sich aus einer Fülle an Duft-, Geschmacks- und Wirkstoffen zusammen. Es enthält unter anderem Cineol, das für den Eukalyptus charakteristisch ist, Eugenol, das in Gewürznelken und im Zimt vorkommt, Linalool, das auch Bestandteil des ätherischen Öls von Kardamom ist, sowie Geraniol. Letzteres ist auch in Rosenholz enthalten.

VERWENDUNG IN DER KÜCHE

Ihr vollmundiges, warmes Aroma macht getrocknete Lorbeerblätter zu einer perfekten Würze für Fleisch, Saucen, Suppen, Brühen und viele Gerichte, die eine längere Garzeit brauchen, wie beispielsweise Blaukraut, Sauerkraut oder Linseneintopf. Ein Klassiker ist das Bouquet garni der fran-

---

ALFONS SCHUHBECK

AROMA MIT STARKER WIRKUNG

Damit getrocknete Lorbeerblätter ihr Aroma entfalten können, sollten sie 15 bis 20 Minuten in einem Gericht mitziehen. Zum Würzen von Schmorbraten oder Wildgerichten gebe ich zerkleinerten Lorbeer gern mit anderen ganzen Gewürzen wie Nelken, Koriander, Pfeffer, Piment, Wacholder und Zimt in eine Gewürzmühle. Wenn man die Gewürze zuvor ohne Fett anröstet, kommt ihr Geschmack noch besser zur Geltung. Falls Sie Nudeln, Klöße oder Salzkartoffeln schon beim Garen leicht aromatisieren möchten: Geben Sie einfach einige Chilischoten und ein Lorbeerblatt in das kräftig gesalzene Kochwasser. Lorbeer eignet sich auch zum Aromatisieren von Gewürzöl.

Laurus nobilis **LORBEER**

zösischen Küche: Lorbeerblätter, Thymian- und Petersilienstängel werden zu einem Sträußchen gebunden und an Ragouts (vor allem Rind und Lamm), Bratenfonds und Suppen gegeben. Getrockneter Lorbeer würzt Fleischmarinaden (Böfflamott, Sauerbraten, Wild), eingelegtes Gemüse (Essiggurken, italienische Antipasti) sowie Fleisch- und Geflügelpasteten. Unabdingbar ist er für eine gute Béchamelsauce, für Fleisch- und Gemüsebrühen und kräftige Fleischsaucen. Da frischer Lorbeer sein Aroma sehr schnell entfaltet, gibt man ihn erst kurz vor Ende der Garzeit an ein Gericht, um es zu aromatisieren.

Gesundheitsfördernde Eigenschaften

Lorbeer ist ein äußerst vielseitiges Gewürz, denn sein ätherisches Öl enthält eine ganze Reihe wohltuender Substanzen, die Körper und Geist entspannen. So etwa Gerbstoffe, die die Verdauung fördern und den Appetit anregen. Die beiden Wirkstoffe Linalool und Cineol können den Gehirnstoffwechsel unterstützen und helfen bei Konzentrationsstörungen. Cineol wirkt außerdem ausgleichend und entspannend bei Überanstrengung. Lorbeer ist also genau das richtige Gewürz für alle, die geistige Höchstleistungen erbringen müssen.

Getrocknete Lorbeerblätter
Ein Indiz für gute Qualität sind die kräftige hellgrüne Farbe und ein feines Aroma, das man nicht nur schmeckt, sondern auch riecht.

Frische Lorbeerblätter
Sie duften würzig und appetitanregend. Allerdings schmecken sie ein wenig bitter, wenn man sie zu lange erhitzt.

GEWÜRZE UND KRÄUTER VON A–Z

MAJORAN

Majoran ist zu einem der Lieblinge in unserer Küche geworden. Weil er vielen Brat-, Blut-und Leberwürsten die charakteristische Würze verleiht, hat man ihm den Beinamen »Wurst-kraut« gegeben. Doch trotz aller Popularität wird der Majoran häufig verkannt: Immer wieder wird er nämlich mit dem Oregano verwechselt. Die beiden Mittelmeerkräuter können zwar ihre Verwandtschaft nicht verleugnen, doch hat der Majoran ein viel würzigeres und inten-siveres Aroma als sein Vetter zu bieten.

HERKUNFT UND GESCHICHTE

In vielen Kräuterbüchern wird Majoran als *Origanum vulgare* oder *Origanum majorana* bezeichnet, als eine Variante des Oreganos also. Der Echte Majoran indessen, den wir hierzu-lande als Wurstkraut kennen und lieben, gehört zur Gattung *Majorana*. Demzufolge heißt unser heimischer Garten- und Küchenmajoran *Majorana hortensis*. Das ist nicht ganz un-wichtig, denn Majoran und Oregano sind zwar miteinander verwandt – beide gehören zur Familie der Lippenblütler –, doch geschmacklich sind sie grundverschieden. Gartenma-joran hat ein blumiges, zitronenduftiges, lieblich würziges Aroma. Allerdings – und das macht ihn ein wenig delikat – bildet er dieses Aroma nur an einem ausreichend sonnigen und warmen Standort aus. Verregnete Sommer können ihm das Aroma dagegen regelrecht verwässern. Anders als in un-seren kühleren Breiten findet der Majoran in seiner Heimat, dem östlichen Mittelmeerraum, optimale klimatische Be-dingungen vor. Das war schon in der Antike so, und deshalb verwundert es nicht, dass der mediterrane Majoran so be-törend roch, dass die Römer ihn als Parfüm und Liebeskraut einsetzten. Ein nach Majoran duftender römischer Liebha-ber oder eine römische Braut, die mit Majoran bekränzt war, galten als unwiderstehlich.

QUALITÄT UND INHALTSSTOFFE

Die Blätter des Majorans sind oval mit abgerundeten Enden, während die Blätter der Oreganosorten in der Regel leicht spitz zulaufen. Anhand dieses Merkmals lässt sich der bei uns häufig als Majoran angebotene, dunkelrosa blühende »Dost« oder Wilde Majoran *(Origanum vulgare)* vom Echten Majoran unterscheiden. Frische Majoranblätter sind gras-grün und büßen – ebenso wie Oregano – beim Trocknen nicht an Aroma ein. Lediglich die blumige, sonnige Note ver-liert sich etwas. Die frischen Blätter können ihr Aroma am besten entfalten, wenn man sie drückt oder zerreibt. Übri-gens sind auch die Majoranblüten hocharomatisch. Dem ätherischen Öl des Majorans fehlen bestimmte Duft- und

Geschmacksstoffe, die für Oregano typisch sind. Deshalb riecht Majoran nicht nach edlen Hölzern und auch nicht nach Thymian (wie der Oregano), sondern mildwürzig und dezent nach Blüten. In seinem ätherischen Öl kommen Sabinen und Cineol vor, Aromakomponenten, die unter anderem auch in Kardamom und Limette, Rosmarin, Eukalyptus und Lavendel enthalten sind. Allerdings schwankt ihre Zusam-mensetzung und Konzentration beträchtlich, je nach Stand-ort, Bodenverhältnissen und Klima. Das bekannteste deut-sche Anbaugebiet für qualitativ herausragenden Majoran ist Thüringen.

VERWENDUNG IN DER KÜCHE

Getrocknete Majoranblätter entfalten beim Erwärmen ein mildwürziges, zart süßliches Aroma mit einem Hauch Kamp-fer. Sie passen ausgezeichnet zu fetthaltigem Fleisch, zu Speck, durchwachsenem Rind- und Schweinefleisch und zu Leber. Für Hackbraten, Fleischpflanzerl, Pasteten und Würste

ALFONS SCHUHBECK

IDEAL ZU KARTOFFELN

Majoran zählt zu jenen Kräutern, die beim Trocknen ihre Würzigkeit bewahren. Am aromatischsten ist Ma-joran aus Thüringen, einem der bedeutendsten Kräu-teranbaugebiete in Europa. Majoran ist ein perfekter Begleiter für Kartoffelgerichte, allen voran Kartoffel-suppe. Ich gebe ihn erst in den letzten Minuten der Gar-zeit dazu, denn ein paar Minuten reichen vollkommen aus, um sein Aroma zu entfalten. Wenn man ihn zu lan-ge mitgart, büßt er einen Großteil seines Aromas ein und nimmt eine herbe Geschmacksnote an. Auch bei Bratkartoffeln gebe ich ihn erst zum Schluss dazu, vor allem, wenn ich frische Blätter verwende. Wenn sie ver-brennen, schmecken sie nämlich bitter.

Majorana hortensis **MAJORAN**

ist Majoran nahezu ein Muss, wenn man diese etwas deftiger mag. Gleiches gilt für Waldpilze, Zwiebeln, Knoblauch und Kartoffeln. Überhaupt passt Majoran gut zu kohlenhydratreichen Lebensmitteln, etwa zu Bohnen, Linsen und Erbsen oder zu Brot. Eine Semmelfüllung für Geflügel bekommt durch eine Prise gerebelten Majoran geschmackliche Finesse. Frischer Majoran hat ein flüchtiges Aroma, dessen Blumigkeit nur dann zur Entfaltung kommt, wenn man die abgezupften Blättchen erst zuletzt, kurz vor dem Servieren, über das Gericht streut.

Gesundheitsfördernde Eigenschaften

Das ätherische Öl des Majorans ist reich an antioxidativen Polyphenolen sowie an antiseptischen und antibakteriellen Wirkstoffen. Außerdem enthält es Bitter- und Gerbstoffe, die die Funktionen von Leber und Galle und somit den Fettstoffwechsel unterstützen. Das ist auch ein Grund, weshalb man Majoran traditionsgemäß zum Würzen von fetteren Würsten und Braten verwendet. Er regt die Magensaftsekretion an, fördert die Fettverdauung und kann bei Völlegefühl und leichten Oberbauchbeschwerden lindernd wirken.

Frische Majoranblätter
Ihr blumiges, sonniges Aroma genießt man am besten frisch, da es beim Erwärmen schnell verfliegt.

Getrocknete Majoranblätter
Sie schmecken weniger kräftig als die des getrockneten Oreganos, zeichnen sich aber durch ein warmes, mildwürziges Aroma aus.

GEWÜRZE UND KRÄUTER VON A–Z

MEERRETTICH

*F*rischer Meerrettich ist eines der stärksten Gewürze – seine Schärfe kann es durchaus mit
der von Chili und Pfeffer aufnehmen. Selbst Hartgesottenen treibt Meerrettich die Tränen in
die Augen. Doch anders als bei der Zwiebel, die erst beim Braten ein einnehmendes Aroma
entwickelt, nimmt man die tränentreibende Kraft des Meerrettichs gern in Kauf. Er ist nämlich hocharomatisch, das merkt man schon beim Reiben. Und dieses Aroma hat es in sich,
denn das ätherische Öl des Meerrettichs besitzt viele gesundheitsfördernde Eigenschaften.

HERKUNFT UND GESCHICHTE

Wer das Vergnügen hat, frisch geriebenen Meerrettich zu
Selchwürsteln, Tafelspitz, Kärntner Osterschinken oder einem Schweinebratenbrot in einer steirischen Buschen-
schenke zu kosten, wird zweierlei bemerken. Erstens: Nichts
geht über frisch geriebenen Meerrettich – Meerrettich aus
dem Glas oder der Tube ist kein Ersatz. Zweitens: Österreicher verstehen sich darauf, die Meerrettichschärfe als
Genuss zu zelebrieren. Bei ihnen heißt er auch nicht Meerrettich, sondern Kren. Das klingt geheimnisvoller, melodi-
scher. Guter (das bedeutet: frisch geriebener) Meerrettich
ist nämlich nicht bloß scharf. Er hat etwas Süßes, sogar
leicht Blumiges an sich. Wenn er einem erst einmal alle Tränen aus den Augen getrieben hat, fühlt sich der Kopf danach
so klar an, als hätte man in kühler Morgenluft einen Berg
bestiegen – man atmet durch. Die ursprüngliche Heimat des
Meerrettichs liegt vermutlich in Ost- und Südosteuropa, in
Ländern also, von denen manche später zur Donaumonarchie gehörten. Während sich das österreichische Wort Kren
vom slawischen *chreñu* ableitet, vermuten Sprachforscher,
dass sich der deutsche Name Meerrettich aus der Bezeichnung »Mährischer Rettich« entwickelt haben könnte. Dies
wäre ein weiterer Hinweis auf die osteuropäische Heimat
des Meerrettichs. Darüber hinaus liegt die Vorgeschichte
der Wurzel jedoch weitgehend im Dunkeln. Historisch ver-
lässlich weiß man eigentlich nur, dass geriebener Meerrettich bereits im Mittelalter vielen deutschen Wurstspezialitäten den rechten Biss verlieh. Vor allem in Franken hat er
eine lange Tradition. Dort wurde Meerrettich auf Geheiß des
Grafen Johannes Alchimista seit Mitte des 15. Jahrhunderts
gezielt angebaut.

QUALITÄT UND INHALTSSTOFFE

Ähnlich wie beim Knoblauch, der ungeschält und nicht verarbeitet kaum riecht, treten die Duft- und Geschmacksstoffe der Meerrettichwurzel erst zutage, wenn man ihre Zellen
zerstört, sie also schält oder reibt. Was dann passiert, ist ein

komplizierter biochemischer Vorgang, den man vereinfacht
so beschreiben kann: Meerrettich enthält Sinigrin, einen
Stoff, der auch im Schwarzen Senf und Knoblauch vorkommt. Sobald das weiße Gewebe der Meerrettichwurzel
zum Beispiel durch Reiben verletzt wird, spaltet sich das
Sinigrin auf und geht neue chemische Verbindungen ein.
Dabei entsteht Senföl, dessen Duft- und Geschmacksmo-
leküle durch den Kontakt mit der Luft freigesetzt werden.
Den besten frischen Meerrettich hierzulande gibt es in der
Haupterntezeit ab September/Oktober. Denn wenn das Kraut
nach den ersten Frösten abstirbt, gewinnen die Aromastoffe
in der Wurzel an Kraft und Schärfe.

VERWENDUNG IN DER KÜCHE

So heftig die Schärfe von geriebenem Meerrettich zunächst
auch ausfällt – sie verflüchtigt sich recht schnell. Spätestens
nach einer Viertelstunde an der Luft ist fast nichts mehr davon zu spüren. Mit etwas Säure hält sich die Schärfe länger.

ALFONS SCHUHBECK

DIE »BAYERISCHE ZITRONE«

Im süddeutschen Raum nennt man Meerrettich die
»bayerische Zitrone«, weil er so viel Vitamin C enthält.
Man sollte Meerrettich nicht erhitzen, da ihm das nicht
nur seine Schärfe, sondern auch den Geschmack aus-
treibt. Für warme Saucen greift man daher am besten
auf Meerrettich aus dem Glas zurück. Frischen Meerrettich schäle ich immer erst, kurz bevor ich ihn verwende, da er sich bei Kontakt mit Sauerstoff verfärbt.
Wer sein frisches Aroma optimal nutzen möchte, sollte
ihn vor dem Servieren auf einer Zestenreibe fein über
das Gericht reiben. Übrigens: Auch einem Pesto aus Ba-
silikum- und Spinatblättern mit Mandeln und Parmesan
gibt 1 EL Sahnemeerrettich einen raffinierten Kick.

Armoracia rusticana **MEERRETTICH**

Deshalb ist es ratsam, frisch geriebenen Meerrettich mit Zitronensaft oder Essig zu beträufeln. Auch ein fein geriebener säuerlicher Apfel hilft, die Meerrettichschärfe zu konservieren. Apfelkren ist in Österreich eine klassische Beilage zu Tafelspitz. Übrigens lässt sich in frisch geriebenem Meerrettich eine feine Räuchernote ausmachen. Deshalb geht er mit geräuchertem oder gepökeltem Fleisch, Schinken, Würsten und Räucherfischen eine besonders geglückte Verbindung ein. Außerdem verfeinert er warme und kalte Saucen und gibt Kartoffelsalat und Roter Bete eine raffinierte Note. Meerrettich harmoniert mit Dill, Schnittlauch und Senf.

GESUNDHEITSFÖRDERNDE EIGENSCHAFTEN

Meerrettich ist eines der gesündesten Gewürze: In 100 g frischem Meerrettich stecken zwischen 700 und 800 mg Kalium – ein Mineralstoff, der Herz und Nerven stärkt. Außerdem ist Meerrettich reich an Magnesium, Kalzium, Phosphor und Eisen. In der Pharmazie werden Substanzen aus dem ätherischen Öl des Meerrettichs für die Herstellung von Erkältungsmitteln verwendet. Darüber hinaus weist das in ihm enthaltene Senföl antiseptische und entzündungslindernde Eigenschaften auf. In der Erfahrungsmedizin gilt Meerrettich als bewährtes Mittel zur Stärkung der Abwehrkräfte.

Meerrettichwurzel
In Zeitungspapier eingeschlagen, kann man sie im Gemüsefach des Kühlschranks etwa eine Woche aufbewahren.

Geriebener Meerrettich
Sein fruchtiger, erdiger Geschmack passt gut zu Roter Bete, Karotten, Kartoffeln und Wirsing. Damit er sich nicht verfärbt, sollte man ihn mit Zitronensaft beträufeln.

MOHN

Mohn ist ein ausgesprochen anpassungsfähiges und vielseitiges Gewürz. Seine Blüten haben Maler aller Couleur zu Bildern von Weltrang inspiriert. In der Küche würzt er meist süße Speisen, die wir mit angenehmen Erinnerungen verbinden: Großmutters Mohnkuchen, Germknödel in der Skihütte oder knusprige Mohnsemmeln zum Sonntagsfrühstück. In letzter Zeit ist Mohn mehr und mehr auch als Gewürz für pikante Gerichte in Mode gekommen: vor allem für Pasta und Gemüse, aber auch für Fleisch.

HERKUNFT UND GESCHICHTE

Damit erst gar keine Missverständnisse entstehen: Unser Küchenmohn und der Schlafmohn, aus dem Morphium hergestellt wird, sind botanisch zwar verwandt – doch keine Angst, Küchenmohn ist vollkommen unbedenklich. Er ist eine der ältesten Kulturpflanzen der Menschheit, wobei die Entdeckung, dass sich aus ihm schmerzstillende und narkotisierende Stoffe herstellen lassen, sicher keine ganz unbedeutende Rolle gespielt hat. Der Mohn stammt aus Klein- und Zentralasien und war schon im antiken Griechenland als Küchengewürz bekannt. In den beiden Klassikern Homers, der »Ilias« und der »Odyssee«, wird er zusammen mit Safran, Zwiebeln, Oliven und Rosenblüten erwähnt – ein Beweis dafür, dass Mohn damals schon als Köstlichkeit galt. Wenn man sich fragt, wie er den Sprung geschafft hat von den Keramiktöpfen der alten Griechen in die Mehlspeisenküche der Donaumonarchie, dann lässt sich das einfach herleiten: Die Römer lernten den Mohn von den Griechen kennen, die Oströmer (Byzanz) von den Weströmern, die Osmanen von den Byzantinern und die Österreicher von den Osmanen. Seither fühlt sich der Mohn im Strudel und auf Mohnnudeln ziemlich wohl.

QUALITÄT UND INHALTSSTOFFE

Die bei uns gebräuchliche Mohnart ist der Blaumohn, der in Österreich auch Graumohn genannt wird. Der Name ist Programm: Blaumohnsamen sind von blaugrauer Farbe, was sie vom cremeweißen indischen Mohn, einer weiteren Küchenmohnart, unterscheidet. Küchenmohnsamen reifen in den Samenkapseln der Schlafmohnblumen heran. Die unreifen Kapseln produzieren eine latexartige Milch, das Ausgangsprodukt für Opium und Morphium. Wenn die Samenkapseln reifen, trocknet dieser Milchsaft aus. Die reifen Blaumohn- und Weißmohnsamen haben keine betäubende oder berauschende Wirkung! Überdies wird der Schlafmohnanbau in Europa streng kontrolliert. Was wir im Supermarkt oder im Feinkosthandel als Blaumohn kaufen, ist absolut ungefährlich. Dafür hat sein Aroma es in sich: Mohn schmeckt warm, süßlich, buttrig und vor allem nussig. Er besteht zu 40 bis 50 Prozent aus einem proteinreichen Öl, das sich größtenteils aus hochwertigen einfach und mehrfach ungesättigten Fettsäuren zusammensetzt (wie zum Beispiel Linolensäure). Dieses Öl ist auch der Grund, warum Mohn schnell ranzig wird. Am besten kauft man ihn daher frisch, in der Menge, die man eben braucht. Falls etwas übrig bleibt, sollte man es luftdicht verschlossen im Kühlschrank aufbewahren.

VERWENDUNG IN DER KÜCHE

Natürlich ist es naheliegend, den nussigen Geschmack des Mohns in der Süßspeisenküche einzusetzen. Das hat eine lange Tradition: Kuchen, Plätzchen, Pralinen, Cremes und süße Nudeln, zum Beispiel aus Kartoffelteig, sind klassische Mohnschleckereien. Doch vor dem Lohn kommt die Mühe: Für die meisten Nachspeisen- und Gebäckrezepte braucht

ALFONS SCHUHBECK

FEINES NUSSAROMA DURCH RÖSTEN

Mohnsamen enthalten Öl und werden deshalb schnell ranzig. Man sollte Mohn daher immer im Ganzen kaufen und möglichst nur so viel davon frisch mahlen, wie man jeweils benötigt. Dafür gibt es im Handel spezielle Mohnmühlen. Das Mahlen von Hand empfiehlt sich auch deshalb, weil beim Mahlen mit elektrischen Mühlen Wärme entsteht, wodurch der Mohn bitter wird. Übrigens lässt sich der nussige Geschmack des Mohns noch verfeinern, wenn man ihn auf ein Backblech gibt und im Backofen bei 160 °C röstet, bis er duftet. Anschließend lässt man ihn auskühlen und verarbeitet ihn weiter. Reste von gemahlenem Mohn kann man sehr gut einfrieren.

man gemahlenen Mohn. Nun kann man es sich einfach machen und das die Küchenmaschine erledigen lassen. Aber, und das ist keine Spitzfindigkeit, dabei geht etwas Entscheidendes verloren. Durch die Wärme, die in der Küchenmaschine zwangsläufig entsteht, verändert sich der Geschmack des ätherischen Öls. Macht man sich die Mühe, den Mohn von Hand mit einer mechanischen Mohnmühle zu mahlen, wird man doppelt belohnt: Erstens stärkt es die Arme, und zweitens entfaltet der Mohn dabei einen Duft, der so wunderbar vollmundig und würzig ist, dass einem das Wasser im Mund zusammenläuft.

Gesundheitsfördernde Eigenschaften

Mohn enthält nicht nur wertvolle ungesättigte Fettsäuren, sondern auch viele Vitamine und Mineralstoffe wie Kalium, Kalzium, Phosphor, Magnesium und Eisen sowie die Vitamine E und B_3 (Niacin). Deshalb gilt Küchenmohn in der Erfahrungsmedizin als Stärkungsmittel für Körper, Geist und Nerven. Es ist noch nicht lange her, dass man Mohn als Einschlafhilfe für Säuglinge und Kleinkinder nutzte: Man verrührte ihn mit Honig und ließ die Kinder daran lutschen. Dieser Brauch ist jedoch überholt, weil er unter anderem wegen des hohen Zuckerkonsums als medizinisch bedenklich gilt.

Indische Mohnsamen
Sie sind weniger kräftig im Geschmack als Blaumohnsamen und bei uns auch eher selten erhältlich.

Blaumohnsamen
Aus ihnen lässt sich ein feines Öl gewinnen, dessen milder Geschmack dem des Olivenöls gleicht.

MUSKATNUSS

Funde in Grabkammern und Sarkophagen belegen, dass schon die alten Ägypter die Muskatnuss sehr schätzten. Im Orient und in Europa stand das sinnlich duftende Gewürz jahrhundertelang als Aphrodisiakum hoch im Kurs. Muskatnüsse waren so kostbar und begehrt, dass die Kolonialmächte erbitterte Kriege führten, um sich das Monopol für ihren Handel zu sichern. Der Name »Muskatnuss« spiegelt diesen hohen Stellenwert kaum wider: Er ist eine Verballhornung des lateinischen »nuces moschatae«, »nach Moschus riechende Nüsse«.

HERKUNFT UND GESCHICHTE

Jahrhundertelang war man auf der Suche nach der Heimat der Muskatnuss. Bis vor etwa 500 Jahren wussten lediglich einige arabische Händler, woher das Gewürz stammte. Gezielt wurden irreführende Gerüchte in Umlauf gebracht, wie etwa die, die Heimat der Nüsse müsse Indien oder China sein. Seit dem Mittelalter war die Muskatnuss in Europa bekannt, wenngleich nur in Kreisen der Reichen und Mächtigen. Als Statussymbol trug man die Nüsse als Amulett oder in einem Seidentäschchen bei sich, meist mit einer kunstvoll verzierten kleinen Reibe im Gepäck, um bei höfischen Tafeleien Speisen und Getränke damit zu aromatisieren. Mit Gewürzen wie Muskatnüssen ließ sich ein Vermögen machen, das erkannten auch die Landesherren. So begann die Geschichte der Entdeckung der Kontinente: Christoph Kolumbus (1451–1506), Fernando Magellan (1480–1521), Vasco da Gama (1469–1524) – sie alle zogen im Dienst ihrer Majestäten aus, um die Heimat der begehrten Gewürze zu finden. Den Seeweg zur Muskatnuss fanden schließlich die Portugiesen. Sie landeten 1512 auf den tropischen Molukken, einem Archipel zwischen Indischem und Pazifischem Ozean. Fast 300 Jahre lang folgte dann Krieg auf Krieg zwischen den Welthandelsmächten Portugal, Spanien, Holland und England; selbst vor Massenmord schreckte man nicht zurück, um das Handelsmonopol für Muskatnuss und Gewürznelke zu verteidigen. Erst Ende des 18. Jahrhunderts ging man zu friedlichem Handel über. Heute gibt es Muskatnussplantagen auch auf La Réunion, Mauritius und der Karibikinsel Grenada.

QUALITÄT UND INHALTSSTOFFE

Die Muskatnuss ist im botanischen Sinn keine Nuss, sondern der Samenkern der pfirsichartigen Frucht des immergrünen Muskatnussbaums. Dieser Samenkern ist von einer Schale und diese wiederum von einem scharlachroten, verschnörkelten Mantel umgeben – der Macis oder Muskatblüte. Sie färbt sich nach der Ernte beim Trocknen bern-steingelb und härtet aus. Der balsamische Wohlgeruch von Muskatnuss und Muskatblüte kommt von einem ätherischen Öl, aus dem beide jeweils zu zehn Prozent bestehen. Dieses Öl enthält Myristicin, das in größeren Mengen als giftig gilt. Würde man eine oder gar mehrere Muskatnüsse auf einmal essen, hätte dieses Öl leberschädigende und in manchen Fällen auch halluzinogene Wirkungen. Doch deshalb muss niemand die Nüsse aus seinem Gewürzschrank verbannen: Erstens tritt diese drogenrauschähnliche Wirkung nicht bei jedem Menschen auf – es braucht dazu eine bestimmte genetische Disposition, das hat man wissenschaftlich nachgewiesen. Und zweitens nimmt niemand mehr als einen Hauch geriebener Muskatnuss auf einmal zu sich. Wegen der potenziell giftigen Wirkung muss man sich also keine Sorgen machen. Interessanter für die feine Küche ist etwas anderes: Zwischen Muskatnuss und -blüte gibt es nur feine Geschmacksunterschiede. Sie besitzen ein feurig scharfes, leicht bitteres Aroma.

ALFONS SCHUHBECK

EDEL UND ELEGANT

Muskatnuss bekommt man zwar auch gemahlen, ich verwende sie aber nur im Ganzen und reibe sie, wie Macis auch, bei Bedarf frisch über das Gericht. So entfaltet sich ihr Aroma am besten. Muskatnuss gehört zu den Gewürzen, die man vorsichtig dosieren sollte, damit sie nicht zu dominant durchschmecken. Wichtig ist auch, dass man erst so spät wie möglich eine kleine Prise an ein Gericht gibt! Ich nehme Muskatnuss gern für Nudeln, Kartoffelgerichte und Currys, aber auch für Gemüse und Gemüsesuppen. Was Sie unbedingt probieren sollten, wenn Sie klare Suppen mit Muskatnuss würzen möchten: Einfach etwas Muskatnuss in tiefe Teller reiben und dann die Suppe darübergeben.

Myristica fragrans **MUSKATNUSS**

Verwendung in der Küche

Das ätherische Öl beider Muskatgewürze setzt sich aus einer Fülle von Duft-, Geschmacks- und Wirkstoffen zusammen, die teilweise auch in anderen Gewürzen enthalten sind, beispielsweise in Nelken, Kardamom, Basilikum, Zimt oder Zitrusfrüchten. Die komplexe Zusammensetzung dieser Wirkstoffe erklärt, warum das Aroma von Muskat so ausgewogen wirkt. Geriebene Muskatnuss duftet kräftiger und eleganter als Macis, deren Aroma wiederum heiterer wirkt. Es erinnert an Blüten und Orangenschale und harmoniert gut mit Lavendel. Mit Muskat würzt man Béchamelsauce, Kartoffelpüree, Blumenkohl, Rosenkohl und Spinat sowie herzhafte Quarkmassen, Polenta und Teigwaren.

Gesundheitsfördernde Eigenschaften

Muskatnuss entfaltet in den geringen Mengen, in denen wir sie gewöhnlich konsumieren, wohltuende Eigenschaften: Die Substanzen ihres ätherischen Öls wirken antibakteriell und – vor allem im Magen-Darm-Bereich – entzündungshemmend und entkrampfend. Darüber hinaus fördern sie die Sekretion des Gallensafts und unterstützen die Leber. Das ist auch der Grund, warum eine Prise Muskatnuss fette Speisen bekömmlicher macht. Die Tradition, Muskat zum Würzen von Wurstspezialitäten (Weißwurst), Käsegerichten, rahmigen Saucen und ballaststoffreichen Gemüsen zu verwenden, hat also nicht nur geschmackliche, sondern vor allem auch gesundheitliche Ursachen.

Ganze Muskatnuss
Sie ist fast ein Universalgewürz, hat aber dennoch ihre Lieblinge wie Kartoffeln, Spinat, Eier, Geflügel, Meeresfrüchte oder Wild.

Geriebene Muskatnuss
Ihr Aroma verflüchtigt sich rasch – man sollte sie stets frisch über die Speisen reiben.

Getrocknete Macisblüte
Sie duftet lieblicher und erfrischender als Muskatnuss und eignet sich auch als Süßspeisen- und Gebäckgewürz.

GEWÜRZE UND KRÄUTER VON A–Z

OREGANO

Der Name Oregano leitet sich aus dem Griechischen ab und bedeutet »Freude der Berge«. Eine Freude für Genießer war das kleinblättrige Kraut wohl schon in der Antike. In Griechenland und im alten Rom schätzte man es als Gewürz und Heilmittel. Im Mittelalter kam der »Dost«, wie Oregano im Volksmund auch genannt wird, vor allem bei Ohrenerkrankungen zum Einsatz. Dass er es in jüngster Zeit zu Weltruhm gebracht hat, verdankt er dem kulinarischen Exportschlager der Italiener: Oregano ist das Pizzagewürz schlechthin!

HERKUNFT UND GESCHICHTE

Dass sich Tomaten und Oregano optimal ergänzen, hat auch geografische Gründe. Im mediterranen Süden, der sonnendurchwärmten Heimat des Oregano, wächst seit 500 Jahren zusammen, was kulinarisch zusammengehört: Kolumbus hatte die Tomate in der Neuen Welt kennengelernt und von dort nach Europa gebracht. In den Küchen des europäischen Südens fand man damals schnell heraus, dass die fruchtige Säure der Tomate und die ebenfalls leicht säuerliche Würzigkeit von getrocknetem Oregano perfekt miteinander harmonieren. Aber auch ohne die Tomate stand der Oregano bereits im antiken Griechenland und Rom bei Feinschmeckern und Heilkundigen in hohem Ansehen. Man würzte dort Käse, Fisch und Gemüse mit dem wohlriechenden Kraut und vertraute auf seine desinfizierende Wirkung bei der Wundheilung. Im Mittelalter verbreiteten sich immer mehr Oreganosorten bis in die nördlicheren Regionen Europas. Doch weil es dort nicht überall so warm und sonnig ist wie im Süden, bildeten diese Varianten andere Duft- und Geschmackseigenschaften aus. Sie sind allerdings ebenfalls recht aromatisch. Es verwundert daher nicht, dass man im Mittelalter glaubte, mit einem Büschel Oregano Hexen abschrecken zu können.

QUALITÄT UND INHALTSSTOFFE

In Mittel- und Osteuropa sowie in den Ländern rund ums Mittelmeer bis zum Vorderen Orient wachsen heute zahlreiche Sorten von Oregano. Wie viele genau, lässt sich kaum sagen, mitunter ist von mehr als 30 die Rede. Es ist aber nicht so sehr die Art der Pflanze, die über ihr Talent als Gewürz entscheidet; ausschlaggebend sind vielmehr der Boden, in dem sie wächst, und das Klima, das dort herrscht. Oregano ist wie Majoran, Bohnenkraut und Thymian ein Lippenblütengewächs. Er braucht viel Sonne, um sein Aroma voll zu entfalten. Die bei uns heimischen Sorten können deshalb nicht die gleiche würzige Duftigkeit entwickeln wie die im Süden verwurzelten Pflanzen. Unter ihnen sticht

besonders der Griechische Oregano *(Origanum heracleoticum)* hervor, der für sein pfeffriges Aroma bekannt ist. Vom Klima hängt also ab, wie sich das ätherische Öl in den Oreganoblättern und -blüten zusammensetzt. Im Wesentlichen besteht es aus den Duft- und Geschmacksstoffen Carvacrol und Thymol, die auch im Thymian enthalten sind. Getrockneter Oregano riecht ähnlich intensiv wie Thymian. Oregano ist ein markantes, herbes Gewürz; in der Parfümindustrie rechnet man es den maskulinen Nuancen zu. Man kann in seinem Aroma ohne größere Schwierigkeiten Holz-, Leder- und auch feine Rächertöne ausmachen, ähnlich einem im jungen Eichenholzfass (Barrique) gereiften Rotwein.

VERWENDUNG IN DER KÜCHE

Es ist nicht überraschend, dass man in Griechenland und Italien, den beiden Ländern, in denen Oregano seit langer Zeit kultiviert wird, besonders viele Rezepte mit dem Würzkraut entwickelt hat. Von Pizza war bereits die Rede. Die Griechen

---

ALFONS SCHUHBECK

FÜR EINE MEDITERRANE NOTE

Wenn ich meinen Gerichten das gewisse italienische Etwas verleihen möchte, ist Oregano für mich die allererste Wahl. Ich mag seinen Geschmack so sehr, dass ich ihn nicht mit anderen Kräutern, sondern nur mit Gewürzen kombiniere. Er harmoniert wunderbar mit Ingwer, Knoblauch, Zitronen- und Orangenschale und sogar mit Vanille. Diese Kombination gibt zum Beispiel Tomatensaucen einen raffinierten Kick. Getrockneten Oregano verwende ich für meine italienischen Kräutermischungen wie das Pizzagewürz und das Italienische Kräutersalz. Das Kräutersalz passt zu gebratenem Hähnchen, das Pizzagewürz gibt selbst gebackenem Ciabattabrot eine würzige, südländische Note.

bestreuen ihren Bauernsalat sowie gegrillte Lammspieße (Souvlaki) mit getrocknetem Oregano. Die Vielschichtigkeit seines Aromenspiels macht ihn so verführerisch: Fruchtige Säure, leicht bittere Röstnoten und eine warme, süßliche Schärfe halten sich im getrockneten Oregano die Waage. Deshalb harmoniert er gleichermaßen mit fruchtigen Gemüsesorten (die Tomate ist ein Paradebeispiel), gebratenem Fleisch und gegrilltem Fisch sowie mit feinsäuerlichen Lebensmitteln wie Oliven, Mozzarella und Schafskäse.

Gesundheitsfördernde Eigenschaften

Oregano gilt als Gewürz mit ausgeprägt antioxidativer Wirkung. Darüber hinaus besitzt sein ätherisches Öl antibakterielle und desinfizierende Eigenschaften und wird in der Heilkunde zur Linderung von Entzündungen eingesetzt. Vor allem bei Erkrankungen der oberen Atemwege, insbesondere bei Bronchitis und Mandelentzündung, hat die Verwendung von Aufgüssen mit getrocknetem Oregano in der Erfahrungsmedizin eine lange Tradition.

Frische Oreganoblätter
Luftdicht verpackt, halten sie sich im Gemüsefach des Kühlschranks einige Tage.

Getrocknete Oreganoblätter
Sie schmecken würziger als frische, weil in ihnen die Pfeffrigkeit und fruchtige Säure deutlicher zur Geltung kommen.

PAPRIKAPULVER

Paprika ist eine Chilipflanze und gehört damit zu einer Pflanzenfamilie, die so umfangreich und vielseitig ist, dass man viele Stammbäume zeichnen müsste, um all ihre Verzweigungen aufzeigen zu können. Die Spanier brachten die Chilipflanzen nicht nur aus der Neuen Welt nach Europa – sie waren auch die Ersten, die die Schoten trockneten und anschließend zu Pulver vermahlten. Wer mit Paprika in der Küche würzt, kann dabei verschiedene Register ziehen: Der Geschmack des Paprikapulvers reicht von mild süß bis beißend scharf.

HERKUNFT UND GESCHICHTE

Die ursprüngliche Heimat der Chilipflanze ist Südamerika. Es waren Vögel, die vor Tausenden von Jahren dafür sorgten, dass die Samen verschiedener Chilipflanzen in allen warmen Regionen dieses Kontinents aufgingen. Die Chiliart, von der unser Gemüsepaprika abstammt, wird botanisch *Capsicum annuum* genannt. Ihre Vorfahren stammen aus dem Amazonasbecken. Von dort verbreiteten sie sich bis nach Panama und Mexiko, wo sie von den spanischen Eroberern im 16. Jahrhundert entdeckt und anschließend in die europäische Heimat gebracht wurden. Diese ersten Exemplare von Paprikastauden aus der Neuen Welt wurden in den Kloster- und Schlossgärten Spaniens kultiviert. Man nutzte die Früchte damals noch nicht als Gewürz, sondern betrachtete sie als kostbare Exoten, die den königlichen Prunkgärten zusätzlichen Reiz verleihen sollten. Obwohl die Europäer damals scharf auf Pfeffer waren, mochten sie sich mit der beißenden Schärfe der Chilisorten zunächst nicht anfreunden. Die Osmanen hingegen waren in dieser Hinsicht wesentlich aufgeschlossener: Sie lernten die Chilischoten während ihrer Eroberungszüge kennen und kultivierten sie bald darauf in Ungarn und auf dem Balkan. Erst im 19. Jahrhundert setzte sich Paprikapulver in ganz Europa als Gewürz durch.

QUALITÄT UND INHALTSSTOFFE

Paprikapulver wird nicht aus Gemüsepaprika, sondern aus verschiedenen Sorten des Gewürzpaprikas hergestellt. Die Schoten (botanisch korrekt: Beeren) zeichnen sich durch einen fruchtigen, spritzigen und süßlichen Geschmack aus, der – je nach Sorte – eine gewisse Schärfe aufweist. Es gibt aber auch Sorten, die gar keine Scharfstoffe enthalten. Die Farbe von Paprikapulver ist so facettenreich wie sein Geschmack. Mal leuchtet sie flammend rot, mal ziegelorange. Keinesfalls sollte sie vergilbt sein, das lässt auf veraltete Ware schließen. Typische Geschmacks- und Duftmerkmale von Paprikapulver sind Karamell-, Räucher- und Fruchtnoten, unterlegt von einer kaum merklichen Bitternuance. Verant-

wortlich für die satte Farbe sind Karotinoide, die in der Schale und im Fruchtfleisch enthalten sind. Der süßlich-fruchtige Geschmack wird von dem ätherischen Öl des Gewürzpaprikas sowie seinem relativ hohen Zuckeranteil bestimmt (bis zu sechs Prozent). Manche Sorten enthalten den Chili-Scharfstoff Capsaicin. Er kommt in den mildesten Früchten zu 0,001 Prozent, in den schärferen bis zu 0,1 Prozent vor. Diese Schärfe sitzt in den Samen und Scheidewänden der Schoten. Wie scharf ein Paprikapulver ist, hängt von der Sorte ab und davon, ob nur das getrocknete Fruchtfleisch oder auch die Samen und Scheidewände mit vermahlen werden.

VERWENDUNG IN DER KÜCHE

Paprikapulver ist bei uns in verschiedenen Qualitäten erhältlich. Meist sind es die Sorten »mild«, »edelsüß«, »scharf« und »Rosenpaprika«. In Ungarn unterscheidet man sechs Qualitätsstufen – von sehr mild (*különleges*) bis bitterscharf (*erös*). Doch ganz gleich, ob man lieber milden oder

---

ALFONS SCHUHBECK

GEWÜRZPULVER MIT PEP

Paprikapulver ist für mich das klassische Gewürz für Gulasch und Obazd'n, aber auch meinem Rahmkraut und vielen Saucen und Dips verleiht es eine pikante Note. Damit das Gewürz beim Schmoren sein Aroma voll entfalten kann, rührt man es am besten zunächst in etwas kaltem Wasser an. Diese Methode hat außerdem den Vorteil, dass das Paprikapulver nicht klumpt. Wenn man es ohne Flüssigkeit zu stark erhitzt, wird Paprikapulver bitter. Einer meiner Favoriten ist das aus Spanien stammende geräucherte Paprikapulver. Es hat eine feine Rauchnote, weil die Schoten vor dem Mahlen über Eichenholz geräuchert werden. Da es recht dominant ist, muss man es vorsichtig dosieren.

Capsicum annuum **PAPRIKAPULVER**

scharfen Paprika mag, wichtig ist frische Ware. Zu lange gelagertes Paprikapulver verliert an Spritzigkeit und schmeckt fad. Das gilt umso mehr für edelsüßen und Rosenpaprika. Ihre fruchtige Süße und ihr vollmundiges Aroma veredeln Schmorgerichte und Saucen, sie passen zu Sahne, Crème fraîche, Quark, Frisch- und Hartkäse, und sie harmonieren mit vielen Gewürzen und Kräutern wie Kümmel, Petersilie und Knoblauch. Außerdem verbindet sich ihr feiner Rauchgeschmack nahezu perfekt mit dem Aroma von gebratenen Zwiebeln. Edelsüßer und scharfer Paprika eignen sich für Gulasch, Würste, Pasteten und Hackfleisch.

GESUNDHEITSFÖRDERNDE EIGENSCHAFTEN

Gewürzpaprika enthält den Farbstoff Capsanthin, der nicht nur für die feuerrote Farbe des Paprikapulvers mit verantwortlich ist, sondern auch Vitamin C enthält. Je höher der Capsanthin-Anteil, desto mehr Vitamin C steckt in den Schoten. Das Trocknungsverfahren von Gewürzpaprika intensiviert den Farbstoffgehalt noch. In der Erfahrungsmedizin nutzte man Umschläge mit Paprikapulver zur Durchblutungsförderung, zum Beispiel bei Arthrose. Außerdem regt Paprikapulver die Produktion der Verdauungssäfte an und wirkt leichten Magen- und Darmkrämpfen entgegen.

Edelsüßes Paprikapulver
Es schmeckt hocharomatisch und weich; es enthält wenig gemahlene Samenkörner, dafür umso mehr getrocknetes Fruchtfleisch.

Geräuchertes Paprikapulver
Durch seine feine Rauchnote eignet es sich besonders zum Würzen von Dips und Brotaufstrichen und passt sehr gut zu Eintöpfen, Saucen und Kraut.

PETERSILIE

Seit mehr als 3000 Jahren mischt die Petersilie in der feinen Küche ganz oben mit. Man darf das durchaus wörtlich nehmen, denn es gibt kaum ein Küchenkraut, das auf so vielen Gerichten und Büfetthäppchen thront wie die Petersilie. Ihr Talent fürs Dekorative schätzte man bereits in der Antike. Es heißt, die Griechen hätten aus Petersilie Kränze und Girlanden geflochten als Schmuck für fröhliche Feste. Von den alten Griechen erhielt sie auch den Namen »petroselinon«: »Sellerie, der auf Felsen wächst«.

HERKUNFT UND GESCHICHTE

Hin und her hat man gerätselt, ob die Ur-Mutter aller Petersilienpflanzen nun im östlichen oder im westlichen Mittelmeerraum wurzelte oder ob sie vielleicht doch aus Sardinien stammte. Im Grunde ist das nicht entscheidend. Fest steht, dass man schon im antiken Griechenland und Rom den frischen Geschmack und das krause Köpfchen der Petersilie zu schätzen wusste. Sogar Homer hat sie in seiner »Odyssee« besungen. Anders als heute galt die Petersilie damals jedoch mehr als Arznei- denn als Küchenpflanze. Im alten Rom stärkten sich die Gladiatoren vor ihren Kämpfen mit Petersilie, in der Hoffnung, so nicht nur ihren Mut, sondern auch ihre Muskelkraft zu steigern. Nördlich der Alpen wurde die Petersilie durch Karl den Großen (748–814) populär. Er nahm sie in die Liste der Gewürzpflanzen auf, die in den Klostergärten des Heiligen Römischen Reichs angepflanzt werden sollten. So fand das Mittelalter Gelegenheit, abergläubische Petersilienbräuche auszubilden. Man sagte, sie helfe »dem Manne aufs Pferd«, sei ein Hexenkraut, mit dem man siebenmal zur Hölle und zurück fahren könne, und wenn man ihre Wurzeln eingrübe, sollte man seinen Ärger in das Pflanzloch hineinsagen, dann würde er für immer verschwinden. Mittelalterliche Kochrezepte empfehlen Petersilie vor allem zum Würzen von fetthaltigen Speisen wie Fleisch, Geflügel und Fisch.

QUALITÄT UND INHALTSSTOFFE

Die Botanik kennt rund 30 verschiedene Kulturformen der Petersilie. Für kulinarische Zwecke genügt es, drei Sorten zu unterscheiden: krause Petersilie, glatte Petersilie und Wurzelpetersilie, wobei Letztere als Gemüse genutzt wird. Die Petersilie ist ein Doldenblütler, so wie Dill, Fenchel und Anis. Glatte Petersilie hat flache, gefiederte Blätter; sie ist etwas heller als krause Petersilie und hat einen herzhafteren, intensiveren Geschmack. Krause Petersilie (auch »Mooskrause Petersilie« genannt) hat dunkelgrüne, dicht gekräuselte Blätter und ein wesentlich milderes Aroma. Ihr Gehalt an ätherischem Öl beträgt 0,01 Prozent. Der von glatter Petersilie liegt dagegen bei 0,04 Prozent. In beiden Sorten steckt das ätherische Öl sowohl in den Blättern als auch in den Stielen. Zwei seiner Hauptbestandteile sind Myristicin, das auch in der Muskatnuss vorkommt, und Limonen, das für den erfrischenden Geschmack sorgt.

VERWENDUNG IN DER KÜCHE

Petersilie ist nicht von ungefähr ein Küchenklassiker: Die Duft- und Geschmacksstoffe ihres ätherischen Öls sind so ausgewogen zusammengesetzt, dass sie mit nahezu jedem Gewürz harmonieren. Auch wenn man Petersilie herausschmeckt – zum Beispiel weil man sie frisch über ein Gericht gestreut hat –, unterdrückt sie andere Aromen nicht. Sie bringt sie vielmehr besser zur Geltung, bindet sie harmonisch ein. Wie ein Dirigent, der ein Orchester zum Klingen bringt und dessen persönliche Note wie nebenbei zum Zusammenklang beiträgt. Das können nicht viele Gewürze.

ALFONS SCHUHBECK

AUCH DIE STIELE HABEN WÜRZE

Im 17. Jahrhundert schrieb ein französischer Autor, ein Koch könne seine Kunst ohne Petersilie nicht ausüben. Das geht mir nicht anders! Ich nehme nur glatte Petersilie, weil sie wesentlich aromatischer ist als krause. Möchte ich Petersilie in einem Gericht mitziehen lassen, verwende ich sie mit den Stielen und entferne sie vor dem Servieren. Zum Aromatisieren fertiger Speisen nutze ich nicht nur die Blätter, sondern auch die dünnen Stiele, denn sie enthalten viele wertvolle Inhaltsstoffe. Ich hacke sie sehr fein und streue sie zum Beispiel über eine Suppe. Zum Garen von Weißwürsten gebe ich Petersilienstiele und Zitronenscheiben ins Wasser: Das riecht gut, und die Würste laugen nicht aus.

Petroselinum crispum **PETERSILIE**

Petersilie ist bei uns das ganze Jahr über frisch erhältlich. Man muss also nicht auf getrocknete Ware zurückgreifen, die nicht mehr das volle Aroma besitzt. Kaufen Sie nur frische Bündel, ohne vergilbte Blätter. Wenn Sie möchten, dass sich das Petersilienaroma mit anderen Gewürzen verbindet, geben Sie die Blätter mit den ganzen Stielen in den letzten Minuten der Garzeit an ein Gericht, zum Beispiel in Suppe, Brühe oder Ragout. So macht es die französische Küche mit ihren Bouquets garnis, den Sträußchen aus frischen Kräutern, die auch Petersilie enthalten.

GESUNDHEITSFÖRDERNDE EIGENSCHAFTEN

Petersilie ist eines der gesündesten Kräuter überhaupt: 10 g Petersilie decken bereits den täglichen Bedarf an Vitaminen und Mineralstoffen wie Eisen, Fluorid, Mangan, Kalzium, Magnesium und Phosphor sowie Vitamin A, E, C und B$_1$. Vitamin A stärkt unter anderem die Knochen und Nerven und wird vom Körper für den Abbau erhöhter Anspannung bei Stress gebraucht. Petersilie kann aber noch mehr: Sie wirkt entwässernd und entgiftend, entlastet die Nieren und regt den Stoffwechsel an.

Krause Petersilie
Seit die glatte Petersilie immer populärer wird, verwendet man sie fast nur noch zum Garnieren.

Glatte Petersilie
Ihre Blätter und Stiele sind würziger als die der krausen Petersilie. Sie eignet sich hervorragend für Pesto oder Frankfurter Grüne Sauce.

GEWÜRZE UND KRÄUTER VON A–Z

ECHTER PFEFFER

Die Kostbarkeit des Pfeffers, sein exotischer Reiz und das Begehren, das seine Schärfe bei den Menschen weckte, waren der Grund für die Entdeckungsreisen der europäischen See- fahrer am Ende des 15. Jahrhunderts. Als Christoph Kolumbus Amerika entdeckte und Vasco da Gama um das Kap der Guten Hoffnung segelte und den Seeweg nach Indien fand, war das Mittelalter zu Ende. Der aufblühende Gewürzhandel der Portugiesen, Spanier, Holländer und Engländer veränderte die Sicht der Europäer auf die Welt.

HERKUNFT UND GESCHICHTE

Pfefferbeeren sind die Früchte einer Kletterpflanze, deren Heimat im tropischen Indien liegt, in der Küstenregion Malabar, südlich von Goa. Es mutet abenteuerlich an, dass die Griechen und Römer der Antike, in einer Zeit ohne Flug- zeuge und Containerschiffe, mit diesem fernen Land Handel treiben konnten. Sie kamen in den Genuss von Pfeffer, weil indische, arabische, chinesische und persische Gewürz- händler bereits in vorchristlicher Zeit ein gut funktionieren- des Transportwegenetz entwickelt hatten. Exotische Gewür- ze wie der Pfeffer nahmen ihren Weg entlang der Küsten des Arabischen Meers, des Persischen Golfs oder des Roten Meers zu den Hafenstädten Mesopotamiens, Arabiens oder Ägyptens. In Alexandria konnte man sie auf Schiffe verla- den, die über das Mittelmeer segelten. Andernorts wurden die Gewürze auf Esels- oder Kamelkarawanen umgeladen und über Berge und durch Wüsten zu den Handelszentren der antiken Mittelmeerkulturen geschafft. Es dauerte Mo- nate, bis die Säcke mit Pfeffer europäische Gestade erreich- ten. Deshalb war Pfeffer für den kleinen Mann unbezahlbar. Die Reichen und Mächtigen wogen ihn mit Gold auf, nutzten ihn als Zahlungsmittel und protzten damit. Mit Pfeffer ge- würzte Speisen galten den Römern der Antike und den zah- lungskräftigen Europäern des Mittelalters als Zeichen von Prestige und luxuriösem Lebensstil.

QUALITÄT UND INHALTSSTOFFE

Der Pfefferstrauch ist eine Schling- und Kletterpflanze, die sich – ähnlich wie Hopfen – an Stützhilfen emporrankt. Ech- ter Pfeffer ist bei uns in drei Sorten auf dem Markt: schwar- zer, weißer und grüner Pfeffer. Pfefferbeeren enthalten ein ätherisches Öl sowie den Scharfstoff Piperin. Weiße, schwarze und grüne Pfefferbeeren unterscheiden sich in Aussehen, Duft und Geschmack. Sie stammen zwar von der gleichen Pflanzenart, werden aber zu verschiedenen Zeit- punkten geerntet und nach der Ernte mit unterschiedlichen Methoden veredelt.

VERWENDUNG IN DER KÜCHE

Schwarzer Pfeffer verströmt eine reine, warme Schärfe und ein kraftvolles Aroma mit feiner Fruchtigkeit. Die Beeren werden kurz vor der Reife geerntet – ihre Inhaltsstoffe sind dann bereits ausgebildet, ohne überentwickelt zu sein (dies wäre der Fall, wenn man sie vollreif ernten würde). Während die Beeren getrocknet werden, fermentieren sie; das Frucht- fleisch wird schrumpelig und nimmt eine schwarzbraune Farbe an. Die meisten geschmacksbildenden Substanzen sitzen in der Außenhaut und im Fruchtfleisch. Beides bleibt bei der Veredelung des schwarzen Pfeffers erhalten. Beim weißen Pfeffer werden die Beeren gepflückt, wenn sie rot- fleischig und vollreif sind. Anschließend weicht man sie in Wasser ein, um Fruchtfleisch und Außenhaut besser entfer- nen zu können. Übrig bleibt der helle Pfefferbeerenkern, der beim Trocknen seine hellbraune Farbe behält. Weißer Pfeffer schmeckt weniger fruchtig und facettenreich als schwarzer. Sein Aroma wird von der Schärfe des Piperins

ALFONS SCHUHBECK

LIEBER SCHWARZ ALS WEISS

Pfeffer ist ein Allroundgewürz, das zu fast allen salzigen Gerichten passt und in vielen meiner Gewürzmischun- gen enthalten ist. Übrigens verwende ich ausschließ- lich schwarzen Pfeffer. Weißer Pfeffer hat eine »muffige« Note – ich muss gestehen, ich mag ihn nicht sonderlich. Selbst helle Saucen würze ich nur mit schwarzem Pfef- fer. Wenn ich ganze Pfefferkörner brauche, zum Beispiel um Brühen zu aromatisieren, nehme ich gern Einweg- Teebeutel als Gewürzsäckchen. Ich fülle die Pfefferkör- ner mit anderen Gewürzen (wie etwa Lorbeerblättern) hinein, lasse sie in dem Gericht mitziehen und kann sie dann leicht wieder entfernen. Schwarzer Pfeffer passt übrigens auch zu Desserts, vor allem mit Obst.

Piper nigrum ECHTER PFEFFER

dominiert. Grüner Pfeffer ist erst seit dem 20. Jahrhundert bei uns auf dem Markt. Hierfür werden die unreifen, grünen Beeren geerntet und dann in Lake eingelegt oder vakuumgetrocknet, sodass die Farbe erhalten bleibt. Grüner Pfeffer hat eine beißendere Schärfe als weißer oder schwarzer Pfeffer; er zeichnet sich durch eine erfrischende Kräuternote aus. Alle Pfeffersorten weisen ein flüchtiges Aroma auf. Bei zu heller Lagerung und Kontakt mit Luft büßen sie an Frische und Lebendigkeit ein. Wer den echten Pfeffergeschmack auskosten möchte, mahlt die Beeren kurz vor Gebrauch in der Pfeffermühle oder zerstößt sie im Mörser.

Gesundheitsfördernde Eigenschaften

Neben seinen Scharfstoffen enthält Pfeffer antioxidativ wirkende Substanzen, zum Beispiel Flavonoide. Man schreibt ihm antibakterielle und entzündungshemmende Eigenschaften zu; darüber hinaus gilt er als durchblutungsfördernd und appetitanregend. Da Piperin die Produktion von Enzymen anregt, die den Gallenfluss fördern und die Leberfunktion unterstützen, wirkt sich Pfeffer positiv auf die Fettverdauung aus. Zudem verbessert Piperin die Aufnahme wertvoller Inhaltsstoffe aus anderen Gewürzen und Nahrungsmitteln und verstärkt deren Wirkung.

Grüne Pfefferkörner
Diese Variante des schwarzen Pfeffers kam im 20. Jahrhundert in Mode. Grünen Pfeffer bekommt man getrocknet oder in Lake eingelegt.

Schwarze Pfefferkörner
Da sich das Pfefferaroma schnell verflüchtigt, mahlt man die Körner am besten bei Bedarf frisch.

Weiße Pfefferkörner
Sie haben ein weniger fruchtiges und facettenreiches Aroma als die schwarzen Körner.

87

GEWÜRZE UND KRÄUTER VON A–Z

LANGER PFEFFER

Der Lange Pfeffer hat etwas Exotisches – dabei war er bei uns bis ins 17. Jahrhundert hinein ziemlich gebräuchlich. Dann wurde der Echte Pfeffer erschwinglicher und verdrängte seinen nahen Verwandten aus den Küchen. Ob man die dunklen Mini-Zapfen des Langen Pfeffers weniger dekorativ als Pfefferkörner fand? Geschmackliche Gründe kann sein Verschwinden eigentlich nicht gehabt haben, denn was die Schärfe betrifft, steht der Lange dem Echten Pfeffer in nichts nach. Die Römer der Antike waren sogar der Ansicht, er sei reizvoller als dieser.

HERKUNFT UND GESCHICHTE

Europas Kultur gewann durch den Handel mit Gewürzen an Bedeutung und Einfluss. Die Hafenstädte der großen Mittelmeerkulturen waren der Motor des europäischen Wirtschafts- und Geisteslebens: Piräus (Athen), Ostia (Rom), Byzanz, Venedig, Genua, Marseille und Lissabon. Hier blühte der Handel mit exotischen Spezereien, mit Gewürzen aus dem Nahen und Fernen Osten. Kauf und Verkauf der Luxusgüter machten die Städte reich und mächtig. Den Gewinn investierten sie in Kriegsführung und Repräsentation, in die schönen Künste, in Architektur und Wissenschaft. In den fürstlichen Hofhaltungen entwickelte sich durch die Gewürze eine Kultur der feinen Lebensart – eine vornehme Küche mit einem Reichtum geschmacklicher Spielarten. Langer Pfeffer war der erste Pfeffer, der je nach Europa kam. Alexander der Große (356–323 v. Chr.) hatte ihn von seinem Feldzug gegen Indien mitgebracht. Bei den Griechen der klassischen Antike und bei den Römern stand er als Heilmittel hoch in Kurs. Die frühesten Beschreibungen seiner botanischen und heilkundlichen Eigenschaften stammen von Theophrast (372–287 v. Chr.), dem griechischen Naturforscher, sowie von Plinius dem Älteren (23/24–79 n. Chr.), dem bedeutendsten Naturwissenschaftler der römischen Antike. Bei der Heilkunde ist es nicht geblieben – bald kamen die Römer auch auf den Geschmack: Saucen, Pasteten, Fleisch, Fisch, Honiggebäck und Likörweine wurden bei ihnen großzügig mit Langem Pfeffer gewürzt.

QUALITÄT UND INHALTSSTOFFE

Es gibt zwei Arten von Langem Pfeffer: *Piper longum,* dessen Heimat im Dekkan-Hochland, dem größten Landesteil des indischen Subkontinents, liegt, sowie *Piper retrofractum,* der ursprünglich vermutlich aus Indonesien stammt. Obwohl sich das ätherische Öl beider Arten unterschiedlich zusammensetzt, wird im Handel zwischen den beiden nicht unterschieden. Sie kommen schlicht unter dem Namen Langer Pfeffer auf den Markt. Vom Echten Pfeffer unterscheidet sich Langer Pfeffer durch seinen höheren Gehalt an Piperin, dem charakteristischen Pfeffer-Scharfstoff. Der angenehm süßliche, fast blumige Duft der getrockneten Rispen lässt das zunächst nicht vermuten. Doch sobald man sie im Mörser zerstößt oder in der Pfeffermühle mahlt, setzen sie eine beißende Schärfe frei, deren Piperin-Aroma rein, klar und erfrischend anmutet. Ähnlich wie beim Sichuanpfeffer wirkt es lange am Gaumen nach.

VERWENDUNG IN DER KÜCHE

Langer Pfeffer besteht aus einem Fruchtstand, dessen winzige Beeren eng mit dem Stiel verwachsen sind. Beim Trocknen verfestigt sich diese Struktur zu einer kompakten kleinen Stange. Langer Pfeffer wird genauso verwendet wie schwarzer Pfeffer: Man lässt ihn entweder im Ganzen in einer Suppe, Sauce, Marinade oder einem Ragout mitziehen, oder man zerstößt ihn im Mörser. Die Stängelchen lassen sich mühelos zerkleinern. Wenn man wissen möchte, wie

ALFONS SCHUHBECK

EXTRAVAGANTE PFEFFERVARIANTE

Langer Pfeffer ist eines jener Gewürze, das ich gern als Einzelgewürz verwende. Mit seinem fruchtig-zitronigen Aroma kann man sehr gut experimentieren. Die kleinen Stangen sollte man zunächst mit einem Hackmesser in Stücke schneiden. Anschließend gibt man sie entweder in eine Gewürzmühle oder man reibt sie auf einer feinen Zestenreibe direkt über ein Gericht: So bekommen zum Beispiel Rindercarpaccio oder herzhafte Suppen ein raffiniertes Pfefferaroma. Aufgrund seiner fruchtigen Note harmoniert Langer Pfeffer auch mit Süßspeisen, wie etwa mit Blätterteiggebäck mit Pfirsichen oder Birnen. Er passt aber auch zu Erdbeeren, Melone und exotischen Früchten.

Piper longum, Piper retrofractum **LANGER PFEFFER**

sich die eigentümliche Aromenmischung des Langen Pfeffers optimal auskosten lässt, kann es inspirierend sein, den alten Römern rückblickend über die Schulter zu schauen. Sie machten sich die blütenartige Schärfe dieses Pfeffers für ihre süßlich scharfen Gerichte zunutze. Überall dort, wo ein würziges, kräftiges Gericht einen Hauch Süße verträgt, wie dies zum Beispiel bei Wildgerichten, gebratener Gans und Ente oder Schweinebraten der Fall ist, kann man mit Langem Pfeffer pointierte Schärfenoten setzen. Auch zu Semmelknödeln, brothaltigen Geflügelfüllungen und Bergkäse passt er hervorragend. In vielen Küchen der Welt ist er Bestandteil klassischer Gewürzmischungen für Braten, Gegrilltes und Geschmortes, wie zum Beispiel Berbere oder Ras-el-Hanout. Langer Pfeffer harmoniert mit Ingwer, Zitronengras, Limette, Petersilie, Schnittlauch und Majoran.

Gesundheitsfördernde Eigenschaften

Langer Pfeffer wird seit Jahrtausenden als Heilmittel genutzt. Der Scharfstoff Piperin besitzt antiseptische, antibakterielle und antimykotische Eigenschaften. Er gilt als entzündungshemmend, durchblutungsfördernd und fiebersenkend und wirkt sich stimulierend auf die Nierenfunktion und Harnproduktion aus. Darüber hinaus verstärkt Piperin die Aufnahme anderer Pflanzenwirkstoffe im Körper.

Langer Pfeffer
Er hat eine beißend scharfe Note, die der fast blumige Duft der Schoten zunächst kaum vermuten lässt.

89

GEWÜRZE UND KRÄUTER VON A–Z

ROSA PFEFFERBEEREN

Die Mode kommt, die Mode geht – und so hat die Farbe Rosa einmal mehr, einmal weniger Saison. Ähnlich erging es auch den Rosa Pfefferbeeren: Jahrhundertelang waren sie bei uns kulinarisch kaum von Belang, bis die Nouvelle Cuisine in den 1970er-, 1980er-Jahren ein Auge auf die roten Kügelchen warf. Und weil sie so hübsch aussehen, steckten Designer sie zusammen mit echten Pfeffersorten als bunte Mischung in Plexiglas-Pfeffermühlen. Doch Rosa Pfefferbeeren sind mehr als nur ein Modegag.

HERKUNFT UND GESCHICHTE

Rosa Pfefferbeeren sind im botanischen Sinn gar kein Pfeffer, sondern die Früchte des Brasilianischen Pfefferbaums. Obwohl ihr ätherisches Öl einen Stoff enthält, der unter anderem im Kubebenpfeffer vorkommt (einer echten Pfeffersorte), schmecken sie nicht scharf. Auch zählt der Brasilianische Pfefferbaum nicht zu den Pfeffer-, sondern zu den Sumach-Gewächsen. Die Ur-Heimat des Gewürzes liegt im tropischen Brasilien und dessen Grenzregion zu Paraguay und Argentinien. Rosa Pfefferbeeren waren bei uns unbekannt, bis die Spanier und Portugiesen Südamerika eroberten. Dort fanden sie heraus, was Indiovölker mit den Früchten dieses buschig und dicht wachsenden, dekorativen Baums anstellten: Sie nutzten sie als Medizin und aromatisierten damit Hochprozentiges. Man darf annehmen, dass die europäischen Eroberer und christlichen Missionare dieses Getränk nicht unbedingt verteufelten. Noch heute kennt das Italienische für die Rosa Pfefferbeere den Beinamen *balsamo della missione*. Möglicherweise schmeckte der Schnaps ähnlich wie Gin, der aus Wacholder destilliert wird: Wacholder und Rosa Pfefferbeeren sind sich geschmacklich ähnlich. Heute wird der Rosa Pfefferbaum hauptsächlich auf der Gewürzinsel La Réunion kultiviert.

QUALITÄT UND INHALTSSTOFFE

Das Rosa der Pfefferbeeren zeigt eine bemerkenswerte Bandbreite, man könnte es auch als Hagebutten- oder Fuchsiarot bezeichnen. Diese Farbe sitzt nur in dem hauchzarten Häutchen, das den festen, süßlich schmeckenden, knusprigen Samen umhüllt. Mitunter bietet der Handel die Beeren gefriergetrocknet oder in Lake an. Das beste Aroma aber besitzen die getrockneten Beeren. Sie duften ähnlich wie Wacholderbeeren, ein wenig nach Baumharz, nach Hölzern und auch nach Meersalz. Wenn man sie im Mörser zerstößt – was sehr leicht geht, da sie eine mürbe Beschaffenheit haben –, entströmt ihnen ein sinnlicher, warmer Duft, der an Kiefern erinnert, an getrocknete Zitronenschale und an Zedernholz. Hinzu kommt die milde Süße ihres Geschmacks; die Beere enthält auch Zucker. Man sollte sie daher nicht bedenkenlos einsetzen, ihr Aroma ist durchaus speziell. Das zeigt sich auch an der Liste jener Stoffe, die das ätherische Öl der Rosa Pfefferbeere ausmachen – fünf bis zehn Prozent davon sind in den Beerenfrüchten enthalten. Man findet darin Anteile von Limonen, Cubeben, Amyrin, das unter anderem in Süßholz, Akazien und im Anis enthalten ist, sowie Sabinol, das auch in der Engelwurz vorkommt. Ebenfalls enthalten ist Cymen – ein Stoff, der charakteristisch ist für den Australischen Teebaum.

VERWENDUNG IN DER KÜCHE

Der dekorative Effekt der pfefferkorngroßen Kügelchen ist unbestreitbar, er prädestiniert sie geradezu für die feine Küche. Ihr Zuckergehalt spricht dafür, sie nicht nur für salzige Gerichte, sondern auch für Süßspeisen in Betracht zu ziehen. Hochwertige dunkle Schokoladentafeln mit Rosa

ALFONS SCHUHBECK

EIN HAUCH EXOTIK

Ich verwende Rosa Pfefferbeeren vor allem wegen ihres Aussehens und setze sie weniger als Gewürz, sondern hauptsächlich zu dekorativen Zwecken ein. In dieser Hinsicht lassen sie sich vielseitig nutzen – sie eignen sich sowohl für Süßes als auch für Pikantes. Ich zerstoße die Beeren ganz leicht im Mörser, bevor ich sie zum Garnieren über ein Gericht streue. Sie sind auch ein schöner Farbtupfer für Gewürzöle (zum Beispiel zum Marinieren von Schafskäse) oder für Schokoladendesserts. Zusammen mit gehackten Pistazien geben sie meinem Litschi-Eis Pfiff und Biss. Wegen ihrer leichten Kampfernote harmonieren Rosa Pfefferbeeren überhaupt sehr gut mit exotischen Früchten.

Schinus terebinthifolius ROSA PFEFFERBEEREN

Pfefferbeeren sind beispielsweise gerade in Mode – eine kulinarisch reizvolle Kombination. In den kleinen Beeren offenbart sich ein ganzer Kosmos an Aromen: ein dezentes Bitteraroma, Nuancen von Harz, Holz und Nadelbäumen sowie eine Kampfernote. Deshalb passen Rosa Pfefferbeeren gut zu Fenchel und Anis, zu Minze und Zitrusfrüchten, zu leicht bitteren Gemüsesorten (wie Mangold, Chicorée oder Artischocken) und natürlich zu Fleisch (Wild, Schweinebraten, Ente, Gans). Sehr fein harmonieren sie auch mit der zartsüßlichen Note von Krustentieren.

GESUNDHEITSFÖRDERNDE EIGENSCHAFTEN

In ihrer südamerikanischen Heimat werden Rosa Pfefferbeeren kulinarisch so gut wie nicht genutzt. Dafür schätzt man sie dort als Heilmittel gegen Erkältungen, Grippe und Atemwegserkrankungen. Nicht ohne Grund: Ihr ätherisches Öl enthält über 50 aktive Wirkstoffe, von denen einige antibakteriell und entzündungshemmend wirken. Daneben finden sich Substanzen, die den Blutdruck senken können. Laborversuche geben außerdem Hinweise darauf, dass Extrakte aus Rosa Pfefferbeeren tumorhemmend sein könnten.

Rosa Pfefferbeeren
Weil sich ihr Aroma rasch verflüchtigt, zerstößt man sie erst kurz vor der Verwendung im Mörser.

PFEFFERMINZE

Das ätherische Öl der Minze ist einer der beliebtesten Parfüm- und Würzstoffe weltweit. Ohne das erfrischende Minzearoma wäre die Welt um einige Bonbonsorten, Schokoladentafeln, Teemischungen, Liköre und Kaugummis ärmer. Auch als Hausmittel gegen Husten und Heiserkeit hat sich das ätherische Öl der Minze bewährt. Dennoch wäre es schade, würde man die Minze auf diese Eigenschaften beschränken. Sie eignet sich hervorragend als Würzkraut für die feine Küche – nicht nur für Desserts.

HERKUNFT UND GESCHICHTE

Minzen sind robuste Lippenblütengewächse, die sich gern miteinander kreuzen und immer wieder neue Verbindungen unter ihresgleichen eingehen. Das führt dazu, dass die Verwandtschaftsbeziehungen der verschiedenen Minzearten schon in der Antike als relativ undurchschaubar galten. Auch der Benediktinerabt Walahfrid Strabo (808–849) vom Kloster Reichenau wäre beim Verfassen seines Lehrgedichts über Heil- und Würzkräuter, »De cultura hortorum«, beim Stichwort »Minze« beinahe verzweifelt. Er schrieb, es gebe so viele Minzen »wie Fische im Roten Meer«. Dazu passt, dass man die ursprüngliche Heimat der Gattung *Mentha* weiträumig fassen muss; man spricht von Eurasien als Ursprungsregion. Seinen Namen erhielt das Kraut im Altertum. In der Sagenwelt der klassischen griechischen Antike gab die Nymphe Minthe Anlass zu einem Eifersuchtsdrama zwischen den Göttergestalten Persephone und Hades. Unsere Pfefferminze ist eine der jüngsten Minzearten. Sie war das Zufallsprodukt einer wilden Kreuzung aus Grüner Minze *(Mentha spicata)* und Wasserminze *(Mentha aquatica)*, die Ende des 17. Jahrhunderts in der englischen Grafschaft Hertfordshire entstand. Seither gilt England als das europäische Land mit dem größten Faible für Pfefferminze.

QUALITÄT UND INHALTSSTOFFE

Seit einigen Jahren sind nicht nur Pfefferminze, sondern auch verschiedene andere Minzesorten bei uns frisch erhältlich. Am verbreitetsten sind hierzulande die Sorten Grüne Minze, Pfefferminze und Braune Minze. Letztere wird im Süden Deutschlands und im Alpenraum vielfach in Hausgärten kultiviert und spielt in der österreichischen, vor allem der Kärntner Küche eine bedeutende Rolle: Ohne Braune Minze gäbe es keine Kärntner Kasnudeln. Braune Minze ist nur schwach mentholhaltig. Auch die meisten Sorten der Grünen Minze zählen nicht zu den mentholhaltigsten Minzepflanzen. Pfefferminze hingegen ist nicht nur an ihren länglichen, spitz zulaufenden Blättern, sondern auch an ihrem durchdringenden Mentholgeschmack zu erkennen. Ihr ätherisches Öl besteht fast ausschließlich aus Menthol sowie zu einem kleineren Anteil aus Piperiton und Jasmon. Menthol ist für den typisch frischen Pfefferminzgeschmack und die kühlende Wirkung verantwortlich; Piperiton trägt die Eukalyptusschärfe bei; Jasmon (der Duftstoff des Jasmins) verleiht ihr eine blütenartige Note. Wie fast alle Lippenblütengewächse ist Pfefferminze ein Sonnengewächs. Die Stärke ihres ätherischen Öls hängt von Boden, Standort und Klima ab. Je mehr Sonne die Pflanze bekommt, desto pfefferminziger schmeckt sie.

VERWENDUNG IN DER KÜCHE

Pfefferminze ist hierzulande mehr als ein Heil- denn als Küchenkraut bekannt. Dass sie auch für Gaumengenüsse taugt, spricht sich erst in letzter Zeit herum. Das ist dem Einfluss der orientalischen Küche zu verdanken. Der Vordere Orient kennt vielfältige Verwendungsmöglichkeiten für fri-

---

ALFONS SCHUHBECK

ERFRISCHEND VIELSEITIG

Minze zählt zu den Gewürzen, die ein besonders intensives Aroma ausbilden, wenn man sie trocknet. Um dieses Aroma zu lösen, muss man die getrockneten Blätter in etwas warmer Flüssigkeit ziehen lassen, wie bei der Teezubereitung. Ich verwende Minze gern, weil sie sich sowohl für salzige als auch für süße Gerichte eignet. Unter den herzhaften Gerichten passt sie besonders gut zu Erbsensuppe und -püree. Frische, fein geschnittene Minzeblätter sind eine traditionelle Würze für Couscous. Auch Frischkäse aromatisiere ich gern damit. Wenn man ein paar Minzeblätter zusammen mit Basilikum und Zitronenmelisse unter Blattsalat mischt, erhält er eine erfrischende, raffinierte Note.

Mentha piperita PFEFFERMINZE

sche Minze. Mit ihren Zweigen aromatisiert man schwarzen Tee, Obstsalate und Erfrischungsgetränke (vor allem mit Joghurt). Orientalische Mezze (Vorspeisen) wären ohne ihre typisch duftige Minzenote nur halb so appetitlich. Auch gegrillte Lammspieße (Kabab) oder der israelische Vorspeisensalat Taboulé werden mit frisch gehackter Minze gewürzt. Sie harmoniert mit Basilikum, Estragon, Thymian, Gurken und grünen Erbsen, eignet sich für Salatvinaigrette mit frischen Kräutern und verleiht, mit Bedacht dosiert, Fleischragouts sowie Reis- und Linsengerichten eine nicht uninteressante frische Brise. Sehr fein schmeckt sie, wenn man sie mit dunkler Schokolade, süßer Sahne, Quark oder säuerlichen Milchprodukten (saure Sahne, Buttermilch oder Kefir) kombiniert. Und selbst Erdbeeren, Pfirsiche, Äpfel und tropische Früchte vertragen sich gut mit einem Hauch Pfefferminze.

GESUNDHEITSFÖRDERNDE EIGENSCHAFTEN

Das ätherische Öl der Pfefferminze hat kühlende und desinfizierende Eigenschaften. Es fördert die Durchblutung und regt den Kreislauf an. Im Magen-Darm-Bereich wirkt es beruhigend bei Reizmagen und krampfartigen Schmerzen.

Pfefferminzblätter

Ihr reiner, kühler Geschmack braucht starke Partner. Sie vertragen sich gut mit herbwürzigen und säuerlichen Zutaten. Getrocknet bleibt ihre erfrischende Wirkung weitgehend erhalten.

PIMENT

Der Duft von gemahlenem Piment erinnert an Weihnachten. Er macht Appetit auf Lebkuchen und englischen Christmas Pudding, auf Glühwein und Weihnachtsschokolade, Spekulatius und Printen. Das wärmende Pimentaroma lässt niemanden kalt. Kein Wunder: Der Pimentbaum wächst in einer der schönsten Gegenden der Erde, der sonnig-tropischen Karibik. Seinen Namen verdankt das Gewürz einem Irrtum. Die spanischen Eroberer hielten die Beerenfrüchte für Pfeffer – spanisch: »pimienta«.

HERKUNFT UND GESCHICHTE

Piment ist eines jener Gewürze, mit dem bereits die Azteken ihr Kakaogetränk aromatisierten. Und es zählt, neben Chili und Vanille, zu den drei großen Gewürzen, die wir der Entdeckung Amerikas zu verdanken haben. Christoph Kolumbus stach 1492 in See, mit dem Auftrag, das Land zu finden, in dem der Pfeffer wächst. Nach langer Fahrt erreichte er die Insel Kuba und hielt sie für Indien – die Heimat des Pfeffers. Auf Kuba und anderen Inseln der Karibik wachsen Pimentbäume, deren Früchte denen des Pfeffers sehr ähnlich sehen. Folglich bezeichnete Kolumbus nach seiner Rückkehr zum spanischen Hof das neue Gewürz als Pfeffer, spanisch *pimienta*. Der beste Piment kommt aus Jamaika, die dort geernteten Früchte gelten als die aromatischsten. Ab dem 17. Jahrhundert unterhielten die Engländer von Jamaika aus einen florierenden Pimenthandel mit Europa. Seither ist Piment in England eines der beliebtesten Gewürze. Außerdem fertigte man dort im Viktorianischen Zeitalter aus dem Holz des Pimentbaums elegante Spazierstöcke.

QUALITÄT UND INHALTSSTOFFE

Der Pimentbaum ist ein Myrtengewächs. Noch heute wächst er nahezu ausschließlich dort, wo ihn die Europäer zum ersten Mal sahen: auf den Inseln der Karibik sowie im tropischen Mittelamerika (Mexiko, Guatemala und Honduras). Jamaika ist nach wie vor Hauptexporteur des Gewürzes. Jamaikapiment gilt als sehr hochwertig; mitunter nennt man die Körner deshalb »Jamaikapfeffer«. Pimentkörner sind etwa so groß wie Wacholderbeeren und werden unreif gepflückt. Anschließend trocknen und fermentieren sie in der Sonne und nehmen nach und nach eine satte, nougatbraune Farbe an. Sobald sie zu trocknen beginnen, schrumpfen die Samenkörnchen in den Früchten. Wenn man die Beeren schüttelt, klappert es in ihrem Inneren – dieses rhythmische Rasseln ist ein Qualitätsmerkmal für gut durchgetrocknete Ware. Das Aroma von Pimentkörnern inspirierte die Engländer zu dem Namen Allspice – es liegt irgendwo zwischen Gewürznelken, Zimt, Muskatblüte und Honig. Auch eine feine Säure macht sich bemerkbar, ähnlich der von gutem Essig. Das Nelkenaroma der Pimentkörner erklärt sich durch den Eugenol-Gehalt ihres ätherischen Öls. Eugenol ist der wichtigste Duft- und Wirkstoff in Gewürznelken. Das ätherische Öl von Jamaikapiment besteht zu ungefähr 80 Prozent aus Eugenol.

VERWENDUNG IN DER KÜCHE

Jamaikanische Grillfeste sind ohne Piment nicht denkbar. Man verwendet ihn dort für Jerk – eine Grillmarinade aus zerstoßenem Piment, Knoblauch, Zwiebeln und allerlei anderen, dem persönlichen Geschmack überlassenen Gewürzen. In Europa ist Piment eher den winterlichen Genüssen vorbehalten. Er würzt Wildmarinaden und Bratenbeizen (Sauerbraten) und ist eine ideale Ergänzung zu schwarzem Pfeffer. Seine dezente Säure passt sich weinhaltigen Saucen an (Coq au vin) und wird als Würze für Eingelegtes geschätzt

---

ALFONS SCHUHBECK

FÜR SÜSSSAURE GERICHTE

Das Aroma von Piment ist erstaunlich: Es schmeckt nach Nelke, Zimt, Muskatnuss, Pfeffer und Ingwer. Deshalb verwende ich Piment gern für süßsaure Marinaden, zum Beispiel für süßsauer marinierte Rostbratwürstel, aber auch für Fisch (Waller im Wurzelsud). Weil sein Aroma so breit gefächert ist, eignet er sich hervorragend für dunkle Schmorgerichte aller Art und ist ein fester Bestandteil meiner Gewürzmischungen für Wild. Und er gehört in jede Pfeffermischung, denn er verleiht dem Pfeffergeschmack eine fruchtige Note. Gerichten, die man mit Nelken würzt, füge ich meistens etwas Piment hinzu, weil Piment das Aroma von Nelken eine Spur eleganter und feiner wirken lässt.

Pimenta dioica **PIMENT**

(Gewürzgurken, Mixed Pickles, Matjes). Aufgrund seines ausgewogenen Muskat-Nelken-Geschmacks aromatisiert Piment manche weihnachtliche Bäckerei. Der leichte Honiggeschmack gibt Lebkuchen, Stollen und dem traditionellen englischen Christmas Pudding den typischen Charakter. Und er verleiht Kompotten mit Äpfeln, Zwetschgen oder Schwarzen Johannisbeeren Pfiff. Auch Wurstspezialitäten, Pasteten und Hackfleischgerichte vertragen eine Prise gemahlenen Piment, und mit Tomaten geht er ebenfalls eine delikate Verbindung ein.

Gesundheitsfördernde Eigenschaften

Piment ist reich an Mineralstoffen wie Kalium, Kalzium, Mangan, Magnesium und Eisen. Außerdem enthält er die Vitamine A und E sowie einige Vitamine der B-Gruppe. Wegen seines hohen Eugenol-Gehalts wirkt Piment ähnlich wie Gewürznelken: Eugenol hat antiseptische, antibakterielle, antimykotische und entzündungshemmende Eigenschaften. Es regt die Sekretion des Magens und der Galle an und unterstützt die Funktion der Leber. In der Volksmedizin Süd- und Mittelamerikas gilt Piment als Magentonikum.

Gemahlener Piment
Zwar lassen sich Pimentkörner problemlos in der Kaffeemühle mahlen, dennoch sollte man dies nicht auf Vorrat tun – ihr Duft ist äußerst flüchtig.

Pimentkörner
Dank eines speziellen Trocknungsverfahrens hält sich ihr Aroma bis zu drei Jahre, sofern man sie kühl, dunkel und luftdicht aufbewahrt.

95

ROSMARIN

Man sagt, je näher am Meer Rosmarin wachse, desto würziger sei er. Nicht umsonst bedeutet Rosmarin übersetzt »Meerestau«. Die Heimat des Rosmarins sind die Länder des Mittelmeers. Die Griechen weihten ihn Aphrodite, der Göttin der Liebe. Man gab Rosmarin den Toten bei, verehrte ihn seiner Liebsten und legte ihn Neugeborenen in die Wiege. Heute noch sagt man, Rosmarin mache die Gedanken frei und das Herz fröhlich. In der Küche ist er bei uns vielleicht auch deshalb so beliebt, weil er die Erinnerungen an Urlaube im Süden wachhält.

HERKUNFT UND GESCHICHTE

Die Wiege der europäischen Kultur liegt am Mittelmeer. Das antike Griechenland, das antike Rom – was in diesen Hochkulturen erdacht und verfeinert wurde, prägt bis heute wesentliche Dinge unseres Lebens. So auch die Esskultur. Rosmarin ist eines der ältesten in größerem Stil angebauten Kräuter. Das bedeutet, dass man ihn schon früh nicht nur für die Küche nutzte, sondern in rituelle Handlungen, in Zeremonien des Brauchtums und der Religion einband. Mit Rosmarin räucherte man geweihte Stätten, Stuben und Ställe aus. Sein Duft sollte Gutes bringen und die Luft von schlechten Gedanken, Keimen und Giften reinigen. Der würzige Duft von Rosmarin befreie den Geist, sagte man im antiken Griechenland. Um ihre Erkenntnisse klarer formulieren zu können, wanden sich griechische Philosophen Rosmarinzweige ins Haar. In Shakespeares Drama »Hamlet« heißt es, Rosmarin sei das Kraut der Liebe und des Gedenkens. Die Engländer wurden durch die Römer mit dem Rosmarin vertraut gemacht, so wie alle anderen europäischen Völker nördlich des Mittelmeers auch. Karl der Große nahm Rosmarin in die Liste seiner Landgüterverordnung »Capitulare de villis vel curtis imperii« auf, die um 812 in Aachen verfasst wurde. Seither machten sich bei uns Nonnen und Mönche um den Ruf des Rosmarins als Heil- und Küchenkraut verdient.

QUALITÄT UND INHALTSSTOFFE

Rosmarin duftet nach Mittelmeer: südlich und sonnig. In ihm steckt die Würze von Pinien, Meersalz, Honig und warmen, mit verholzenden Wildkräutern bewachsenen Böden. Seine Bitternote wird als angenehm empfunden; manche nennen sie balsamisch. Dieser vollmundige Eindruck entsteht, weil das ätherische Öl von Rosmarin aus einer Vielzahl von Duft- und Geschmacksstoffen zusammengesetzt ist, die in der Summe ein tiefgründiges Aroma ergeben. Hauptsächlich spielen Kampfer, Cineol, Borneol und Pinen hinein. Cineol findet man auch in Lavendel oder Rosenholz, Borneol ist ein kampferähnlicher Wirkstoff, Pinen kommt auch in Oregano und Weihrauch vor. Als Mittelmeerkraut ist Rosmarin von der Sonne abhängig; er braucht Wärme, damit sein ätherisches Öl seine ganze Kraft ausbilden kann. Darin gleicht er den anderen Lippenblütengewächsen Basilikum, Bohnenkraut, Majoran und Oregano. Geschmack und Duft der Pflanze sind je nach Boden, Standort und Klima unterschiedlich stark ausgeprägt.

VERWENDUNG IN DER KÜCHE

Die Gerbstoffe im Rosmarin verstärken sich während des Trocknens, daher schmeckt getrockneter Rosmarin herber und würziger als frischer. Seine länglichen Blätter, die im frischen Zustand weich und biegsam sind, härten aus und wirken dann ähnlich wie Nadeln. Daher wird getrockneter Rosmarin vor Gebrauch mit den Fingern zerrieben oder – besser noch – im Mörser zerstoßen. Aber auch die frischen Blätter lassen sich angenehmer essen, wenn man sie fein hackt. Ein schlichtes, aber köstliches Gericht sind mit Rosmarin ge-

ALFONS SCHUHBECK

BELIEBTES GRILLGEWÜRZ

Rosmarin eignet sich zum Aromatisieren von kurz gebratenem Fleisch (Rind, Kalb, Schwein, Lamm, Huhn), Pastasaucen, gebratenen Pilzen und Gemüse oder übergrilltem Schafs- und Ziegenkäse. Die letzten fünf Minuten reichen vollkommen aus – zu lange Garzeiten lassen Rosmarin blass und bitter werden. Daher ist besondere Vorsicht geboten, wenn man mit Rosmarin aromatisiertes Fleisch auf den Grill legt oder in der Pfanne brät. An Saucen, Marinaden, warme Gewürzbutter oder Gewürzöl gebe ich Rosmarin als ganzen Zweig in den letzten paar Minuten und entferne ihn dann wieder. Ideale Kombinationsgewürze für Rosmarin sind Knoblauch, Ingwer und Zitronen- und Orangenschale.

Rosmarinus officinalis ROSMARIN

würzte Brat- und Ofenkartoffeln. Grillmarinaden verleiht das Kraut einen mediterranen Touch. Rosmarinzweige eignen sich außerdem hervorragend zum Aromatisieren von Essig oder Olivenöl. Der heitere, sonnige Charakter von Rosmarin bekommt noch mehr Schwung, wenn man ihn mit Limetten- oder Orangenschale, Lavendel, Zimt, Knoblauch oder Ingwer kombiniert. Sehr gut schmeckt er als Zutat in einer Kräuterkruste, zum Beispiel für Lammrücken, Rinderlende oder Rinderfilet. Rosmarinzweige kann man auch gut als Grillspieße für Lammfleisch verwenden.

Gesundheitsfördernde Eigenschaften

Rosmarin wird bei uns seit dem frühen Mittelalter als Heilkraut geschätzt. Man wendet ihn zur Stärkung und Beruhigung der Nerven, zur Förderung der Durchblutung und Stabilisierung des Kreislaufs an. Die in ihm enthaltenen Gerb- und Bitterstoffe regen die Lebertätigkeit sowie die Gallensekretion an und unterstützen die Magen-Darm-Funktion. Zudem gilt Rosmarin als leicht antibakteriell. Dass er auch verjüngend wirken soll, ist jedoch eine volkstümliche Mär – und wohl zu schön, um wahr zu sein.

Rosmarinblätter

Sie passen zu allen Arten von Fleisch und Geflügel, würzen Desserts mit Frischkäse, Aprikosen, Pfirsichen und Honig und harmonieren mit mediterranen Zutaten wie Tomaten, Olivenöl und Knoblauch.

GEWÜRZE UND KRÄUTER VON A–Z

SAFRAN

Safran ist das teuerste Gewürz der Welt. Lange Zeit war er ein kostbarer Luxusartikel, mit dem die Reichen ihren Wohlstand zur Schau stellten. Tatsächlich treffen auf den Safran gleich mehrere Superlative zu: Er ist das einzige Gewürz, das jahrtausendelang sowohl als aromatische Speisezutat als auch als Arzneimittel, Duft- und Farbstoff genutzt wurde. Und wie immer, wenn etwas wertvoll und rar ist, weckt es Begierden. Deshalb hält der Safran noch einen weiteren Rekord: Er ist das meistkopierte Gewürz der Welt.

HERKUNFT UND GESCHICHTE

Echte Safranfäden erkennt man an ihrem Duft: Von ihnen geht ein süßlicher, an Moschus und Amber, Rosen und Honig erinnerndes Aroma aus. Zusätzlich schwingen noch Nuancen edler Hölzer und eine dezente Bitternote mit hinein – diese macht sich auch im Geschmack bemerkbar. Die roten Safranfäden, die wir als Würze verwenden, sind die einzeln von Hand geernteten, über Holzkohlenglut behutsam angerösteten, sogenannten Narben, die aus den gelben Staubgefäßen der Safranblüten sprießen. Die Safranblume ist ein Krokusgewächs aus der Familie der Schwertlilien. Bis vor Kurzem nahm man an, sie stamme aus Zentralasien; heute weiß man, dass ihre ursprüngliche Heimat Griechenland, genauer: die Insel Kreta, ist. Die antiken ägäischen Kulturen waren also die Ersten, die sich die Vorzüge des Safrans zunutze machten: in der Heilkunde, als königliches Gewürz, als Schönheitsmittel und als Farbstoff für Textilien. Damals schon war Safran kostbar. Die Art, ihn zu ernten, hat sich in den letzten 4000 Jahren nicht geändert. Die Narben sind derart filigran, dass man sie nur mit äußerstem Fingerspitzengefühl herausziehen kann. Das geht nur von Hand. Wenn man weiß, dass für ein Kilogramm Safranfäden zwischen 150 000 bis 200 000 Blüten gesammelt werden müssen, dann versteht man, warum Safran nicht zu Schleuderpreisen zu haben ist.

QUALITÄT UND INHALTSSTOFFE

Echter Safran ist in verschiedenen Qualitäten auf dem Markt. Der Name Safran kommt vom Arabischen *zafraan*, was »gelber Faden« bedeutet. Die Kenntnis der Safranveredelung kam im frühen Mittelalter mit den Arabern nach Spanien. Spanien ist neben Sizilien noch heute ein bedeutender Safranlieferant. 90 Prozent der Welternte stammen jedoch aus dem Iran. Ein kleiner, besonders hochwertiger Anteil kommt auch aus dem Kaschmirgebiet. Unter Safrankennern spricht man von fünf Qualitäten: Spanischer Mancha, Spanischer Coupe, Iranischer Poshal, Iranischer Sargol

und Kaschmir Coupe. Die Zusatzbezeichnungen »Coupe« und »Sargol« verweisen auf die edelsten Sorten. Diese Safranfäden sind flammend feuerrot bis weinrot und haben so gut wie keine gelben Anteile. Damit hat man auch einen Anhaltspunkt, ob Safran echt ist oder falsch. Seit der Antike wird er mit den Blüten der Ringelblume oder der Färberdistel (»Saflor«) gepanscht. Färberdistelblüten sind kürzer als Safranfäden, dicker, buschiger und farblich wesentlich heller. Von Safranpulver sollte man in der Regel die Finger lassen: Es ist nicht selten mit Kurkuma gestreckt.

VERWENDUNG IN DER KÜCHE

Safran ist aus zwei Gründen kulinarisch interessant: Er gibt eine sonnig sattgelbe Farbe an die Speisen, und er verleiht ihnen eine appetitanregende, dezent herbe Süße. Durch den Kulturkontakt mit den Arabern hat Safran in der spanischen, südfranzösischen und süditalienischen Küche eine längere Tradition: Der arabische Pilaw, die Paella, der Risot-

ALFONS SCHUHBECK

WASSERLÖSLICHES AROMA

Safran ist nicht fett-, sondern wasserlöslich. Damit sich ihre Geschmacks- und Farbstoffe entfalten, lasse ich die Fäden in 1 bis 2 EL warmem Wasser oder fettarmer Brühe 5 bis 15 Minuten ziehen und gebe die Flüssigkeit dann zum Beispiel in einen Risotto. Für eine Safransauce lasse ich einige Fäden in Fisch- oder Geflügelfond ziehen, bevor ich die Sauce mit Sahne und Butter fertigstelle. Safran darf nie zu lange gegart und vor allem nicht gekocht werden – deshalb füge ich ihn immer erst am Ende der Garzeit hinzu. Eine Bouillabaisse aromatisiere ich ganz zum Schluss mit einigen in Flüssigkeit gelösten Safranfäden. Ich gebe auch die Flüssigkeit dazu, um das Safranaroma ganz auszukosten.

Crocus sativus **SAFRAN**

to milanese oder die Bouillabaisse kommen nicht ohne echten Safran aus. Das Aroma der Safranfäden verdankt sich seinem ätherischen Öl, das unter anderem Safranal, Cineol und Pinen enthält. Für die bittere Note ist das Picrocrocin verantwortlich. Die Duft- und Geschmacksstoffe entwickeln sich vollständig erst nach der Ernte, beim Trocknen und leichten Rösten über der Glut. Die typische Safranfarbe entsteht durch verschiedene Karotinoide, die unter anderem den Farbstoff Crocin bilden. Safranfäden geben Fisch- und Reisgerichten sowie Süßspeisen eine aparte Note.

GESUNDHEITSFÖRDERNDE EIGENSCHAFTEN

Der Münchner Johannes Hartlieb, Leibarzt am Hof der Wittelsbacher, verfasste um 1440 ein medizinisches Werk, in dem es über den Safran heißt, er bringe die Leute zum Lachen und lasse sie »in Freuden schweben«. Seit der Antike hat man dem Safran allerhand heilende Wirkungen zugesprochen, die sich heute wissenschaftlich bestätigen. Aufgrund seiner feinen Bitterstoffe gilt er als leicht magenstärkend und appetitanregend. Zudem wird vermutet, dass er die Verdauung von Eiweiß fördert.

Safranfäden
Sie können nur von Hand geerntet werden – das macht sie so kostbar.

Safranpulver
Echtes Safranpulver erkennt man unter anderem an seinem leicht süßlichen, warmen und dezent bitteren Duft.

GEWÜRZE UND KRÄUTER VON A–Z

SALBEI

Die Kulturgeschichte der Kochkunst beginnt mit den Riten der Religion und Heilkunde. Unsere Vorfahren kultivierten Kräuter- und Gewürzpflanzen, weil sie sich von ihnen heilsame Wirkungen versprachen. Salbei ist eines jener Kräuter, die diese Hoffnungen nicht enttäuschen. Sein Name leitet sich von dem lateinischen Verb »salvere« ab, was »gesund sein, sich wohlfühlen« bedeutet. Im Mittelalter galt Salbei als die Heilpflanze schlechthin. Aus dieser Zeit ist der Spruch überliefert: »Wer Salbey baut, den Tod kaum schaut.«

HERKUNFT UND GESCHICHTE

Salbei stammt aus dem östlichen Mittelmeerraum. Hier nahmen ihn die Ägypter sowie die Griechen und Römer der Antike in Kultur. Alle namhaften Naturwissenschaftler und Gelehrten jener Epochen fanden für den Salbei lobende Worte. Sie empfahlen ihn als Arznei und als desinfizierendes, wohlriechendes Räucherwerk für kultische Handlungen. Im antiken Rom kam der Vorläufer unseres mittelalterlichen Sprichworts auf. Der Volksmund schrieb Julius Cäsar zu, beim Tod eines Freundes den Ausspruch getan zu haben: »Aber er hatte doch Salbei im Garten!« Auch die keltischen Druiden waren von der Wirksamkeit des Salbeis überzeugt. Dem Volksglauben nach sollen sie versucht haben, mit Salbei Verstorbene ins Leben zurückzuholen. Als Karl der Große Anfang des 9. Jahrhunderts verfügte, in den Klostergärten seines Reichs Salbei anzupflanzen, hatte dies natürlich keine abergläubischen Gründe mehr: In mittelalterlichen Kräuterbüchern und Rezeptsammlungen findet man seitenlange Aufzählungen über die Heilkräfte des Salbeis. In England waren bis ins 16. Jahrhundert hinein Aufgüsse mit Salbeiblättern ein typisches Alltagsgetränk. Erst mit dem schwarzen Tee aus Indien verlor der Salbeitee an Attraktivität.

QUALITÄT UND INHALTSSTOFFE

Das dem Salbei eigentümliche würzig balsamische Aroma ist dem Zusammenspiel mehrerer Inhaltsstoffe zu verdanken. Man nimmt an, dass es weltweit rund 750 Salbeisorten gibt, die merkliche Unterschiede in Geschmack und Duft aufweisen. Unser Gartensalbei kann bis zu 2,5 Prozent ätherisches Öl enthalten, das sich unter anderem aus den Duft- und Geschmacksstoffen Thujon, Cineol, Borneol, Kampfer, Pinen und Salven zusammensetzt. Die warme, balsamische Note wird durch Thujon und Salven hervorgerufen, die würzig holzige durch Pinen, der erfrischende Eukalyptuston durch Kampfer und Borneol. Wie bei allen Lippenblütengewächsen, zu denen auch der Salbei zählt, wirken sich Bodenverhältnisse, Wärme und Sonneneinstrahlung auf die

Intensität und Zusammensetzung des ätherischen Öls aus. Bereits Hildegard von Bingen schrieb im 12. Jahrhundert: »Salbei wächst mehr infolge der Sonnenwärme als infolge der Feuchtigkeit der Erde«.

VERWENDUNG IN DER KÜCHE

Der amerikanische Kulturhistoriker Waverley Root bemerkte einmal: »Salbei und weiße Bohnen kann man als Synonym für das Wort Toskana nehmen.« Tatsächlich findet man in den Regionen Zentral- und Norditaliens die wohl ausgefeilteste Salbeiküche. Ihre Spezialitäten wie Saltimbocca à la romana (kleine Kalbsschnitzel mit Salbei und Schinken gebraten) und Gnocchi mit Salbeibutter sind weltweit beliebt. In Italien würzt man Spanferkel, Kalbfleisch, gebratene Leber, Bohnengerichte, Pastasaucen und Polenta mit Salbei. Auch in anderen europäischen Küchen ist Salbei ein klassisches Würzkraut für fetthaltigen Fisch (zum Beispiel Aal) und Sonntagsbraten (Lamm, Kalb, Schwein, Gans, Ente),

ALFONS SCHUHBECK

BESSER FRISCH ALS GETROCKNET

Zum Kochen verwende ich immer frischen Salbei. Getrockneter Salbei schmeckt leicht bitter und eignet sich eher für Tees und Aufgüsse. Da Salbei die Bekömmlichkeit fetter Speisen fördert, gebe ich ihn zum Beispiel in Saucen für Enten-, Gänse- oder Schweinebraten. Ich lasse ein, zwei Blätter in den letzten Minuten der Garzeit mitziehen und entferne sie dann wieder. Man kann auch einige klein geschnittene Salbeiblätter unter eine Enten- oder Gänsebratenfülle oder unter Semmelknödelteig mischen. In Olivenöl knusprig frittierte oder in Pfannkuchenteig ausgebackene Salbeiblätter eignen sich sehr gut als Suppeneinlage oder als Dekoration, zum Beispiel für Salate.

Würste, Innereien und Fleischpasteten. Sein ausgeprägtes Aroma braucht Zutaten, die ihm Paroli bieten können. Dazu zählen kohlenhydratreiche Lebensmittel (Brot, Kartoffeln, Nudeln, Hülsenfrüchte, Kürbis) sowie die mit dem Salbei verwandten Kräuter der Lippenblütenfamilie (Thymian, Rosmarin, Bohnenkraut, Majoran, Oregano). Salbei harmoniert auch sehr gut mit Knoblauch, Zwiebeln, Pfeffer, Zitronenschale, Ingwer und Tomaten. Getrockneter Salbei hat eine etwas strenge und bittere Note. Will man ihn als Gewürz verwenden, muss man ihn vorsichtig dosieren.

Gesundheitsfördernde Eigenschaften

Die Bitter- und Gerbstoffe des Salbeis unterstützen die Funktionen von Galle und Leber und fördern die Fettverdauung. Fetthaltige Speisen, die Salbei enthalten, sind deshalb bekömmlicher. Salbei gilt als antioxidativ und antibakteriell; er wirkt nachweislich bei Entzündungen im Mund- und Rachenraum, hat sich aber auch als lindernd bei Mageninfektionen und Magenkrämpfen erwiesen. Außerdem reguliert Salbei die Produktion der Schweißdrüsen und wirkt sich ausgleichend auf den Stoffwechsel aus.

Salbeiblätter

Sie fühlen sich weich und samtig wie Wildleder an. Man verwendet sie entweder in feine Streifen geschnitten oder im Ganzen.

SALZ

Den ersten Schritt zur Zivilisation machte der Mensch, als er vom Jäger und Nomaden zum sesshaften Ackerbauern wurde. Der zweite Schritt führte ihn zum Salz. Die Gewinnung von Erzen und Salzen steht am Beginn aller Kultur. Wo Salz abgebaut oder gewonnen wurde, entstanden Handelsorte, länderübergreifende Salzstraßen und Kulturkontakte. Der Anteil von Salz im menschlichen Blut entspricht dem des gelösten Salzes im Meerwasser. Ohne Salz könnte der Mensch nicht überleben.

HERKUNFT UND GESCHICHTE

Das erste »Salz in der Suppe« war nicht weniger als eine kulturelle Revolution. Als die Menschen von dem Fleisch wilder Tiere lebten und nur das zu essen bekamen, was sich ihnen mit etwas Glück und Geschick in den Weg stellte, hatten sie für Salz keinen Bedarf. Die Mineralsalze, die der menschliche Organismus braucht, um zu überleben, waren im Fleisch der erlegten Wildtiere reichlich vorhanden. Erst als der Mensch den Wert des Getreides erkannte und es auf Feldern anzubauen begann, als er vom Jäger zum Hirten und Bauern wurde, brauchte er das Salz. Feldfrüchte enthalten kaum Mineralsalze. Die Geschichte des Salzes beginnt in der Jungsteinzeit, die in Mitteleuropa etwa von 6000 bis 1800 v. Chr. dauerte. Damals begann der Mensch, nach Salz zu suchen. Er fand es in salzhaltigen Böden, im Meer und in den Salzstöcken der Berge. Seit der Bronzezeit, die auf die Jungsteinzeit folgte, verstand man sich darauf, Salz aus Bergstöcken abzubauen. Oder man rang es dem Meer ab – auf nahezu die gleiche Weise, wie auch heute noch die feinsten unter den Salzen gewonnen werden: das Meersalz und das Fleur de Sel. Etwa zur gleichen Zeit wie das Salz kamen die Töpfe aus Eisenerz und Keramik in die Welt. Nun brauchte man die Dinge des Lebens nicht mehr nur über dem Feuer zu braten – man konnte sie auch kochen. So steht das Salz als Würze des Lebens am Beginn der Feinschmeckerei.

QUALITÄT UND INHALTSSTOFFE

Reines, ungewaschenes Meersalz und Fleur de Sel bestehen zu 96 Prozent aus Natriumchlorid sowie aus verschiedenen anderen Mineralsalzen und Spurenelementen, die während der Kristallisierung erhalten bleiben. Jedes Meersalz schmeckt ein wenig anders – je nachdem, an welcher Küste es gewonnen wird. Alle Meersalze haben einen feinen, subtilen Geschmack; sie sind niemals nur aufdringlich salzig. Um Meersalz zu gewinnen, wird das Meerwasser an der Küste in flache Becken geleitet. Wind und Sonne lassen das Wasser verdunsten: Zurück bleibt das konzentrierte, kristallisierte Salz. Aufwendiger ist die Ernte des Fleur de Sel, der Salzblume, wie man im Deutschen sagt. Sie bildet sich an besonders heißen Tagen als hauchfeine, silbrige Kruste auf der Oberfläche der Meerwasserbassins und muss vorsichtig von Hand abgeschöpft werden. Die feinen Kristalle des Fleur de Sel schmecken elegant und zurückhaltend und zergehen wunderbar leicht im Mund.

VERWENDUNG IN DER KÜCHE

Ein Gericht zu versalzen, das ist schnell passiert. Insofern kann es hilfreich sein, sich bei einer Selbstverständlichkeit wie dem Umgang mit Salz über einige Dinge Klarheit zu verschaffen. Salz erhöht die Kochtemperatur von Wasser, es zieht die Flüssigkeit aus Fleisch und manchen Gemüsesorten (Tomaten, Auberginen, Zucchini, Pilze) und es wirkt konservierend. Es löst sich in Flüssigkeit auf und gewinnt an Konzentration, sobald diese Flüssigkeit verdampft. Das ist

---

ALFONS SCHUHBECK

MEERSALZ UND FLEUR DE SEL

Salz verleiht selbst noch den fadesten Lebensmitteln Geschmack. Es ist das wichtigste Gewürz und sollte in jeder Küche in verschiedenen Sorten vorhanden sein: Fleur de Sel ist zu kostbar, um es ins Nudel- oder Kochwasser zu geben. Ich verwende es als Würze für gebratenen Fisch, Fleisch und Salate und streue es vor dem Servieren über die Speisen. Grobes Meersalz kommt ins Kochwasser; möchte man es für die Salzmühle verwenden, sollte man darauf achten, dass es trocken ist (manche Sorten sind leicht feucht). Besonders aromaschonend ist es, Fisch in einer Salzkruste zu garen: Dazu ummantelt man ihn mit einem Teig aus grobem Meersalz, Eischnee, etwas Mehl und Speisestärke.

das Prinzip der Meersalzgewinnung. Es erklärt zugleich, warum man eine Sauce, eine Suppe oder überhaupt jedes Gericht versalzen kann, wenn man das Salz zu früh an die Speisen gibt. Man sollte daher mit Bedacht und in der Regel eher später als früher salzen. Feines Meersalz und Fleur de Sel eignen sich aufgrund ihrer Knusprigkeit eher zum geschmacklichen Abrunden fertiger Gerichte denn als Grundwürze. Man kann sie in eine Meersalzmühle geben oder in einen Mörser oder man zerbröselt sie ganz leicht mit den Fingern und gibt sie erst bei Tisch über die fertigen Speisen.

Gesundheitsfördernde Eigenschaften

Salz ist eines der ältesten Heilmittel der Menschheit. Seine Wirkungen und gesundheitsfördernden Eigenschaften sind äußerst vielfältig. Da der menschliche Körper zu 75 Prozent aus salzhaltiger Flüssigkeit besteht, ist Salz für die Erhaltung unserer Lebensfunktionen unentbehrlich. Es reguliert nicht nur unseren Flüssigkeits-, sondern auch den Hormonhaushalt sowie die Funktion aller inneren Organe. Äußerlich angewendet, hat es sich in der Schulmedizin in der Therapie von Atemwegs- und Hauterkrankungen bewährt.

Maldon Sea Salt
Dieses Meersalz kommt aus der englischen Grafschaft Essex, wo schon um etwa 1000 n. Chr. Salzmanufakturen existierten.

Grobes Meersalz
Die meisten handelsüblichen Meersalzsorten werden nach der Gewinnung gereinigt. So erhalten sie ihre weiße Farbe.

Fleur de Sel
Fleur de Sel von der Algarve oder aus der Bretagne hat eine lange Tradition. Es enthält Mineralsalze, die in Steinsalz nicht vorkommen.

SAUERAMPFER

Sauerampfer enthält viel Vitamin C – deshalb war er in früheren Zeiten, als man bei uns weniger Obst und Gemüse aß und immer wieder von Hungersnöten bedroht war, besonders wertvoll. Im Mittelalter freuten sich die Menschen auch wegen des Sauerampfers auf die warme Jahreszeit: »Die Leute verzehren es gierig im Frühling«, schrieb der französische Mönch Odo Magdunensis im Jahr 1080 über das würzige Kraut. Fast 1000 Jahre später hat sich daran nicht viel geändert – das erste Grün des Frühjahrs ist auch bei uns hochwillkommen.

HERKUNFT UND GESCHICHTE

Sauerampfer ist ein Knöterichgewächs. Er ist, wie der Name verrät, mit anderen Ampfersorten verwandt, von denen es weltweit mehr als 200 gibt. Sauerampfer mag Schatten und Bodenfeuchte. Wir finden ihn als Wildkraut an Waldlichtungen und auf feuchten Wiesen. Mit seinen länglichen, spitz zulaufenden, sattgrünen und leicht faltigen Blättern sieht er dem Spinat ähnlich. Und so haben ihn die Leute früher auch gegessen: als Gemüse oder Salat. Bis in die Frühe Neuzeit hinein nahmen Seeleute Sauerampfer als Proviant mit an Bord, um Skorbut vorzubeugen. Lange Zeit nahm man an, er sei bereits in den Hochkulturen der alten Ägypter, Griechen und Römer bekannt gewesen – zumindest kann man das immer wieder lesen. Heute sind sich die Historiker jedoch nicht mehr so sicher; sie gehen davon aus, dass es sich dabei um den weniger säurehaltigen Gemüseampfer (*Rumex patientia*) gehandelt haben dürfte. Der echte Sauerampfer erlebte ab dem 18. Jahrhundert eine Renaissance in der bürgerlichen Küche. Damals kamen Salate in Mode. Seither schätzt man ihn – vor allem in Frankreich – als frühlingsfrischen Begleiter in einer Vinaigrette oder in sahnigen Kräutersaucen.

QUALITÄT UND INHALTSSTOFFE

Frischen Sauerampfer bekommt man bei uns im Frühling auf dem Markt; meist als Zuchtpflanze aus Frankreich, auf Bauernmärkten aber auch aus regionaler Wildsammlung. Er ist nur frisch genießbar. Würde man die zarten Blätter trocknen, ginge ihr typisch säuerliches Aroma verloren. Man sollte das Kraut nach dem Kauf rasch verwenden. Sauerampfer enthält Fruchtsäure, die zu einem hohen Anteil aus Oxalsäure besteht. Sie ist für den leicht bitteren Geschmack und die erfrischende Säuerlichkeit verantwortlich. Auch Spinat und Rhabarber enthalten Oxalsäure. Ähnlich wie bei diesen sollte man auch mit dem Sauerampfer verfahren: Kontakt mit Silber, Aluminium oder Gusseisen ist zu vermeiden, da Oxalsäure mit diesen Metallen reagiert, was einen unangenehm metallischen Geschmack mit sich bringt.

VERWENDUNG IN DER KÜCHE

In Frankreich ist die Sauerampfer-Tradition in der bürgerlichen und feinen Küche ungebrochen. Fein geschnitten oder püriert, würzt er dort Sahnesaucen zu Geflügel und Fisch (Lachs mit Sauerampfersauce ist ein Klassiker der französischen Küche). In Deutschland gehört er traditionellerweise in die Frankfurter Grüne Sauce, die man gern zu Kartoffeln oder Eiern reicht. In feine Streifen geschnitten, gibt man ihn in Salatvinaigrette, vor allem zu Frühlingssalaten mit frischen Kräutern. Die milde Flaumigkeit von Mayonnaise, Rühreiern und Omeletts ist eine feine Grundlage für klein gehackten Sauerampfer. Möchte man Suppen (wie etwa Kartoffelsuppe) oder Kräutersaucen damit färben und aromatisieren, kann man ihn zuvor bei milder Hitze in etwas Butter zusammenfallen lassen. Das geht bei Sauerampfer schneller als bei frischem Spinat. Sobald er weich ist, nimmt man ihn vom Herd, damit er nicht braun wird. Anschließend drückt man ihn vorsichtig aus und püriert ihn mit anderen

ALFONS SCHUHBECK

ERFRISCHEND SÄUERLICH

Passend zur Jahreszeit, in der Sauerampfer Saison hat, harmoniert er mit anderen Frühlingskräutern, vor allem mit Brunnenkresse und Kerbel. Sehr gut schmeckt er auch mit Dill und Schnittlauch. Er würzt Frühlingskräutersalate und gibt Kräutersuppen und -saucen einen leicht säuerlichen, erfrischenden Kick. Aber Achtung: Sauerampfer verträgt keine Hitze! Wenn er zu warm wird, verliert er sein Aroma und seine sattgrüne Farbe. Deshalb gebe ich ihn immer erst ganz zum Schluss in Saucen und Suppen. Sauerampfer ist das ideale Kraut für die kalte Küche: Er peppt Dips und Brotaufstriche auf. Oder man mischt ein paar Blätter unter ein Pesto – das sorgt für zusätzliche Würze und Frische.

Rumex acetosa **SAUERAMPFER**

Zutaten wie Brühe, Sahne oder Crème fraîche. In einem angefeuchteten Gefrierbeutel kann man Sauerampfer einige Tage im Kühlschrank aufbewahren.

Gesundheitsfördernde Eigenschaften

100 g Sauerampfer enthalten 115 mg Vitamin C – damit ist die Zufuhrempfehlung pro Tag bereits gedeckt! Vitamin C stärkt das Immunsystem und bekämpft Viren und Bakterien: Sauerampfer hilft also, unsere körpereigenen Abwehrmechanismen zu aktivieren. Außerdem enthält er Eisen, das unser Körper ebenfalls zur Stärkung der Immunzellen braucht. Warnungen, zu viel Oxalsäure könnte die Nieren schädigen, sind für unsere Zeit und unsere Ernährungsgewohnheiten in der Regel irrelevant. Sie galten für frühere Jahrhunderte, als die Menschen aus Mangel an Alternativen den ganzen Sommer über Gartensauerampfer als Gemüse aßen. Wir hingegen genießen ihn nur im Frühjahr, und auch das nicht täglich.

Sauerampferblätter
Die Saison für Sauerampfer ist kurz. Zur längeren Aufbewahrung sollte man die Blätter einfrieren, nicht trocknen.

SCHNITTLAUCH

Ein Butterbrot mit fein geschnittenem frischem Schnittlauch ist ein Hochgenuss. Zwar gibt es Schnittlauch auch tiefgefroren und gefriergetrocknet zu kaufen, doch nur das saftige, erntefrische Kraut hat jene würzige Duftigkeit, die den Geschmack des Schnittlauchs auszeichnet. Man sollte ihn so knackig wie möglich genießen und schlicht beim Wort nehmen. Denn der deutsche Name »Schnittlauch« leitet sich von der Art ab, wie er traditionellerweise verwendet wurde: frisch geschnitten.

HERKUNFT UND GESCHICHTE

Der Schnittlauch ist ein Verwandter des Knoblauchs und der Zwiebel und das kleinste Mitglied in der Familie der Lauchgewächse. Sein vom altgriechischen Wort *schoinos* abgeleiteter botanischer Name bedeutet Binsen- oder Graslauch. Wie alle Laucharten stammt er ursprünglich aus Zentralasien, hat sich aber bereits vor Jahrtausenden über ganz Europa verbreitet. Er fühlt sich in kühlen Klimazonen wohl, kommt überall in unseren Breiten als Wildkraut vor und gedeiht selbst in Bergregionen. Im Alpenraum gilt er als eines der robustesten Küchenkräuter. Diese Besonderheit mag erklären, warum Schnittlauch hierzulande erst vor etwa 200 Jahren zum Standardkraut in der guten Küche wurde: Damals fand er den Weg aus der bergbäuerlichen Tradition in die Lieblingsspeisen der Habsburgermonarchie. Erst seit er die kaiserlich-königlichen Rindsuppen, Tafelspitzscheiben und Kartoffelsalate zum Wiener Schnitzel würzte, wurde er von den deutschen Kochbuchautorinnen des 19. und 20. Jahrhunderts als fein genug für die bürgerliche Küche erachtet. Der Schnittlauch hatte es generell nicht leicht, als Würzkraut anerkannt zu werden. Wir wissen, dass die Griechen und Römer der Antike ihn kannten, doch ausführlichere Quellen, zum Beispiel Rezepte, gibt es aus dieser Epoche kaum. Erst im Mittelalter wurde der Schnittlauch in klösterlichen Abhandlungen zur Heilkunde ausführlich erwähnt. In der Küche galt er damals als »Bauernkraut« – ein typisches Gewürz der einfachen Leute. Heute haben sich die Werte verändert: Schlichte, frische Produkte aus regionalem Anbau gelten als Delikatesse.

QUALITÄT UND INHALTSSTOFFE

Das ätherische Öl des Schnittlauchs setzt sich ähnlich zusammen wie das von Zwiebeln und Knoblauch. Die in ihm gebundenen Duft- und Geschmacksstoffe werden freigesetzt, sobald man Schnittlauch schneidet. Die Verletzung des Gewebes lässt Schwefelverbindungen entstehen, die für das typisch feinwürzige Zwiebelaroma verantwortlich

sind. Anders als Zwiebeln riecht Schnittlauch jedoch weniger aggressiv; sein mildes, lauchartiges Aroma ist eleganter und duftiger. Leider verflüchtigt es sich rasch. Geschnittener Schnittlauch verändert sein Aroma bei Kontakt mit Sauerstoff: Die erfrischende, angenehm erdige Note verblasst und weicht einem leicht modrigen Geruch.

VERWENDUNG IN DER KÜCHE

Schnittlauch sollte man unbedingt frisch verwenden, was heutzutage kein Problem ist, da er das ganze Jahr über angeboten wird. In der Zeit von April bis September wird bei uns der heimische Schnittlauch geerntet; er schmeckt besonders würzig. Gute Qualität erkennt man daran, dass die röhrenförmigen Stängel grasgrün sind und sich prall und fest anfühlen. Sie dürfen weder vergilbt sein noch schlaff herabhängen. Nur wenn Schnittlauch saftig ist, kann er sein dekoratives Talent ausspielen und in feine Röllchen geschnitten all jene Speisen würzen, die durch sein dezentes

ALFONS SCHUHBECK

FRISCH, FRISCHER, AM FRISCHESTEN

Das würzige Aroma von Schnittlauch muss man unbedingt ganz frisch genießen – Schnittlauch darf niemals kochen! Durch die Hitze wird er braun und unansehnlich und verliert seinen Geschmack und seine Duftigkeit. Am besten hält er sich, wenn man ihn in feuchtes Küchenpapier wickelt, in einen Gefrierbeutel gibt und im Kühlschrank aufbewahrt. In der bayerischen Küche ist Schnittlauch ein unentbehrliches Brotzeitkraut. Ich würze damit zum Beispiel meinen lauwarmen Kartoffelkäs, einen herzhaften Aufstrich für Bauernbrot. Sehr gut schmeckt Schnittlauch zu Eiern und Spargel. Wenn ich Stangenspargel serviere, binde ich die Stangen mit Schnittlauchhalmen zusammen.

Allium schoenoprasum **SCHNITTLAUCH**

Zwiebelaroma eine erfrischende Note erhalten: Fleischbrühen, Gemüsesuppen, kalter Braten, Räucherfisch, Eierspeisen, Salate und Sülzen, kalte und warme Saucen, Dips und Dressings (wie Vinaigrette, Mayonnaise, Kräuterquark oder Frankfurter Grüne Sauce). Die leicht erdige Note des Schnittlaucharomas harmoniert mit kohlenhydratreichen Lebensmitteln wie Kartoffeln, Linsen, Erbsen und dicken Bohnen, mit Artischocken und Wurzelgemüse (Rote Bete, Rettich, Karotten), mit Brot (Semmelknödel) und Kürbis – und ganz besonders mit Kürbiskernöl. In der französischen Küche ist Schnittlauch mit Kerbel, Estragon und Petersilie fester Bestandteil der Kräutermischung Fines Herbes.

GESUNDHEITSFÖRDERNDE EIGENSCHAFTEN

Schnittlauch ist eine »Vitaminbombe«: Er enthält viel Vitamin C, A und B_2. Außerdem ist er reich an wertvollen Mineralstoffen wie Magnesium, Kalium, Kalzium, Phosphor und Eisen. Er hat antiseptische Eigenschaften und regt die Nierentätigkeit an. Und er ist ein hochwirksamer Radikalfänger, der Alterungsprozesse hemmen kann.

Schnittlauch

Er ist nahezu ein Universalgewürz, passt jedoch besonders gut zu ballaststoffreichen, fetthaltigen oder geräucherten Zutaten.

GEWÜRZE UND KRÄUTER VON A–Z

SCHWARZKÜMMEL

Schwarzkümmel ist ein ausgesprochen dekoratives Gewürz. Die samtig schwarzen, wie winzige Kohlestückchen aussehenden Nigella-Samen machen sich gut auf Fladenbroten, Partybrötchen oder Blätterteiggebäck. Das Alte Testament erwähnt sie, die alten Römer schätzten sie, aber so richtig bekannt wurden Schwarzkümmelsamen bei uns erst, als sich die moderne Naturheilkunde ihrer heilsamen Eigenschaften besann. Ihr kulinarisches Come-back ist das Verdienst der vegetarischen Küche.

HERKUNFT UND GESCHICHTE

Schwarzkümmelsamen sehen aus wie Tropfen; sie sind nachtschwarz und fühlen sich matt und samtig an. Ihr Aussehen ist so charakteristisch, dass sie unverwechselbar erscheinen, und doch werden sie immer wieder mit Schwarzem Sesam oder Schwarzem Kreuzkümmel verwechselt. Doch Schwarzkümmel ist weder mit Sesam noch mit Kümmel verwandt. Er ist vielmehr der Samen eines fliederfarben blühenden Hahnenfußgewächses namens *Nigella*. Der Ursprung der Pflanze liegt im südöstlichen Mittelmeerraum und in Vorder- bis Südwestasien. Dort wächst sie heute noch wild, doch man nimmt an, dass sie vor allem im östlichen Mittelmeerraum bereits vor über 3000 Jahren gezielt als Heilmittel und Gewürz kultiviert wurde. In der Grabkammer des ägyptischen Pharaos Tutanchamun wurde ein Keramikgefäß mit Schwarzkümmelsamen gefunden. Im antiken Rom bestreute man Brotfladen mit Schwarzkümmel. Und man trieb Handel mit ihm: Die Römer pflegten rege Geschäftskontakte bis nach Indien; dieser Kulturaustausch brachte es wohl mit sich, dass sich der Schwarzkümmel über den Vorderen Orient bis Indien als Gewürzpflanze ausbreitete. Im Iran, im Libanon, in der Türkei und in Bulgarien ist er ein beliebtes Brotgewürz.

QUALITÄT UND INHALTSSTOFFE

Öl aus Schwarzkümmelsamen erlebte in den letzten zehn, zwanzig Jahren als Naturheilmittel einen Boom. Es riecht nach Thymian, Oregano und Bohnenkraut, was sich einfach erklären lässt: Das ätherische Öl der Samen besteht zu einem Großteil aus Thymochinon, einem Stoff, der mit Thymol und Carvacrol verwandt ist. Diese Duft- und Geschmacksstoffe sind in den oben genannten mediterranen Gewürzkräutern enthalten. Trotzdem schmecken die knusprigen Schwarzkümmelsamen nicht unbedingt nach Thymian. Vielmehr haben sie ein leicht bitteres, herb-adstringierendes Aroma, das von manch feiner Zunge als nussartig empfunden wird. Ganz feine Zungen hingegen erschmecken darin sogar eine metallische Note. Doch könnte man sie ebenso als mentholartig oder harzig beschreiben – was die Sache eher trifft, weil das ätherische Öl unter anderem auch Pinen und Cymen enthält. Pinen findet sich im ätherischen Öl der Tanne, Cymen im Zitronen-Eukalyptus.

VERWENDUNG IN DER KÜCHE

Die nordindische Küche geht großzügig mit Schwarzkümmelsamen um. Dort sind sie ein fester Bestandteil der Gewürzmischung Panch Phoron. Außerdem würzt man in Indien gern vegetarische Gemüsecurrys mit den Samen, vor allem solche mit kohlenhydratreichen Zutaten wie Linsen oder Karotten. Das hat man sich hierzulande abgeschaut: Es ist derzeit Trend, vegetarische Gerichte mit Schwarzkümmelsamen zu bestreuen. Das reizvolle Farbenspiel von gelber Kürbissuppe oder orangeroter Karotten-Ingwer-Suppe mit Schwarzkümmel ist mittlerweile fast ein Klassiker der westlichen vegetarischen Küche geworden. Besonders gut

ALFONS SCHUHBECK
FÜR EINEN ORIENTALISCHEN TOUCH

Bei Schwarzkümmel folge ich gern der orientalischen Tradition und würze damit zum Beispiel Fladenbrotteig und orientalisch gewürzte Brotaufstriche. Zusammen mit Senfkörnern, Kreuzkümmel, Fenchel und Bockshornkleesamen ist Schwarzkümmel auch ein Bestandteil meiner Gewürzmischung Panch Phoron, die sich zum Aromatisieren von Hülsenfrüchten und Gemüse, wie etwa Spinat und Auberginen, eignet. Schwarzkümmel passt aber auch gut zu Weiß- und Blumenkohl, zu Karotten, Lamm- und Schweinefleisch. Man kann ihn mit Sesam kombinieren, und er harmoniert wunderbar mit dunkler Schokolade. Allerdings dosiere ich ihn immer vorsichtig, da er sonst zu dominant wirkt.

Nigella sativa **SCHWARZKÜMMEL**

harmoniert Schwarzkümmel mit stärkehaltigen Lebensmitteln. Gern werden die Samen über das indische Naan-Brot gestreut. Auch in der Türkei und im Orient sind sie ein Muss, um Fladenbroten einen zartpfeffrigen Geschmack und einen leichten Knuspereffekt zu geben. Es lohnt sich, auch einmal Bratkartoffeln oder Kartoffelgratin mit Schwarzkümmel zu probieren oder die Samen über Basmatireis zu streuen. Man kann das Aroma noch verstärken, wenn man die Samen vor Gebrauch in einer Pfanne ohne Fett anröstet. Dann schmecken sie noch nussiger.

GESUNDHEITSFÖRDERNDE EIGENSCHAFTEN

Das ätherische Öl des Schwarzkümmels ist für die medizinische Forschung von Interesse. Wissenschaftliche Studien geben Hinweise darauf, dass Schwarzkümmel unser Immunsystem positiv beeinflussen kann und möglicherweise sogar tumorhemmende Wirkungen erzielen könnte. Zudem weist er antibakterielle und stark entzündungshemmende Eigenschaften auf. Darüber hinaus enthält das ätherische Öl Substanzen, die helfen können, den LDL-Cholesterinspiegel zu senken.

Schwarzkümmelsamen
Sie enthalten ein gesundheitlich wertvolles Öl. Da sie schnell ranzig werden, sollte man sie stets im Ganzen kaufen und kühl und trocken lagern.

SENF

Der griechische Philosoph Pythagoras war der Meinung, dass Senf nicht nur das Essen, sondern auch den Verstand schärfe. Es ist darum nicht weiter verwunderlich, dass die Menschen seit Tausenden von Jahren gern zu diesem und jenem ihren Senf dazugeben. Zumal Senfpflanzen in Europa überall gedeihen und die Körner im Gegensatz zu Pfeffer früher auch für die ärmere Bevölkerung erschwinglich waren. Heute haben wir uns etwas von der Tradition entfernt, Senfkörner zu verwenden. Aber das Angebot an fertigem Senf ist ja auch verlockend.

HERKUNFT UND GESCHICHTE

Es ist nicht unwahrscheinlich, dass die Samenkörner von Senfpflanzen bereits in prähistorischer Zeit als Heilmittel und Gewürz genutzt wurden. Nachweislich bis ins 4. Jahrtausend v. Chr. lässt sich die Spur der Senfpflanze zurückverfolgen; zu jener Zeit wurde sie in Mesopotamien gezielt kultiviert. Das lässt den Schluss zu, dass ihre Nutzung als Wildpflanze in dieser Region eine noch viel längere Tradition hat. Drei Senfarten sind seit dem Altertum als Kulturpflanzen bekannt; es sind dieselben, die uns heute noch schmecken: Weißer Senf, Schwarzer Senf und Brauner Senf, die zur Familie der Kreuzblütengewächse gehören. Wie bei vielen Gewürzen, für die sich eine lange Tradition nachweisen lässt, verlief die Kulturgeschichte des Senfs in einer bestimmten Abfolge: Die Hochkulturen der Sumerer, Babylonier, Ägypter, Griechen und Römer machten den Anfang. Dann kam die mittelalterliche Klosterkultur als Bindeglied zwischen der antiken Überlieferung und dem Europa der Frühen Neuzeit. In all diesen Kulturen wurde die Pflanze zunächst als Heilmittel genutzt, bevor sie als Gewürz allgemeine Zustimmung fand.

QUALITÄT UND INHALTSSTOFFE

Weiße Senfkörner schmecken süßlich scharf, wie eine Mischung aus Honig und Meerrettichschärfe; ihr Aroma steigt wohltuend zu Kopf, befreit Nase und Stirnhöhle. Schwarzer Senf setzt an Schärfe noch eins drauf – aus ihm wird traditionellerweise Dijonsenf hergestellt, der schärfste Speisesenf, den wir kennen. Brauner Senf ist weniger scharf als Schwarzer und Weißer Senf, schmeckt jedoch etwas bitter. Für die Herstellung von mittelscharfem Senf wird er meist mit Weißem Senf gemischt. Schwarzer Senf kann nur von Hand geerntet werden, was ihn teuer macht. Man bekommt ihn heute eher selten. Die Samen aller Senfarten haben die gleichen Eigenschaften: Im Ganzen belassen und in trockenem Zustand riechen sie nicht und haben keinerlei scharfe Wirkung. Erst wenn man die Körner verletzt (etwa weil man

sie kaut, mahlt oder im Mörser zerstößt) und mit Wasser in Verbindung bringt, wird das im Senf enthaltene Enzym Myrosinase aktiviert. Es wandelt die potenziellen Scharfstoffe Sinalbin (im Weißen Senf) und Sinigrin (im Schwarzen Senf) in beißend scharfe, ätherische Senföle um (Isothiocyanate). Dieser Effekt tritt beim Kauen ein, und zwar durch den Speichel, sowie bei der Herstellung von Speisesenf, wozu man Wasser, Essig, Most oder Wein benötigt.

VERWENDUNG IN DER KÜCHE

Ähnlich wie beim Meerrettich verliert sich die Schärfe von Senfkörnern, sobald man sie stark oder über einen längeren Zeitraum erwärmt. Bei 50 °C etwa setzt man den Punkt an, ab dem die Schärfe zu verblassen beginnt. Geröstete Senfkörner schmecken überhaupt nicht scharf. Küchenfertiger Speisesenf wird stets mit einem Säuerungsmittel (Essig) zubereitet, was seine Schärfe, zumal bei kühler Lagerung, konserviert. Senf und Sauce, das ist ein Spiel mit unzähli-

---

ALFONS SCHUHBECK

LIEBER SCHARF ALS MILD

Ich setze in meiner Küche lieber die zu Senf verarbeiteten als die ganzen Senfkörner ein. Weil Senf durch Erhitzen seine erfrischende Pfeffrigkeit verliert, bevorzuge ich scharfe Senfmischungen und achte darauf, dass sie nicht zu lange erwärmt werden. Eine warme Sauce, die mit Senf gewürzt werden soll, schmecke ich erst zum Schluss damit ab – das ergibt auch eine schöne Bindung. Ganze Körner verwende ich für Fleisch-, Geflügel- und Fischmarinaden (zum Beispiel für Lachs) oder in Gewürzmischungen für eingelegtes Gemüse. Ihr Aroma wirkt feiner, wenn man sie erst mit etwas Apfel- oder Ananassaft aufkocht und anschließend in einer Sauce mitziehen lässt.

Sinapis alba, Brassica juncea, Brassica nigra **SENF**

gen Variationen: Senf macht Saucen geschmeidig und verleiht ihnen eine cremige Konsistenz. Ob mit Sahne, Crème fraîche oder saurer Sahne, in einer Vinaigrette, Mayonnaise oder Sauce hollandaise – man sollte sich die Freude gönnen, seiner Fantasie freien Lauf zu lassen und ein wenig zu experimentieren, zumal es heute so viele verschiedene Senfsorten gibt: mit Kräutern, Zitrusfrüchten, Meerrettich, Wein, Apfelmost oder Honig aromatisiert, grob oder fein vermahlen, lieblich oder beißend scharf. Süßer Senf eignet sich gut zum Kombinieren, zum Beispiel in einer Sauce aus Geflügelbrühe und Sahne, die mit Weißwurstsenf und scharfem Senf, Orangenschale und Butter abgeschmeckt wird.

Gesundheitsfördernde Eigenschaften

Senfsamen enthalten Antioxidantien und wirken antibakteriell und desinfizierend, daher nimmt man sie gern zum Konservieren und Würzen von Eingelegtem (Fleischmarinaden, Matjes, Hering, Lachs). Nicht ohne Grund ist Senf eine traditionelle Zutat zu Würsten: Senföl unterstützt die Leber sowie die Magen- und Gallensekretion und fördert die Fettverdauung. Bei Entzündungen im Nasen-Rachen-Raum und bei Bronchitis haben sich Senfkörner aufgrund ihrer durchblutungs- und sekretfördernden Wirkung als lindernd erwiesen. In der Volksmedizin gelten sie als Mittel, um die Konzentration zu fördern.

Weiße Senfkörner
Senfkörner sollten kühl und trocken aufbewahrt werden. Feuchtigkeit spaltet ihre Scharfstoffe auf. Kommen diese mit Luft und Wärme in Verbindung, verflüchtigen sie sich.

Braune Senfkörner
Bis zum Zweiten Weltkrieg war Schwarzer Senf die bei uns beliebteste Senfsorte. Heute wird er weitgehend durch Braunen Senf ersetzt, der im Geschmack wesentlich kräftiger ist als Weißer.

GEWÜRZE UND KRÄUTER VON A–Z

SESAM

Wenn wir in ein Sesambrötchen beißen oder Sesamkonfekt zu einer Tasse Tee genießen, können wir uns vermutlich kaum vorstellen, dass die tropfenförmigen Samen der Sesampflanze bereits viele Tausend Jahre vor unserer Zeitrechnung den Menschen der Bronzezeit geschmeckt haben. Und doch ist Sesam eine der ältesten Gewürz- und Ölpflanzen der Welt. Die Röstaromen der Samen sind so zeitlos wohlschmeckend, dass Sesam bisher noch jede Epoche und kulinarische Mode überlebt hat.

HERKUNFT UND GESCHICHTE

Durch das Märchen »Ali Baba und die vierzig Räuber« aus Tausendundeiner Nacht kam Sesam zu einiger Berühmtheit: Mithilfe des Losungsworts »Sesam, öffne dich!« verschafft sich Ali Baba Zutritt zu einer Felsenhöhle, die als Räuberquartier dient. Sie ist voll mit glitzerndem Diebesgut. Eine ähnliche Fülle offenbart auch die reife Fruchtkapsel der Sesampflanze: Beim Dreschen quellen aus ihr je nach Sorte schwarzbraune, rötliche oder hellkaramellfarbene Samen hervor. Diese Samenkörner bestehen zu 50 bis 60 Prozent aus Öl, und dieses Öls wegen wurde Sesam nachweislich schon um 3000 v. Chr. angebaut. Lange Zeit nahm man an, er stamme ursprünglich aus Ostafrika. Neuere archäologische Untersuchungen konnten jedoch belegen, dass er aus Indien kommt. Die frühesten Spuren der von Menschen angelegten Sesamkulturen ziehen sich vom Oberlauf des Flusses Indus über die Länder Pakistan, Iran und Armenien bis in den Vorderen Orient. Sie datieren aus der Zeit zwischen 3000 und 1000 v. Chr. Unser Wort »Sesam« stammt aus der Epoche der semitischen Sprachkulturen des Alten Orients (etwa ab 2000 v. Chr.). Auch die frühen Hochkulturen der Ägypter, Griechen und Römer machten sich Sesam als Öl und Gewürz zunutze. Grabmalereien aus Ägypten bezeugen, dass man dort bereits vor 4000 Jahren Brotteig mit Sesamsamen bestreute.

QUALITÄT UND INHALTSSTOFFE

Sesamsamen gibt es bei uns entweder als schwarzbraune oder – häufiger noch – als blassgelbe Sorte zu kaufen. Letztere wurden geschält, sind von makellos heller, seidig glänzender Farbe und haben ungefähr die gleiche geschmeidige Konsistenz wie Pinienkerne. Ungeröstet schmecken die cremeweißen Samen zart nach Nüssen und die schwarzbraunen ein wenig erdig. Doch gleich, welcher Sorte sie sind: Sobald man Sesamsamen röstet, werden sie zu einem kulinarischen Hochgenuss. Das Öl der Samen besteht aus einfach ungesättigten Ölsäuren, zweifach ungesättigter Linol-

säure und gesättigten Fetten. Außerdem enthält es Duft- und Geschmackssubstanzen, die auch in gerösteten Kaffeebohnen vorkommen. Je nach Rösttemperatur entwickeln diese Substanzen unterschiedliche geschmackliche Eigenschaften. Deshalb schmeckt gerösteter Sesam mal herb-süß wie Honig oder Karamell, mal kräftig wie Mokka. Immer aber hat das Aroma gerösteten oder gebackenen Sesams etwas angenehm Getoastetes. Deshalb passt Sesam auch so gut zu Brot und Gebäck.

VERWENDUNG IN DER KÜCHE

Da Sesamsamen ölhaltig sind, wird aus ihnen seit jeher Speiseöl hergestellt. Man bekommt es bei uns in zwei Sorten: Raffiniertes Sesamöl ist von blassgelber Farbe und neutralem Geschmack; es eignet sich zum Braten bei höheren Temperaturen. Kalt gepresstes Öl aus gerösteten Sesamsamen kann bernstein- oder cognacfarben und sogar kaffeefarben sein. In der asiatischen und orientalischen Küche hat

ALFONS SCHUHBECK

KNUSPRIG UND NUSSIG

Das feine, nussige Aroma der Sesamsamen ist ausgesprochen anpassungsfähig: Es eignet sich für süße und pikante Gerichte. Ich verwende Sesam hauptsächlich zum Aromatisieren von Gebäck und Brot. Er passt aber auch wunderbar zu Desserts, vor allem mit Milchprodukten wie Sahne, Quark und Joghurt. Man kann das nussige Aroma noch verstärken, indem man die Samen kurz vor der Verwendung in einer Pfanne ohne Fett bei milder Hitze röstet. Anschließend werden sie weiterverarbeitet oder als Dekoration über Desserts, Dips und Brotaufstriche gestreut. Oder man stellt aus Karamell und Sesamsamen einen Krokant her und verwendet ihn in der Nachspeisenküche.

Sesamum indicum **SESAM**

es eine lange Tradition. Da es keine hohen Temperaturen verträgt, nimmt man es für Salatdressings und zum Aromatisieren fertig gegarter Speisen. Sesamsamen benötigen kein Fett, um beim Rösten ihr Aroma zu entfalten. Sie lassen sich auch zu Pasten vermahlen. Im ganzen Orient schätzt man Tahini (auch Tahine oder Tahina genannt), eine Würzpaste aus ungeröstet gemahlenen Sesamsamen der blassgelben Sorte. Tahini ist die traditionelle Zutat für Hummus, eine Creme aus pürierten Kichererbsen, Olivenöl und Zitronensaft. Gemahlene Sesamsamen sind Bestandteil vieler Gewürzmischungen der orientalischen, chinesischen, japanischen, indischen und sogar mexikanischen Küche. Und sie gehören ins Halva, eine orientalische Nascherei. Darüber hinaus kennt man im Orient viele Rezepte für Konfekt, das ohne geröstete Sesamsamen nur halb so knusprig und verführerisch wäre.

Gesundheitsfördernde Eigenschaften

Sesamsamen enthalten viele gesundheitlich wertvolle sekundäre Pflanzenstoffe, vor allem Phenole und Lignane, die starke antioxidative Wirkungen entfalten. Darüber hinaus sind sie reich an Kalzium – eine halbe Tasse Sesam enthält dreimal so viel Kalzium wie eine halbe Tasse Milch. Ebenfalls beachtlich ist ihr hoher Gehalt an Vitamin E.

Helle Sesamsamen
Sie sind die bei uns am häufigsten angebotene Sorte. Beim Rösten bilden sie ein kräftig nussiges Aroma aus.

Dunkle Sesamsamen
Sesamsamen werden aufgrund ihres Ölgehalts schnell ranzig. Am besten kauft man kleine Mengen und bewahrt sie kühl und trocken auf.

SICHUANPFEFFER

In China, Nepal und Tibet ist Sichuanpfeffer seit über 3000 Jahren als Gewürz in Gebrauch. Bei uns dagegen wurde er bis vor wenigen Jahren nur unter Kennern als Geheimtipp gehandelt. Das ist heute anders, denn Sichuanpfeffer hat das gewisse Etwas, das Echter Pfeffer nicht hat: Wenn man ihn zerkaut, spürt man ein leichtes Prickeln auf der Zunge. Und aromatisch scharf ist er außerdem! Da stört es auch niemanden, dass Sichuanpfeffer botanisch gar nicht mit dem Pfeffer verwandt ist.

HERKUNFT UND GESCHICHTE

Als Sichuanpfeffer bezeichnet man die getrockneten Früchte der Stachelesche. Dieser bis zu drei Meter hohe, dornige Baum wächst heute noch dort, wo er seit Urzeiten gedeiht, nämlich im südwestlichen China, jener Provinz Sichuan, die an Tibet und Birma grenzt und für ihre scharfe Küche bekannt ist. Die Stachelesche gehört zur Familie der Rautengewächse und bildet so viele verschiedene Arten aus, dass man in Japan behauptet, jeder einzelne Baum bringe Früchte von eigenem, unverwechselbarem Charakter hervor. Das führt dazu, dass man in Büchern zur Gewürzkunde mitunter zig verschiedene botanische Namen für Sichuanpfeffer lesen kann. Stacheleschen kommen auch in Japan, Korea, Taiwan, Indonesien, Indien, Nepal, Tibet und sogar in Nordamerika vor. Weil es unmöglich ist, diese alle aufzuzählen, sollen hier lediglich die beiden Arten genannt werden, die in China am weitesten verbreitet sind: *Zanthoxylum simulans* und *Zanthoxylum piperitum*. Die Früchte dieser Pflanzen sind auch bei uns im Handel erhältlich.

QUALITÄT UND INHALTSSTOFFE

Die Früchte der Stachelesche sind etwa so groß wie Pfefferkörner und haben eine rötlich braune Schale, an der meist ein dünner, kurzer Stiel hängt, den man mitisst. Man bekommt Sichuanpfeffer üblicherweise im Ganzen; allerdings sind die Fruchtkapseln oft aufgebrochen, weil man vor dem Abpacken versucht, das im Inneren sitzende schwarze Samenkörnchen zu entfernen. Das ist jedoch mühsam, genauso wie das Entfernen der Dornen. Es ist nahezu unmöglich, lupenreine Ware zu bekommen, was aber nichts über die Qualität aussagt. Bei Sichuanpfeffer ist es üblich, dass man vor Gebrauch der Früchte selbst noch ein wenig darin herumpicken und die restlichen Dornen auslesen muss. Bei guter Qualitätsware wird man allerdings nicht viele finden. Manche Gewürzexperten empfehlen, vor dem Würzen die eventuell noch vorhandenen schwarzen Samenkörner ebenfalls auszusortieren. Das ist vor allem dann sinnvoll, wenn man ihren leicht bitteren Geschmack nicht gern mag. Andererseits bringt der Samen eine feinherbe Note und eine gewisse Knusprigkeit mit sich. Das charakteristische Sichuanaroma steckt jedoch allein in den Schalen. Es entfaltet sich in vier Phasen: Zunächst schmeckt man für einen kurzen Moment Blütenaromen, dann eine Pfefferschärfe; danach fängt es am Gaumen an zu kitzeln, und ein Geschmack wie von Zitronenschale macht sich breit. Zuletzt bleibt ein Dauerprickeln auf der Zunge, das eine Viertelstunde lang anhalten kann. Manche empfinden es als angenehm erfrischend, andere als leicht betäubend.

VERWENDUNG IN DER KÜCHE

Dieser nur dem Sichuanpfeffer eigene Geschmack heißt in China *má*. Er gilt neben salzig, süß, sauer, bitter und scharf als sechste, eigenständige Geschmacksrichtung. Im Kanton Sichuan zerstößt man gerösteten Sichuanpfeffer mit Meersalz; das ergibt eine Streuwürze, etwa für in Brühe gegartes

---

ALFONS SCHUHBECK

PFEFFER MIT FRUCHTIGER NOTE

Sichuanpfeffer hat zwar ein kräftiges, durchaus dominantes Aroma, doch wenn man ihn vorsichtig dosiert, kann man mit ihm raffinierte Effekte erzielen. Ich verwende ihn zum Beispiel gern für meine Pfeffermischungen, denen er eine fruchtige Note verleiht. Im Konzert der Pfefferschärfe übernimmt er den spielerischen Part und gibt der Mischung einen fröhlichen Kick. Dank seiner leichten Zitrusnote eignet er sich auch zum Würzen von Geflügelgerichten. Oder man rundet damit gegrillte Melonenscheiben oder einen exotischen Obstsalat ab: Dazu richte ich Ananas-, Mango-, Papaya- und Kiwischeiben auf Tellern an, beträufle sie mit mildem Olivenöl und mahle etwas Sichuanpfeffer fein darüber.

Zanthoxylum simulans, Zanthoxylum piperitum **SICHUANPFEFFER**

Rindfleisch, aber auch für alle anderen Arten von gegrilltem oder frittiertem Fleisch, Geflügel und Fisch. Charakteristisch für die Sichuanküche ist ihre beißend prickelnde Schärfe – gern werden dafür Chili (oder Pfeffer) und Sichuanpfeffer miteinander kombiniert. Auch als Gewürz für Brühen und Suppen ist Sichuanpfeffer in Japan und China gebräuchlich. Da er in unserer Küche ein eher junges Gewürz ist, verwendet man ihn bisher hauptsächlich für asiatisch inspirierte Gerichte. Er harmoniert gut mit Pfeffer, Chili, Knoblauch, Ingwer, Zitronengras und Kaffirlimettenblättern.

GESUNDHEITSFÖRDERNDE EIGENSCHAFTEN

Das ätherische Öl des Sichuanpfeffers besteht aus einer hochkomplexen Mischung. Es ist reich an Flavonoiden und zählt zu den sogenannten Phytaminen – das sind Gewürze, die aufgrund ihres hohen Gehalts an Bitter- und Scharfstoffen in der pharmazeutischen Forschung als hochpräventiv gelten. Sichuanpfeffer wird als stark antioxidativ eingeschätzt. Er enthält Substanzen mit antibakteriellen und antimykotischen Eigenschaften. Er stärkt das Immunsystem und wirkt entkrampfend im Magen-Darm-Bereich.

Sichuanpfeffer

Sein ätherisches Öl setzt sich aus holzigen und harzigen Komponenten zusammen, enthält aber auch Scharfstoffe sowie Blüten- und Zitrusnoten.

GEWÜRZE UND KRÄUTER VON A–Z

STERNANIS

Sternanis nimmt Augen und Gaumen gleichermaßen für sich ein. Seine Früchte sehen aus wie sternförmige Blüten, sein Geschmack ist warm und süß – es ist nur allzu verständlich, dass man ihm einen Part in der winterlichen, weihnachtlichen Küche zugewiesen hat. Der botanische Name des Sternanis leitet sich vom lateinischen »illicere«, »anlocken«, ab. Und in der Tat hat frisch gemahlener Sternanis etwas Verlockendes: Er besitzt nicht nur ein kräftig anisartiges Aroma, sondern auch eine überraschend zitrusfruchtige, erfrischende Note.

HERKUNFT UND GESCHICHTE

Kulturgeschichtlich betrachtet, ist Sternanis in der europäischen Küche ein relativ junges Gewürz. Seine Heimat sind Südchina und Vietnam, doch kommt er selbst in diesen Ländern nicht in Wildform vor. Man kennt ihn ausschließlich als Kulturpflanze. Wann er zum ersten Mal in Kultur genommen wurde, lässt sich nicht bestimmen; manche Gewürzforscher sind der Ansicht, er spiele in der chinesischen Küche erst seit einigen Jahrhunderten eine Rolle. Sollte sich diese Vermutung bestätigen, muss sich die Küchenkarriere des Sternanis in vergleichsweise rasanten Schritten vollzogen haben. Denn in der chinesischen Küche ist er heute eines der bedeutendsten Gewürze. Durch den Gewürzhandel mit China wurde er im Lauf der letzten Jahrhunderte in Südostasien, in Indien und im Orient bekannt. Die erste europäische Schiffsladung Sternanis erreichte von den Philippinen aus im Jahr 1588 den Londoner Hafen. Englische Köchinnen waren die Ersten in Europa, die Sternanis großzügig für ihre traditionellen Rezepte verwendeten. Seit dem 18. Jahrhundert verleiht man auf den britischen Inseln Marmeladen, Konfitüren, Kompotten, Likören und Punschgetränken mit einer Prise Sternanis Pfiff.

QUALITÄT UND INHALTSSTOFFE

Bei Sternanis handelt es sich um die Früchte eines immergrünen, magnolien-ähnlichen Baums, der leuchtend rote Blüten hervorbringt. Sternanis ist nicht mit der Anispflanze verwandt. Er heißt bei uns nur deshalb so, weil er ähnlich wie Anis schmeckt. Beide Gewürze enthalten ein ätherisches Öl, dessen Duft und Geschmack im Wesentlichen durch den Wirkstoff Anethol bestimmt werden. Der Gehalt an ätherischen Duft-, Geschmacks- und Wirkstoffen ist im Sternanis vergleichsweise hoch; er kann bis zu acht Prozent betragen, wovon der Anethol-Anteil bis zu 90 Prozent ausmacht. Weitere Substanzen und chemische Verbindungen (zum Beispiel Cineol) tragen zu seiner eukalyptusartigen Note, seiner feinen Süßlichkeit sowie einem Hauch Mandarinen- und Kardamomaroma bei. Ein Geschmacksvergleich zwischen Anis und Sternanis bringt Überraschendes zutage: Anis schmeckt vergleichsweise herber, zurückhaltender und weniger süß. Sternanis verströmt ein derart kraftvolles, auf der Zunge leicht betäubendes Anethol-Aroma, dass man nicht von ungefähr auf die Idee kam, Anisliköre wie Pernod oder Anisette damit zu parfümieren. Das ätherische Öl sammelt sich vornehmlich in den Fruchtkapseln, nicht in den darin sitzenden Samenkörnern.

VERWENDUNG IN DER KÜCHE

Sternanis ist stark würzend, daher verwendet ihn die europäische Küche eher sparsam. Anders verhält es sich in China, wo Sternanis eine Hauptrolle unter den Gewürzen spielt. Er wird dort zusammen mit Gewürznelken, Fenchel, Zimt und Sichuanpfeffer für das beliebte Fünf-Gewürze-Pulver vermahlen. Es dient in ganz China als Basiswürze für Suppen, Brühen, Marinaden, gebratenes, gebackenes und

ALFONS SCHUHBECK

WARME WÜRZIGKEIT

Sternanis ist ein sehr intensiv schmeckendes Gewürz, daher ist beim Dosieren äußerste Vorsicht geboten. Zum Aromatisieren warmer Speisen reicht es vollkommen aus, ein Stückchen von der Fruchtkapsel abzubrechen und es vor Ende der Garzeit kurz mitziehen zu lassen – ganze Sternanisfrüchte würden den Geschmack einer Speise allzu stark dominieren. Ich setze Sternanis hauptsächlich in der süßen Küche ein, zum Beispiel für Fruchtkompotte aus Kirschen oder Zwetschgen. Zusammen mit Vanille, Fenchel, Koriander und Zimt ist Sternanis ein Bestandteil meiner »Süßen Mühle« (siehe Seite 141). Und ich verwende ihn für Schmorgerichte sowie für die Gewürzmischung Tandoori Masala.

116

Illicium verum **STERNANIS**

gedämpftes Fleisch, für Geflügel, Fisch und Gemüse. In Europa schätzt man eher die süßen Facetten des Sternanisaromas. Es verträgt sich gut mit Zimt, Nelken, Kardamom, Vanille und Ingwer und verleiht Glühwein, Punsch, selbst angesetzten Likören, weihnachtlichem Gebäck, Kompotten und Fruchtsalaten eine angenehm exotische, wärmende Note. Außerdem hat sich Sternanis in der feinen Küche auch als Gewürz für Fisch und Meeresfrüchte (Jakobsmuscheln) durchgesetzt. Interessant macht er sich auch in Kombination mit Tomaten sowie zum Aromatisieren von Pürees aus leicht süßlichen Gemüsesorten, zum Beispiel Karotten.

GESUNDHEITSFÖRDERNDE EIGENSCHAFTEN

Einige Erkältungsmittel enthalten Substanzen, die auch im ätherischen Öl des Sternanis vorkommen. Sternanis hat antibakterielle Eigenschaften und wirkt bei Infektionen der oberen Luftwege schleimlösend. Er fördert die Sekretion von Speichel und Magensaft, wirkt appetitanregend und verdauungsfördernd und regt den Kreislauf an. Die Traditionelle Chinesische Medizin schwört seit Jahrtausenden auf seine stärkende Wirkung auf Bronchien, Herz, Nieren, Darm und Blase. In der Aromatherapie gilt sein ätherisches Öl als anregend und nervenstärkend.

Sternanisfrüchte
Sie bestehen aus acht Fruchtkapseln mit Samenkörnern. Nach der Ernte müssen sie an der Sonne trocknen, um ihre Aromen voll auszubilden.

THYMIAN

Sagenhafte Geschichten ranken sich um den Thymian. Sein Name geht auf das altgriechische »thymos« zurück, was ursprünglich »Rauch« bedeutete. Man nimmt an, die Griechen hätten Rauchopfer mit Thymian dargebracht, weil sie den Duft des Krauts als so anmutig empfanden, dass er die Götter gnädig stimmen könnte. Tatsächlich besitzt Thymian desinfizierende Eigenschaften und gilt als eines der wirksamsten Heilkräuter. Der deutsche Chemiker Caspar Neumann entdeckte Anfang des 18. Jahrhunderts seinen Wirkstoff Thymol.

HERKUNFT UND GESCHICHTE

Wie sich die Bedeutung von Wörtern im Lauf der Geschichte verändert, darf man sich ungefähr so vorstellen wie das Kinderspiel »Stille Post«: Am Ende kommt etwas völlig anderes dabei heraus. Das ist mit dem Wort »Thymian« passiert: Aus dem antiken »Rauch« wurde im Mittelalter »Geist, Mut und Lebenskraft«. So kommt es, dass man dem Thymian seit alters zutraut, Kraft und Kühnheit zu verleihen. Man sagt, mittelalterliche Ritterkrieger hätten von ihren Herzensfräulein einen Thymianstrauß zugesteckt bekommen, bevor sie sich in die Schlacht stürzten. Hübscher klingt die Legende, im antiken Griechenland habe man eine Person, die anmutig und geistvoll erschien, als jemanden bezeichnet, »der nach Thymian riecht«. Die Griechen mussten es wissen: Der Thymian stammt aus dem Mittelmeerraum; er war den Griechen und Römern, aber auch schon den alten Ägyptern wohlbekannt. Man wusste damals bereits, dass er desinfizierend wirkt. Deshalb hat man in Ägypten die verstorbenen Pharaonen mit Thymian einbalsamiert.

QUALITÄT UND INHALTSSTOFFE

Der Thymian stammt aus der Familie der Lippenblütler, zu der auch Bohnenkraut, Majoran und Oregano gehören. Er wächst wild und in kultivierter Form; es sind an die 100 Sorten bekannt. Auf gut sortierten Märkten findet man neben dem Gartenthymian *(Thymus vulgaris)* inzwischen sogar frischen Zitronen- und Orangenthymian sowie mehrfarbige Thymiansorten. Unser Gartenthymian ist winterhart; naturgemäß wächst er in nördlicheren Breiten als beispielsweise seine mediterranen Verwandten in Südfrankreich oder Italien. Hinzu kommt, dass Thymian eines der wenigen Kräuter ist, bei dem sich durch sachgemäßes Trocknen die Würzkraft der Blätter verstärkt – und zwar um das Zwei- bis Dreifache! Getrockneten Thymian von guter Qualität erkennt man daran, dass keine (oder höchstens minimale) Spuren von Stängeln beigemischt sind. Je nach Sorte, Standort und Klima ist der Gehalt an ätherischem Öl im Thymian unterschiedlich hoch und anders zusammengesetzt. Zudem besteht ein Aromenunterschied zwischen Sommer- und Winterthymian. Grundsätzlich enthält Thymian ein ätherisches Öl, dessen charakteristische Bestandteile Thymol, Cineol und Carvacrol sind. Das ätherische Öl kann, je nach Standortbedingungen der Pflanze und Düngergehalt des Bodens, in einer Konzentration von 0,75 bis 6,5 Prozent enthalten sein. Zitronenthymian *(Thymian citriodorus)* enthält darüber hinaus Geraniol, Citral und Citronellol.

VERWENDUNG IN DER KÜCHE

Frischer Gartenthymian duftet warm, honigsüß und ein wenig wie würziger Nadelwaldboden mit Moosen und Tannennadeln. Deshalb harmoniert er sehr gut mit Steinpilzen und Pfifferlingen, Wildfleisch und -geflügel, Kaninchen, Wurzelgemüse und Nachtschattengewächsen. Außerdem passt er wunderbar zu Linsen, Ziegenkäse, Würsten und Innereien (Leberpastete) sowie zu Schmorgerichten (wie dem franzö-

ALFONS SCHUHBECK

AROMATISCHE ZWEIGE

Obwohl Thymian sein Aroma noch verstärkt, wenn man ihn trocknet, verwende ich ihn am liebsten frisch. Ich gebe ihn als ganzen Zweig an ein Gericht, lasse ihn einige Minuten vor Ende der Garzeit mitziehen und entferne ihn dann wieder. Er passt ausgezeichnet zu Lamm und zu gebratenem Rind-, Kalb- und Schweinefleisch, aber auch zu Geflügel. Saucen auf Tomatenbasis verleiht er das gewisse Etwas. Für eine Thymianbutter, die zu allen Fleischsorten und zu Fisch passt, schmelze ich in einer Pfanne bei milder Hitze etwas Butter und braune Butter, lasse zwei Thymianzweige, einige Knoblauch- und Ingwerscheiben und etwas Zitronenschale darin ziehen und würze die Butter mit Chilipulver.

Thymus vulgaris **THYMIAN**

sischen Klassiker Coq au vin). Thymian würzt aber auch Desserts und Früchte (zum Beispiel gegrillte Pfirsiche), vor allem wenn sie mit Honig gesüßt sind. Das Kraut ist nahezu ein Allroundtalent, dennoch sollte man es mit Bedacht dosieren. Frischer Thymian schmeckt intensiv nach Thymol, das wegen seiner mentholartigen Schärfe an Kampfer erinnert. Deshalb gibt man ihn erst einige Minuten vor Ende der Garzeit an ein Gericht. Getrockneter Thymian dagegen entfaltet sein Aroma erst bei längerem Erhitzen.

GESUNDHEITSFÖRDERNDE EIGENSCHAFTEN

Die sekundären Pflanzenstoffe des Thymians, allen voran das im ätherischen Öl enthaltene Thymol und Cineol, besitzen desinfizierende, antibakterielle, antivirale, entgiftende und entzündungshemmende Eigenschaften. Thymian gilt in der Pflanzenheilkunde als hochwirksames Erkältungskraut. Er stärkt das Immunsystem und unterstützt die Heilung von Entzündungen in Nase, Hals und Bronchien. Er wirkt schleimlösend, durchblutungsfördernd und entkrampfend.

Frischer Gartenthymian
Der Duft frischen Thymians wirkt flüchtiger, feinblumiger und abgerundeter als der der getrockneten Blätter. Anders als diese schmeckt er jedoch leicht scharf – weniger nach Pfeffer, eher nach Menthol.

Getrockneter Gartenthymian
Beim Trocknen verändern sich die Geschmacksstoffe des Thymians. Er wirkt intensiv rauchig, erdig und holzig; auch die feinbittere Waldhonignote tritt deutlich zutage.

VANILLE

Der betörende Duft von Vanille hat etwas Geheimnisvolles: Kein Gewürz hinterlässt einen stärkeren Eindruck in unserem Geruchs- und Geschmacksgedächtnis als die Vanille. Der erste Europäer, der in den Genuss ihres unvergleichlichen Aromas kam, war 1519 der Spanier Hernán Cortés. Nachdem er Mexiko erobert hatte, ließ er sich von dem Aztekenherrscher Montezuma einen »cacahuatl« servieren, ein mit Vanille gewürztes Kakaogetränk. Kakao und Vanille galten bei den Azteken als Aphrodisiaka und sind bis heute ein unzertrennliches Paar geblieben.

HERKUNFT UND GESCHICHTE

Vanilleschoten sind die Früchte einer tropischen Kletterorchidee, die ursprünglich nur im Regenwald Südostmexikos und Guatemalas vorkam. Botanisch betrachtet, sind ihre Früchte Kapseln, keine Schoten. Das spanische Wort für Kapsel ist *vaina*, daraus hat sich unser Wort »Vanille« entwickelt. Interessanterweise nannten die Azteken die Vanille *tlilxochitl*, »Schwarze Blume«, und das, obwohl die Früchte weder schwarz noch dunkel gefärbt sind. Sie sehen vielmehr aus wie grüne Bohnen, die mit zunehmender Reife hellgelb werden. Wenn man sie erntet, schmecken und riechen sie nach nichts. Aus historischen Quellen wissen wir, dass die Azteken das Geheimnis der Pflanze kannten: Die Duft- und Geschmacksstoffe von Vanillefrüchten entwickeln sich nur durch Fermentation. Man muss sie einem biochemischen Veränderungsprozess unterziehen, wobei sie sich mithilfe von Enzymen dunkel färben und das typische Vanillearoma annehmen. Dieses Verfahren ist aufwendig und dauert bis zu drei Monate. Hinzu kommt, dass die Blüten der Vanilleorchidee in den neuen Anbauländern von Hand bestäubt werden müssen. Wenn man bedenkt, wie viel Handarbeit in jeder einzelnen Schote steckt, versteht man, warum Vanille nach dem Safran das zweitteuerste Gewürz der Welt ist.

QUALITÄT UND INHALTSSTOFFE

Vanilleschoten werden kurz vor der Reife gepflückt und einem kontrollierten Welkungsprozess unterzogen, der sogenannten enzymatischen Fermentierung. Dabei werden die aromagebenden Substanzen mithilfe von Enzymen gespalten und freigesetzt. Um diese Reaktion auszulösen, taucht man die Schoten in heißes Wasser und trocknet sie dann in der Sonne. Nachts werden sie in Jute gewickelt, um zu schwitzen; anderntags breitet man sie wieder in der Sonne aus. Diese Prozedur dauert einige Tage, anschließend werden die Schoten bis zu drei Monate luftgetrocknet. Sie färben sich dunkelbraun bis schwarz, nehmen einen feuchten Glanz an, werden geschmeidig wie feines Leder und bilden das elegante Aroma echter Vanille aus. Es mundet sahnig und filigran, mit Nuancen von Karamell, Trockenfrüchten und Holz – ein äußerst komplexes, angenehmes Aroma, das sich aus über 130 chemischen Verbindungen und 400 einzelnen Substanzen zusammensetzt. Eine davon ist das Vanillin, von dem eine fermentierte Vanilleschote je nach Herkunft und Art zwei bis drei Prozent enthält. Das Aroma steckt sowohl in den Samen (Mark) als auch in den Schalen. In den Handel kommen heute drei Arten: die zarte Mexiko-Vanille, die sahnige Bourbon-Vanille, die auf La Réunion und Madagaskar wächst, sowie die nach Blüten duftende Tahiti-Vanille. Bourbon-Vanille gilt wegen ihres hohen Vanillingehalts als die hochwertigste Sorte.

VERWENDUNG IN DER KÜCHE

Das Aroma echter Vanille zeichnet sich durch eine gewisse Sahnigkeit aus: Fermentierte Vanilleschoten enthalten bis zu 15 Prozent pflanzliche Fette. Vanille wird seit ihrem Be-

ALFONS SCHUHBECK

EDEL UND ÄUSSERST ERGIEBIG

Ausgekratzte Vanilleschoten besitzen noch sehr viel Aroma, das man unbedingt nutzen sollte. Also bitte auf keinen Fall wegwerfen! Man kann sie in einem Gericht mitziehen lassen oder man stellt damit ganz einfach Vanillezucker her: Dazu gibt man die Schote in eine fest verschließbare Dose oder in ein Glas mit Kristallzucker (siehe Seite 138). Nach einer Woche hat der Zucker das Aroma angenommen, nicht aber die Farbe – er bleibt hell. Auf die gleiche Weise kann man auch Vanillesalz selbst machen. Ich verwende Vanille gern für meine Gewürzmischungen, weil sie die unterschiedlichen Aromen harmonisch miteinander verbindet. Besonders gut passt Vanille zu Zimt, Safran, Gewürznelken und Chili.

Vanilla planifolia **VANILLE**

kanntwerden in Europa mit Milch, Sahne und Eiern kombiniert; sie ist das klassische Gewürz für Schokolade, Speiseeis, süße Cremes und Saucen, Kuchen, Kleingebäck und Kompotte. Da die Samen und Schalen der Vanille zwar lieblich, aber nicht übermäßig süß schmecken und außerdem eine feinherbe Komponente aufweisen, sind sie aber auch ein raffiniertes Gewürz für Meeresfrüchte, Krustentiere und Geflügel, ja sogar für Risotto, Karotten, Spinat, Blumenkohl und Tomaten. Der synthetisch hergestellte Vanillinzucker kann niemals ein Ersatz für das Aroma echter Vanille sein.

Gesundheitsfördernde Eigenschaften

In der medizinischen Forschung gibt es bisher kaum nennenswerte Studien zur gesundheitlichen Wirkungsweise des ätherischen Öls der Vanille. Empfehlungen, der Duftstoff wirke beruhigend und entspannend, sind nur aus der Volksheilkunde und Erfahrungsmedizin bekannt. Vor allem die Aromatherapie greift gern auf echtes Vanilleöl zurück, um eine ausgleichende Wirkung bei leichteren Stresssymptomen wie nervöser Anspannung, Niedergeschlagenheit und Schlafstörungen zu erzielen.

Vanilleschote
Sie wird im Glasröhrchen verkauft, damit sie ihre Feuchtigkeit behält. Kühl und dunkel gelagert, bewahrt sie ihr Aroma bis zu einem Jahr.

Vanillemark
In den winzigen Samenkörnchen ist das Vanillearoma besonders konzentriert enthalten.

121

GEWÜRZE UND KRÄUTER VON A–Z

WACHOLDER

Die alten Germanen verehrten den Wacholderstrauch so sehr, dass sie vor ihm den Hut zogen, um ihre Ehrerbietung zum Ausdruck zu bringen. Sie waren davon überzeugt, es brächte Unglück, diese immergrüne Pflanze nicht zu beachten. Wacholdersträucher sind die einzigen Nadelhölzer, die Gewürze hervorbringen. Ihre Früchte schmecken so, wie Nadelwälder duften: würzig und nach feinen Hölzern und Harzen. Da konnte es fast nicht ausbleiben, dass unsere Vorfahren die Beeren als raffinierte Würze für ihre Wildgerichte entdeckten.

HERKUNFT UND GESCHICHTE

Der Wacholder ist ein Zypressengewächs, liebt sonnige Hanglagen und kommt auf der gesamten Nordhalbkugel in Heide- und Gebirgsgegenden vor. Mal wächst er als niedriger Strauch, mal als hoher, schlanker Baum: Es hängt davon ab, in welcher Landschaft er wurzelt. Weil seine Früchte hocharomatisch sind, fanden sie Eingang in nahezu alle Küchen Europas, von Skandinavien über Russland bis Südosteuropa, von Großbritannien über die Beneluxländer bis in die Länder des Mittelmeers. Über den Ursprung des Namens Wacholder können Sprachforscher nur Vermutungen anstellen. Zwar gibt es verschiedene Theorien, doch keine kann den Fachmann so recht überzeugen. Einigermaßen sicher ist nur, dass er aus dem Lateinischen kommt und dass die Römer der Antike ihn möglicherweise den Kelten abgelauscht hatten. Die deutsche Sprache kennt viele Dialektausdrücke für Wacholder – auch dies ist ein Beleg dafür, wie tief er in unserer kulinarischen Tradition verwurzelt ist. In Österreich nennt man ihn Kranewitt, in Norddeutschland Machandelbaum. In Holland heißt er Jeneverbes; davon leitet sich der Name des Wacholderschnapses ab: Genever, Gin. Angenehm benebelnde Wirkungen sprach man dem Wacholder bereits in der Antike zu. Man verwendete ihn als Räucherwerk für heilige Stätten und Kulte. In Zeiten der Pest vertrauten die Menschen auf Wacholderrauch, um sich vor der Seuche zu schützen.

QUALITÄT UND INHALTSSTOFFE

Was wir als Beeren bezeichnen, sind genau genommen Zapfen: Fruchtzapfen mit je drei Schuppenblättern, die während der zweijährigen Reifezeit eine fleischige Konsistenz bekommen und sich dabei immer fester um die an ihnen haftenden Samenkörner schließen. Daher sehen sie aus wie runde Beeren. Reife, getrocknete Wacholderbeeren riechen und schmecken ähnlich wie Rosa Pfefferbeeren. Sie bestehen zu einem Drittel aus Zucker, zu einem Zehntel aus Harzen sowie aus einem ätherischen Öl. Dessen Duft und

Geschmack erweist sich als eine ausgewogene Mischung aus erfrischend harzigen, elegant holzigen und blumigen Noten. Dafür sind unter anderem die Wirkstoffe Pinen, Borneol und Geraniol verantwortlich. Pinen kommt auch in Limette und Tanne vor, Borneol im Kampfer, und Geraniol ist ein Duftstoff, den man auch in Pomeranzen und Rosenholz findet. Und so gibt sich das Aroma von Wacholder warm, vollmundig und angenehm süß, mit einem Anflug pfeffriger Schärfe. Beim Kauf der Beeren sollte man darauf achten, dass sie weich, saftig und nicht beschädigt sind. Ihr ätherisches Öl ist ziemlich flüchtig und verfliegt nach ein paar Minuten, wenn man sie zerdrückt.

VERWENDUNG IN DER KÜCHE

Gut verschlossen und kühl aufbewahrt, halten sich Wacholderbeeren etwa ein Jahr. Da sie auch in getrocknetem Zustand eine gewisse Restfeuchtigkeit besitzen, können sie bei falscher Lagerung (zu lange, zu warm) nach einer Weile

ALFONS SCHUHBECK

WACHOLDERBUTTER ZU WILD

Wacholderbeeren entfalten ihr Aroma am besten, wenn man sie vor Gebrauch andrückt. Wenn ich eine Sauce damit aromatisiere, schwitze ich die Beeren in einer Pfanne an, füge sie 20 Minuten vor Ende der Garzeit hinzu und entferne sie vor dem Servieren. Das geht am besten, wenn man sie in einen Einweg-Teebeutel gibt. Ich verwende Wacholder so gut wie nie allein, sondern fast nur in Kombination mit anderen Gewürzen. Zum Beispiel für eine Wacholderbutter, in der ich gebratenen Rehrücken schwenke: Dazu lasse ich in einer Pfanne 2 EL Butter bei milder Hitze schmelzen und gebe 1 TL zerdrückte Wacholderbeeren, Lorbeerblatt, Nelke, Orangenschale, Pfeffer und Meersalz dazu.

Juniperus communis WACHOLDER

schimmeln. Es kann daher nicht schaden, den häuslichen Wacholdervorrat ab und zu zu kontrollieren. Die Beeren werden erst seit der Frühen Neuzeit in hiesigen Rezeptbüchern erwähnt. Seither haben sie sich den Ruf erworben, ein klassisches Sauerkraut-, Schinken-, Pasteten- und Wildgewürz zu sein. In der traditionellen Küche des Alpenraums ist es Brauch, die Holzaromen des Wacholders zum Würzen von Geräuchertem zu nutzen. Beim Räuchern von Speck oder Süßwasserfischen gibt man dort ein paar Wacholderzweige und -beeren in die Glut.

Gesundheitsfördernde Eigenschaften

Wacholderbeeren enthalten Bitter- und Gerbstoffe, die sich positiv auf die Fettverdauung auswirken. Sie haben krampflösende Eigenschaften und regen die Gallensekretion an. Daher sind sie der ideale Begleiter für fetthaltige Speisen, zumal für fetteres Geflügel (Gans, Ente), Schweinefleisch oder ballaststoffreiches Gemüse (Sauerkraut). Darüber hinaus hat Wacholder nierenanregende, harntreibende und blutreinigende sowie entzündungshemmende und antibakterielle Eigenschaften.

Zerdrückte Wacholderbeeren
Da ihr Aroma schnell verfliegt, sollte man die Beeren erst kurz vor der Verwendung im Mörser anquetschen oder zerdrücken.

Ganze Wacholderbeeren
Ein Indiz für gute Qualität ist, wenn die Haut der schwarzblauen Beeren weich und nicht allzu runzelig ist und leicht glänzt.

WALDMEISTER

Auch wenn er derzeit ein wenig aus der Mode gekommen scheint, hat der Waldmeister in der europäischen Kultur eine lange Tradition. Das belegen die volkstümlichen Namen, die man ihm gab: »Wohlriechendes Labkraut« nannten ihn unsere Vorväter, »Königin des Waldes« heißt er bei den Franzosen. Waldmeister hat eine süßlich blumige Note, die beschwingt und heiter wirkt. Vielleicht aromatisierten die Germanen deshalb ihren Met mit dem Kraut – sozusagen die »Mutter der Maibowle«. Auch die Benediktinermönche würzten Wein mit Waldmeister.

HERKUNFT UND GESCHICHTE

Waldmeister kommt bevorzugt in Buchenwäldern vor, sein angestammter Lebensraum dürfte von jeher West- und Mitteleuropa gewesen sein. Er gedeiht am besten in humusreichen, halbschattigen und feuchten Böden, wie sie in den Laubwäldern der gemäßigten bis kühleren europäischen Klimazonen häufig vorkommen. Seine Zeit ist der Mai. Dann sprießen aus der Mitte seiner lanzettartigen, sternförmig angeordneten Blätter die Knospen, aus denen sich weiße Blüten schälen. Der betörend schwere Duft des Waldmeisters brachte unsere Vorfahren auf allerlei Ideen, ihn zu nutzen. Wegen seiner Süße lag es nahe, ihn als Genussmittel auszuprobieren, und so kam es, dass man die getrockneten Blätter als Tabakersatz rauchte. Daher auch der Beiname »Tabakskraut«. Das ätherische Öl des Waldmeisters hat es in sich. Mit den Methoden der medizinisch-pharmazeutischen Wissenschaft kann man seine Substanzen exakter analysieren als zu früheren Zeiten, da die Volksmedizin sich auf ihre alltäglichen Erfahrungen verließ. Unsere Vorfahren wussten nichts Genaueres über den Inhaltsstoff Cumarin, der heute als potenziell gesundheitsschädlich beurteilt wird. Sie vertrauten vielmehr auf die positiven Wirkungen des Waldmeisterkrauts und nutzten den Absud seiner Blätter als Arznei gegen Erschöpfungszustände, Nervosität und Kopfweh. Erst das Aufkommen der Maibowle lenkte die Aufmerksamkeit auf die kulinarischen Talente des Krauts.

QUALITÄT UND INHALTSSTOFFE

Der Wohlgeruch von Waldmeister entfaltet sich in zwei Stufen: Während er noch im Waldboden wurzelt, riecht man ihn kaum. Sobald man ihn aber schneidet, nimmt man seinen eigentümlichen, an Vanille, Milchschokolade, Duftrosen und Limetten erinnernden Duft wahr. Er wird von einer grünen, frischen Note umspielt, von der manche behaupten, sie rieche nach Heu. Dafür verantwortlich ist der Duft-, Wirk- und Geschmacksstoff Cumarin, der im ätherischen Öl des Waldmeisters zu einem Prozent enthalten ist. Er befindet sich hauptsächlich in der milchartigen Flüssigkeit, die beim Pflücken aus den Stängeln austritt. Cumarin ist in den letzten Jahren in die ernährungswissenschaftliche Diskussion geraten. Studien zufolge kann es bei Nagetieren krebserregend wirken. Allerdings darf Entwarnung gegeben werden: Dieser Befund ist nicht zwingend auf den Menschen übertragbar. Und er bezieht sich auf im Übermaß verwendete Mengen. Doch wie oft im Jahr erlauben wir uns den Genuss von Waldmeister?

VERWENDUNG IN DER KÜCHE

Das Aroma von Waldmeister wirkt relativ durchdringend; man benötigt immer nur sehr geringe Mengen. Ein, zwei Stängel reichen für eine Bowle, ein paar gerebelte Blättchen zum Aromatisieren von süßen Speisen. Waldmeister eignet sich für Eiscremes, Parfaits und Sorbets, er gibt Fruchtgelees oder Weißweindesserts (wie etwa Zabaglione) einen raffinierten Kick; er harmoniert mit Estragon, Zitronenme-

ALFONS SCHUHBECK

JE WELKER, DESTO WÜRZIGER

Möchte man das Aroma des Waldmeisters auskosten, muss man die Blätter vor der Verarbeitung anwelken lassen. Die Eigentümlichkeit dieses Würzkrauts bringt es mit sich, dass sich sein ätherisches Öl erst während des Trocknens voll in den Blättern ausbildet. Ich binde einige Stängel zusammen und lasse sie kopfüber bei Raumtemperatur ein paar Stunden hängen, bevor ich sie verwende. Man kann die Blätter auch ganz durchtrocknen lassen. Zum Aromatisieren von Sirups, Gelees, Eis, Cremes oder Bowle sollte man die angetrockneten Blätter nie länger als maximal eine Stunde in der Flüssigkeit ziehen lassen – meist reicht eine halbe Stunde aus, anschließend werden die Blätter entfernt.

Galium odoratum **WALDMEISTER**

lisse und Basilikum und wird in der französischen Küche für Gerichte mit Huhn sowie als Würze für Ziegenkäse geschätzt. Kinder lieben den giftgrünen Wackelpudding mit Waldmeistergeschmack. Für die klassiche Maibowle hängt man einige leicht angewelkte, zusammengebundene Blätter in Wein und lässt sie 15 bis 30 Minuten ziehen. Dann gießt man den Wein durch ein Sieb und füllt ihn mit Sekt auf. Waldmeister kann man ebenso gut in Milch einlegen und diese dann zu einer Creme verarbeiten. Seine Blüten machen sich gut als Dessertdekoration.

Gesundheitsfördernde Eigenschaften

Die Kommission E des Bundesinstituts für Arzneimittel und Medizinprodukte zählt Waldmeister nach Auswertung des derzeitigen Forschungsstands zu jenen Gewürzen, deren Gebrauch nicht als risikoreich zu bewerten ist. Insofern steht unserem über tausend Jahre alten Brauch, Waldmeisterbowle zu genießen, nichts entgegen. Wie alt diese Tradition ist, wissen wir aus historischen Quellen: Im Jahr 854 wurde das Bowlenrezept vom Benediktinermönch Wandalbertus aus Prüm in der Eifel erstmals schriftlich erwähnt.

Waldmeisterblätter
Der typische Waldmeisterduft entwickelt sich in den Blättern erst, wenn sie welken.

GEWÜRZE UND KRÄUTER VON A–Z

WASABI

In vielen Sprachen wird Wasabi als »Japanischer Meerrettich« bezeichnet, so auch bei uns. In Österreich nennt man ihn »grüner Kren«. Tatsächlich ist Wasabi dem Meerrettich ähnlich, allerdings schmeckt er noch eine Spur schärfer. Das macht sich vor allem bemerkbar, wenn man ihn reibt – er wirkt besonders tränentreibend. Da frischer Wasabi bei uns eher selten zu bekommen ist, können wir es uns bequem machen und auf die leichter zu handhabende Paste oder auf Wasabi-Pulver zurückgreifen.

HERKUNFT UND GESCHICHTE

Echter Wasabi ist teuer. Das hat einen Grund: Bis vor Kurzem wuchs er nahezu ausschließlich an den schattigen Uferrändern eiskalter japanischer Bäche. Um gut zu gedeihen, muss er auf dem Grund fließender, kalter Wasserläufe wurzeln. Traditionellerweise bauten die Japaner Wasabi-Kulturen an den Ufern von Bergbächen an – Japan ist die angestammte Heimat der Pflanze. Die Blätter des Kreuzblütengewächses sind saftig grün und sehen ähnlich aus wie Stockrosenblätter. Daher überrascht es nicht, dass die Übersetzung des japanischen Wortes für Wasabi »Bergstockrose« lautet. Im letzten Jahrhundert begann man in Japan, Wasabi-Pflanzen in größerem Stil in Hydrokultur anzubauen. Gleiches geschieht seit einigen Jahren auch in Neuseeland und Kalifornien, wobei Kenner dem neuseeländischen Wasabi eine beachtliche Qualität nachsagen. Trotzdem ist in Massenkultur gezogener Wasabi seinen Artgenossen aus Bergbachkulturen an Schärfe und aromatischer Fülle nicht unbedingt gewachsen.

QUALITÄT UND INHALTSSTOFFE

Wasabi ist der unterirdische Wurzelstock der Wasabi-Pflanze. In frischem Zustand sieht er ähnlich aus wie Meerrettich: eine längliche Wurzel mit knolliger Außenhaut, deren Farbgebung von Weißrosa bis Grasgrün changiert und mit zunehmendem Trocknen ins Hellbraune tendiert. Frischer Wasabi ist bei uns leider nur selten erhältlich; es lohnt sich, in gut sortierten Asienläden danach zu fragen. In der Regel greifen wir hierzulande auf Wasabi-Paste aus der Tube oder auf Wasabi-Pulver zurück. Da echter Wasabi nicht billig sein kann, lässt der Preis von Pasten und Pulvern auf deren Qualität schließen. Es ist im weltweiten Handel nicht unüblich, Wasabi-Pulver mit Meerrettich, Senf und grüner Lebensmittelfarbe zu mischen und als »Wasabi« in den Verkauf zu bringen. Auch das auf den Verpackungen angegebene Verfallsdatum gibt Aufschluss über die Qualität: Echte Wasabipaste hält sich nur kurze Zeit.

VERWENDUNG IN DER KÜCHE

Wie Meerrettich und Schwarzer Senf enthält auch Wasabi sogenannte Glucosinolate (zum Beispiel Sinigrin). Das sind schwefelhaltige Verbindungen, die sich mithilfe von Enzymen in scharf schmeckende, tränentreibende Substanzen umwandeln, sobald die Zellen des Gewebes zerstört werden. Das passiert beim Schälen, Reiben oder Schneiden. Auch der Kontakt mit kaltem Wasser kann die enzymatische Aufspaltung in Gang setzen. Daher entwickelt getrocknetes Wasabi-Pulver seine Schärfe nur, wenn man es mit etwas kaltem Wasser einige Minuten quellen lässt. In getrocknetem Zustand schmeckt das Pulver bitter. Neben seinem meerrettichähnlichen Geschmack fällt das Aroma von Wasabi noch durch etwas anderes auf: Es weist eine kräuterfrische, angenehm grasige Note auf. Sein ätherisches Öl enthält Duft- und Geschmacksstoffe, die in ähnlicher Zusammensetzung auch in Rauke (Rucola) vorkommen. Außerdem enthält Wasabi den grünen Pflanzenfarbstoff Chlorophyll.

ALFONS SCHUHBECK

EXOTISCHE MEERRETTICHSCHÄRFE

Als bayerischer Koch fühle ich mich den kulinarischen Traditionen meiner Heimat verbunden. Deshalb habe ich bisher fast ausschließlich Meerrettich verwendet, wenn ich einem Gericht mit der charakteristischen Meerrettichschärfe Pep verleihen wollte. Doch die Welt der Gewürze ist groß – warum also nicht auch mit Wasabi experimentieren? Er eignet sich ganz hervorragend zum Würzen thailändischer Kokosmilchsaucen sowie für Dips und herzhafte Brotaufstriche. Wasabi ist überhaupt ideal für die kalte Küche, weil er seine beißende Pfeffrigkeit einbüßt, wenn man ihn zu lange erhitzt. Je nach Rezept, verwende ich ihn frisch gerieben, als Pulver oder greife auf die fertige Paste zurück.

Wasabia japonica **WASABI**

Wasabi ist das traditionelle Scharfgewürz der japanischen Sushi- und Sashimiküche mit rohem Fisch. Man verwendet ihn kalt, da sich sein Aroma beim Erhitzen verflüchtigt. Sojasauce, Ingwer, Knoblauch sowie frische Kräuter sind für ihn die idealen Begleiter. Mit Sojasauce und Dashi-Brühe ergibt Wasabi eine würzige Sauce zum Tunken. Die japanische Küche kennt auch einige Wasabi-Snacks: Wasabi-Pickles zum Beispiel, aber auch die bei uns mittlerweile sehr beliebten Wasabi-Nüsse zum Knabbern.

GESUNDHEITSFÖRDERNDE EIGENSCHAFTEN

Wasabi enthält Senföl sowie Isothiocyanate – Substanzen, die stark antibakterielle Eigenschaften aufweisen und auch in Brokkoli und anderen Kohlsorten sowie in Rucola enthalten sind. Sie hemmen das Wachstum verschiedener Bakterien (wie zum Beispiel Staphylococcus aureus und Streptococcus mutans). Das Senföl wirkt außerdem unterstützend bei Infektionen der oberen Luftwege, es fördert die Schleimlösung und das Schwitzen und ist leicht harntreibend.

Wasabi-Paste
Einmal angebrochen, sollte man Wasabi-Paste im Kühlschrank aufbewahren und rasch verwenden. Frischer Wasabi wird geschält und auf einer feinen, scharfen Reibe gerieben.

Wasabi-Pulver
Das blassgrüne Pulver ist einfach zu handhaben und zu dosieren. Damit es seine Schärfe entwickeln kann, rührt man es in etwas kaltem Wasser an.

GEWÜRZE UND KRÄUTER VON A–Z

ZIMT

Zimt zählt zu den ältesten Handelsartikeln der Menschheit. In den großen Epochen der Kulturgeschichte war er jedoch nur den Mächtigen und Reichen vorbehalten. Um ihn noch begehrenswerter zu machen, erfanden geschäftstüchtige Händler einst die geheimnisvollsten Geschichten: So soll im Reich der Königin von Saba mit Zimtstangen eingeheizt worden sein, um sich an dem Rauch zu berauschen. Wenn man heute an den verlockenden Zimtduft zur Weihnachtszeit denkt, mag man dieser Geschichte fast schon Glauben schenken.

HERKUNFT UND GESCHICHTE

Es gibt verschiedene Arten von Zimt, und die Qualitätsunterschiede zwischen ihnen sind nicht unerheblich. Seit alters haben vor allem zwei Arten die Riten und Küchen der Völker geprägt: der Echte Zimt, auch Ceylon-Zimt genannt, und der China- oder Kassia-Zimt. Man muss sich nur einmal ein Bröckchen der Ceylon-Zimtstange auf die Zunge legen, um zu verstehen, warum dieses Gewürz jahrtausendelang die Begehrlichkeiten der Schönen und Reichen geweckt hat: Ceylon-Zimt verströmt ein elegantes, nach edlen Hölzern, Lorbeer und Gewürznelken duftendes Aroma, in das auch Anklänge an Vanille und Orangenschalen hineinschwingen. Die Kulturgeschichte des Zimts nahm bereits 4000 v. Chr. in China ihren Anfang, im Orient begann sie etwa ein Jahrtausend später zur Zeit der Sumerer. Es verwundert daher nicht, dass Zimt sogar im Alten Testament erwähnt wird. Die Hafenstädte des Mittelmeers und die Wege der Seidenstraße blieben über Jahrtausende die Dreh- und Angelpunkte des weltweiten Zimthandels. Auf diesen Gewürzrouten eroberte der Zimt die Kulturen Phöniziens, Persiens, Griechenlands, Roms und Nordafrikas – und später auch die Europas. Teuer blieb das Gewürz bis weit ins 18. Jahrhundert hinein. Im 15. Jahrhundert war er sogar so wertvoll, dass man auf den Märkten Arabiens Eunuchen und weibliche Sklaven gegen Zimtstangen eintauschte.

QUALITÄT UND INHALTSSTOFFE

Zimt ist in fingerdicken Stangen und als Pulver erhältlich. Er wird aus den Rinden junger Zweige des Zimtbaums gewonnen. Die Rinden werden geschält, getrocknet und dann gerollt oder pulverisiert. Der Zimtbaum ist ein Lorbeergewächs; er stammt ursprünglich aus den Tropen Asiens und kommt dort heute in verschiedenen Arten vor. Ceylon-Zimt ist an zwei Merkmalen zu erkennen: Die Stangen bestehen aus dicht gewickelten Rollen dünner, getrockneter Rinden; ihr Aroma ist würzig, warm und angenehm süß. Genauso duftet das daraus gewonnene Pulver. Das ätherische Öl des Ceylon-Zimts enthält neben dem Duftstoff Zimtaldehyd unter anderem auch Eugenol, jenen Duft- und Geschmacksstoff, der für die Gewürznelken charakteristisch ist. Der chinesische Kassia-Zimt enthält kein Eugenol, dafür aber einen höheren Anteil Zimtaldehyd und Gerbstoffe, die ihm einen leicht bitteren Einschlag geben. Seine Stangen sind dicker und weniger dicht gerollt als die des Ceylon-Zimts. Geruch und Geschmack des Kassia-Zimts werden im Vergleich zu Ceylon-Zimt von vielen als eher dumpf und weniger vielschichtig empfunden. Kassia-Zimt findet sich häufig als Würze in Fertigprodukten.

VERWENDUNG IN DER KÜCHE

Zimt ist bei uns das Weihnachtsgewürz schlechthin: Vom Bratapfel über den Glühwein bis zum Zimtparfait verleiht er unseren Adventsträumen ihre festlich zartbittere Note. Doch ab Januar ist es meist mit der Zimtseligkeit wieder vorbei. Ganz anders in China, in Indien, im Orient: Dort gönnt

ALFONS SCHUHBECK

APARTES DUFTHOLZ

Gemahlener Zimt ist hocharomatisch, allerdings verflüchtigt sich sein Duft schnell. Zimtstangen entfalten ihr Aroma dagegen erst, wenn man sie aufbricht, reibt oder in Flüssigkeit erhitzt. Zimt eignet sich für süße und salzige Speisen. Vor allem herzhaften Gerichten, etwa mit Linsen und Kürbis oder mit Ente und Schwein, verleiht er eine feine Note, wenn man ihn kurz vor dem Servieren darüberreibt. Er passt auch sehr gut zu Tomaten und Karotten sowie zu Krustentieren wie Hummer und Garnelen. Wenn ich eine Tomatensauce oder -suppe mit Zimt würzen möchte, lasse ich nur einen Splitter Zimtrinde kurz vor Ende der Garzeit einige Minuten mitziehen und entferne ihn dann wieder.

Cinnamomum verum, Cinnamomum cassia **ZIMT**

man Zimt das ganze Jahr über den großen Auftritt in der Küche, egal ob es um salzige oder süße Speisen geht. Zimt würzt die Currygerichte Ceylons, den orientalischen Reis-Pilaw, er gehört in die Gewürzmischung Garam Masala und die Chutneys der Inder, er ist in Mexiko einer der beliebtesten Tees und verleiht den nordafrikanischen Tajine (das sind Schmorgerichten mit Fleisch und Gemüse) ihre morgenländische Raffinesse. Die Inder braten die Zimtstangen vor dem Gebrauch in Öl oder Butterfett (Ghee) an, damit sie sich öffnen und ihr Aroma besser entfalten können.

GESUNDHEITSFÖRDERNDE EIGENSCHAFTEN

Je nach Sorte enthält Zimt ätherisches Öl und Gerbstoffe in unterschiedlicher Zusammensetzung. Die Wirksamkeit seiner Substanzen hängt also von der Qualität der Sorte ab. In der Aromatherapie gilt das Zimtrindenöl des Ceylon-Zimts als das am stärksten antibakteriell wirksame Öl. Bei Grippe und Bronchitis weist es sogar antivirale Eigenschaften auf. Darüber hinaus wirkt es antimykotisch sowie förderlich auf die Produktion von Verdauungsenzymen. Außerdem enthält es Stoffe, die den Blutzucker- und Blutfettspiegel senken.

Ceylon-Zimtstangen
Sie werden aus den besten Stücken der Außenrinde des Zimtbaums von Hand geschält und gerollt.

Ceylon-Zimtpulver
Gemahlener Ceylon-Zimt hat ein ebenso intensives Aroma wie die Ceylon-Zimtstangen. Seine Farbe ist heller als die des Kassia-Pulvers.

ZITRONENGRAS

Noch vor 20 Jahren kannte bei uns kaum jemand Zitronengras – vor 500 Jahren hingegen war es hierzulande in aller Munde. Und das, obwohl es damals in Europa keine Thai-Restaurants gab. Aber es gab Gast- und Wirtshäuser, in denen Bier ausgeschenkt wurde. Und so wie wir heute, waren auch unsere Vorfahren neugierig auf exotische Aromen. Deshalb würzten sie ihr Bier mit Zitronengras: Es dürfte sich dabei um eine frühe Form jenes Getränks gehandelt haben, das heute in Bayern als Radlermaß überaus beliebt ist.

HERKUNFT UND GESCHICHTE

Zitronengras ist ein tropisches Süßgrasgewächs. Ursprünglich stammt es aus Südostasien und Indien; heutzutage wird es auch in anderen tropischen Regionen kultiviert, zum Beispiel in Australien und Südamerika. Verschiedentlich kann man lesen, Zitronengras sei im europäischen Kulturraum bereits in der Antike in Umlauf gewesen: Die Römer und Griechen hätten davon Gebrauch gemacht, nicht so sehr, um damit Speisen zu würzen, sondern um sich zu parfümieren. Möchte man die Sache seriös beurteilen, so kann man nicht mit Bestimmtheit sagen, ob mit dem in der Bibel erwähnten würzigen »Schilfgras« tatsächlich Zitronengras gemeint war. Gesicherter ist die Quellenlage für das späte Mittelalter und die Frühe Neuzeit. Damals wurde getrocknetes Zitronengras auf der Gewürzstraße nach Europa exportiert. Sie verlief über den Seeweg des Arabischen Meers und des Persischen Golfs zu arabischen Hafenstädten. Dort wurden die Waren auf Kamelkarawanen umgeladen und durch die nördliche Arabische Halbinsel bis Kleinasien transportiert. Zitronengras war seit dem ausgehenden Mittelalter bei uns in Parfümessenzen beliebt. Man nutzte es für die Seifenproduktion – und zum Bierbrauen. Die Beliebtheit der thailändischen Küche bescherte ihm in letzter Zeit ein glanzvolles Comeback.

QUALITÄT UND INHALTSSTOFFE

Von den gut 55 bekannten Zitronengrasarten wird vor allem das Westindische Zitronengras *(Cymbopogon citratus)* zum Kochen benutzt. Andere Arten sind als Lieferanten feinsten Duftöls für die Kosmetikindustrie begehrt. Für die gute Küche ist Zitronengras deshalb so interessant, weil sein zitronenartiger Duft nicht dominierend wirkt. Mit Zitronengras aromatisierte Speisen schmecken sonnig und erfrischend. Sein ätherisches Öl enthält Substanzen, deren Duft und Geschmack auch für Zitrusfrüchte typisch ist. Hauptsächlich setzt es sich zusammen aus Citral, dem Duftstoff der Zitronenschale, und Geraniol, das in Rosen, aber auch in der Muskatnuss enthalten ist. Daneben weist es Limonen, Nerol und Linalool auf. Nerol kommt auch in Pomeranzen und Rosenholz vor, Linalool ist ein Bestandteil des ätherischen Öls von Galgant und Limette. Beim Kauf von Zitronengras sollte man darauf achten, dass es sich fest anfühlt und die Enden nicht welk sind. Frisches Zitronengras hat eine zarte Farbtönung von Weißrosa bis Hellgrün.

VERWENDUNG IN DER KÜCHE

Zitronengras ist ein klassisches Gewürz der thailändischen, indonesischen und vietnamesischen Küche. Es entwickelt sein Aroma, sobald man die Faserzellen verletzt, etwa indem man die Blattstängel schneidet, quetscht oder bricht. Zunächst entfernt man das trockene Wurzelende, die Blattenden und die beiden äußeren Blattstangen. Am einfachsten ist Zitronengras zu handhaben, wenn man es in Flüssigkeit ziehen lässt (zum Beispiel in asiatisch gewürzten Brühen und Suppen) und vor dem Servieren entfernt. Dazu wird es

---

ALFONS SCHUHBECK
FRUCHTIGER FRISCHEKICK

Ich schätze Zitronengras nicht nur wegen seines feinen Zitronenaromas, sondern auch, weil sein ätherisches Öl einer der am besten erforschten Pflanzenwirkstoffe ist. Mir gefällt auch, dass es vielen Gerichten einen Frischekick gibt. Ich aromatisiere damit zum Beispiel klare Hühner- und Fischsuppen oder Meeresfrüchteeintöpfe. Sehr gut schmeckt Zitronengras auch in einem Currydip, für den ich Frischkäse mit etwas Kokosmilch glatt rühre. Dann erwärme ich einige Esslöffel Ananassaft mit mildem Currypulver und etwas fein gehacktem Zitronengras, rühre den Saft unter den Frischkäse und würze mit Chilipulver und Salz. Dieser Dip passt ausgezeichnet zu gebratener Hähnchenbrust.

Cymbopogon citratus **ZITRONENGRAS**

in 5 cm lange Stücke geschnitten, die sich vor dem Anrichten leicht aus der Flüssigkeit fischen lassen. Oder man quetscht den unteren, creme- bis rosaweißen Teil mit dem Handballen an und gibt die ganzen Stängel in die Flüssigkeit. Möchte man Zitronengras mitessen, verwendet man nur den unteren, weißen Teil und schneidet ihn in hauchfeine Ringe. Auf diese Weise zerstört man die länglichen Fasern, und das Zitronengras lässt sich angenehm kauen. Zitronengras lässt sich gut einfrieren. In einem Gefrierbeutel hält es sich im Kühlschrank einige Tage.

GESUNDHEITSFÖRDERNDE EIGENSCHAFTEN

Das ätherische Öl von Zitronengras ist pharmazeutischen Studien zufolge eine hochwirksame antibakterielle Substanz: Es enthält unter anderem den Wirkstoff Geraniol, der das Wachstum des für die Entstehung von Magengeschwüren verantwortlichen Helicobacter pylori hemmt. Ein weiterer Wirkstoff ist Citral, das entzündungshemmende Eigenschaften besitzt. Wissenschaftlich belegt ist außerdem die beruhigende Wirkung des ätherischen Öls auf das zentrale Nervensystem.

Zitronengrasstängel
Ihr erfrischender Geschmack passt wunderbar zu hellem Fleisch (Geflügel, Kalb), Fisch, Meeresfrüchten und Krustentieren. Mit Kokos, Ingwer, Knoblauch, Basilikum und Chili harmoniert Zitronengras am besten.

131

ZITRONENMELISSE

Von der Heilkraft der Melisse wussten bereits die Griechen und Römer in der Antike. Auch die mittelalterliche Klosterheilkunde vertraute bei Nervosität, Schlafstörungen und Herzbeschwerden auf die wohltuende Wirkung dieses aromatischen Krauts. Da verwundert es nicht, dass es Mönche waren, die im 17. Jahrhundert den Melissengeist erfanden. Bis heute ist er ein bewährtes Hausmittel, mit dem man beinahe jedes Zipperlein bekämpft. Auch der Weg in die Küche wurde der Melisse durch die klösterlichen Digestif-Liköre geebnet.

HERKUNFT UND GESCHICHTE

Gäbe es die Zitronenmelisse nicht, hätten wir vielleicht bis heute keinen rechten Begriff für solch köstliche Dinge wie den Honig oder die Orangenmarmelade. Das Wort »Melisse« hat seine Wurzeln in den vorchristlichen kretischen und griechischen Hochkulturen, ist also mindestens 3000 Jahre alt. In diesem Wort steckt der Wortstamm *mel*. Im Altgriechischen nannte man das Kraut *melisso-phyllon*, was übersetzt »Bienenblatt« bedeutet. Der Duft der Zitronenmelisse ist bei Bienen äußerst beliebt, weshalb die Pflanze seit frühester Zeit als Bienentracht, das heißt als Honiglieferant, kultiviert wurde. Demnach dürfte der früheste Honig, den man im südlichen Europa kannte, nach Zitrone geschmeckt haben. Viele europäische Sprachen leiteten ihre Begriffe für Honig von dem Wort Melisse ab; man denke an das französische *miel* oder das italienische *miele*. Als die Engländer die Orangenmarmelade erfanden, nannten sie sie *marmalade* – die nach Zitrusfrüchten schmeckende, süße Delikatesse mundet ähnlich süß und zitronenduftig wie der Zitronenmelissenhonig. Und wie heißt das englische Wort *marmalade* bei uns? Mar-mel-ade.

QUALITÄT UND INHALTSSTOFFE

Das Küchenkraut Zitronenmelisse und das Heilkraut Melisse sind identisch; es handelt sich um ein und dieselbe Pflanze. Melisse duftet zart nach Zitrusfrüchten – auf der Zunge macht sich ihre zitrusfruchtige Note noch deutlicher bemerkbar. Allerdings tritt ihr Aroma weniger selbstbewusst auf als das der Zitrone; es ähnelt eher der Limette, hält sich etwas im Hintergrund, gibt sich weicher und unaufdringlicher. Das ätherische Öl der Melisse ist vielschichtig zusammengesetzt. Bislang konnte man 50 seiner Duft- und Geschmackssubstanzen identifizieren. Die Hauptbestandteile des flüchtigen Öls sind Citronellal, Citronellol, Geranial und Geraniol. Es handelt sich um zwei Arten von chemischen Verbindungen, wie sie unter anderem auch in Zitrusfrüchten, Rosen und Rosenholz vorkommen. Die beiden letztgenannten Bestandteile verleihen der Zitronenmelisse ihren angenehm warmen Charakter. Deshalb kennt die englische Sprache für Zitronenmelisse auch den Ausdruck: *gentle balm*, »zarter Balsam«.

VERWENDUNG IN DER KÜCHE

Das ganze Mittelalter hindurch und weit über die Frühe Neuzeit hinaus war die Zitronenmelisse ein beliebtes Heilkraut gegen Nervosität, Herzbeschwerden und Schlafstörungen. Erst seit ein, zwei Jahrhunderten ist sie bei uns ein traditionelles Küchenkraut, vor allem für Desserts. Vermutlich nahm sie ihren Weg in die Nachspeisenküche über die Rezepturen für klösterliche Digestif-Liköre wie den »Benedictine« und den »Chartreuse«. Zitronenmelisse eignet sich als Beigabe für Rezepte mit Früchten (vor allem mit Erdbeeren, Himbeeren, Äpfeln, Pfirsichen und Melonen); sie ist ein klassisches Gewürz für Obstsalate, Eiscremes, Sorbets, Sirups, Kompotte, Früchtetartes und Cremes. Sie harmo-

ALFONS SCHUHBECK

PESTO EINMAL ANDERS

Zitronenmelisse ist eine beliebte Dekoration für Desserts. Doch sie eignet sich auch für salzige Gerichte: Ich gebe zum Beispiel einige Blätter in einen erfrischenden Kräutersalat, den ich zu gebratenem Fisch oder zu Entenkeulen serviere. In der süßen Küche ist Zitronenmelisse ideal für Eis und Sorbets. Generell passt sie zu allen Speisen, die man auch mit Zitronensaft oder -schale würzen würde. Ich bereite auch gern ein süßes Pesto zu: aus Zitronenmelissenblättern, gerösteten Mandeln, ein wenig Zitronen- und Orangensaft, Honig, Vanillemark und etwas mildem Olivenöl – ein perfekter Begleiter zu Eis und Sorbets sowie zu frischen Früchten wie Erdbeeren, Ananas oder Mango.

Melissa officinalis ZITRONENMELISSE

niert mit Frühlingskräutern und Gemüsesorten (wie Tomaten, Gurken, Avocados) und eignet sich für Salatvinaigrette, Frankfurter Grüne Sauce und Kräuterdips. In nahezu jedes Gericht, das man mit Zitronenschale, Zitronengras, Limette, Ingwer oder Galgant erfrischend akzentuieren würde, fügt sie sich stimmig ein. Ein Hauch Zitronenmelisse verleiht Fisch, Geflügel und Geflügelfüllungen sowie selbst gemachter Kräuterbutter das gewisse Etwas. Außerdem geben die Blätter Cocktails mit und ohne Alkohol eine raffinierte Note. Getrocknete Melisse verliert viel von ihrer Frische, ist aber für Teeaufgüsse die erste Wahl.

GESUNDHEITSFÖRDERNDE EIGENSCHAFTEN

Melisse ist ein traditionelles Heilkraut, das in der Volks- und Klostermedizin seit Jahrhunderten genutzt wird. Der volkstümliche Name »Herzkraut« oder »Herzenstrost« verweist auf ihre positiven Eigenschaften bei nervös bedingten Herzstörungen und Erschöpfungszuständen. Melisse stärkt die Nerven und eignet sich als krampflösendes Mittel bei vegetativen Magen-Darm-Beschwerden (Reizmagen). Aufgrund ihrer antibakteriellen und antiviralen Eigenschaften ist sie ein bewährtes Mittel zur Stärkung der Immunabwehr bei Infekten.

Zitronenmelissenblätter
Ihr Zitronenaroma kommt am besten zur Geltung, wenn man die Blätter frisch verwendet. Getrocknete Zitronenmelisse ist geschmacklich eher uninteressant und eignet sich als Tee für Heilzwecke.

Kleine Schule der Gewürzeküche

KLEINE SCHULE DER GEWÜRZEKÜCHE

DIE BESTEN TIPPS UND TRICKS

Kreativität und Fingerspitzengefühl

Kräuter und Gewürze sind im Grunde ganz einfach zu handhaben. Man muss nur ein paar Grundregeln beherzigen – und die wichtigste lautet: Zeigen Sie Fingerspitzengefühl! Obwohl die meisten Gewürze äußerlich robust wirken, weil sie hart oder trocken sind oder eine Schale haben, sind sie doch auch »Sensibelchen«, die es gern sanft mögen: Zu viel Hitze, zu lange Garzeiten oder zu lange Lagerung vertragen sie meist nicht. Wenn man dies aber berücksichtigt und ein Gefühl für das richtige Timing und die Dosierung entwickelt hat, gibt es in der Küche kaum etwas Inspirierenderes als mit Gewürzen zu experimentieren: Sie sind das ideale Mittel, um mit wenig Aufwand neue Geschmackseffekte zu erzielen und Gerichten Farbe und Raffinesse zu verleihen. Seien Sie dabei ruhig kreativ und scheuen Sie sich nicht, neue Wege zu gehen. Zum Beispiel eignen sich viele Gewürze, die wir traditionell für Süßspeisen verwenden, auch überraschend gut für salzige Gerichte – und umgekehrt!

MEINE KRÄUTER- UND GEWÜRZREGELN

• Kaufen Sie Gewürze am besten nur dort, wo Sie sicher sein können, dass die Qualität immer gleich gut ist und die Gewürze nicht lange im Regal liegen. Lassen Sie die Finger von billiger Ware: Gute Gewürze sind etwas Kostbares und haben nun mal ihren Preis.

• Gewürze sollte man stets trocken (das heißt: gut verschlossen), dunkel und kühl aufbewahren. Angebrochene Tütchen gibt man am besten sofort in ein Glas mit Schraubverschluss oder in eine Gewürzdose. Gewürze dürfen keinesfalls im Schrank über dem Herd oder der Dunstabzugshaube aufbewahrt werden: Dort ist es zu warm und zu feucht.

• Generell gilt: Ganze Gewürze sind länger haltbar und aromatisch als gemahlene. Am besten mahlt man sie erst kurz vor der Verwendung in einer Gewürzmühle oder zerkleinert sie im Mörser. Gemahlene Einzelgewürze, die eher selten zum Einsatz kommen, sollte man auf jeden Fall nur in kleineren Mengen kaufen und – wie oben beschrieben – lagern.

• Einige ganze getrocknete Gewürze wie Wacholderbeeren, Fenchel- und Anissamen oder auch Piment-, Pfeffer- und Korianderkörner können ihr Aroma noch besser entfalten, wenn man sie vor Gebrauch leicht röstet: Dafür erhitzt man die Gewürze in einer Pfanne ohne Fett einige Minuten unter Rühren, bis sie zu duften beginnen. Anschließend nimmt man sie aus der Pfanne, damit sie nicht verbrennen.

• Würzen ist Erfahrungssache: Vor allem ausgefallene Gewürze wie Kreuzkümmel oder Sternanis und scharfe Gewürze wie Chili und Pfeffer sollte man zunächst vorsichtig verwenden. Doch letztlich ist der eigene Geschmack entscheidend. Und eine gewisse Kreativität ist beim Würzen – wie überhaupt beim Kochen – sowieso gefragt.

• Beim Kombinieren von Gewürzen ist Vorsicht geboten, denn manche Aromen vertragen sich nicht, andere heben sich gegenseitig auf. Hier helfen natürlich meine perfekt ausgewogenen Mischungen.

• Beim Würzen von kochenden Speisen sollte man die Gewürzmühlen und Gewürzstreuer nicht direkt über den dampfenden Topf halten, da das Gewürz verklumpt und Mühle oder Streuer verstopft.

• Bei Kräutern ist Frische entscheidend – nur dann haben sie das volle Aroma. Frische Kräuter immer erst kurz vor der Verwendung waschen, trocken schütteln und zerkleinern.

• Kräftige Kräuter (Rosmarin, Oregano, Thymian) werden kurz vor Ende der Garzeit einige Minuten mitgegart, zarte Kräuter (Dill, Kerbel, Basilikum) hingegen erst zum Servieren dazugegeben. Frische Kräuter lassen sich gewaschen und zerkleinert gut einfrieren. Manche Kräuter wie Majoran und Oregano gewinnen beim Trocknen zwar an Aroma, viele büßen aber an Geschmack ein. Deshalb nur kleine Mengen kaufen.

KLEINE SCHULE DER GEWÜRZEKÜCHE

Gewürzsäckchen binden

Will man verschiedene ganze Gewürze in einem Gericht mitziehen lassen, ist es praktisch, sie in ein Gewürzsäckchen zu füllen. So kann man sie später mühelos entfernen. Am besten verwendet man dafür Einweg-Teebeutel.

1 Verschiedene ganze Gewürze (Senfkörner, schwarze Pfefferkörner, Wacholderbeeren) in einen Einweg-Teebeutel füllen.

2 Den Teebeutel mit Küchengarn zubinden und – je nach Rezept – kurz vor Ende der Garzeit zum Beispiel in eine Suppe geben.

3 Kurz vor Fertigstellung des Gerichts das Gewürzsäckchen mit dem Schaumlöffel herausnehmen.

Chilischote putzen und zerkleinern

Wenn man frische Chilischoten verwendet, kann man den Schärfegrad mitbestimmen: Der »Scharfmacher« Capsaicin steckt hauptsächlich in den Kernen und Scheidewänden. Werden sie entfernt, schmecken die Schoten milder.

1 Eine frische rote Chilischote mit einem spitzen Messer der Länge nach halbieren.

2 Die Kerne und die Scheidewände entfernen und die Schotenhälften waschen.

3 Die Chilihälften in kleine Würfel schneiden. Hände, Messer und Schneidebrett anschließend gründlich waschen.

Langen Pfeffer verarbeiten

Langer Pfeffer ist erst in letzter Zeit wieder in Mode gekommen – nicht jedem ist daher geläufig, wie man ihn verarbeitet. Sein erfrischendes Aroma kann er am besten entfalten, wenn man ihn auf einer Zestenreibe fein über ein Gericht reibt.

1 Langen Pfeffer auf der Zestenreibe fein zum Beispiel über einen Tomaten-Mozzarella-Salat oder ein Carpaccio reiben.

2 Oder den Pfeffer mit einem scharfen Messer klein schneiden.

3 Anschließend die Pfefferstücke in eine Gewürzmühle füllen.

KLEINE SCHULE DER GEWÜRZEKÜCHE

Für mehr Aroma

Kardamom verarbeiten

Kardamom kauft man am besten in ganzen Kapseln. Ihr warmes, intensives Aroma hält wesentlich länger als das des gemahlenen Pulvers. Die Kapseln haben außerdem den Vorteil, dass man sie entweder im Ganzen verwenden oder aufbrechen kann – je nachdem, wie stark man das Aroma betonen möchte. Soll es dezent sein, nimmt man die ganze Kapsel.

Zum Aufbrechen drückt man leicht mit einer Messerklinge auf die Kardamomkapseln, bis sie platzen.

Anschließend bricht man die Kardamomkapseln weiter auf und holt die Samen mit der Messerspitze heraus.

Nun kann man die Samen im Mörser zerreiben oder in eine Gewürzmühle füllen und fein mahlen.

Vanilleschote verarbeiten

Vanilleschoten können nur von Hand geerntet werden und sind deshalb nicht billig. Dennoch zahlt es sich aus, die ganzen Schoten zu kaufen, weil man sie lange und vielfältig nutzen kann. Hat man erst einmal das Mark herausgekratzt, lässt sich die Schote noch zum Aromatisieren von Zucker und Honig, Tee, Salz und Gewürzmischungen verwenden.

Die Vanilleschote mit einem spitzen Messer der Länge nach halbieren.

Das Vanillemark mit dem Messerrücken aus den Schotenhälften kratzen.

Ausgekratzte Vanilleschoten, die zum Aromatisieren mitgegart wurden, wäscht man heiß ab und lässt sie auf Küchenpapier gut trocknen, um sie erneut nutzen zu können.

Für Vanillezucker die ausgekratzten Vanilleschoten mit Zucker in ein Einmachglas füllen und einige Tage ziehen lassen.

Oder man zerreibt ein Stück getrocknete Vanilleschote mit etwas Vanillemark im Mörser und mischt es mit Zucker.

Für Vanillesalz zerreibt man ebenfalls ein Stück Vanilleschote mit etwas Mark im Mörser und mischt es mit Meersalz.

KLEINE SCHULE DER GEWÜRZEKÜCHE

Braune Butter zubereiten

Braune Butter eignet sich zum Braten sowie zum Abschmecken von vielen Gerichten. Man kann sie leicht selbst herstellen und gut verschlossen im Kühlschrank aufbewahren – sie hat dann eine ähnliche Konsistenz wie Butterschmalz. Bei Bedarf sticht man ein Stück davon ab, erwärmt es in einem Topf oder rührt es unter eine warme Speise.

Für etwa 200 g braune Butter gibt man 1 Päckchen Butter (250 g) in einen Topf und zerteilt es mit einem Löffel.

Die Butter bei milder Hitze langsam zerlassen. Dann etwa 10 Minuten leicht köcheln lassen, bis sie goldbraun ist.

Ein Sieb mit Küchenpapier auslegen. Die braune Butter durch das Sieb gießen und in einer Schüssel auffangen.

Braune Butter aromatisieren

Braune Butter ist der ideale Träger für das Aroma von Kräutern und Gewürzen. Vor allem kräftige Gewürze wie Knoblauch, Ingwer, Zitronenschale, Rosmarin oder Wacholderbeeren eignen sich für die Zubereitung von flüssiger Aromabutter, wie zum Beispiel Wacholderbutter. Sie verleiht vor allem gebratenem Fleisch zusätzliche Raffinesse (siehe Seite 144).

3 EL Wacholderbeeren, je 1 EL Piment-, Koriander- und schwarze Pfefferkörner in einer Pfanne ohne Fett rösten, bis sie zu duften beginnen.

Die Gewürze aus der Pfanne nehmen und 50 g braune Butter darin zerlassen.

Mit dem Sparschäler je 2 Streifen unbehandelte Zitronen- und Orangenschale abschälen.

Die Schalenstreifen mit 4 Ingwerscheiben und 1 in Scheiben geschnittenen Knoblauchzehe in die zerlassene Butter geben.

Geröstete Gewürze hinzufügen. 150 g zerlassene braune Butter dazugießen und die Mischung 30 Minuten ziehen lassen.

Die Wacholderbutter dann durch ein Sieb gießen und zum Beispiel kurz gebratene Rehmedaillons darin wenden.

KLEINE SCHULE DER GEWÜRZEKÜCHE

Mischungen für die Mühle

Bei vielen Rezepten in diesem Buch werden Sie Gewürzmischungen finden, die ganz individuell auf das jeweilige Gericht abgestimmt sind. Aber natürlich gibt es auch Mischungen, die eher »Allrounder«-Qualitäten haben und sich vielfältig einsetzen lassen. Wenn man sie einmal hergestellt hat, erleichtern sie das Würzen erheblich: Man muss nicht mehr mit vielen Einzelgewürzen hantieren und hat raffinierte Mischungen zur Hand, die mit zahlreichen Gerichten harmonieren. In der Mühle behalten die Gewürze außerdem lange ihr Aroma. Nicht zuletzt sollen diese Vorschläge Sie animieren, selbst mit Gewürzen zu experimentieren und sich eigene Mischungen für Gewürzmühlen zusammenzustellen. Auf diese Weise kann man immer wieder neue, überraschende Effekte erzielen.

Steak- und Grillgewürz für die Mühle

2 EL trockenes grobes Salz mit 1½ EL schwarzen Pfefferkörnern, 1 EL gerösteten Knoblauch, 1 EL roten Paprikaflocken, 1 EL geschrotetem Ingwer, 1 TL milden Chiliflocken, 1 TL geschrotetem Zimt, 1½ EL Korianderkörnern, 1 TL gelben Senfkörnern und 1 EL getrocknetem Bohnenkraut in eine Gewürzmühle füllen.

Verwendung: Diese Mischung eignet sich zum Würzen von gebratenem und gegrilltem Fleisch. Sie passt auch gut zu Geflügel, Kaninchen und gegrilltem Fisch. Man kann die Mischung direkt über das fertig gegarte Gericht mahlen oder mit etwas zerlassener brauner Butter mischen und darüberträufeln. Auch Grillmarinaden bekommen durch die Mischung eine raffinierte Note.

Fischgewürz für die Mühle

1 EL trockenes grobes Salz mit 1 EL roten Paprikaflocken, 1 EL geröstetem Knoblauch, 1 TL gelben Senfkörnern, 1 TL geschrotetem Ingwer, ½ TL milden Chiliflocken, 1 EL Fenchelsamen, 1 EL Korianderkörnern, 1 TL geschrotetem Zimt und 1 TL schwarzen Pfefferkörnern in eine Gewürzmühle füllen.

Verwendung: Diese Mischung eignet sich zum Würzen von gebratenem, gedämpftem und gegrilltem Fisch und passt auch hervorragend zu Meeresfrüchten. Sie kann nach dem Garen direkt über das fertige Gericht gemahlen werden – oder man mischt sie mit etwas leicht erwärmtem mildem Olivenöl oder zerlassener brauner Butter und träufelt das Ganze dann darüber.

KLEINE SCHULE DER GEWÜRZEKÜCHE

Bunte Pfeffermühle

3 EL schwarze Pfefferkörner mit 1 EL Kubebenpfeffer, 1 EL grünen Pfefferkörnern, 1 EL Rosa Pfefferbeeren, 1 EL Sichuanpfeffer und 1 EL Pimentkörnern in eine Gewürzmühle füllen.

Verwendung: Diese besonders aromatische Pfeffermischung ist ein Multitalent. Sie eignet sich zum Würzen von Fleisch, Geflügel, Wild und Fisch, passt aber auch zu Gemüse- und Kartoffelgerichten. Auch bei Dips und Brotaufstrichen sorgt sie für das gewisse Etwas.

Brotzeitgewürz für die Mühle

1½ EL trockenes grobes Salz mit 2 EL roten Paprikaflocken, 1 EL schwarzen Pfefferkörnern, 1½ EL Korianderkörnern, 1 schwach geh. EL getoasteten Zwiebelflocken, 1 TL gelben Senfkörnern, 1 TL milden Chiliflocken, ½ TL ganzem Kümmel, 1½ EL getrocknetem Schnittlauch und ½ TL geröstetem Knoblauch in eine Gewürzmühle füllen.

Verwendung: Die Brotzeitmühle eignet sich – wie der Name schon sagt – als Tischgewürz, um Wurst-, Käse-, Speck- und Schnittlauchbroten Pfiff zu geben. Man kann mit ihr aber auch Brotaufstriche, Dips, Gemüsesuppen und Eintöpfe verfeinern.

Süße Mühle

3 EL Hagelzucker mit je 1 TL geschrotetem Zimt, geschrotetem Ingwer, Korianderkörnern, Fenchelsamen und ¼ TL Vanillepulver in eine Gewürzmühle füllen.

Verwendung: Diese Mischung eignet sich zum Verfeinern von Obstsalat, Fruchtkompott, Pudding und Schokoladendesserts.

Tipp: Statt Vanillepulver kann man auch 1 cm getrocknete Vanilleschote mit einem großen Messer in kleine Stücke schneiden und in die Mühle füllen.

KLEINE SCHULE DER GEWÜRZEKÜCHE

Gewürzsalze

Salz ist unser Würzmittel Nummer eins – aber man kann es nicht nur pur verwenden. Wenn man feine Aromen unter hochwertige Salze mischt, sorgt dies für verblüffende Geschmackserlebnisse. Gewürzsalze sind schnell und einfach selbst gemacht und nicht nur für den Gaumen, sondern auch fürs Auge ein Genuss. Da sie sehr dekorativ sind, eignen sie sich hervorragend als Tischwürze und sind auch als kulinarisches Mitbringsel eine originelle Idee. Die Mischungen sollte man gut verschlossen und dunkel in Gläsern aufbewahren. Mit Salz wird immer erst zum Schluss gewürzt – diese Regel gilt auch für die Salzmischungen: Die enthaltenen Gewürze verbrennen bei zu großer Hitze.

Kaffeesalz

100 g naturbelassenes Meer- oder Steinsalz mit 1 gestr. EL fein gemahlenem Kaffee, 1/4 TL Vanillepulver, 1/4 TL frisch geriebener Zimtrinde, 1/4 TL gemahlenem schwarzem Pfeffer, je 1/8 TL gemahlenem Kardamom, Gewürznelken, Piment und frisch geriebener Muskatnuss mischen.

Verwendung: Dieses Salz eignet sich zum Würzen von gebratener Hähnchenbrust, kurz gebratenem Reh- und Hirschrücken oder -filet. Es passt außerdem zu gebratener Barbarie-Ente, Kalb, Rind und Lamm.

Tipp: Statt des Vanillepulvers kann man auch ein Stück Vanilleschote in das Salz legen und 1 bis 2 Tage ziehen lassen.

Chili-Vanille-Salz

100 g naturbelassenes Meer- oder Steinsalz mit 2 TL milden roten Chiliflocken, 1 TL grünen Chiliflocken (Jalapeño), 1/4 TL Vanillepulver und je 1 Prise Knoblauch- und Ingwerpulver mischen.

Verwendung: Diese Mischung ist ein ausgezeichnetes Allround-Salz. Es bringt Aroma, Geschmack und Farbe an fast jede herzhafte Zubereitung.

Kräutersalz

100 g naturbelassenes Meer- oder Steinsalz mit je 1 TL getrocknetem Bohnenkraut, Oregano, Majoran, Rosmarin und Thymian mischen.

Verwendung: Das Kräutersalz eignet sich hervorragend zum Würzen von gebratenem, gedämpftem und gedünstetem Gemüse sowie Salaten. Außerdem können damit Füllungen aus Fleisch, Reis, Couscous und Gemüse wunderbar verfeinert werden. Auch Suppen und Eintöpfe bekommen mit dem Salz eine kräuterwürzige Note.

ZUCKERMISCHUNGEN

Wie leicht man mit etwas Fantasie aus Einfachem etwas Besonderes machen kann, beweisen nicht nur Salz-, sondern auch Zuckermischungen. Einem Zuckermix kann man mit etwas Schokolade und Chili frechen Biss geben, und Gewürze wie Kardamom, Zimt, Vanille und Muskatnuss sorgen für einen Hauch von Orient. Gewürzzuckermischungen sind ein ausgefallener Aromenkick für Desserts, Smoothies, Heißgetränke, Milchshakes und Drinks. Man streut sie kurz vor dem Servieren darüber und erzielt damit sowohl farbliche wie auch geschmackliche Effekte. Wie alle Gewürze sollte man auch Gewürzzuckermischungen dunkel und gut verschlossen aufbewahren.

Arabischer Gewürzzucker

100 g Zucker mit je 1 gestr. TL gemahlenem Kardamom und Zimtpulver, je 1/4 TL gemahlenen Gewürznelken und Piment und je 1 Msp. frisch geriebener Muskatnuss und Vanillepulver mischen.

Verwendung: Die Mischung eignet sich gut zum Süßen von heißen Kaffeegetränken wie Cappuccino, Milchkaffee und Espresso, aber auch für Eiskaffee und heiße Schokolade. Sie passt auch hervorragend zu vielen Fruchtdesserts, Schokoladenpudding und Tiramisu.

Chili-Schoko-Zucker

100 g Zucker mit 1 schwach geh. TL mildem Chilipulver und 1 bis 2 EL zerstoßener Borkenschokolade mischen.

Verwendung: Diese Zuckermischung gibt Schokoladendesserts und heißer Schokolade einen raffinierten Kick. Durch das in den Süßspeisen enthaltene Fett wird die Schärfe des Zuckers etwas gemildert – deshalb kann man ihn relativ großzügig verwenden.

Orangenzucker

100 g Zucker mit je 1 Prise Ingwer-, Vanille- und Zimtpulver, 1 Msp. mildem Chilipulver, 2 TL abgeriebener unbehandelter Orangenschale und 1 TL abgeriebener unbehandelter Zitronenschale mischen.

Verwendung: Panna cotta und Bayerischer Creme verleiht diese Mischung eine feine Orangennote. Die Zuckermischung kann man auch zum Verfeinern von Milchshakes und heißer Schokolade verwenden und als Dekoration einsetzen.

KLEINE SCHULE DER GEWÜRZEKÜCHE

Flüssige Aromabutter

Geheimtipp für mehr Würze: Aromatisierte braune Butter gibt vielen Gerichten kurz vor dem Servieren noch einmal eine zusätzliche Portion Raffinesse: Entweder schwenkt man zum Beispiel gebratenes Fleisch oder gedämpften Fisch darin oder träufelt etwas Aromabutter über ein fertiges Gericht. Damit sich der Aufwand lohnt, kann man die aromatisierte braune Butter gut auf Vorrat herstellen. Man sollte sie dann durch ein Sieb in ein gut verschließbares Glas gießen und im Kühlschrank aufbewahren. Gekühlt wird die Butter fest, kann aber bei milder Hitze wieder verflüssigt werden.

Arabische Gewürzbutter

Zubereitung: 50 g braune Butter bei milder Hitze erwärmen, 1 Zimtrinde, 1 ausgekratzte Vanilleschote, 20 angedrückte Kardamomkapseln, 2 in Scheiben geschnittene Knoblauchzehen und 4 Scheiben Ingwer hinzufügen. Mit Salz und 1 Prise Chiliflocken würzen. Vom Herd nehmen und 30 Minuten ziehen lassen. Dann mit 150 g zerlassener brauner Butter mischen und durch ein Sieb gießen.

Verwendung: Mit dieser Butter kann man gebratenen Garnelen und anderen Meeresfrüchten, gebratenem und gedämpftem Fisch und gebratener Hähnchenbrust eine orientalische Note geben. Sie passt aber auch zu Schweinesteaks und -medaillons, zu Kalb, Rind und Lamm und verschiedenen Gemüsegerichten.

Spanische Lavendelbutter

Zubereitung: 2 TL Fenchelsamen mit 1/2 TL Anissamen und 2 TL Korianderkörnern im Mörser fein zerstoßen. 2 Knoblauchzehen schälen und in Scheiben schneiden. Mit 4 Scheiben Ingwer, der Fenchel-Anis-Koriander-Mischung, 2 TL getrockneten Lavendelblüten, 1/4 TL milden Chiliflocken, 1/4 TL getrocknetem Bohnenkraut und 1 TL roten Paprikaflocken in 50 g brauner Butter erwärmen. Vom Herd nehmen und 30 Minuten ziehen lassen. Dann mit 150 g zerlassener brauner Butter mischen und durch ein Sieb gießen.

Verwendung: Diese Gewürzbutter ist ideal, um gebratenem und gedämpftem Fisch, Muscheln und anderen Meeresfrüchten, pochiertem Schweinefleisch und Kaninchen einen raffinierten mediterranen Touch zu geben.

Wacholderbutter

Zubereitung: 1 Knoblauchzehe schälen und in Scheiben schneiden. Mit 4 Scheiben Ingwer und je 2 Streifen unbehandelter Zitronen- und Orangenschale in 50 g brauner Butter erwärmen und vom Herd nehmen. 3 EL Wacholderbeeren mit je 1 EL Piment-, Koriander- und schwarzen Pfefferkörnern in einer Pfanne bei mittlerer Hitze leicht rösten, bis die Wacholderbeeren glänzen und die Gewürze zu duften beginnen. Gewürze im Mörser zerstoßen, zur warmen braunen Butter geben und 30 Minuten ziehen lassen. Dann mit 150 g zerlassener brauner Butter mischen und durch ein Sieb gießen.

Verwendung: Diese Butter passt gut zu gebratenem Reh-, Hirsch- oder Hasenrücken, zu Schweinerückensteaks und -medaillons.

KLEINE SCHULE DER GEWÜRZEKÜCHE

Kräuter- und Gewürzbutter

Selbst gemachte Kräuter- oder Gewürzbutter ist das i-Tüpfelchen der feinen Küche. Sie lässt sich wunderbar vorbereiten und verleiht vielen Gerichten wie gegrilltem Fleisch oder gebratenem Fisch eine interessante, pfiffige Note. Man sollte sie auf Vorrat herstellen und im Kühlschrank oder Tiefkühlfach aufbewahren. Dazu formt man sie entweder in Backpapier zu einer Rolle oder füllt sie in einen Spritzbeutel und spritzt damit Rosen oder Tupfen auf Backpapier. Man kann die Butter aber auch in Töpfchen oder kleinen dekorativen Tassen auf den Tisch stellen – als Brotaufstrich oder feine Würze zu Pellkartoffeln.

Orientalische Gewürzbutter

Zubereitung: 200 g weiche Butter mit dem Schneebesen oder in der Küchenmaschine cremig schlagen. Je 1 schwach geh. TL gemahlene Kurkuma, schwarzen Pfeffer aus der Mühle, Paprikapulver (edelsüß), 1 gestr. TL gemahlenen Kardamom, Mark von 1/4 Vanilleschote, 1/4 TL Zimtpulver, 1 gestr. TL geröstete Korianderkörner aus der Mühle, 1 fein geriebene kleine Knoblauchzehe und 1 gestr. TL fein geriebenen Ingwer unter die Butter rühren. Nach Belieben mit Salz würzen.

Verwendung: Diese Gewürzbutter passt ausgezeichnet zu gebratener Geflügelbrust und Putenschnitzel, Schweinemedaillons, Schweinesteaks sowie kurz gebratenem Rind- und Kalbfleisch. Sie eignet sich auch zum Verfeinern von cremigen Gemüsesuppen wie Blumenkohlsuppe, Kürbissuppe und Bohneneintopf. Gemüse, Kartoffelpüree, Nudeln und Reis erhalten durch sie eine orientalische Note.

Senfbutter

Zubereitung: 1/2 Zwiebel schälen, in feine Würfel schneiden, in 100 ml Brühe köcheln, bis die Flüssigkeit verdampft ist, und abkühlen lassen. 1 EL gelbe Senfkörner in 80 ml Apfelsaft 5 Minuten kochen, in ein Sieb abgießen, kalt abbrausen und abtropfen lassen. 200 g weiche Butter mit dem Schneebesen oder in der Küchenmaschine cremig schlagen. Senfkörner und Zwiebeln mit 3 EL Dijonsenf, 1 EL Weißwurstsenf und 1 Prise milden Chiliflocken unterrühren. Mit Salz abschmecken.

Verwendung: Diese Butter passt zu gebratenem und gegrilltem Schweinefleisch ebenso wie zu kurz gebratenem Rindfleisch, Hähnchen, Pute, Kaninchen und Fisch. Man kann damit auch Kartoffelpüree verfeinern.

Italienische Kräuterbutter

Zubereitung: 200 g weiche Butter mit dem Schneebesen oder in der Küchenmaschine cremig schlagen. Je 2 EL frisch geschnittenen Rucola und Basilikum und 1 TL fein gehackte Rosmarinnadeln unterrühren. 1 Knoblauchzehe schälen und auf der Zestenreibe fein dazureiben. Je 1 TL abgeriebene unbehandelte Zitronen- und Orangenschale dazugeben. Die Butter mit 1 Prise Chiliflocken und etwas Salz würzen.

Verwendung: Diese Butter passt gut zu gebratenem Fisch, zu Geflügel, mediterranem Gemüse, kurz gebratenem Schwein, Lamm, Kalb und Rind. Gebratene Putenbruststreifen und Putenschnitzel können damit auch sehr gut verfeinert werden, indem man die Butter am Ende der Garzeit in der Pfanne schmelzen lässt.

KLEINE SCHULE DER GEWÜRZEKÜCHE

Gewürzöle

Gewürzöle werden aus hochwertigen nativen Pflanzenölen zubereitet – mildes Öl bringt die Aromen am besten zur Geltung. Damit die wertvollen Inhaltsstoffe bei der Zubereitung nicht verloren gehen, wird nur ein Teil des Öls erwärmt, um die Geschmacks- und Wirkstoffe aus den Gewürzen und Kräutern zu lösen. Das restliche Öl gibt man dann kalt dazu. Gewürzöle werden nicht erhitzt. Man verwendet sie, um fertig gegarten Gerichten Aroma zu verleihen. Die meisten Gewürzöle entfalten ihren Geschmack erst einige Tage nach ihrer Herstellung. Gewürzöle mit gemörserten Gewürzen hingegen – wie das Fenchelöl – entwickeln ihr Aroma schneller. Sie sollten vor Gebrauch durch ein Sieb gegossen werden. Zum Aufbewahren ist es wichtig, dass alle Kräuter und Gewürze gut mit Öl bedeckt sind. Dann sind die Gewürzöle mehrere Wochen haltbar.

1 Zitronengrasöl mit Ingwer

Zubereitung: 2 Stängel Zitronengras längs halbieren und mit 1 halbierten und entkernten frischen roten Chilischote, 10 Scheiben Ingwer und 1 in Scheiben geschnittenen Knoblauchzehe in 50 ml Sonnenblumenöl bei milder Hitze erwärmen. Vom Herd nehmen und 10 Minuten ziehen lassen. 120 ml Soja-, 90 ml Lein- und 40 ml Sonnenblumenöl dazugießen.

Verwendung: Dieses Öl eignet sich zum Verfeinern von Schweinesteaks und -medaillons, Wok- und Geflügelgerichten sowie für die Zubereitung von Salatmarinaden.

2 Mediterranes Gewürzöl

Zubereitung: 50 ml Sonnenblumenöl bei milder Hitze erwärmen. Je 3 Streifen unbehandelte Zitronen- und Orangenschale, 2 Knoblauchzehen (in Scheiben), 4 Scheiben Ingwer, 1 Zweig Rosmarin und 1/2 Vanilleschote hinzufügen und 10 Minuten ziehen lassen. 120 ml Soja-, 90 ml Lein- und 40 ml Sonnenblumenöl dazugießen und mit 1/2 TL milden Chiliflocken würzen.

Verwendung: Dieses Öl eignet sich zum Verfeinern von Salatdressings, kurz gebratenem Fleisch, Garnelen, gebratenem oder gedämpftem Fisch sowie für gedämpftes und gedünstetes Gemüse und Antipasti.

KLEINE SCHULE DER GEWÜRZEKÜCHE

3 Ingwer-Knoblauch-Öl mit Vanille

Zubereitung: 50 ml Sonnenblumenöl bei milder Hitze erwärmen. 4 in Scheiben geschnittene Knoblauchzehen, 10 Scheiben Ingwer und 1 ausgekratzte Vanilleschote hinzufügen und 10 Minuten ziehen lassen. 120 ml Soja-, 90 ml Lein- und 40 ml Sonnenblumenöl dazugießen.

Verwendung: Dieses Öl eignet sich zum Verfeinern von beinahe allen herzhaften Gerichten – angefangen bei Salatmarinaden, über gedünstetes oder gedämpftes Gemüse, gebratenen oder gedämpften Fisch und Wokgerichte, bis hin zu kurz gebratenem Fleisch, Geflügel und Kaninchen.

4 Fenchelöl mit Zitrone und Orange

Zubereitung: 2 EL Fenchelsamen mit 1 TL Anissamen leicht im Mörser zerstoßen und mit 50 ml Olivenöl, je 4 Streifen unbehandelter Zitronen- und Orangenschale und 3 Splittern Zimtrinde erwärmen. Vom Herd nehmen und 10 Minuten ziehen lassen. 1/4 l Olivenöl dazugießen und 2 Stiele Estragon hinzufügen.

Verwendung: Dieses Öl eignet sich zum Verfeinern von gebratenem und gedämpftem Fisch, gebratenen, gegrillten oder pochierten Garnelen und für Muschelgerichte. Außerdem passt es gut zu Kaninchen und Schweinefleisch.

5 Paprikaöl

Zubereitung: 50 ml Sonnenblumenöl bei milder Hitze erwärmen. 4 Streifen unbehandelte Zitronenschale, 2 Scheiben Ingwer, 2 in Scheiben geschnittene Knoblauchzehen und 1/2 ausgekratzte Vanilleschote hinzufügen. 2 geh. TL geräuchertes Paprikapulver und 1 TL Paprikapulver (edelsüß) unterrühren und 10 Minuten ziehen lassen. 120 ml Soja-, 90 ml Lein- und 40 ml Sonnenblumenöl dazugießen.

Verwendung: Dieses Öl eignet sich besonders zum Würzen von Kohlgerichten. Sehr gut kann man damit auch Bohnengemüse und -eintopf, gebratene Hähnchen- und Putenbrust verfeinern. Es verleiht mit seinem rauchigen Geschmack Geflügelsalaten, Dips und Brotaufstrichen eine besondere Note.

Vorspeisen & Kleine Gerichte

VORSPEISEN & KLEINE GERICHTE

Marinierter Thunfisch
mit Holunder-Buttermilch-Schaum

FÜR 4 PERSONEN

Für die Gewürzmühle:
je ¹/₂ TL Zimtsplitter und
Fenchelsamen
je 1 gestr. TL Koriander- und
schwarze Pfefferkörner

Für den Buttermilchschaum:
150 g Buttermilch
100 g saure Sahne
2 TL Holunderblütensirup
einige Spritzer Zitronensaft
1 Msp. abgeriebene
unbehandelte Zitronenschale
2 EL mildes Olivenöl
Chilisalz

Für den Fisch:
2 Frühlingszwiebeln
1–2 EL eingelegter Ingwer
4 EL helle Sojasauce
6 EL mildes Olivenöl
500 g Thunfisch
(Sushi-Qualität)
mildes Chilisalz

1 Für die Gewürzmühle Zimt, Fenchel, Koriander- und Pfefferkörner in eine Gewürzmühle füllen.

2 Für den Buttermilchschaum die Buttermilch und die saure Sahne in einen hohen Rührbecher geben. Den Holunderblütensirup, den Zitronensaft und die -schale sowie das Olivenöl und 1 Prise Chilisalz hinzufügen und alles mit dem Stabmixer verrühren. Mit der Mischung aus der Mühle würzen.

3 Für den Fisch die Frühlingszwiebeln putzen, waschen und schräg in feine Ringe schneiden. Den Ingwer in kleine Würfel schneiden.

4 Die Sojasauce mit dem Olivenöl in einer kleinen Schüssel verrühren. Den Thunfisch waschen, trocken tupfen und in dünne Scheiben schneiden. Die Thunfischscheiben auf beiden Seiten mit reichlich Marinade bestreichen, auf flachen Tellern auslegen und mit etwas Chilisalz würzen.

5 Den Fisch mit den Frühlingszwiebelringen und den Ingwerwürfeln bestreuen und alles mit der Mischung aus der Mühle würzen. Den Buttermilchschaum mit dem Stabmixer nochmals kurz aufschäumen und über den marinierten Thunfisch träufeln. Nach Belieben mit abgeriebener unbehandelter Zitronenschale bestreut servieren.

MEIN TIPP

Um aus Thunfisch ein Carpaccio zuzubereiten, muss man ihn nicht anfrieren – er lässt sich sehr gut mit einem scharfen, feinen Messer in Scheiben schneiden. Für dieses Gericht müssen die Thunfischscheiben nicht unbedingt hauchdünn sein. Übrigens: Die Marinade kann man auch für ein Rindfleisch-Carpaccio verwenden.

VORSPEISEN & KLEINE GERICHTE

Rindertatar mit mariniertem Ingwer
und geröstetem Bauernbrot

FÜR 4 PERSONEN

Für das Tatar:
1/2 Zwiebel
1 EL Öl
1 kleine Essiggurke
1 EL Kapern
3 eingelegte Sardellenfilets
1 gestr. EL eingelegter Ingwer
500 g Rindfleisch
(aus der Oberschale)
2 EL mildes Olivenöl
1 EL Tomatenketchup
1 EL süßsaure Chilisauce
einige Spritzer Zitronensaft
1 Msp. Paprikapulver (edelsüß)
Salz · Pfeffer aus der Mühle
Zucker

Für das Brot:
4 EL Olivenöl
4 Scheiben Bauernbrot

1 Für das Tatar die Zwiebel schälen und in feine Würfel schneiden. Das Öl in einer Pfanne erhitzen und die Zwiebelwürfel darin bei milder Hitze glasig dünsten. Aus der Pfanne nehmen und abkühlen lassen. Die Essiggurke, die Kapern und die Sardellen fein hacken. Den eingelegten Ingwer ebenfalls fein hacken.

2 Das Rindfleisch von Fett und Sehnen befreien und durch den Fleischwolf drehen. Das Hackfleisch mit Zwiebel, Essiggurke, Sardellen, Kapern, Ingwer, Olivenöl, Ketchup und Chilisauce in einer Schüssel mischen. Das Rindertatar mit dem Zitronensaft, dem Paprikapulver, Salz, Pfeffer und 1 Prise Zucker herzhaft würzen.

3 Für das Brot das Olivenöl in einer Pfanne erhitzen und die Brotscheiben darin bei mittlerer Hitze auf beiden Seiten goldbraun rösten.

4 Einen Metallring jeweils auf einen Teller setzen, ein Viertel der Hackfleischmasse darin verteilen und den Ring abziehen. Das Tatar mit dem gerösteten Bauernbrot anrichten.

MEIN TIPP

Wenn man das Rindertatar einige Stunden im Voraus zubereiten möchte, sollte man es bis zum Servieren mit Alufolie abdecken und kühl und dunkel aufbewahren. Das Tatar dann vor dem Servieren nochmals kräftig abschmecken.

VORSPEISEN & KLEINE GERICHTE

Rote-Bete-Carpaccio
mit gebratenen Birnenspalten

FÜR 4 PERSONEN

Für das Carpaccio:

2 kleine Rote Beten (à 150 g)
Salz · 1 TL ganzer Kümmel
1/2 kleine Zwiebel
350 ml Gemüsebrühe
1 EL Rotweinessig
2 EL Aceto balsamico
3 EL mildes Olivenöl
Pfeffer aus der Mühle
mildes Chilipulver
Zucker · 1 EL gehackte Pistazien

Für den Dip:

200 g griechischer Joghurt
3 EL Kokosmilch
1 TL Sahnemeerrettich
(aus dem Glas)
einige Spritzer Limettensaft
brauner Zucker
Salz · Pfeffer aus der Mühle
mildes Chilipulver

Für die Birnenspalten:

1 reife Birne
1–2 TL Puderzucker
1 EL Butter

1 Für das Carpaccio die Roten Beten waschen und die Blätter vorsichtig abschneiden, ohne die Knollen dabei zu verletzen. Die Roten Beten in kochendem Salzwasser mit dem Kümmel etwa 1 Stunde garen. In ein Sieb abgießen, kalt abschrecken und schälen. Die Knollen halbieren und in etwa 3 mm dicke Scheiben schneiden (dabei am besten Einweghandschuhe tragen). Die Zwiebel schälen und in dünne Scheiben schneiden.

2 Für die Marinade die Brühe in einem Topf erwärmen und vom Herd nehmen. Beide Essigsorten und das Olivenöl unterrühren und die Marinade mit Salz, Pfeffer und je 1 Prise Chilipulver und Zucker würzen. Die Zwiebel hinzufügen und die Rote-Bete-Scheiben in der Marinade mehrere Stunden (am besten über Nacht) ziehen lassen.

3 Für den Dip den Joghurt mit der Kokosmilch und dem Meerrettich glatt rühren. Den Limettensaft untermischen und den Dip mit 1 Prise braunem Zucker, Salz, Pfeffer und 1 Prise Chilipulver würzen.

4 Für die Birnenspalten die Birne schälen, vierteln, entkernen und in dünne Spalten schneiden. Den Puderzucker in einer Pfanne bei mittlerer Hitze hell karamellisieren und die Birnenspalten darin auf beiden Seiten anbraten. Die Butter in der Pfanne zerlassen.

5 Die Rote-Bete-Scheiben aus der Marinade nehmen und auf Tellern auslegen, dabei die Zwiebelscheiben entfernen. Den Dip in einen Spritzbeutel mit kleiner Lochtülle füllen (oder in einen Gefrierbeutel füllen und am unteren Ende eine kleine Ecke abschneiden) und damit ein Gitter auf die Roten Beten spritzen. Das Carpaccio mit den gebratenen Birnenspalten garnieren und mit den Pistazien bestreut servieren.

MEIN TIPP

Für das Carpaccio kann man auch sehr gut vorgekochte vakuumverpackte Rote Beten nehmen. Es lohnt sich auf alle Fälle, die Rote-Bete-Scheiben mindestens 12 Stunden zu marinieren – dann können sie gut durchziehen und schmecken würziger.

153

VORSPEISEN & KLEINE GERICHTE

Asiatisch gebeizter Lachs
mit Joghurt-Wasabi-Dip

FÜR 4 PERSONEN

Für den Lachs:

30 g Koriander
1 EL schwarze Pfefferkörner
2 frische rote Chilischoten
2 Stängel Zitronengras
40 g Ingwer
4 unbehandelte Limetten
4 TL Salz
1 EL Zucker
2 EL Sojasauce
1 EL Austernsauce
800 g Lachsfilet (mit Haut)

Für den Dip:

80 g Frischkäse
je 100 g Naturjoghurt und
saure Sahne
1 EL Leinöl
1 TL Wasabi-Paste
1 Msp. Vanillemark
mildes Chilisalz

1 Drei Tage im Voraus für den Lachs den Koriander waschen, trocken schütteln und mit den Stielen grob zerkleinern. Die Pfefferkörner im Mörser grob zerstoßen. Die Chilischoten längs halbieren, entkernen, waschen und quer in feine Streifen schneiden. Das Zitronengras putzen, waschen und in dünne Scheiben schneiden. Den Ingwer schälen und in feine Würfel schneiden. Limetten heiß waschen, trocken reiben und die Schalen mit dem Zestenreißer in feinen Streifen abziehen.

2 Den Koriander mit den Limettenzesten, dem zerstoßenen Pfeffer, den Chilistreifen, dem Zitronengras, dem Ingwer, dem Salz, dem Zucker sowie der Soja- und Austernsauce mischen.

3 Das Lachsfilet waschen, trocken tupfen und mit der Hautseite nach unten in eine ausreichend große Form legen. Die Beize großzügig auf dem Lachsfilet verteilen, mit Frischhaltefolie bedecken und im Kühlschrank 2 Tage ziehen lassen.

4 Das Lachsfilet wenden, wieder mit Frischhaltefolie bedecken und weitere 24 Stunden ziehen lassen.

5 Für den Dip den Frischkäse mit dem Joghurt und der sauren Sahne in einer kleinen Schüssel verrühren. Das Leinöl, den Wasabi und das Vanillemark unterrühren und den Dip mit Chilisalz würzen.

6 Zum Servieren die Beize vom Fisch entfernen, das Lachsfilet trocken tupfen und in dünne Scheiben schneiden. Die gebeizten Lachsscheiben mit dem Wasabi-Dip anrichten.

MEIN TIPP

Zu dem gebeizten Lachs passen ausgezeichnet Kartoffel-Fenchel-Reiberdatschi: Für etwa 8 Stück 500 g vorwiegend festkochende Kartoffeln schälen, waschen, fein reiben und mit den Händen das Wasser ausdrücken. Mit 2 Eigelb mischen und die Kartoffelmasse mit Salz, Pfeffer, 1 Prise Chilipulver und etwas frisch geriebener Muskatnuss würzen. 2 TL Fenchelsamen im Mörser fein zerstoßen und untermischen. Aus der Kartoffelmasse Puffer formen und diese in einer Pfanne in Öl bei milder Hitze auf beiden Seiten goldbraun backen.

VORSPEISEN & KLEINE GERICHTE

Kräuterrührei
mit Räucheraal und Meerrettichrahm

FÜR 4 PERSONEN

Für den Aal:

300 g Räucheraal

Für den Rahm:

150 g Schmand

3 EL Milch

1 EL Sahnemeerrettich

(aus dem Glas)

einige Spritzer Zitronensaft

Salz · Pfeffer aus der Mühle

mildes Chilipulver

Zucker

Für das Rührei:

1 EL Butter · 4 Eier

1–2 EL frisch geschnittene

Kräuter (z. B. Petersilie,

Schnittlauch, Basilikum)

Salz · Pfeffer aus der Mühle

1 Für den Aal den Backofen auf 60 °C vorheizen. Ein Backblech mit Backpapier auslegen. Den Räucheraal auf das Blech legen und im Ofen auf der mittleren Schiene 20 Minuten erwärmen. Dann herausnehmen und vorsichtig häuten. Die Filets von der Gräte lösen und in Stücke schneiden, dabei kleine Gräten entfernen.

2 Für den Rahm den Schmand in einer Schüssel mit der Milch und dem Meerrettich glatt rühren. Mit Zitronensaft, Salz, Pfeffer und je 1 Prise Chilipulver und Zucker würzen.

3 Für das Rührei die Butter in einer Pfanne erhitzen. Die Eier vorsichtig aufschlagen, wie Spiegeleier in die Pfanne gleiten lassen und zunächst bei milder Hitze langsam stocken lassen. Erst dann vorsichtig so umrühren, dass Eigelb und Eiweiß noch deutlich getrennt sind. Die Eier in der Pfanne noch etwas stocken lassen. Zum Schluss die Kräuter untermischen und das Rührei mit Salz und Pfeffer oder nach Belieben mit Chilisalz würzen.

4 Einen Metallring (6 cm Durchmesser) jeweils auf einen vorgewärmten Teller setzen, ein Viertel des Rühreis hineingeben und einige Räucheraalstücke daraufsetzen. Den Ring abziehen und den Meerrettichrahm um das Rührei träufeln.

MEIN TIPP

Der Räucheraal lässt sich am besten filetieren, wenn er warm ist. Je nach Dicke können Sie ihn auch länger im Ofen lassen. Wer es gern scharf mag, ersetzt den Sahnemeerrettich durch 1 TL Wasabi-Paste.

VORSPEISEN & KLEINE GERICHTE

Tomatensalat
mit mariniertem Schafskäse

Für 4 Personen

Für den Schafskäse:

2 Zweige Rosmarin

2 Knoblauchzehen

2 frische rote Chilischoten

1/2 Stängel Zitronengras

1/2 l mildes Olivenöl

1/4 ausgekratzte Vanilleschote

4 Scheiben Ingwer

*je 2 Streifen unbehandelte
Zitronen- und Orangenschale*

2 Lorbeerblätter

400 g Schafskäse (Feta)

Für den Salat:

1 rote Zwiebel

8 Tomaten

Salz · Pfeffer aus der Mühle

4 EL Aceto balsamico

1 Ein bis zwei Tage im Voraus für den marinierten Schafskäse den Rosmarin waschen und trocken schütteln. Den Knoblauch schälen und in Scheiben schneiden. Die Chilischoten längs halbieren, entkernen und waschen. Das Zitronengras putzen und waschen.

2 In einer Pfanne 100 ml Olivenöl mit Rosmarinzweigen, Knoblauchscheiben, Chilischoten, Zitronengras, Vanilleschote, Ingwer, Zitronen- und Orangenschalen sowie den Lorbeerblättern bei milder Hitze erwärmen. Alles mit dem restlichen kalten Olivenöl mischen.

3 Den Schafskäse in 1 cm große Würfel schneiden und locker in ein großes Einmachglas füllen. Das Olivenöl mit den Gewürzen dazugießen, sodass der Käse gut bedeckt ist. Die Gewürze locker mit dem Käse mischen. Das Glas gut verschließen und die Käsewürfel im Kühlschrank 1 bis 2 Tage marinieren.

4 Für den Salat die Zwiebel schälen und in feine Würfel schneiden. Die Tomaten waschen und in Scheiben schneiden, dabei die Stielansätze entfernen. Die Tomatenscheiben leicht überlappend auf große flache Teller legen, mit den Zwiebelwürfeln bestreuen und mit Salz und Pfeffer würzen.

5 Die Käsewürfel in ein Sieb abgießen, dabei das Gewürzöl auffangen. Die Gewürze aus dem Käse entfernen und die Schafskäsewürfel auf den Tomaten verteilen. 8 EL Gewürzöl mit dem Essig in einen hohen Rührbecher geben und mit dem Stabmixer verrühren. Die Marinade über den Tomatensalat träufeln und den Salat servieren.

MEIN TIPP

Der Schafskäse kann fruchtig mit Orange und Honigmelone kombiniert werden. Dafür 2 Orangen so großzügig schälen, dass auch die weiße Haut mit entfernt wird, und die Fruchtfilets aus den Trennhäuten schneiden. Die Melone entkernen, schälen und in 1/2 cm dicke Stücke schneiden. Orangenfilets, Melonenstücke, 2 EL schwarze entsteinte Oliven und 1 EL Minze mischen. 4 EL Gewürzöl und 2 EL Aceto balsamico verrühren und den Salat damit marinieren. Die Hälfte des eingelegten Käses darüberstreuen.

157

VORSPEISEN & KLEINE GERICHTE

Gebratene Meeresfrüchte
auf Tomatengelee mit Basilikumrahm

Für 4 Personen

Für das Gelee:

4 Tomaten · 8 Stiele Basilikum
400 ml Gemüsebrühe
1/4 Zimtrinde
1/4 aufgeschlitzte Vanilleschote
1 Knoblauchzehe (in Scheiben)
6–8 Safranfäden
mildes Chilipulver
Salz · Pfeffer aus der Mühle
1 EL Balsamico bianco
1 TL Zucker
5 Blatt Gelatine

Für die Meeresfrüchte:

250 g gemischte Meeresfisch-
filets (ohne Gräten; z. B. Wolfsbarsch, Seeteufel, Seezunge,
Rotbarbe, Rotbarsch)
4 Jakobsmuscheln
(à 25 g; ausgelöst)
4 Riesengarnelen (à ca. 30 g)
2–3 EL Öl
2 EL Zitronensaft
2 EL mildes Olivenöl
mildes Chilisalz

Für den Rahm:

100 g Schmand · 3–4 EL Milch
1 EL mildes Olivenöl
1/2 TL abgeriebene unbehandelte
Zitronenschale
1 TL Zitronensaft
mildes Chilisalz · Zucker

1 Für das Gelee die Tomaten kreuzweise einritzen, überbrühen, kalt abschrecken, häuten, vierteln und entkernen. Die Tomatenviertel jeweils in 6 Stücke schneiden. Das Basilikum waschen und trocken schütteln, die Blätter abzupfen und für den Rahm beiseitelegen. Die Basilikumstiele klein schneiden.

2 Die Brühe mit Basilikumstielen, Tomatenkernen, Zimt, Vanilleschote, Knoblauch, Safran und 1 Prise Chilipulver erhitzen. Vom Herd nehmen und 5 Minuten ziehen lassen. Den Sud mit Salz, Pfeffer, Essig und Zucker kräftig würzen und durch ein Sieb streichen.

3 Die Gelatine in kaltem Wasser einweichen, ausdrücken und unter Rühren im warmen Tomatensud auflösen. Den Sud gegebenenfalls nachwürzen und bei Zimmertemperatur etwas abkühlen lassen. Die Hälfte der Tomatenstücke auf tiefe Teller verteilen, den Tomatensud darübergießen und im Kühlschrank fest werden lassen.

4 Für die Meeresfrüchte die Fischfilets und die Jakobsmuscheln waschen und trocken tupfen. Die Fischfilets in etwa 4 cm große Stücke schnei-den. Die Garnelen schälen, am Rücken entlang einschneiden und den dunklen Darm entfernen. Die Garnelen waschen, trocken tupfen und längs halbieren.

5 In einer beschichteten Pfanne 1 EL Öl erhitzen und die Garnelen darin bei mittlerer Hitze etwa 3 Minuten braten. Aus der Pfanne nehmen und auf Küchenpapier abtropfen lassen. Anschließend den Fisch in der Pfanne in 1 EL Öl auf der Hautseite etwa 1 Minute anbraten. Dann wenden, die Pfanne vom Herd nehmen und die Fischstücke in der Resthitze 1 Minute durchziehen lassen. Die Filets herausnehmen und auf Küchenpapier abtropfen lassen. Zuletzt etwa 1 TL Öl in der Pfanne erhitzen und die Jakobsmuscheln darin auf beiden Seiten insgesamt 1 bis 1 1/4 Minuten anbraten. Die Pfanne vom Herd nehmen und die Muscheln in der Resthitze 1 Minute ziehen lassen. Herausnehmen und auf Küchenpapier abtropfen lassen.

6 Den Zitronensaft mit dem Olivenöl verrühren und mit Chilisalz würzen. Garnelen, Fisch und Jakobsmuscheln und die restlichen Tomaten-stücke damit marinieren und bei Zimmertemperatur abkühlen lassen.

7 Für den Rahm den Schmand mit der Milch und dem Olivenöl glatt rühren, Zitronenschale und -saft untermischen. Die beiseitegelegten Basilikumblätter klein schneiden, unterrühren und den Rahm mit Chi-lisalz und 1 Prise Zucker würzen. Die marinierten Meeresfrüchte mit dem Basilikumrahm auf dem Tomatengelee anrichten und servieren.

158

VORSPEISEN & KLEINE GERICHTE

Oktopus-Sülze
mit Fenchel und Anis

FÜR 1 TERRINENFORM

1 kleiner Oktopus (1–1,2 kg)
½ Zwiebel
2 Lorbeerblätter
2 Gewürznelken · Salz
1 TL Fenchelsamen
¼ TL Anissamen
1 TL Zimtsplitter
je 1 TL Koriander- und schwarze
Pfefferkörner
1 TL Puderzucker
100 ml Weißwein
400 ml Gemüsebrühe
3 Knoblauchzehen (in Scheiben)
4 Scheiben Ingwer
gemahlene Kurkuma
mildes Chilipulver
1 gestr. TL Paprikapulver
(edelsüß)
2 EL Weißweinessig
2 TL Zucker
7 Blatt Gelatine
Öl für die Form
Olivenöl zum Bestreichen

1 Am Vortag die Fangarme des Oktopus so vom Kopfteil abschneiden, dass sie noch gut zusammenhalten. Den Oktopus unter fließendem kaltem Wasser waschen und abtropfen lassen. Die Zwiebel schälen, 1 Lorbeerblatt darauflegen und mit den Nelken feststecken. Den Oktopus mit der gespickten Zwiebel in reichlich kochendes Salzwasser geben, einmal aufkochen und 1¼ bis 1½ Stunden mehr ziehen als köcheln lassen. Aus dem Sud nehmen, etwas abkühlen lassen und in 2 cm große Stücke schneiden.

2 Für den Sud die Fenchel- und Anissamen mit Zimt, Koriander- und Pfefferkörnern in einem Topf ohne Fett erhitzen. Den Puderzucker darüberstäuben und hell karamellisieren. Mit dem Wein ablöschen und auf ein Drittel einköcheln lassen. Die Brühe dazugießen, das restliche Lorbeerblatt sowie die Knoblauch- und Ingwerscheiben hinzufügen und den Sud knapp unter dem Siedepunkt 10 Minuten ziehen lassen.

3 Den Sud durch ein Sieb gießen und je 1 Prise Kurkuma und Chilipulver sowie das Paprikapulver hinzufügen. Den Sud kräftig mit Essig, 1 gestrichenen TL Salz und Zucker würzen. Die Gelatine in kaltem Wasser einweichen, ausdrücken und im warmen Sud auflösen. Abkühlen, aber nicht gelieren lassen.

4 Die Terrinen- oder Kastenkuchenform (1½ l Inhalt) mit Öl einfetten und mit Frischhaltefolie auslegen. Einen Schöpflöffel Sud hineingeben und eine Lage Oktopusstücke darauf verteilen. Wieder etwas Sud dazugießen und die Form nach und nach mit Oktopus und Sud füllen. Dabei die Oktopusstücke etwas hineindrücken. Die Sülze im Kühlschrank mehrere Stunden, am besten über Nacht, fest werden lassen.

5 Am nächsten Tag die Sülze mithilfe der Folie aus der Form stürzen und am besten mit dem elektrischen Messer in Scheiben schneiden. Die Sülze dünn mit Olivenöl bestreichen und auf Tellern anrichten. Dazu passt ein gemischter Blattsalat mit Schnittlauchsauce.

MEIN TIPP

Um zu testen, ob der Oktopus gar ist, sollten Sie ihn mit einer Fleischgabel oder einem kleinen Messer anstechen. Wenn sich die Gabel bzw. das Messer leicht herausziehen lässt, können Sie den Oktopus aus dem Sud nehmen.

VORSPEISEN & KLEINE GERICHTE

Gepökelte Kalbszunge
auf lauwarmem Dill-Bohnen-Salat

FÜR 4 PERSONEN

Für den Salat:

150 g breite Bohnen

150 g feine grüne Bohnen · Salz

100 g Kidneybohnen

(aus der Dose)

80 ml Gemüsebrühe

1–2 EL Rotweinessig

1 TL scharfer Senf

4 EL Öl

4 EL Olivenöl

Pfeffer aus der Mühle

Zucker

mildes Chilipulver

2 Schalotten

1 EL Dill (frisch geschnitten)

Außerdem:

1 EL Leinsamen

mildes Chilisalz

350 g gekochte gepökelte

Kalbszunge (vom Metzger;

gekühlt)

1 Für den Salat die breiten Bohnen putzen, waschen und schräg in 1 bis 1 1/2 cm breite Stücke schneiden. Die grünen Bohnen putzen, waschen und schräg in 2 bis 3 cm lange Stücke schneiden. Beide Bohnensorten nacheinander in kochendem Salzwasser fast weich garen. Mit dem Schaumlöffel herausnehmen, kalt abschrecken und abtropfen lassen. Die Kidneybohnen in ein Sieb geben, kalt abbrausen und abtropfen lassen. Alle Bohnen in eine Schüssel geben.

2 Für das Dressing die Brühe mit dem Essig und dem Senf in einen hohen Rührbecher geben. Beide Ölsorten hinzufügen und alles mit dem Stabmixer pürieren. Das Dressing mit Salz, Pfeffer sowie je 1 Prise Zucker und Chilipulver würzen.

3 Die Schalotten schälen und in feine Würfel schneiden. Die Schalottenwürfel in kochendem Wasser 2 Minuten blanchieren, in ein Sieb abgießen, kalt abschrecken und abtropfen lassen. Die Schalotten mit dem Dill unter das Dressing rühren und die Bohnen damit marinieren.

4 Die Leinsamen in einer Pfanne ohne Fett anrösten, bis sie nach einigen Minuten knusprig sind. Leicht mit Chilisalz würzen.

5 Die Kalbszunge in dünne Scheiben schneiden und leicht überlappend auf flachen Tellern auslegen. Den lauwarmen Dill-Bohnen-Salat etwas abtropfen lassen, auf der Kalbszunge verteilen und mit den Leinsamen bestreut servieren.

MEIN TIPP

Mit geröstetem Leinsamen können Sie auch Salate und Gemüsezubereitungen bestreuen, ungesalzen kann man ihn außerdem über Desserts und Müslis geben. Die gerösteten Leinsamen kann man statt mit Chilisalz auch mit Chili-Vanille-Salz (siehe Seite 142) würzen.

VORSPEISEN & KLEINE GERICHTE

Jakobsmuscheln mit Mango
auf Curryschaum

FÜR 4 PERSONEN

Für den Schaum:

150 ml Gemüsebrühe
60 g Sahne
1 TL mildes Currypulver
1/2–1 TL gehackter Ingwer
1/2–1 TL gehackter Knoblauch
20 g kalte Butter
Chilisalz

Für die Mango:

1/2 reife Mango
1 EL Butter

Für die Muscheln:

12 Jakobsmuscheln
(à 25 g; ausgelöst)
1 TL Öl
1–2 EL braune Butter
(siehe S. 139)
Vanillesalz
milde Chiliflocken
1 Msp. abgeriebene
unbehandelte Orangenschale

1 Für den Schaum die Brühe mit der Sahne, dem Currypulver, dem Ingwer und dem Knoblauch in einem Topf erhitzen. Die kalte Butter dazugeben, alles mit dem Stabmixer glatt rühren und aufschäumen. Den Curryschaum mit Chilisalz würzen.

2 Für die Mango das Fruchtfleisch der Mango vom Stein schneiden. Die Mangostücke schälen und in kleine Würfel schneiden. Die Butter in einer Pfanne erhitzen und die Mangowürfel darin leicht erwärmen.

3 Für die Muscheln die Jakobsmuscheln waschen und trocken tupfen. Das Öl in einer Pfanne erhitzen und die Muscheln darin etwa 1 Minute anbraten. Dann wenden und auf der anderen Seite 1/2 Minute braten. Die Pfanne vom Herd nehmen und die Muscheln in der Resthitze noch etwa 1 Minute ziehen lassen. Die braune Butter dazugeben und in der Pfanne zerlassen. Die Butter mit Vanillesalz und 1 Prise Chiliflocken würzen und die Muscheln darin wenden.

4 Die Mangowürfel auf vorgewärmte tiefe Teller verteilen, die Jakobsmuscheln darauf anrichten und mit der Gewürzbutter beträufeln. Den Curryschaum mit dem Stabmixer nochmals aufschäumen und um die Muscheln herumträufeln. Mit Orangenschale bestreut servieren.

MEIN TIPP

Damit die Jakobsmuscheln gleichmäßig braten, ist es wichtig, dass man sie vorher gut mit Küchenpapier trocken tupft. Außerdem sollte die Pfanne bereits heiß sein, wenn man die Muscheln hineingibt. Am besten verwendet man eine beschichtete Pfanne mit dickem Boden – so können die Muscheln in der Resthitze sanft ziehen und man benötigt nur wenig Öl zum Braten.

VORSPEISEN & KLEINE GERICHTE

Tomaten-Ciabatta
mit schwarzer Tapenade

FÜR 2 BROTE

Für die Brote:

1/2 Würfel Hefe (21 g)
700 g Mehl
20 g Salz
je 2 TL getrockneter Oregano,
Rosmarin, Thymian, Majoran
und Bohnenkraut
8 EL Tomatenflocken (60 g)
4 EL mildes Olivenöl für die
Form und zum Bestreichen
Mehl für die Arbeitsfläche

Für die Tapenade:

150 g schwarze Oliven
(entsteint)
3 eingelegte Sardellenfilets
1 TL Kapern
1/2 Knoblauchzehe
50 ml Olivenöl
Salz
mildes Chilipulver

1 Am Vortag für die Brote die Hefe mit den Fingern zerbröckeln und in 50 ml kaltem Wasser auflösen. Das Mehl in eine Schüssel sieben. Das Hefewasser mit 1/2 l kaltem Wasser, dem Salz, den getrockneten Kräutern und 4 EL Tomatenflocken dazugeben und alles in der Küchenmaschine oder mit den Knethaken des Handrührgeräts 15 Minuten zu einem zähen, nicht zu festen Teig verkneten. Zuletzt die restlichen Tomatenflocken kurz unterkneten.

2 Eine eckige ofenfeste Form (etwa 25 x 30 cm) mit Olivenöl einfetten. Den Teig darin verteilen und etwas hineindrücken. Den Hefeteig mit Olivenöl bestreichen, mit Frischhaltefolie bedecken und über Nacht im Kühlschrank gehen lassen.

3 Am nächsten Tag den Backofen auf 250 °C vorheizen und ein ofenfestes Schälchen mit heißem Wasser hineinstellen. Ein Backblech mit Backpapier auslegen.

4 Den Teig aus der Form auf die bemehlte Arbeitsfläche stürzen und mit etwas Mehl bestäuben. Den Hefeteig in 2 gleich dicke Stränge schneiden, wenden und nebeneinander auf das Blech legen. Die Brote im Ofen auf der mittleren Schiene 20 bis 25 Minuten backen.

5 Für die Tapenade die Oliven, die Sardellen und die Kapern in den Küchenmixer geben. Den Knoblauch schälen und dazugeben. Das Olivenöl hinzufügen und alle Zutaten zu einer Paste pürieren. Die Tapenade mit Salz und Chilipulver würzen.

6 Das Tomaten-Ciabatta aus dem Ofen nehmen und etwas abkühlen lassen. Das Ciabatta am besten lauwarm mit der Tapenade servieren. Sehr gut passt auch der Avocado-Aufstrich (siehe Seite 165).

VORSPEISEN & KLEINE GERICHTE

Avocado-Aufstrich
mit Wasabi und Koriander

FÜR 4 PERSONEN

1 reife Avocado
1 unbehandelte Limette
100 g Speisequark · 1 EL Olivenöl
100 g Crème fraîche
1–2 TL Wasabi-Paste
½ Knoblauchzehe
½ TL geriebener Ingwer
1 EL gehackte Pistazien
1 EL Koriander
(frisch geschnitten)
Salz · mildes Chilipulver

1 Die Avocado halbieren und den Kern entfernen. Die Avocadohälften schälen, das Fruchtfleisch in grobe Stücke schneiden, in eine Schüssel geben und mit einer Gabel zerdrücken.

2 Die Limette heiß waschen, trocken reiben und die Schale fein abreiben. Die Limette halbieren und 2 TL Saft auspressen.

3 Den Quark mit Olivenöl und Crème fraîche unter die Avocado rühren. Mit Wasabi, Limettensaft und -schale würzen. Den Knoblauch schälen und auf der Zestenreibe fein dazureiben. Ingwer, Pistazien und Koriander unterrühren. Den Aufstrich mit Salz und 1 Prise Chilipulver würzen.

4 Der Avocado-Aufstrich passt gut auf Bauernbrot, Baguette und Ciabatta. Auch Räucherlachs und gebeizter Lachs passen gut dazu.

Forellenaufstrich
mit Frischkäse und Kapern

FÜR 4 PERSONEN

1 Ei · 3 eingelegte Sardellen
1 TL Kapern · 1 Räucherforellen-
filet (à 100 g; ohne Haut)
300 g Frischkäse · 3 EL Milch
2 EL mildes Olivenöl
2 EL Schnittlauchröllchen
einige Spritzer Zitronensaft
½ TL abgeriebene unbehandelte
Zitronenschale · Salz · Pfeffer aus
der Mühle · ½ TL geräuchertes
Paprikapulver · Chilipulver

1 Das Ei etwa 10 Minuten hart kochen, kalt abschrecken, pellen und klein schneiden. Die Sardellen und die Kapern hacken. Eventuelle kleine Gräten von der Räucherforelle entfernen und das Fischfilet klein schneiden.

2 Den Frischkäse mit der Milch und dem Olivenöl in einer Schüssel glatt rühren. Gehacktes Ei, Sardellen, Kapern, Räucherforelle und Schnittlauch unterrühren und den Aufstrich mit Zitronensaft und -schale, Salz, Pfeffer, Paprikapulver und 1 Prise Chilipulver würzen. Der Aufstrich passt zu allen Brotsorten.

VORSPEISEN & KLEINE GERICHTE

Kartoffelkäs
mit Schnittlauch

FÜR 4 PERSONEN

400 g vorwiegend festkochende
Kartoffeln · Salz
1 1/2 TL ganzer Kümmel
1 Zwiebel · 2 EL Butter
je 1 TL schwarze Pfeffer- und
Korianderkörner
200 g saure Sahne · 4 EL braune
Butter (siehe S. 139)
frisch geriebene Muskatnuss
mildes Chilipulver
getrockneter Majoran
2 EL Schnittlauchröllchen

1 Die Kartoffeln waschen und mit der Schale in einem Topf in Salzwasser mit 1/2 TL Kümmel weich garen. Abgießen, nur kurz ausdampfen lassen, möglichst heiß pellen und durch die Kartoffelpresse in eine Schüssel drücken.

2 Die Zwiebel schälen und in feine Würfel schneiden. Die Butter in einer Pfanne erhitzen und die Zwiebelwürfel darin bei milder Hitze andünsten. Den Pfeffer, den Koriander und den restlichen Kümmel in eine Gewürzmühle füllen.

3 Die Zwiebelwürfel und die saure Sahne zu den Kartoffeln in die Schüssel geben und gut unterrühren. Die braune Butter hinzufügen und den Kartoffelkäs mit Salz, Muskatnuss, je 1 Prise Chilipulver und Majoran sowie der Mischung aus der Mühle würzen. Zuletzt die Schnittlauchröllchen unterrühren. Der Kartoffelkäs passt zu allen dunklen Brotsorten.

Kräuteraufstrich
mit Quark und Leinöl

FÜR 4 PERSONEN

250 g Speisequark
3 EL Milch · 1 EL Leinöl
2 EL frisch geschnittene Kräuter
(z. B. Petersilie, Kerbel,
Basilikum, Schnittlauch)
Salz · Pfeffer aus der Mühle
1 Msp. abgeriebene
unbehandelte Zitronenschale
gemahlener Kümmel
mildes Chilipulver

1 Den Quark in einer Schüssel mit der Milch und dem Leinöl mit dem Schneebesen glatt rühren. Die Kräuter hinzufügen und untermischen. Den Kräuterquark mit Salz, Pfeffer, Zitronenschale und je 1 Prise Kümmel und Chilipulver herzhaft würzen.

MEIN TIPP

Leinöl ist ein äußerst hochwertiges, empfindliches Speiseöl, das dunkel und kühl gelagert werden muss. Man sollte es nach Möglichkeit nicht erhitzen. In der kalten Küche eignet es sich bestens zum Verfeinern von Frischkäseaufstrichen und Dips auf Quark- oder Joghurtbasis.

VORSPEISEN & KLEINE GERICHTE

Orientalisches Fladenbrot
mit Kichererbsen-Dip

FÜR 8 BROTE

Für die Fladenbrote:

350 g Mehl
¼ Würfel Hefe (ca. 10 g)
½–1 TL Zucker
1 TL Korianderkörner
½ TL ganzer Kreuzkümmel
je ½–1 TL ganzer Kümmel und
Schwarzkümmel
½–1 TL Fenchelsamen
½ TL Kardamomsamen
½ TL Currypulver
1 Stück Zimtrinde
1 geh. TL Salz
2 EL mildes Olivenöl
Olivenöl für die Bleche
je 1 EL ganzer Schwarzkümmel
und helle Sesamsamen zum
Bestreuen
Mehl zum Ausrollen

Für den Dip:

1 EL helle Sesamsamen
200 g Kichererbsen
(aus der Dose)
50 ml Gemüsebrühe
1 EL Olivenöl
100 g Frischkäse
1 EL Granatapfelsirup
1 Knoblauchzehe
1 TL geriebener Ingwer
mildes Chilisalz
1 TL Paprikapulver (edelsüß)
gemahlener Kreuzkümmel
1 EL Petersilie (frisch geschnitten)

1 Für die Fladenbrote das Mehl in eine Schüssel sieben und in die Mitte eine Mulde drücken. Die Hefe mit den Fingern zerbröckeln und in 5 EL lauwarmem Wasser auflösen. Mit dem Zucker in die Mehlmulde geben und mit etwas Mehl zu einem weichen Teig verrühren. Mit wenig Mehl bestäuben und zugedeckt an einem warmen Ort 20 Minuten gehen lassen, bis sich im Mehl Risse zeigen.

2 Für das Brotgewürz Koriander, Kreuzkümmel, Kümmel, Schwarzkümmel, Fenchel und Kardamom in einer Pfanne ohne Fett anrösten, bis die Gewürze zu duften beginnen. Die Gewürze im Mörser fein zerstoßen, das Currypulver hinzufügen, etwas Zimt darüberreiben und alles gut mischen.

3 Das Brotgewürz, Salz, 175 ml Wasser und das Olivenöl zum Vorteig geben und alles mit den Knethaken des Handrührgeräts zu einem glatten Teig verkneten, der sich vom Schüsselrand löst. Den Brotteig zugedeckt an einem warmen Ort etwa 30 Minuten gehen lassen.

4 Den Teig auf der bemehlten Arbeitsfläche in 8 Portionen teilen, zu Kugeln formen und zugedeckt weitere 10 Minuten gehen lassen. Zwei Backbleche mit Olivenöl einfetten. Die Teigkugeln mit etwas Mehl zu ½ cm dicken Fladen (etwa 12 cm Durchmesser) ausrollen und auf die Bleche legen. Die Brote dünn mit Wasser bestreichen, mit Schwarzkümmel und Sesam bestreuen und weitere 20 Minuten gehen lassen.

5 Den Backofen auf 230 °C (Umluft) vorheizen. Die Fladenbrote im Ofen auf der untersten Schiene 12 bis 15 Minuten knusprig backen.

6 Für den Dip den Sesam in einer Pfanne ohne Fett goldbraun rösten. Die Pfanne vom Herd nehmen und den Sesam etwas abkühlen lassen.

7 Die Kichererbsen in ein Sieb abgießen und gut abtropfen lassen. Mit der Brühe und dem Olivenöl in den Blitzhacker geben und zu einer glatten Paste pürieren. Den Frischkäse, den Siurp und den gerösteten Sesam unterrühren. Den Knoblauch schälen und auf der Zestenreibe fein dazureiben. Den Ingwer hinzufügen und den Dip mit Chilisalz, Paprikapulver, Kreuzkümmel und Petersilie würzen.

8 Die Fladenbrote aus dem Ofen nehmen, etwas abkühlen lassen und mit dem Kichererbsen-Dip servieren.

VORSPEISEN & KLEINE GERICHTE

Chili-Fleischpflanzerl
mit Aprikosensenf

FÜR 4 PERSONEN

Für die Fleischpflanzerl:

80 g Toastbrot
100 ml Milch · 1/2 Zwiebel
1 EL Öl · 2 Eier
Salz · Pfeffer aus der Mühle
frisch geriebene Muskatnuss
1 TL milde Chiliflocken
2 TL scharfer Senf
abgeriebene Schale von
1/2 unbehandelten Zitrone
1/2 TL abgeriebene unbehandelte
Orangenschale
je 250 g Kalbs- und
Schweinehackfleisch
1 TL getrockneter Majoran
1 EL Petersilie (frisch geschnitten)
100 g Weißbrotbrösel
2–3 EL Öl

Für den Senf:

2 Aprikosen (ersatzweise
getrocknete Aprikosen)
2 EL süßer Senf
4 EL Dijonsenf

1 Für die Fleischpflanzerl das Toastbrot in Würfel schneiden. Die Brot-würfel in eine Schüssel geben, die Milch darübergießen und zuge-deckt ziehen lassen. Die Zwiebel schälen und in feine Würfel schnei-den. Das Öl in einer Pfanne erhitzen und die Zwiebelwürfel darin bei milder Hitze glasig dünsten.

2 Die Eier mit Salz, Pfeffer, 1 Prise Muskatnuss, Chiliflocken, Senf, Zitro-nen- und Orangenschale verquirlen. Das Hackfleisch in einer Schüssel mit dem eingeweichten Brot, den verquirlten Eiern, den Zwiebelwür-feln, dem Majoran und der Petersilie mit den Händen gut mischen.

3 Die Brösel in einen tiefen Teller geben. Aus der Hackmasse mit ange-feuchteten Händen kleine Fleischpflanzerl formen und in den Bröseln wenden. Das Öl in einer Pfanne erhitzen und die Fleischpflanzerl darin bei mittlerer Hitze auf beiden Seiten goldbraun braten. Die Pflanzerl aus der Pfanne nehmen und auf Küchenpapier abtropfen lassen.

4 Für den Senf die Aprikosen waschen, halbieren und entsteinen, das Fruchtfleisch in kleine Würfel schneiden. Beide Senfsorten mit den Aprikosenwürfeln in einer kleinen Schüssel mischen. Die Chilipflan-zerl auf vorgewärmten Tellern mit dem Aprikosensenf anrichten.

MEIN TIPP

Das Kalbs- und Schweinehackfleisch können Sie nach Belie-ben auch durch Lamm- oder Geflügelhackfleisch ersetzen. Eine orientalische Note bekommen die Pflanzerl, wenn Sie die Fleischmasse zusätzlich mit etwas Currypulver oder ei-ner Mischung aus gemahlenem Kardamom und Zimt würzen.

VORSPEISEN & KLEINE GERICHTE

Geräucherte Entenbrust
auf Vanillekürbis

FÜR 4 PERSONEN

200 g Muskatkürbis
1/2 Vanilleschote
400 ml Weißwein
Saft von 1 Zitrone
50 g Zucker
10 grüne Kardamomkapseln
1/2 Zimtrinde
3 Scheiben Ingwer
1/2 Streifen unbehandelte
Orangenschale
3 Blatt Gelatine
2 EL Weißweinessig
Salz
1 EL mildes Olivenöl
mildes Chilisalz
2 EL getrocknete Totentrompeten
1 EL Butter
1 Spritzer weißer Portwein
1 EL Schnittlauchröllchen
1 geräucherte Entenbrust
(250 g; vom Metzger)

1 Am Vortag den Kürbis schälen und die Kerne mit einem Löffel entfernen. Das Fruchtfleisch zuerst in 1/2 cm dicke Scheiben und dann in 2 bis 3 cm große Stücke schneiden.

2 Die Vanilleschote der Länge nach aufschneiden und das Mark mit einem spitzen Messer herauskratzen. Den Wein mit Zitronensaft, Zucker, Kardamom, Vanilleschote und -mark, Zimt und Ingwer in einem Topf aufkochen. Die Kürbisstücke dazugeben und 1 bis 2 Minuten in dem Sud köcheln lassen. Die Orangenschale hinzufügen und den Topf vom Herd nehmen. Den Kürbis auskühlen lassen und zugedeckt im Kühlschrank 24 Stunden durchziehen lassen.

3 Am nächsten Tag den Kürbis in ein Sieb abgießen, dabei den Kochsud auffangen. Die ganzen Gewürze entfernen. Die Gelatine in kaltem Wasser einweichen. Vom Kürbissud 300 ml abmessen, den Rest beiseitestellen. Den Sud mit dem Essig in einem Topf erwärmen und mit Salz würzen. Die Gelatine ausdrücken, im warmen Kürbissud auflösen und bei Zimmertemperatur auskühlen lassen.

4 Zwei Drittel der Kürbisstücke auf tiefe Teller verteilen, den Gelatinesud darübergießen und im Kühlschrank fest werden lassen. Von dem beiseitegestellten Kürbissud 2 EL mit dem Olivenöl verrühren, mit Chilisalz würzen und die restlichen Kürbisstücke damit marinieren.

5 Die getrockneten Pilze in einem kleinen Topf in Wasser aufkochen, vom Herd nehmen und 15 Minuten ziehen lassen. In ein Sieb abgießen und abtropfen lassen. Die Butter in einer Pfanne erhitzen und die Pilze darin bei milder Hitze andünsten. Mit Portwein ablöschen und den Schnittlauch untermischen.

6 Die geräucherte Entenbrust in dünne Scheiben schneiden und mit den restlichen Kürbisstücken auf dem Gelee anrichten. Die gedünsteten Totentrompeten dazu servieren.

MEIN TIPP

Während der Pilzsaison (Spätsommer bis Herbst) können Sie für dieses Gericht natürlich auch 80 g frische Herbst- bzw. Totentrompeten verwenden. Die Pilze putzen, waschen und abtropfen lassen bzw. trocken tupfen und, wie oben beschrieben, in der Butter dünsten.

VORSPEISEN & KLEINE GERICHTE

Flammkuchen
mit Kabanossi

FÜR 4 PERSONEN

Für den Teig:
250 g Mehl
ca. 1/5 Würfel Hefe (8 g)
2 EL Olivenöl
1 gestr. TL Salz
Olivenöl für das Blech
Mehl zum Ausrollen

Für den Belag:
je 1 gestr. TL Fenchelsamen,
ganzer Kümmel und
Korianderkörner
150 g Doppelrahm-Frischkäse
3–5 EL Milch
1 Knoblauchzehe
1 TL geriebener Ingwer
1 gestr. TL getrocknetes
Bohnenkraut
mildes Chilipulver
Salz
1 Bund Rucola
150 g Kabanossi

1 Für den Teig das Mehl in eine Schüssel sieben und in die Mitte eine Mulde drücken. 5 EL Wasser leicht erwärmen, die Hefe darin auflösen und in die Mulde geben. Mit etwas Mehl bestäuben und verrühren. 75 ml Wasser, das Olivenöl und das Salz dazugeben und alles in der Küchenmaschine oder mit den Knethaken des Handrührgeräts zu einem glatten Teig verkneten. Den Teig mit Frischhaltefolie bedecken und an einem warmen Ort 30 Minuten gehen lassen.

2 Für den Belag Fenchel, Kümmel und Koriander im Mörser fein zerstoßen. Den Frischkäse mit der Milch in einer Schüssel glatt rühren. Die Gewürzmischung hinzufügen. Den Knoblauch schälen und auf der Zestenreibe fein dazureiben. Den Ingwer und das Bohnenkraut ebenfalls dazugeben und alles gut verrühren. Die Creme mit je 1 Prise Chilipulver und Salz würzen.

3 Den Backofen auf 250 °C vorheizen. Ein Backblech mit Olivenöl einfetten. Den Rucola verlesen, waschen und trocken schütteln, grobe Stiele entfernen. Die Rucolablätter klein schneiden.

4 Den Hefeteig auf der bemehlten Arbeitsfläche auf die Größe des Backblechs ausrollen und das Blech mit dem Teig auslegen.

5 Die Frischkäsemasse auf dem Teig verteilen und den Flammkuchen im Ofen auf der untersten Schiene 10 bis 12 Minuten backen, bis der Boden hell gebräunt ist. Inzwischen die Kabanossi in dünne Scheiben schneiden. Den Flammkuchen kurz vor Ende der Garzeit damit belegen und 1 weitere Minute backen.

6 Den Flammkuchen aus dem Ofen nehmen, in Stücke schneiden und mit dem Rucola bestreut servieren.

MEIN TIPP

Die Frischkäse-Milch-Mischung sollte eine cremig-flüssige Masse ergeben. Je nachdem, welche Konsistenz der Frischkäse hat, sollten Sie die Milchmenge eventuell entsprechend reduzieren. Nach Belieben können Sie den Teig auch in 4 Portionen teilen, jeweils zu ovalen Fladen hauchdünn ausrollen und auf zwei Backblechen im Ofen backen.

Suppen & Eintöpfe

SUPPEN & EINTÖPFE

Klare Spargelsuppe
mit Schinkenknödeln und Estragon

FÜR 4 PERSONEN

Für die Suppe:

400 g weißer Spargel
1 l Hühnerbrühe
200 g grüner Spargel
1 Streifen unbehandelte
Zitronenschale
1 halbierte Knoblauchzehe
1 Scheibe Ingwer
5 große Estragonblätter
Salz
mildes Chilipulver

Für die Knödel:

1/2 Zwiebel · 1 EL Öl
2 Eier · 50 g Speisequark
Salz · Pfeffer aus der Mühle
mildes Chilipulver
frisch geriebene Muskatnuss
80 g gekochter Hinterschinken
150 g Toastbrot
1 EL Petersilie (frisch geschnitten)

Zum Anrichten:

einige Tropfen Olivenöl

1 Für die Suppe den weißen Spargel schälen und die holzigen Enden abschneiden. Die Spargelstangen beiseitelegen. Die Brühe in einem Topf erhitzen und die Spargelschalen und -enden darin knapp unter dem Siedepunkt 20 Minuten mehr ziehen als köcheln lassen. Den Spargelsud durch ein Sieb gießen.

2 Den grünen Spargel waschen, nur im unteren Drittel schälen und die holzigen Enden entfernen. Weiße und grüne Spargelstangen schräg in 1/2 cm breite Stücke schneiden und in dem Spargelsud knapp unter dem Siedepunkt etwa 5 Minuten bissfest garen. Kurz vor Ende der Garzeit Zitronenschale, Knoblauch und Ingwer hinzufügen, einige Minuten in der Suppe ziehen lassen und wieder entfernen. Den Estragon klein schneiden und dazugeben, die Suppe mit Salz und Chilipulver würzen.

3 Für die Knödel die Zwiebel schälen und in feine Würfel schneiden. Das Öl in einer Pfanne erhitzen und die Zwiebelwürfel darin glasig dünsten. Die Eier in einer Schüssel mit dem Quark glatt rühren und mit Salz, Pfeffer und je 1 Prise Chilipulver und Muskatnuss würzen. Den Schinken in kleine Würfel schneiden. Die Toastbrotscheiben in 1/2 bis 1 cm große Würfel schneiden. Die Schinken- und Brotwürfel mit der Eier-Quark-Masse, den Zwiebelwürfeln sowie der Petersilie locker mischen und 10 Minuten ziehen lassen.

4 Aus der Brotmasse mit angefeuchteten Händen kleine Knödel formen. Die Knödel in einem Topf in siedendem Salzwasser etwa 12 Minuten ziehen lassen.

5 Die Suppe auf vorgewärmte tiefe Teller verteilen und mit etwas Olivenöl beträufeln. Die Schinkenknödel mit dem Schaumlöffel aus dem Topf heben, abtropfen lassen und in der Suppe servieren.

SUPPEN & EINTÖPFE

Kartoffelsuppe
mit Edelpilzkäse und Walnüssen

FÜR 4 PERSONEN

350 g festkochende Kartoffeln
70 g Karotte
70 g Knollensellerie
800 ml Hühnerbrühe
1 Lorbeerblatt
1 rote getrocknete Chilischote
100 g Sahne
je ½ TL gemahlene Kurkuma,
gemahlener Kümmel und
Paprikapulver (edelsüß)
100 g milder Edelpilzkäse
Salz · getrocknetes Bohnenkraut
1 EL Walnusskerne

1 Die Kartoffeln schälen, waschen und in 1 cm große Würfel schneiden. Die Karotte und den Sellerie putzen, schälen und ebenfalls in 1 cm große Würfel schneiden. Die Gemüsewürfel mit der Brühe in einen Topf geben. Das Lorbeerblatt und die Chilischote hinzufügen, die Brühe zum Kochen bringen und das Gemüse knapp unter dem Siedepunkt etwa 20 Minuten weich garen.

2 Am Ende der Garzeit das Lorbeerblatt und die Chilischote wieder entfernen. Ein Viertel der Gemüsewürfel mit dem Schaumlöffel herausnehmen und beiseitestellen. Die Sahne zur Suppe geben, nochmals erhitzen und mit Kurkuma, Kümmel und Paprikapulver würzen.

3 Den Edelpilzkäse etwas zerkleinern und in die Suppe geben. Die Kartoffelsuppe mit dem Stabmixer sämig pürieren und mit Salz und 1 Prise Bohnenkraut würzen.

4 Die Suppe auf vorgewärmte tiefe Teller verteilen, die Gemüsewürfel darauf anrichten und die Walnüsse fein darüberhobeln.

MEIN TIPP

Zum Hobeln der Walnüsse eignet sich am besten ein Trüffelhobel oder ein kleiner scharfer Gemüsehobel. Nach Belieben können Sie die Kartoffelsuppe natürlich auch mit kleinen Kalbfleischpflanzerln als Einlage servieren.

SUPPEN & EINTÖPFE

Kopfsalat-Erbsen-Suppe
mit geräuchertem Saibling

FÜR 4 PERSONEN

400 g Tiefkühl-Erbsen

2 Frühlingszwiebeln

1 geräucherter Saibling (300 g)

3 große dunkelgrüne
Kopfsalatblätter

1 Handvoll kleine helle
Kopfsalatblätter

800 ml Gemüsebrühe

200 g Sahne

Salz · Pfeffer aus der Mühle

mildes Chilipulver

frisch geriebene Muskatnuss

1 EL Minze (frisch geschnitten)

1 Die Erbsen auftauen lassen. Die Frühlingszwiebeln putzen, waschen und schräg in feine Ringe schneiden.

2 Den Backofen auf 50 °C vorheizen. Den Saibling vorsichtig häuten und den Tran mit einem Messer entfernen. Die Filets von der Gräte lösen und kleine Gräten entfernen. Die Filets auf einen Teller legen und im Ofen auf der mittleren Schiene 10 Minuten erwärmen.

3 Die dunklen und die hellen Salatblätter waschen und trocken schütteln. Die hellen Salatblätter für die Einlage in feine Streifen schneiden, die dunklen Blätter klein zupfen.

4 Die Brühe in einem Topf mit der geräucherten Saiblingshaut erhitzen und die Erbsen darin knapp unter dem Siedepunkt 3 bis 4 Minuten ziehen lassen. Die Haut entfernen, die Sahne und die dunklen Salatblätter hinzufügen. Die Suppe mit dem Stabmixer pürieren und mit Salz, Pfeffer, 1 Prise Chilipulver und etwas Muskatnuss würzen.

5 Die hellen Salatstreifen und die Minze auf vorgewärmte tiefe Teller verteilen. Die Suppe nochmals aufschäumen und darübergeben. Mit den Frühlingszwiebelringen bestreuen. Die Saiblingsfilets aus dem Ofen nehmen, in Stücke schneiden und auf der Suppe anrichten.

MEIN TIPP

Damit die frische grüne Farbe von Erbsen und Kopfsalat erhalten bleibt, sollten Sie die Suppe sofort nach der Zubereitung servieren. Zur Abwechslung kann man andere Räucherfische oder nach Belieben auch Schinken als Suppeneinlage verwenden.

SUPPEN & EINTÖPFE

Spinatsuppe
mit Knoblauch und Kokos-Chips

FÜR 4 PERSONEN

300 g junger Blattspinat
Salz
1 Zwiebel
1 kleine festkochende Kartoffel
(ca. 70 g)
1/2 Stängel Zitronengras
30 g kalte Butter
800 ml Hühnerbrühe
2 EL Kokos-Chips
1 Knoblauchzehe
100 g Sahne
100 ml Kokosmilch
1 Streifen unbehandelte
Zitronenschale
mildes Chilipulver
frisch geriebene Muskatnuss

1 Die Spinatblätter verlesen, waschen und trocken schleudern, grobe Stiele entfernen. Eine Handvoll Spinatblätter zum Anrichten beiseitelegen. Die restlichen Blätter in einem Topf in kochendem Salzwasser etwa 1 Minute blanchieren, in ein Sieb abgießen, kalt abschrecken und abtropfen lassen. Mit den Händen das restliche Wasser gut ausdrücken und die Blätter klein schneiden.

2 Die Zwiebel schälen und in feine Würfel schneiden. Die Kartoffel schälen, waschen und in kleine Würfel schneiden. Das Zitronengras waschen und trocken tupfen. In einem Topf 1 EL Butter erhitzen und die Zwiebel- und Kartoffelwürfel darin bei milder Hitze andünsten. Die Brühe dazugießen, das Zitronengras hinzufügen und die Kartoffelwürfel 25 Minuten mehr ziehen als köcheln lassen. Anschließend das Zitronengras wieder entfernen.

3 Inzwischen die Kokos-Chips in einer Pfanne ohne Fett hell rösten. Den Knoblauch schälen und in Scheiben schneiden.

4 Sobald die Kartoffelwürfel weich sind, die Sahne mit der Kokosmilch zur Suppe geben und die Suppe mit dem Stabmixer pürieren. Die Zitronenschale hinzufügen, einige Minuten darin ziehen lassen und wieder entfernen.

5 Kurz vor dem Servieren den Spinat und den Knoblauch mit der restlichen kalten Butter mit dem Stabmixer unterrühren. Die Suppe mit Salz und je 1 Prise Chilipulver und Muskatnuss würzen. Nochmals mit dem Stabmixer aufschäumen und die beiseitegelegten Spinatblätter unterrühren. Die Spinatsuppe in vorgewärmten tiefen Tellern oder Schälchen anrichten und mit den Kokos-Chips bestreut servieren.

MEIN TIPP

Diese Suppe lässt sich sehr gut vorbereiten. Dafür den Blattspinat wie beschrieben blanchieren und die Suppe mit Sahne und Kokosmilch mit dem Stabmixer fein pürieren. Diese Basis bis zum Gebrauch kühl stellen und dann erhitzen. Den restlichen Spinat mit Knoblauch und Butter untermixen und die Suppe mit den Gewürzen abschmecken.

SUPPEN & EINTÖPFE

Maronensuppe
mit Portwein und Schokolade

FÜR 4 PERSONEN

Für die Suppe:

1 TL Puderzucker
50 ml roter Portwein
800 ml Geflügelfond
350 g gegarte Maronen
(vakuumverpackt)
200 g Sahne
1/2 TL gehackte Zartbitterkuvertüre
1/4 ausgekratzte Vanilleschote
1 Msp. abgeriebene
unbehandelte Orangenschale
30 g kalte Butter · Salz
mildes Chilipulver

Für die Einlage:

80 g gegarte Maronen
(vakuumverpackt)
80 g Champignons
8 Rosenkohlröschen · Salz
1 EL arabische Gewürzbutter
(siehe S. 144)
mildes Chilisalz

Für die Croûtons:

1 Scheibe Toast- oder
Schwarzbrot
1 EL Butter

1 Für die Suppe den Puderzucker in einen Topf stäuben und bei mittlerer Hitze goldbraun karamellisieren. Mit dem Portwein ablöschen und auf ein Drittel einköcheln lassen.

2 Den Fond mit den Maronen in einem Topf aufkochen lassen. Die Sahne hinzufügen und alles mit dem Stabmixer pürieren. Den eingekochten Portwein und die Kuvertüre zur Suppe geben. Die Vanilleschote hinzufügen, 1 bis 2 Minuten in der Suppe ziehen lassen und wieder entfernen. Die Orangenschale dazugeben und die kalte Butter mit dem Stabmixer unterrühren. Die Maronensuppe mit Salz und Chilipulver würzen.

3 Für die Einlage die Maronen vierteln. Die Champignons putzen, trocken abreiben und halbieren. Vom Rosenkohl die äußeren Blätter entfernen und die einzelnen Blätter ablösen. Die Rosenkohlblätter in kochendem Salzwasser etwa 2 Minuten bissfest blanchieren, in ein Sieb abgießen, kalt abschrecken und abtropfen lassen.

4 Die Gewürzbutter in einer Pfanne erhitzen und die Champignons darin bei mittlerer Hitze kurz anbraten. Die geviertelten Maronen und die Rosenkohlblätter dazugeben, in der Pfanne erwärmen und alles mit Chilisalz würzen.

5 Für die Croûtons das Toast- oder Schwarzbrot in 1/2 cm große Würfel schneiden. Die Butter in einer Pfanne erhitzen und die Brotwürfel darin bei milder Hitze rundum rösten.

6 Zum Servieren Pilze, Maronen und Rosenkohl in die Mitte von vorgewärmten tiefen Tellern setzen, die Maronensuppe nochmals aufschäumen und außen herum verteilen. Die Suppe mit den Croûtons bestreut servieren.

MEIN TIPP

Der Portwein darf auf keinen Fall direkt in die Suppe gegeben werden, sondern wird, wie oben beschrieben, eingekocht. So schmeckt er besonders intensiv und verleiht der Suppe zusätzlich noch eine kräftigere Farbe.

SUPPEN & EINTÖPFE

Safran-Mandel-Suppe
mit Chili-Croûtons

FÜR 4 PERSONEN

Für die Suppe:

800 ml kräftige Hühnerbrühe
1/2 Döschen Safranfäden
(0,05 g)
2 Knoblauchzehen
200 g Sahne
1 TL geriebener Ingwer
1 Msp. Vanillemark
gemahlene Kurkuma
Salz · Pfeffer aus der Mühle
mildes Chilipulver
1 EL Speisestärke
2 EL helles Mandelmus
(aus dem Reformhaus)
20 g kalte Butter
2 EL Mandelblättchen

Für die Croûtons:

50 g Weißbrot
2 EL braune Butter
(siehe S. 139)
1/2 TL milde Chiliflocken · Salz

1 Für die Suppe die Brühe mit den Safranfäden in einen Topf geben, erhitzen und einige Minuten ziehen lassen. Den Knoblauch schälen und in Scheiben schneiden. Den Knoblauch, die Sahne, den Ingwer und das Vanillemark zur Brühe geben. Die Brühe mit 1 Prise Kurkuma, Salz, Pfeffer und 1 Prise Chilipulver würzen, erhitzen und mit dem Stabmixer fein pürieren.

2 Die Speisestärke mit etwas kaltem Wasser glatt rühren. Unter die leicht kochende Suppe rühren, bis sie sämig ist, und die Suppe 1 bis 2 Minuten köcheln lassen. Das Mandelmus unterrühren und die kalte Butter mit dem Stabmixer unterrühren. Die Safran-Mandel-Suppe mit Salz würzen.

3 Die Mandelblättchen in einer Pfanne ohne Fett goldbraun rösten und wieder herausnehmen.

4 Für die Croûtons das Weißbrot in Würfel schneiden. Die braune Butter in einer Pfanne erhitzen und die Brotwürfel darin rundum goldbraun braten. Die Croûtons mit den Chiliflocken und 1 Prise Salz würzen.

5 Die Safran-Mandel-Suppe nochmals kurz aufschäumen, auf vorgewärmte tiefe Teller verteilen und mit den gerösteten Mandelblättchen und den Chili-Croûtons bestreut servieren.

MEIN TIPP

Helles Mandelmus besteht aus geschälten Mandeln, die zu Mus verarbeitet wurden. Das dunkle Mandelmus dagegen wird aus ungeschälten Mandeln hergestellt. Beide eignen sich zum Verfeinern von Rahmsuppen, cremigen Dressings, Dipsaucen und Brotaufstrichen.

SUPPEN & EINTÖPFE

Blumenkohlsuppe
mit Ras-el-Hanout

FÜR 4 PERSONEN

1 Kopf Blumenkohl (ca. 800 g)
800 ml Gemüsebrühe
1 kleine Knoblauchzehe
1 Scheibe Ingwer
200 g Sahne
2–3 TL Ras-el-Hanout
(marokk. Gewürzmischung)
1 EL kalte Butter
Salz · 1 EL Öl
Chilisalz
1 EL Petersilie (frisch geschnitten)

1 Den Blumenkohl putzen, waschen und in die einzelnen Röschen zerteilen. Ein Drittel der Blumenkohlröschen beiseitelegen, den Rest zerkleinern. Die Brühe in einen Topf geben. Die zerkleinerten Blumenkohlröschen darin knapp unter dem Siedepunkt etwa 20 Minuten weich garen.

2 Den Knoblauch und den Ingwer schälen und fein reiben. Beides mit der Sahne und dem Ras-el-Hanout mit dem Stabmixer unter die Suppe rühren. Die Blumenkohlsuppe knapp unter dem Siedepunkt noch einige Minuten ziehen lassen. Dann die kalte Butter untermixen und die Suppe mit Salz würzen.

3 Die beiseitegelegten Blumenkohlröschen in etwa 1/2 cm dicke Scheiben schneiden. Das Öl in einer Pfanne erhitzen und die Blumenkohlscheiben darin bei mittlerer Hitze auf beiden Seiten anbraten. Mit Chilisalz würzen.

4 Die Blumenkohlsuppe nochmals mit dem Stabmixer aufschäumen, auf vorgewärmte tiefe Teller oder Schälchen verteilen und den gebratenen Blumenkohl darauf anrichten. Mit Petersilie bestreut servieren.

MEIN TIPP

Ras-el-Hanout ist eine marokkanische Gewürzmischung, die aus bis zu 20 verschiedenen blumigen, süßen, scharfen und bitteren Gewürzen zusammengestellt ist. Ras-el-Hanout passt besonders gut zu Lammfleisch, Couscous und Reis, aber auch zu Gemüsegerichten und vielen Zubereitungen mit Hülsenfrüchten.

SUPPEN & EINTÖPFE

Paprika-Kürbis-Suppe
mit Knoblauch-Croûtons

FÜR 4 PERSONEN

Für die Suppe:

2 rote Paprikaschoten
600 g Butternuss- oder Muskatkürbis
900 ml Hühnerbrühe
100 g Sahne
100 ml Kokosmilch
1 TL mildes Currypulver
1 halbierte Knoblauchzehe
1 Splitter Zimtrinde
1/2 ausgekratzte Vanilleschote
40 g kalte Butter · Salz
gemahlener Galgant
mildes Chilipulver
1 EL mildes Olivenöl
1 EL Petersilie (frisch geschnitten)
mildes Chilisalz

Für die Croûtons:

50 g Weißbrot
2 EL mildes Olivenöl
1 Knoblauchzehe (in Scheiben)
1/2 ausgekratzte Vanilleschote

1 Für die Suppe die Paprikaschoten längs vierteln, entkernen und mit dem Sparschäler schälen. Sechs Paprikaviertel grob zerkleinern, den Rest beiseitelegen. Den Kürbis schälen und die Kerne mit einem Löffel entfernen. Vom Kürbisfruchtfleisch etwa 100 g abwiegen und ebenfalls beiseitelegen, den Rest in 1 cm große Würfel schneiden.

2 Die Kürbiswürfel mit den zerkleinerten Paprikaschoten in 800 ml Brühe knapp unter dem Siedepunkt etwa 20 Minuten weich garen.

3 Die Sahne, die Kokosmilch und das Currypulver hinzufügen und die Suppe mit dem Stabmixer pürieren. Den Knoblauch, den Zimt und die Vanilleschote hinzufügen, einige Minuten ziehen lassen und wieder entfernen. Die kalte Butter untermixen und die Suppe mit Salz, 1 Prise Galgant und Chilipulver würzen.

4 Die beiseitegelegten Paprikaviertel und den restlichen Kürbis in etwa 1/2 cm große Würfel schneiden. Beides in einer Pfanne in der übrigen Brühe bei mittlerer Hitze einige Minuten weich köcheln, bis die Flüssigkeit fast verdampft ist. Das Olivenöl dazugeben, die Petersilie unterrühren und das Gemüse mit Chilisalz würzen.

5 Für die Croûtons das Weißbrot in 1/2 bis 1 cm große Würfel schneiden. Das Olivenöl in einer Pfanne erhitzen und die Brotwürfel darin bei milder Hitze rundum goldbraun rösten. Sobald sie beginnen braun zu werden, den Knoblauch und die Vanilleschote dazugeben. Die Croûtons aus der Pfanne nehmen und auf Küchenpapier abtropfen lassen. Den Knoblauch und die Vanilleschote wieder entfernen.

6 Die Suppe mit dem Stabmixer nochmals aufschäumen und auf vorgewärmte tiefe Teller verteilen. Die Gemüsewürfel darauf anrichten und mit den Knoblauch-Croûtons bestreuen.

MEIN TIPP

Ich bevorzuge Muskat- oder Butternusskürbisse, weil sie einen besonders feinen Geschmack haben. Eine extra würzige Note erhält die Suppe, wenn Sie sie zusätzlich mit 1 TL geräuchertem Paprikapulver (siehe Seite 82) würzen. Man kann die Suppe auch nur mit Kürbis, ohne die geschälten Paprikaschoten, zubereiten.

SUPPEN & EINTÖPFE

Fenchel-Curry-Suppe
mit Rostbratwürsteln

FÜR 4 PERSONEN

1 1/2 Fenchelknollen
mit Grün (ca. 450 g)
800 ml Gemüsebrühe
10 Fenchelsamen
200 g Sahne
30 g kalte Butter
1–2 EL braune Butter
(siehe S. 139)
1 Knoblauchzehe
1 Scheibe Ingwer
1/2 TL Currypulver
1 Msp. abgeriebene
unbehandelte Orangenschale
Salz · mildes Chilipuver
1 EL Öl
8 Nürnberger Rostbratwürstel

1 Den Fenchel putzen, waschen, halbieren und samt Strunk in dünne Scheiben schneiden. Das Fenchelgrün beiseitelegen. Den Fenchel mit der Brühe und den Fenchelsamen in einen Topf geben und knapp unter dem Siedepunkt etwa 15 Minuten mehr ziehen als köcheln lassen, bis er weich ist.

2 Ein Drittel des Fenchels mit dem Schaumlöffel aus der Suppe nehmen und beiseitestellen. Die Sahne, die kalte und die braune Butter zur Suppe geben und alles mit dem Stabmixer pürieren.

3 Den Knoblauch schälen und in Scheiben schneiden. Mit dem Ingwer und dem Currypulver unter die Fenchelsuppe rühren und einige Minuten ziehen lassen. Die Orangenschale hinzufügen. Die Fenchelsuppe mit Salz und 1 Prise Chilipulver würzen und durch ein nicht zu feines Sieb gießen.

4 Das Öl in einer Pfanne erhitzen und die Rostbratwürstel darin bei mittlerer Hitze rundum goldbraun braten. Herausnehmen, nach Belieben längs halbieren und auf Küchenpapier abtropfen lassen.

5 Den beiseitegelegten Fenchel in vorgewärmte tiefe Teller geben. Die Suppe mit dem Stabmixer aufschäumen, um den Fenchel herum verteilen und die Würstel darauf anrichten. Die Suppe mit dem Fenchelgrün garniert servieren.

MEIN TIPP

Statt mit Rostbratwürsteln können Sie die Suppe auch mit gebratenem Rotbarbenfilet servieren. Oder Sie schneiden etwa 350 g Lachsfilet in etwa 1 1/2 cm große Stücke, pochieren sie einige Minuten in 90 °C heißem Wasser und geben sie als Einlage in die Suppe.

SUPPEN & EINTÖPFE

Kokos-Zitronengras-Suppe
mit Kaffirlimettenblättern

FÜR 4 PERSONEN

1 Zwiebel
1/2 Stange Staudensellerie
1 Tomate
1 Stängel Zitronengras
1,2 l Geflügelfond
4–5 Kaffirlimettenblätter
100 ml Kokosmilch
100 g Sahne
1 gestr. EL mildes Currypulver
1 EL Speisestärke
1 Knoblauchzehe
1 TL geriebener Ingwer
1/4 Banane
20 g kalte Butter
Salz · mildes Chilipulver
2 Hähnchenbrustfilets
(à 120 g; ohne Haut)
1 EL Öl
je 80 g Zuckerschoten,
Tiefkühl-Mais und
Kidneybohnen
(aus der Dose)

1 Die Zwiebel schälen. Den Sellerie putzen und waschen. Die Tomate waschen und mit Zwiebel und Sellerie in 1/2 bis 1 cm große Stücke schneiden. Das Zitronengras putzen, waschen und schräg in Scheiben schneiden.

2 Den Fond mit dem Gemüse, dem Zitronengras und den Limettenblättern in einen Topf geben, zum Kochen bringen und auf zwei Drittel (etwa 800 ml) einköcheln lassen. Dann die Kokosmilch und die Sahne hinzufügen und unterrühren. Das Currypulver darüberstäuben und ebenfalls unterrühren. Alles nochmals erhitzen und mit dem Stabmixer pürieren. Die Suppe durch ein Sieb in einen Topf streichen.

3 Die Speisestärke mit etwas kaltem Wasser glatt rühren. Unter die leicht kochende Suppe rühren, bis sie sämig gebunden ist, und die Suppe 1 bis 2 Minuten köcheln lassen. Den Knoblauch schälen und auf der Zestenreibe fein dazureiben. Den Ingwer hinzufügen. Die Banane schälen und mit der Butter untermixen. Die Suppe mit Salz und 1 Prise Chilipulver würzen.

4 Die Hähnchenbrustfilets waschen, trocken tupfen und in etwa 2 cm große Würfel schneiden. Das Öl in einer großen Pfanne erhitzen und die Fleischwürfel darin bei mittlerer Hitze auf beiden Seiten jeweils etwa 2 Minuten hell anbraten. Die Pfanne vom Herd nehmen und das Hähnchenfleisch in der Resthitze noch 2 Minuten ziehen lassen. Aus der Pfanne nehmen und auf Küchenpapier abtropfen lassen. Das Fleisch in die Suppe geben und knapp unter dem Siedepunkt noch einige Minuten ziehen lassen.

5 Die Zuckerschoten putzen, waschen und schräg in 1/2 cm breite Stücke schneiden. Mit dem Mais in einem Topf in kochendem Salzwasser 1 bis 2 Minuten bissfest garen. In ein Sieb abgießen, kalt abschrecken und abtropfen lassen.

6 Die Bohnen in ein Sieb abgießen, kalt abbrausen und abtropfen lassen. Die Zuckerschoten, den Mais und die Bohnen mischen und auf vorgewärmte tiefe Teller verteilen. Die Suppe mit den Hähnchenbrustwürfeln daraufgeben.

SUPPEN & EINTÖPFE

Gulaschsuppe
mit geräuchertem Paprika und Chili

FÜR 4 PERSONEN

Für die Suppe:
700 g Rindfleisch (aus der Wade
oder Schulter)
400 g Zwiebeln
1–2 EL Öl
1 EL Tomatenmark
3/4 l Hühnerbrühe
je 1/2 gelbe und rote
Paprikaschote
1/2 Zucchino
400 g festkochende Kartoffeln
1 frische rote Chilischote
Salz · 1 Lorbeerblatt
Pfeffer aus der Mühle

Für das Gulaschgewürz:
2 Knoblauchzehen
2 Streifen unbehandelte
Zitronenschale
1/2 TL ganzer Kümmel
1/2 TL getrockneter Majoran
1 TL Paprikapulver (edelsüß)
2 TL geräuchertes Paprikapulver
(siehe S. 82)
1–2 EL kalte Hühnerbrühe
2 EL Petersilie (frisch geschnitten)

1 Für die Suppe das Rindfleisch von groben Sehnen befreien und in 1 cm große Würfel schneiden. Die Zwiebeln schälen, halbieren und in feine Würfel schneiden. Das Öl in einem weiten, großen Topf erhitzen, die Fleischwürfel darin bei mittlerer Hitze rundum gut anbraten und aus dem Topf nehmen. Die Zwiebelwürfel in den Topf geben und im verbliebenen Bratfett glasig dünsten. Das Tomatenmark unterrühren und einige Minuten mitrösten. Das Fleisch wieder hinzufügen, die Brühe dazugießen und das Fleisch bei milder Hitze knapp unter dem Siedepunkt 2 1/2 Stunden weich garen.

2 Die Paprikahälften entkernen, waschen und in 1/2 bis 1 cm große Würfel schneiden. Den Zucchino putzen, waschen und in kleine Würfel schneiden. Die Kartoffel schälen, waschen und in 1 cm große Würfel schneiden. Die Chilischote längs halbieren, entkernen, waschen und in kleine Würfel schneiden.

3 Nach etwa 2 Stunden Garzeit Paprika, Zucchino, Kartoffel und Chili zum Fleisch geben und die Suppe mit etwas Salz würzen. Das Lorbeerblatt hinzufügen.

4 Für das Gulaschgewürz den Knoblauch schälen und fein hacken. Die Zitronenschale, den Kümmel und den Majoran ebenfalls fein hacken. Beide Paprikapulversorten mit der Brühe oder nach Belieben mit 1 bis 2 EL kaltem Wasser glatt rühren.

5 Die Gulaschsuppe mit etwas Gewürzmischung sowie dem angerührten Paprikapulver würzen und 5 Minuten ziehen lassen. Das Lorbeerblatt wieder entfernen. Die Gulaschsuppe mit Salz und Pfeffer abschmecken, in vorgewärmten Suppentassen, tiefen Tellern oder Schälchen anrichten und mit Petersilie bestreut servieren.

MEIN TIPP

Geben Sie nicht gleich die ganze Menge Gulaschgewürz in die Suppe – nachwürzen können Sie dann immer noch! Sollte von der Gewürzmischung etwas übrig bleiben, können Sie sie mit ein wenig Butter mischen, in Frischhaltefolie wickeln und einige Tage im Kühlschrank aufbewahren. Man kann das Gewürz übrigens auch für andere herzhafte Fleischgerichte verwenden.

SUPPEN & EINTÖPFE

Lammeintopf
mit Marzipan und Aprikosen

FÜR 4 PERSONEN

5 getrocknete Aprikosen
5 EL Apfelsaft
600 g Lammfleisch
(aus der Schulter)
1–2 EL Öl
2 EL Tomatenmark
gemahlene Kurkuma
1,2 l Lammfond (ersatzweise
Hühnerbrühe)
1 Zwiebel
2 Karotten
1 EL Butter
100 ml Gemüsebrühe
5 Frühlingszwiebeln
je 1/2 TL ganzer Kreuzkümmel
und ganzer Kümmel
Samen von 2 grünen
Kardamomkapseln
10 g Marzipanrohmasse
1 Knoblauchzehe (in Scheiben)
2 Scheiben Ingwer
mildes Chilisalz

1 Die Aprikosen vierteln. Den Apfelsaft in einem Topf erhitzen, vom Herd nehmen und die Aprikosen darin ziehen lassen.

2 Das Lammfleisch von groben Sehnen befreien und in etwa 2 cm große Würfel schneiden. Das Öl in einem Topf erhitzen, das Fleisch darin portionsweise bei mittlerer Hitze rundum anbraten und wieder herausnehmen. Das Tomatenmark mit 1 Prise Kurkuma dazugeben und im verbliebenen Bratfett kurz anrösten. Das Lammfleisch wieder in den Topf geben, den Fond dazugießen und das Fleisch offen knapp unter dem Siedepunkt 1 1/2 Stunden weich ziehen lassen.

3 Inzwischen die Zwiebel schälen und in feine Würfel schneiden. Die Karotten putzen, schälen und in dünne Scheiben schneiden. Die Butter in einem kleinen Topf erhitzen und die Zwiebelwürfel darin bei mittlerer Hitze glasig dünsten. Die Karotten dazugeben und kurz mitdünsten. Die Brühe hinzufügen. Den Deckel so auflegen, dass noch ein Spalt offen bleibt, und das Gemüse etwa 5 Minuten garen. Die Frühlingszwiebeln putzen, waschen und schräg in Ringe schneiden.

4 Den Kreuzkümmel und den Kümmel mit den Kardamomsamen in einer Pfanne ohne Fett anrösten. Im Mörser fein zermahlen und mit dem Marzipan verkneten.

5 Am Ende der Garzeit den Knoblauch und den Ingwer unter den Eintopf rühren. Das Gewürzmarzipan in kleine Stücke zupfen und ebenfalls hinzufügen. Den Ingwer wieder entfernen. Die Karotten mit den Frühlingszwiebeln und den Aprikosen unterrühren. Den Lammeintopf mit Chilisalz würzen und in vorgewärmten tiefen Tellern, Schälchen oder Suppentassen anrichten.

SUPPEN & EINTÖPFE

Feuriger Gemüseeintopf
mit Paprikawurst

FÜR 4 PERSONEN

150 g grüne Bohnen · Salz
je 2 Zwiebeln, Karotten
und Kartoffeln
1 ½ l Geflügelfond oder
Hühnerbrühe
200 g stückige Tomaten
(aus der Dose)
1 Lorbeerblatt
1 getrocknete rote Chilischote
80 g Tiefkühl-Erbsen
1 Stange Staudensellerie
1 kleiner Zucchino (ca. 100 g)
100 g kleine weiße
Champignons
250 g Paprikawurst
(z. B. Chorizo)
80 g Kidneybohnen
(aus der Dose)
Pfeffer aus der Mühle
½ TL getrocknetes Bohnenkraut
mildes Chilipulver
1 TL geräuchertes Paprikapulver
(siehe S. 82)
1 halbierte Knoblauchzehe
2 Scheiben Ingwer
2 Stiele Petersilie
1 Streifen unbehandelte
Zitronenschale
1–2 EL mildes Olivenöl
2 EL Petersilie (frisch geschnitten)
frisch geriebene Muskatnuss

1 Die Bohnen putzen, waschen und in etwa 2 cm lange Stücke schneiden. Die Bohnenstücke in einem Topf in kochendem Salzwasser etwa 8 Minuten bissfest garen. In ein Sieb abgießen, kalt abschrecken und gut abtropfen lassen.

2 Die Zwiebeln schälen. Die Karotten putzen und schälen, die Kartoffeln schälen und waschen. Alles in 1 bis 1½ cm große Stücke schneiden.

3 Den Fond mit Zwiebeln, Karotten und Kartoffeln in einen Topf geben. Die Tomaten, das Lorbeerblatt und die Chilischote hinzufügen und das Gemüse knapp unter dem Siedepunkt 20 bis 30 Minuten weich garen.

4 Die Erbsen auftauen lassen. Den Sellerie putzen, waschen und schräg in Scheiben schneiden. Den Zucchino putzen, waschen, längs halbieren und in Scheiben schneiden. Die Champignons putzen, trocken abreiben und halbieren. Die Paprikawurst häuten und in dünne Scheiben schneiden.

5 Die Kidneybohnen in ein Sieb abgießen, kalt abbrausen und abtropfen lassen. Mit den grünen Bohnen, dem Sellerie, dem Zucchino und den Champignons in die Suppe geben und erhitzen. Mit Salz, Pfeffer, Bohnenkraut, 1 Prise Chilipulver und dem geräuchterten Paprikapulver würzen. Knoblauch, Ingwer, Petersilienstiele und Zitronenschale hinzufügen, einige Minuten im Eintopf ziehen lassen und mit dem Lorbeerblatt und der Chilischote wieder entfernen.

6 Den Eintopf vom Herd nehmen und das Olivenöl unterrühren. Die Wurstscheiben und die Petersilie unterrühren und die Suppe gegebenenfalls noch mit 1 Prise Chilipulver würzen. Etwas Muskatnuss in vorgewärmte tiefe Teller reiben und den Eintopf darauf verteilen.

MEIN TIPP

Nach Belieben kann diese Suppe auch fleischlos serviert werden: Dafür einfach auf die Wurst verzichten und den Geflügelfond durch Gemüsefond oder -brühe ersetzen. Zusätzliche Würze bekommt der Eintopf, wenn Sie ihn statt mit Olivenöl mit mediterranem Gewürzöl oder Ingwer-Knoblauch-Öl mit Vanille (siehe Seite 146/147) abschmecken.

SUPPEN & EINTÖPFE

Chili con Carne
mit Zucchini und Paprika

FÜR 4 PERSONEN

1 große Zwiebel
2 EL braune Butter
(siehe S. 139)
600 g grobes Rinderhackfleisch
2 EL Tomatenmark
1–2 EL Tomatenketchup
800 ml Hühnerbrühe
1 Lorbeerblatt
150 g Tiefkühl-Mais
1 Knoblauchzehe
1 Scheibe Ingwer
1 frische rote Chilischote
je 1/2 TL ganzer Kreuzkümmel
und Korianderkörner
1/2 TL Paprikapulver (edelsüß)
1 TL abgeriebene unbehandelte
Zitronenschale
1 EL Olivenöl
200 g Kidneybohnen
(aus der Dose)
1 rote Paprikaschote
150 g Zucchini · Salz
200 g stückige Tomaten
(aus der Dose)
2 EL Petersilie (frisch geschnitten)

1 Die Zwiebel schälen und in feine Würfel schneiden. Die braune Butter in einem weiten, großen Topf erhitzen und die Zwiebelwürfel darin bei mittlerer Hitze glasig dünsten. Das Hackfleisch dazugeben und unter gelegentlichem Rühren krümelig braten. Das Tomatenmark und das Ketchup unterrühren und kurz mitbraten. Die Brühe dazugießen und alles bei milder Hitze etwa 1 Stunde leicht köcheln lassen. Nach 45 Minuten Garzeit das Lorbeerblatt hinzufügen.

2 Inzwischen den Mais auftauen lassen. Den Knoblauch schälen und in Scheiben schneiden. Den Ingwer schälen und klein schneiden. Die Chilischote längs halbieren, entkernen, waschen und ebenfalls klein schneiden. Knoblauch, Ingwer und Chili mit Kreuzkümmel, Koriander, Paprikapulver und Zitronenschale sowie dem Olivenöl im Mörser zu einer Paste verarbeiten.

3 Die Bohnen in ein Sieb abgießen, kalt abbrausen und abtropfen lassen. Die Paprikaschote längs halbieren, entkernen und mit dem Sparschäler schälen. Die Paprikahälften in Würfel schneiden. Die Zucchini putzen, waschen und in 1/2 cm große Würfel schneiden.

4 Die Fleischbrühe mit Salz und der Gewürzpaste aus dem Mörser würzen. Den Mais mit Bohnen, Paprika, Zucchini und Tomaten hinzufügen und das Chili weitere 5 Minuten bei milder Hitze ziehen lassen.

5 Das Chili con Carne auf vorgewärmte tiefe Teller oder Schälchen verteilen und mit der Petersilie bestreuen. Nach Belieben je 1 EL saure Sahne daraufgeben.

193

SUPPEN & EINTÖPFE

Tomatensuppe
mit Zimt und Garnelen

FÜR 4 PERSONEN

Für die Suppe:
1 kleine Zwiebel
80 ml mildes Olivenöl
1/2 l Gemüsebrühe
1 Knoblauchzehe
650 g stückige Tomaten
(aus der Dose)
einige Stiele Basilikum
1 Splitter Zimtrinde
Salz · Pfeffer aus der Mühle
Zucker · Chilipulver
1 EL Basilikum
(frisch geschnitten)

Für die Croûtons:
1 Scheibe Toastbrot
1 EL Butter · 1 Stück Zimtrinde

Für die Garnelen:
4 Garnelen (à ca. 30 g)
1 TL Olivenöl
je 1 Msp. abgeriebene
unbehandelte Zitronen- und
Orangenschale
mildes Chilisalz

1 Für die Suppe die Zwiebel schälen und in feine Würfel schneiden. In einem Topf 1 EL Olivenöl erhitzen und die Zwiebelwürfel darin bei milder Hitze glasig dünsten. Die Brühe dazugießen und knapp unter dem Siedepunkt 5 Minuten ziehen lassen.

2 Den Knoblauch schälen und in Scheiben schneiden. Die Tomaten zur Brühe geben und erhitzen. Den Knoblauch hinzufügen und die Tomatensuppe mit dem Stabmixer pürieren, dabei das restliche Olivenöl nach und nach dazugeben und untermixen.

3 Die Basilikumstiele waschen und trocken schütteln. Den Zimt mit den Basilikumstielen in die Suppe geben, einige Minuten ziehen lassen und wieder entfernen. Die Tomatensuppe mit Salz, Pfeffer und je 1 Prise Zucker und Chilipulver würzen.

4 Für die Croûtons das Toastbrot in 1/2 cm große Würfel schneiden. Die Butter in einer Pfanne erhitzen und die Brotwürfel darin bei milder Hitze rundum goldbraun rösten. Etwas Zimt darüberreiben.

5 Für die Garnelen die Garnelen schälen, am Rücken entlang einschneiden und den dunklen Darm entfernen. Die Garnelen waschen, trocken tupfen und längs halbieren. In einer Pfanne das Olivenöl erhitzen und die Garnelenhälften darin auf der Hautseite bei mittlerer Hitze 1 bis 2 Minuten braten, bis sie sich aufdrehen. Dann wenden, die Pfanne vom Herd nehmen und die Garnelen in der Resthitze durchziehen lassen. Die Zitronen- und Orangenschale darüberstreuen und mit Chilisalz würzen.

6 Die Tomatensuppe auf vorgewärmte tiefe Teller oder Schälchen verteilen. Die gebratenen Garnelen daraufgeben und die Suppe mit Basilikum und den Zimt-Croûtons bestreut servieren.

SUPPEN & EINTÖPFE

Bouillabaisse
mit Rouille

FÜR 4 PERSONEN

Für die Suppe:

300 g Muscheln (z. B. Mies- oder
Venusmuscheln) · Salz
1 Zwiebel
1 Stange Staudensellerie
½ kleine Fenchelknolle
2 EL Olivenöl
3 EL Noilly Prat (franz. Wermut)
1,2 l Fischfond (ersatzweise
Gemüsebrühe)
½ Bund Frühlingszwiebeln
80 g Cocktailtomaten
80 g kleine weiße Champignons
½ Döschen Safranfäden (0,05 g)
1 halbierte Knoblauchzehe
1 Zweig Thymian
1 TL Anislikör · 4 Garnelen
500 g gemischte Fischfilets
(z. B. Rotbarbe, Dorade, Seeteufel, Seezunge, Knurrhahn)

Für die Rouille:

½ Döschen Safranfäden (0,05 g)
2 EL warme Gemüsebrühe
1 Knoblauchzehe
200 g Crème fraîche
2 EL mildes Olivenöl
mildes Chilisalz

Außerdem:

12 Scheiben Baguette
2–3 EL mildes Olivenöl

1 Für die Suppe die Muscheln unter fließendem kaltem Wasser gründ-lich abbürsten, geöffnete Exemplare aussortieren. Die Muscheln in einem Topf in kochendem Salzwasser zugedeckt ½ bis 1 Minute ga-ren, bis sie sich öffnen. In ein Sieb abgießen und abtropfen lassen. Das Muschelfleisch aus den Schalen lösen, dabei geschlossene Muscheln entfernen.

2 Die Zwiebel schälen und in feine Würfel schneiden. Den Sellerie und den Fenchel putzen und waschen. Den Sellerie schräg in Scheiben, den Fenchel in Würfel schneiden. Das Olivenöl in einem Topf erhitzen und Zwiebel, Sellerie und Fenchel darin andünsten. Mit dem Noilly Prat ablöschen, den Fond dazugießen und leicht köcheln lassen. Das Gemüse 10 bis 15 Minuten bissfest garen.

3 Inzwischen die Frühlingszwiebeln putzen, waschen und schräg in ½ bis 1 cm breite Ringe schneiden. Die Cocktailtomaten waschen und vierteln. Die Champignons putzen, trocken abreiben und vierteln. Die Champignons, die Frühlingszwiebeln, die Cocktailtomaten, die Safranfäden, den Knoblauch und den Thymian in den Fond geben. Zum Schluss den Likör hinzufügen und die Suppe warm halten.

4 Die Garnelen schälen, am Rücken entlang einschneiden und den dunklen Darm entfernen. Die Garnelen waschen, trocken tupfen und längs halbieren. Die Fischfilets waschen, trocken tupfen und in mund-gerechte Stücke schneiden. In einem Topf Salzwasser aufkochen las-sen, vom Herd nehmen und die Garnelen und Fischstücke darin 1 bis 2 Minuten ziehen lassen. Mit dem Schaumlöffel herausnehmen, in die Suppe geben und darin weitere 2 bis 3 Minuten ziehen lassen. Die Muscheln ebenfalls in die Suppe geben und kurz darin erhitzen. Den Knoblauch und den Thymian wieder entfernen.

5 Für die Rouille den Safran in der warmen Brühe einige Minuten ziehen lassen. Den Knoblauch schälen und fein hacken. Die Crème fraîche mit der Safranbrühe, dem Knoblauch und dem Olivenöl verrühren und die Rouille mit Chilisalz würzen.

6 Kurz vor dem Servieren die Baguettescheiben in einer Pfanne im Olivenöl bei mittlerer Hitze auf beiden Seiten goldbraun rösten. Die Bouillabaisse in vorgewärmten tiefen Tellern oder Schälchen anrich-ten und die Brotscheiben mit der Rouille separat dazu reichen.

Pasta & Reis

PASTA & REIS

Paprikapesto
und Minzepesto

FÜR 4 PERSONEN

Für das Paprikapesto:

1 Tomate
2 rote Paprikaschoten
2 EL Öl
2 EL Mandelblättchen
2 EL Tomatenketchup
1/2 TL geriebener Ingwer
1 EL geriebener Parmesan
getrocknete Lavendelblüten
1 Knoblauchzehe
je 1 TL geröstete Koriander-
körner und Fenchelsamen
für die Gewürzmühle
Salz · Pfeffer aus der Mühle
mildes Chilipulver
3 EL mildes Olivenöl

Für das Minzepesto:

100 g Petersilie · Salz
1 TL Mandelblättchen
50 g Minze
1 EL geriebener Parmesan
1/2 Knoblauchzehe (in Scheiben)
1 Msp. Vanillemark
60 ml Olivenöl
60 g braune Butter
(siehe S. 139)
Pfeffer aus der Mühle
einige Spritzer Zitronensaft

1 Für das Paprikapesto die Tomate kreuzweise einritzen, überbrühen, kalt abschrecken, häuten, vierteln, entkernen und grob zerkleinern.

2 Den Backofengrill einschalten. Die Paprikaschoten längs vierteln, entkernen und mit der Hautseite nach oben auf ein Backblech legen. Die Haut mit dem Öl bestreichen und die Paprikaschoten im Ofen auf der obersten Schiene garen, bis die Haut dunkle Blasen wirft. Aus dem Ofen nehmen, kurz abkühlen lassen und häuten. Das Frucht-fleisch grob zerkleinern.

3 Die Mandeln in einer Pfanne ohne Fett hell rösten und abkühlen las-sen. Tomate, Paprika, Mandeln, Ketchup, Ingwer, Parmesan und 1 Prise Lavendelblüten in den Blitzhacker oder den Küchenmixer geben. Den Knoblauch schälen und auf der Zestenreibe fein dazureiben. Mit der Mischung aus der Mühle, Salz, Pfeffer und 1 Prise Chilipulver wür-zen. Das Olivenöl hinzufügen und alles zu einer Paste pürieren.

4 Für das Minzepesto die Petersilie waschen, trocken schütteln und die Blätter abzupfen. Kurz in kochendem Salzwasser blanchieren, in ein Sieb abgießen, kalt abschrecken und gut abtropfen lassen. Das restli-che Wasser mit den Händen gut ausdrücken und die Petersilie grob zerkleinern.

5 Die Mandeln in einer Pfanne ohne Fett hell rösten und abkühlen las-sen. Die Minze waschen und trocken schütteln, die Blätter abzupfen und grob zerkleinern. Die Petersilie, die Mandeln und die Minze mit Parmesan, Knoblauch, Vanillemark, Olivenöl und brauner Butter in den Blitzhacker oder den Küchenmixer geben. Mit Salz, Pfeffer und Zitronensaft würzen und alles zu einer Paste pürieren.

MEIN TIPP

Das Paprikapesto hält sich mit Olivenöl bedeckt bis zu 1 Woche im Kühlschrank. Es passt gut zu Spaghetti, Frischkäse-ravioli (siehe Seite 212) und zu gebratenem Fisch, Fleisch und Geflügel. Das Minzepesto ist mit Olivenöl bedeckt mehrere Wochen im Kühlschrank haltbar. Wenn man es mit Frischkäse oder Joghurt verrührt, eignet es sich wunderbar als Dip zu Lammfleischbällchen und Hackfleischgerichten.

PASTA & REIS

Caserecce
mit Steinpilzen und Liebstöckel

FÜR 4 PERSONEN

300 g feste Steinpilze
5 Frühlingszwiebeln
500 g Caserecce
(ersatzweise Penne, Fusilli
oder Rigatoni) · Salz
3 Scheiben Ingwer
2 getrocknete rote Chilischoten
1 EL braune Butter
(siehe S. 139)
gemahlener Kümmel
1 Msp. abgeriebene
unbehandelte Zitronenschale
Chilisalz
300 ml Gemüsebrühe
3 EL helle Sojasauce
200 g Sahne
1/4 aufgeschlitzte Vanilleschote
Chiliflocken
2 EL Liebstöckel
(frisch geschnitten)
geriebener Parmesan zum
Bestreuen

1 Die Steinpilze putzen, trocken abreiben und in 1/2 bis 1 cm breite Stücke schneiden. Die Frühlingswiebeln putzen, waschen und schräg in 1/2 cm breite Ringe schneiden.

2 Die Caserecce in reichlich kochendem Salzwasser mit Ingwer und Chilischoten 1 bis 2 Minuten kürzer, als in der Packungsanweisung angegeben, garen, dabei gelegentlich umrühren. In ein Sieb abgießen und kurz abtropfen lassen.

3 Die braune Butter in einer großen Pfanne erhitzen und die Steinpilze darin auf beiden Seiten braten. Mit 1 Prise Kümmel, der Zitronenschale und etwas Chilisalz würzen.

4 Die Brühe in einer großen tiefen Pfanne mit der Sojasauce, der Sahne, der Vanilleschote und 1 Prise Chiliflocken erhitzen. Die Nudeln und den Liebstöckel dazugeben und darin köcheln lassen, bis die Flüssigkeit fast vollständig verdampft ist. Die Steinpilze mit den Frühlingszwiebeln untermischen.

5 Die Caserecce mit Steinpilzen in vorgewärmten tiefen Tellern anrichten, mit Parmesan bestreuen und sofort servieren.

MEIN TIPP

Liebstöckel ist ein kräftiges Würzkraut und sollte generell sehr vorsichtig dosiert werden. In der Kombination mit Sojasauce und Sahne kann man es aber etwas großzügiger verwenden. In der traditionellen Küche ist Liebstöckel ein typisches Suppenkraut für alle klaren Brühen. Dafür genügt es, wenn man am Ende der Garzeit 1 bis 2 Liebstöckelblätter in der Suppe mitziehen lässt.

PASTA & REIS

Tomatennudeln
mit Zucchini und Bohnenkraut

FÜR 4 PERSONEN

Für die Nudeln:

80 g Tomatenflocken

350 g Mehl

180 g Hartweizengrieß

6 Eier

1 gestr. TL mildes Chilipulver

etwas geriebene Zimtrinde

2–3 EL Olivenöl · Salz

Mehl zum Ausrollen

doppelgriffiges Mehl

für die Bleche

1 Lorbeerblatt

3 Scheiben Ingwer

2 getrocknete rote Chilischoten

2 EL Olivenöl

Für die Sauce:

3 Tomaten

150 g Zucchini

2 EL grüne Oliven (entsteint)

1 EL mildes Olivenöl

Salz · Pfeffer aus der Mühle

200 ml Gemüsebrühe

1 TL getrocknetes Bohnenkraut

2 Knoblauchzehen (in Scheiben)

¼ ausgekratzte Vanilleschote

1 Für die Nudeln die Tomatenflocken im Mörser fein zerreiben. Das Mehl, den Grieß, die Eier, die Tomatenflocken, das Chilipulver, den Zimt, das Olivenöl und 1 Prise Salz zu einem glatten, elastischen Nudelteig verkneten. Den Teig in Frischhaltefolie wickeln und im Kühlschrank etwa 30 Minuten ruhen lassen.

2 Den Nudelteig dritteln und mit der Nudelmaschine oder dem Nudelholz zu 3 dünnen, langen Teigplatten ausrollen, dabei mit etwas Mehl bestäuben. Die Teigplatten in etwa 20 cm lange Stücke schneiden, aufrollen und in ½ cm breite Streifen schneiden. Oder die Teigplatten mit dem Bandnudelaufsatz der Nudelmaschine in Streifen schneiden. Zwei Backbleche mit Mehl bestäuben und die Bandnudeln darauf zu kleinen Nestern formen.

3 In einem großen Topf reichlich Salzwasser mit Lorbeerblatt, Ingwer und Chilischoten aufkochen und die Nudeln darin 3 Minuten bissfest garen. In ein Sieb abgießen und abtropfen lassen. Die Nudeln mit dem Olivenöl mischen.

4 Für die Sauce die Tomaten kreuzweise einritzen, überbrühen, kalt abschrecken, häuten, vierteln, entkernen und in Würfel schneiden. Die Zucchini putzen, waschen und in etwa ½ cm große Würfel schneiden. Die Oliven ebenfalls in Würfel schneiden.

5 Das Olivenöl in einer Pfanne erhitzen und die Zucchiniwürfel darin bei mittlerer Hitze leicht anbraten. Die Pfanne vom Herd nehmen und die Tomaten und die Oliven dazugeben. Mit Salz und Pfeffer würzen.

6 Die Brühe mit Bohnenkraut, Knoblauch und Vanilleschote in einem Topf aufkochen. Die vorgekochten Nudeln hinzufügen und alles einmal aufkochen lassen. Die Gemüsemischung dazugeben und unterrühren. Die Vanilleschote entfernen und die Tomatennudeln in vorgewärmten tiefen Tellern anrichten.

MEIN TIPP

Wenn es schnell gehen soll, können Sie statt der selbst gemachten Nudeln auch fertige Teigwaren verwenden. Am besten passen Tagliatelle oder Fettuccine. Sie können die Gemüsesauce aber auch gut zu kurzen Nudelsorten wie Penne oder Farfalle servieren.

PASTA & REIS

Chili-Vanille-Nudeln
mit Erdnüssen und Basilikum

FÜR 4 PERSONEN

30 g gesalzene Erdnüsse
3–4 Stiele Basilikum
40 g Parmesan (am Stück)
500 g Penne · Salz
6 Scheiben Ingwer
2 getrocknete rote Chilischoten
1 Lorbeerblatt
2 Knoblauchzehen
300 ml Hühnerbrühe oder
Geflügelfond
1 ausgekratzte Vanilleschote
milde Chiliflocken
3 EL mildes Olivenöl

1 Die Erdnüsse grob hacken. Das Basilikum waschen, trocken schütteln und die Blätter abzupfen. Vier Blätter beiseitelegen, die restlichen Basilikumblätter in feine Streifen schneiden. Den Parmesan fein reiben.

2 Die Penne in reichlich kochendem Salzwasser mit 3 Scheiben Ingwer, den Chilischoten und dem Lorbeerblatt 2 Minuten kürzer, als in der Packungsanweisung angegeben, garen, dabei gelegentlich umrühren. In ein Sieb abgießen und kurz abtropfen lassen. Die ganzen Gewürze wieder entfernen.

3 Den Knoblauch schälen und in Scheiben schneiden. Die Brühe oder den Fond mit dem restlichen Ingwer, der Vanilleschote, dem Knoblauch und 1 bis 2 Prisen Chiliflocken in einem Topf aufkochen. Die abgetropften Penne dazugeben und köcheln lassen, bis die Flüssigkeit fast vollständig verdampft ist. Den Topf vom Herd nehmen und das Olivenöl und die Basilikumstreifen unter die Nudeln rühren.

4 Die Chili-Vanille-Nudeln in vorgewärmten tiefen Tellern anrichten und mit den Erdnüssen und dem Parmesan bestreuen. Mit den beiseitegelegten Basilikumblättern garnieren und sofort servieren.

MEIN TIPP

Dieses wunderbar einfache Nudelgericht lässt sich mit Tomatenwürfeln, Kapern, gehackten Oliven und 1 Prise getrocknetem Oregano variieren. In diesem Fall sollten Sie aber auf die Erdnüsse und das Basilikum verzichten.

PASTA & REIS

Harissa-Gnocchi
mit Mohnbutter

FÜR 4 PERSONEN

Für die Gnocchi:

750 g Ricotta

140 g geriebener Parmesan

3 Eier

3–4 EL Harissapulver

(siehe Tipp)

2 EL zerlassene braune Butter

(siehe S. 139)

Salz

270 g doppelgriffiges Mehl

Für die Mohnbutter:

100 g braune Butter

20 g Mohnsamen

1 Knoblauchzehe

Salz · Pfeffer aus der Mühle

Außerdem:

doppelgriffiges Mehl für die

Arbeitsfläche

geriebener Parmesan

zum Bestreuen

1 Für die Gnocchi den Ricotta mit dem Parmesan, den Eiern, dem Harissapulver, der braunen Butter und etwas Salz in einer Schüssel mit dem Kochlöffel gut verrühren. Zuletzt das Mehl unterrühren und zu einem glatten Teig verarbeiten. Den Ricottateig auf der bemehlten Arbeitsfläche zu 2 cm dicken Rollen formen und diese in 1 bis 2 cm lange Stücke schneiden.

2 In einem Topf reichlich Salzwasser zum Sieden bringen und die Gnocchi darin garen, bis sie an die Oberfläche steigen. Dann weitere 2 Minuten ziehen lassen.

3 Für die Mohnbutter die braune Butter in einer großen Pfanne erhitzen. Den Mohn und den ungeschälten Knoblauch hinzufügen und bei milder Hitze erwärmen.

4 Die Gnocchi mit dem Schaumlöffel aus dem Wasser heben, kurz abtropfen lassen und in der Mohnbutter erhitzen. Mit etwas Salz würzen. Den Knoblauch entfernen und die Gnocchi auf vorgewärmte tiefe Teller verteilen. Die Gnocchi mit Parmesan bestreuen und nach Belieben etwas Harissapulver darüberstäuben.

MEIN TIPP

Harissa ist eine aus Tunesien stammende Gewürzmischung, die vor allem Chilischoten, aber auch Kreuzkümmel und Koriander enthält. Sie wird meist als Paste, aber auch getrocknet als Pulver angeboten und ist in unterschiedlichen Schärfegraden erhältlich. Das relativ milde Harissapulver kann man ruhig großzügiger dosieren. Bei den meist schärferen Pasten sollte man jedoch zurückhaltender sein.

PASTA & REIS

Linguine
mit arabischem Sugo

FÜR 4 PERSONEN

Für den Sugo:

1 Zwiebel · 1 Karotte
1 Stange Staudensellerie
1–2 EL braune Butter
(siehe S. 139)
je 200 g Kalbs- und
Lammhackfleisch
3–4 EL Tomatenmark
400 g stückige Tomaten
(aus der Dose)
400 ml Hühnerbrühe oder
Geflügelfond
1 Lorbeerblatt · 2 EL Sultaninen
1 Knoblauchzehe
1 TL geriebener Ingwer
1 TL abgeriebene unbehandelte
Orangenschale
Salz · Pfeffer aus der Mühle
mildes Chilipulver
gemahlener Kreuzkümmel
1 Stück Zimtrinde
Kardamomsamen
aus der Mühle
2 EL geschälte Mandeln

Für die Nudeln:

400 g Linguine · Salz
4 Scheiben Ingwer
2 getrocknete rote Chilischoten
100 ml Hühnerbrühe oder
Geflügelfond
1–2 EL mildes Olivenöl
frisch geriebene Muskatnuss
Pfeffer aus der Mühle

1 Für den Sugo die Zwiebel schälen und in feine Würfel schneiden. Die Karotte putzen und schälen, den Sellerie putzen und waschen. Beides in möglichst kleine Würfel schneiden.

2 Die braune Butter in einem Topf erhitzen und beide Hackfleischsorten darin bei mittlerer Hitze unter Rühren braten, bis das Fleisch krümelig und braun ist. Die Gemüsewürfel und das Tomatenmark unterrühren und kurz mitbraten. Die Tomaten und die Brühe oder den Fond hinzufügen und den Sugo etwa 2 Stunden mehr ziehen als köcheln lassen, dabei häufiger umrühren.

3 Etwa 15 Minuten vor Garzeitende das Lorbeerblatt und die Sultaninen unterrühren. Zuletzt den Knoblauch schälen und auf der Zestenreibe fein dazureiben. Den Ingwer und die Orangenschale dazugeben und den Sugo mit Salz, Pfeffer sowie je 1 Prise Chilipulver und Kreuzkümmel würzen. Etwas Zimt darüberreiben und mit wenig Kardamom aus der Mühle würzen. Das Lorbeerblatt wieder entfernen. Die Mandeln grob hacken und unter den Sugo rühren.

4 Für die Nudeln die Linguine in reichlich kochendem Salzwasser mit dem Ingwer und den Chilischoten bissfest garen, dabei gelegentlich umrühren. In ein Sieb abgießen, kurz abtropfen lassen und wieder in den Topf geben. Die Brühe oder den Fond und das Olivenöl hinzufügen und alles gut mischen. Mit Muskatnuss und Pfeffer würzen. Die Linguine auf vorgewärmte tiefe Teller verteilen und den Sugo darauf anrichten.

MEIN TIPP

Mit den Kardamomsamen können Sie auch die angedrückten Schalen mit in die Gewürzmühle füllen. Wie man die Kapseln aufbricht, wird auf Seite 138 erklärt. Wenn man dem Sugo nur eine leichte Kardamomnote geben möchte, kann man auch 1 ganze Kapsel hineingeben, kurz mitziehen lassen und dann wieder entfernen.

PASTA & REIS

Grüne Bandnudeln
mit Kalbsleber-Birnen-Ragout

FÜR 4 PERSONEN

Für das Ragout:

1 kleine, feste rotschalige Birne
300 g Kalbsleber
1–2 TL Puderzucker
¼ aufgeschlitzte Vanilleschote
1–2 EL Butter
Salz · Pfeffer aus der Mühle

Für die Nudeln:

400 g grüne Bandnudeln
Salz · 3 Scheiben Ingwer
2 getrocknete rote Chilischoten
¼ l Gemüsebrühe
200 ml Kokosmilch
mildes Chilisalz
2 Stängel Zitronengras
1 Knoblauchzehe
¼ aufgeschlitzte Vanilleschote

1 Für das Ragout die Birne waschen, vierteln, entkernen und in Würfel schneiden. Die Leber häuten und putzen, zuerst in dünne Scheiben, dann in 1 bis 2 cm große Stücke schneiden.

2 Den Puderzucker in einer großen Pfanne bei milder Hitze hell karamellisieren. Die Birnenwürfel mit der Vanilleschote darin rundum andünsten. Die Butter hinzufügen und erhitzen. Die Leberstücke in die Pfanne geben und in der Butter etwa 2 Minuten braten. Mit Salz und Pfeffer würzen und die Vanilleschote wieder entfernen.

3 Für die Nudeln die Bandnudeln in reichlich kochendem Salzwasser mit 2 Scheiben Ingwer und den Chilischoten 1 bis 2 Minuten kürzer, als in der Packungsanweisung angegeben, garen, dabei gelegentlich umrühren. In ein Sieb abgießen und kurz abtropfen lassen.

4 Die Brühe mit der Kokosmilch in einem Topf aufkochen lassen und mit Chilisalz würzen. Das Zitronengras putzen, waschen und mit einem Messer mehrmals längs einritzen. Den Knoblauch schälen und in Scheiben schneiden. Zitronengras und Knoblauch mit dem restlichen Ingwer und der Vanilleschote in den Topf geben. Die Nudeln hinzufügen und köcheln lassen, bis die Flüssigkeit fast verdampft ist. Vom Herd nehmen und die ganzen Gewürze wieder entfernen.

5 Die Bandnudeln auf vorgewärmte tiefe Teller verteilen und das Leber-Birnen-Ragout darauf anrichten.

MEIN TIPP

Damit die Leber zart und saftig bleibt, darf sie nur bei milder Hitze und nicht zu lange gegart werden. Statt mit Birne können Sie das Ragout auch mit Apfel oder Quitte zubereiten. Da Quitten eine ziemlich feste Konsistenz haben, muss man sie in sehr dünne Scheiben schneiden und auch etwas länger braten. Wenn Sie eine exotische Note bevorzugen, können Sie für das Ragout auch Pfirsich oder Mango verwenden.

PASTA & REIS

Brät-Maultaschen
auf Rahmkraut mit Chili-Apfel

FÜR 4 PERSONEN

Für das Kraut:

1 Zwiebel · 1 EL Öl
600 g Sauerkraut (aus der Dose)
75 ml Weißwein
300 ml Gemüsebrühe
1 Scheibe durchwachsener Speck
5 schwarze Pfefferkörner
2 Wacholderbeeren (angedrückt)
1 Lorbeerblatt · 2 EL Apfelmus
50 g Sahne · 30 g kalte Butter
mildes Chilipulver · Zucker

Für die Nudeln:

200 g Mehl · 100 g Hartweizen-
grieß · 3 Eier · 2–3 EL Olivenöl
Salz · Mehl zum Ausrollen
1 verquirltes Ei

Für die Füllung:

1 kleine Zwiebel
80 ml Gemüsebrühe
400 g grobes Bratwurstbrät
(vom Metzger) · 60 g Sahne
1 TL abgeriebene unbehandelte
Zitronenschale
1 EL Petersilie (frisch geschnitten)
Salz · Pfeffer aus der Mühle
frisch geriebene Muskatnuss

Für den Chili-Apfel:

1 rotschaliger Apfel
1 EL braune Butter (siehe S. 139)
milde Chiliflocken

1 Für das Kraut die Zwiebel schälen und in feine Würfel schneiden. Das Öl in einem Topf erhitzen und die Zwiebel darin glasig dünsten. Das Sauerkraut dazugeben und kurz mitdünsten. Mit dem Wein ablöschen und fast vollständig einkochen lassen. Die Brühe angießen, den Speck hinzufügen und das Kraut bei milder Hitze etwa 45 Minuten zugedeckt schmoren. Pfefferkörner, Wacholderbeeren und Lorbeerblatt in ein Gewürzsäckchen füllen, das Säckchen verschließen und nach 30 Minuten Garzeit mit dem Apfelmus zum Kraut geben. Das Gewürzsäckchen am Ende der Garzeit entfernen. Die Sahne mit der kalten Butter unter das Kraut rühren und mit je 1 Prise Chilisalz und Zucker sowie gegebenenfalls mit Salz würzen.

2 Für die Nudeln das Mehl, den Grieß, die Eier, das Olivenöl und 1 Prise Salz zu einem festen, glatten Teig verkneten. Den Teig in Frischhaltefolie wickeln und im Kühlschrank etwa 30 Minuten ruhen lassen.

3 Für die Füllung die Zwiebel schälen und in feine Würfel schneiden. In einer Pfanne in der Brühe glasig dünsten, bis die Flüssigkeit verdampft ist, und etwas abkühlen lassen. Das Wurstbrät mit der Sahne glatt rühren, Zwiebelwürfel, Zitronenschale und Petersilie untermischen. Das Brät mit Salz, Pfeffer und 1 Prise Muskatnuss würzen.

4 Den Teig mit dem Nudelholz in nicht zu dünne, 10 bis 12 cm breite Teigbahnen ausrollen, dabei mit etwas Mehl bestäuben. Die Brätmasse in einen Spritzbeutel mit glatter Lochtülle füllen.

5 Die Teigbahnen mit verquirltem Ei bestreichen. Die Füllung mit dem Spritzbeutel längs auf das untere Drittel jeder Teigbahn in einem Strang aufspritzen. Die Nudelbahn von der Längsseite her aufrollen. Mit einem Kochlöffelstiel im Abstand von etwa 3 cm Maultaschen aus der Nudelrolle abdrücken. An den flach gedrückten Stellen den Teig durchschneiden und die Enden jeweils andrücken.

6 In einem Topf reichlich Salzwasser oder nach Belieben Brühe zum Kochen bringen. Die Maultaschen hineingeben und im leicht siedenden Wasser 5 bis 8 Minuten ziehen lassen.

7 Für den Chili-Apfel den Apfel waschen, vierteln, entkernen und in dünne Spalten schneiden. In der braunen Butter andünsten und mit den Chiliflocken würzen.

8 Das Rahmkraut auf vorgewärmte tiefe Teller verteilen, die Maultaschen mit dem Schaumlöffel aus dem Topf heben und auf dem Kraut anrichten. Mit den Chili-Apfelspalten garniert servieren.

PASTA & REIS

Hühnerleber-Ravioli
mit Sichuanpfeffer und Paprikapesto

FÜR 4 PERSONEN

Für den Nudelteig:
300 g doppelgriffiges Mehl
120 g Hartweizengrieß
4 Eier · 3 EL mildes Olivenöl
Salz

Für die Füllung:
350 g Hühnerleber
1 kleine Zwiebel
1 EL braune Butter
(siehe S. 139)
1 EL Sherry (medium dry)
1 EL Petersilie (frisch geschnitten)
Salz · Pfeffer aus der Mühle
getrockneter Majoran
1/2 TL abgeriebene unbehandelte
Zitronenschale
1 TL Sichuanpfeffer
aus der Mühle

Außerdem:
Mehl zum Ausrollen
2 Eiweiß
4 Amarettini (ital. Mandelkekse)
6 EL braune Butter
4 EL Paprikapesto
(siehe Rezept S. 200)
4 TL alter Aceto balsamico
Sichuanpfeffer aus der Mühle

1 Für den Nudelteig das Mehl, den Grieß, die Eier, das Olivenöl und 1 Prise Salz zu einem glatten Teig verkneten. Den Teig in Frischhaltefolie wickeln und im Kühlschrank etwa 30 Minuten ruhen lassen.

2 Für die Füllung die Leber häuten, putzen und in 1 bis 1 1/2 cm große Stücke schneiden. Die Zwiebel schälen und in feine Würfel schneiden. Die braune Butter in einer großen Pfanne erhitzen und die Zwiebel darin bei mittlerer Hitze glasig dünsten. Die Leber hinzufügen und bei milder Hitze rundum anbraten. Mit Sherry ablöschen. Die Petersilie dazugeben und das Ragout mit Salz, Pfeffer, 1 Prise Majoran, Zitronenschale und Sichuanpfeffer würzen.

3 Den Nudelteig vierteln und mit der Nudelmaschine oder dem Nudelholz zu 4 dünnen, langen Teigplatten ausrollen, dabei mit etwas Mehl bestäuben. Zwei Teigplatten mit verquirltem Eiweiß bestreichen und die Füllung im Abstand von 2 bis 3 cm als Häufchen daraufsetzen. Die beiden restlichen Teigplatten locker darüberlegen und mit den Fingern rund um die Füllung andrücken. Mit einem quadratischen Ausstecher (etwa 4 cm Seitenlänge) oder einem Teigrad Quadrate ausschneiden. Die Ränder fest andrücken und ohne Luftblasen verschließen.

4 Die Amarettini im Mörser fein zerreiben. Die braune Butter in einer Pfanne erhitzen. Die Ravioli in leicht siedendem Salzwasser 3 Minuten ziehen lassen, mit dem Schaumlöffel herausheben und in der Pfanne in der braunen Butter wenden.

5 Das Paprikapesto auf vorgewärmte tiefe Teller verteilen, die Ravioli darauf anrichten und mit dem Essig beträufeln. Mit den Amarettinibröseln bestreuen und etwas Sichuanpfeffer darübermahlen.

211

PASTA & REIS

Frischkäse-Thymian-Ravioli
mit Tomaten-Kardamom-Sauce

FÜR 4 PERSONEN

Für den Nudelteig:
300 g doppelgriffiges Mehl
120 g Hartweizengrieß · 4 Eier
3 EL mildes Olivenöl · Salz

Für die Sauce:
350 g stückige Tomaten
(aus der Dose)
80 ml Gemüsebrühe
1/2 Knoblauchzehe (in Scheiben)
50 ml mildes Olivenöl
1 Stück Zimtrinde
Kardamomsamen
aus der Mühle
Salz · Vanillezucker
mildes Chilipulver

Für die Füllung:
1/2 kleine Zwiebel · 1 EL Öl
200 g Blattspinat · Salz
250 g Frischkäse · 2 Eigelb
1/2 TL abgeriebene unbehandelte
Zitronenschale
1 EL Petersilie (frisch geschnitten)
1–2 TL Thymian
(frisch geschnitten)
Pfeffer aus der Mühle
frisch geriebene Muskatnuss
mildes Chilipulver

Außerdem:
Mehl zum Ausrollen
2 Eiweiß · 2 EL Butter
Pfeffer aus der Mühle

1 Für den Nudelteig das Mehl, den Grieß, die Eier, das Olivenöl und 1 Prise Salz zu einem glatten Teig verkneten. Den Teig in Frischhaltefolie wickeln und im Kühlschrank etwa 30 Minuten ruhen lassen.

2 Für die Sauce die Tomaten mit der Brühe in einem Topf erhitzen. Den Knoblauch und das Olivenöl mit dem Stabmixer unterrühren. Etwas Zimt fein darüberreiben und die Sauce mit Kardamom aus der Mühle, Salz sowie je 1 Prise Vanillezucker und Chilipulver würzen.

3 Für die Füllung die Zwiebel schälen und in feine Würfel schneiden. Das Öl in einer Pfanne erhitzen und die Zwiebel darin glasig dünsten. Den Spinat verlesen, waschen und trocken schleudern, grobe Stiele entfernen. Die Spinatblätter in kochendem Salzwasser etwa 3 Minuten blanchieren, in ein Sieb abgießen, kalt abschrecken und gut abtropfen lassen. Das restliche Wasser mit den Händen gut ausdrücken und den Spinat fein hacken.

4 Den Spinat mit Zwiebelwürfeln, Frischkäse, Eigelben, Zitronenschale, Petersilie und Thymian mischen. Die Masse mit Salz, Pfeffer sowie je 1 Prise Muskatnuss und Chilipulver würzen und in einen Spritzbeutel mit großer Lochtülle füllen.

5 Den Nudelteig vierteln und mit der Nudelmaschine oder dem Nudelholz zu 4 dünnen, langen Teigplatten ausrollen, dabei mit etwas Mehl bestäuben. Zwei Teigplatten mit verquirltem Eiweiß bestreichen und die Füllung im Abstand von 2 bis 3 cm als Häufchen daraufspritzen. Die beiden restlichen Teigplatten locker darüberlegen und mit den Fingern rund um die Füllung andrücken. Mit einem quadratischen Ausstecher (etwa 4 cm Seitenlänge) oder einem Teigrad Quadrate ausschneiden. Die Ränder fest andrücken und ohne Luftblasen verschließen.

6 Die Ravioli in einem Topf in leicht siedendem Salzwasser 3 Minuten ziehen lassen. Die Butter in einer Pfanne zerlassen. Die Ravioli mit dem Schaumlöffel herausheben und in der Butter schwenken.

7 Die Tomaten-Kardamom-Sauce auf vorgewärmte tiefe Teller verteilen, die Ravioli darauf anrichten und den Pfeffer darübermahlen.

212

PASTA & REIS

Pistazienrisotto
mit gebratener Rotbarbe

FÜR 4 PERSONEN

Für den Risotto:
900 ml Gemüsebrühe
½ Döschen Safranfäden
(0,05 g)
1 Zwiebel
4 EL mildes Olivenöl
300 g Risottoreis (z. B. Arborio,
Carnaroli, Vialone nano)
150 ml Weißwein
2 TL Fenchelsamen
1 TL getrocknete Lavendelblüten
½ aufgeschlitzte Vanilleschote
2 Knoblauchzehen (in Scheiben)
2 Streifen unbehandelte
Orangenschale
80 g Pistazien
Salz · milde Chiliflocken

Für die Rotbarben:
8 Rotbarbenfilets (à 50–60 g;
mit Haut, ohne Gräten)
2 EL mildes Olivenöl
mildes Chilisalz

1 Für den Risotto die Brühe erhitzen, 2 EL Brühe abnehmen und die Safranfäden darin ziehen lassen. Die Zwiebel schälen und in feine Würfel schneiden. In einem weiten Topf 2 EL Olivenöl erhitzen und die Zwiebelwürfel darin bei milder Hitze glasig dünsten. Den Reis dazugeben und kurz mitdünsten. Mit dem Wein ablöschen und einköcheln lassen. Unter gelegentlichem Rühren immer wieder etwas heiße Brühe angießen und bei milder Hitze einkochen lassen, bis die Reiskörner nach 15 bis 20 Minuten weich sind, aber noch Biss haben.

2 Die Fenchelsamen im Mörser zerreiben und nach 10 bis 15 Minuten Garzeit mit den Lavendelblüten, der Vanilleschote, dem Knoblauch, der Orangenschale und dem Safran unter den Risotto rühren. Kurz vor dem Servieren die Pistazien und das restliche Olivenöl untermischen. Die Vanilleschote und die Orangenschale wieder entfernen und den Risotto mit Salz und 1 Prise Chiliflocken würzen.

3 Für die Rotbarben die Fischfilets waschen und trocken tupfen. In einer Pfanne 1 EL Olivenöl erhitzen und die Rotbarben darin auf der Hautseite etwa 2 Minuten anbraten. Die Fischfilets wenden, die Pfanne vom Herd nehmen und die Filets in der Resthitze 1 bis 2 Minuten ziehen lassen. Die Fischfilets auf Küchenpapier abtropfen lassen, mit etwas Olivenöl beträufeln und mit Chilisalz würzen.

4 Den Pistazienrisotto in vorgewärmten tiefen Tellern anrichten, jeweils 1 Fischfilet daraufsetzen und sofort servieren.

MEIN TIPP

Lavendel gibt dem Gericht eine leicht blumige Würze und eine hübsche Optik. Man muss ihn jedoch vorsichtig dosieren, damit er nicht zu dominant wird. Fenchel und Orangenschale sind die idealen Kombinationsgewürze für getrocknete Lavendelblüten.

PASTA & REIS

Gewürzrisotto
mit Auberginen und Zucchini

FÜR 4 PERSONEN

Für den Risotto:
¹/₂ l Gemüsebrühe
40 g Pinienkerne
100 g getrocknete Aprikosen
2 Zwiebeln
4 Knoblauchzehen
1 walnussgroßes Stück Ingwer
2 EL braune Butter
(siehe S. 139)
300 g Risottoreis (z. B. Arborio,
Carnaroli, Vialone nano)
100 ml Weißwein
3 TL mildes Currypulver
1 TL Paprikapulver (edelsüß)
400 ml Kokosmilch
¹/₂ ausgekratzte Vanilleschote
2 EL Minze (frisch geschnitten)
Chilisalz

Für das Gemüse:
150 g Aubergine · Salz
150 g Zucchini
1 kleine rote Paprikaschote
100 g kleine Pfifferlinge
1 EL braune Butter
1 Knoblauchzehe (in Scheiben)
¹/₄ ausgekratzte Vanilleschote
Pfeffer aus der Mühle

1 Für den Risotto die Brühe erhitzen. Die Pinienkerne in einer Pfanne ohne Fett goldbraun rösten. Die Aprikosen in kleine Würfel schneiden. Die Zwiebeln schälen und in feine Würfel schneiden. Den Knoblauch und den Ingwer schälen und fein reiben.

2 Die braune Butter in einem Topf erhitzen und die Zwiebeln darin bei milder Hitze glasig dünsten. Den Risottoreis dazugeben und kurz mitdünsten. Mit dem Wein ablöschen und einköcheln lassen. Einen Schöpflöffel heiße Brühe angießen. Curry- und Paprikapulver mit Knoblauch, Ingwer und den Aprikosen dazugeben. Unter gelegentlichem Rühren immer wieder etwas heiße Brühe – und wenn diese aufgebraucht ist, die Kokosmilch – angießen und bei milder Hitze einkochen lassen, bis die Reiskörner nach 15 bis 20 Minuten weich sind, aber noch Biss haben.

3 Gegen Ende der Garzeit die Vanilleschote und die Pinienkerne unter den Risotto rühren, einige Minuten ziehen lassen und die Vanilleschote wieder entfernen. Zuletzt die Minze untermischen und den Risotto mit Chilisalz würzen.

4 Für das Gemüse die Aubergine putzen, waschen, längs vierteln, in ¹/₂ bis 1 cm breite Stücke schneiden und salzen. Die Zucchini putzen, waschen, längs halbieren und in ebenso breite Stücke schneiden. Die Paprika längs vierteln, entkernen, waschen und mit dem Sparschäler schälen. Die Paprikaviertel in 1 cm breite Streifen schneiden. Die Pfifferlinge putzen, trocken abreiben und klein schneiden.

5 Die braune Butter in einer großen Pfanne erhitzen und Aubergine, Zucchini und Paprika darin bei mittlerer Hitze anbraten. Knoblauch und Vanilleschote hinzufügen und mitgaren, bis das Gemüse leicht gebräunt ist. Die Pfifferlinge dazugeben und kurz mitbraten. Mit Salz und Pfeffer würzen. Die Vanilleschote wieder entfernen.

6 Den Gewürzrisotto auf vorgewärmte tiefe Teller verteilen und das Gemüse darauf anrichten.

PASTA & REIS

Fenchelrisotto
mit Gorgonzola und Birne

FÜR 4 PERSONEN

1 l Gemüsebrühe
1 Zwiebel
1–2 EL Olivenöl
300 g Risottoreis (z. B. Arborio,
Carnaroli, Vialone nano)
4 EL Weißwein
1 kleine Fenchelknolle
1 kleine, rotschalige reife Birne
2–3 TL Estragon
(frisch geschnitten)
1/2 ausgekratzte Vanilleschote
2 TL Anislikör
einige Spritzer Zitronensaft
150 g Gorgonzola
mildes Chilisalz

1 Von der Brühe 900 ml abmessen und erhitzen, die restliche Brühe beiseitestellen. Die Zwiebel schälen und in feine Würfel schneiden. Das Olivenöl in einem weiten Topf erhitzen und die Zwiebelwürfel darin bei milder Hitze glasig dünsten. Den Reis dazugeben und kurz mitdünsten. Mit dem Wein ablöschen und einköcheln lassen. Unter gelegentlichem Rühren immer wieder etwas heiße Gemüsebrühe angießen und bei milder Hitze einkochen lassen, bis die Reiskörner nach 15 bis 20 Minuten weich sind, aber noch Biss haben.

2 Inzwischen den Fenchel putzen, waschen und in Würfel schneiden. Die Fenchelwürfel in einem Topf in der beiseitegestellten Brühe zugedeckt bei milder Hitze weich köcheln lassen, bis die Flüssigkeit verdampft ist. Die Birne waschen, vierteln, entkernen und ebenfalls in Würfel schneiden.

3 Die Birnenwürfel mit dem Fenchel, dem Estragon, der Vanilleschote und dem Likör am Ende der Garzeit unter den Risotto mischen. Mit Zitronensaft abschmecken.

4 Kurz vor dem Servieren den Gorgonzola in kleine Würfel schneiden und ebenfalls unterrühren. Den Risotto mit Chilisalz würzen und die Vanilleschote wieder entfernen. Den Risotto in vorgewärmten tiefen Tellern anrichten.

MEIN TIPP

Ausgekratzte Vanilleschoten, die man zum Aromatisieren in einem Gericht mitziehen lässt, kann man mehrfach verwenden. Sie geben auch danach noch viel Geschmack ab. Die Schoten nach dem Gebrauch einfach mit heißem Wasser gründlich waschen und auf Küchenpapier gut trocknen lassen (siehe auch Seite 138).

PASTA & REIS

Juwelenreis
mit Hähnchenbrust und Safran

FÜR 4 PERSONEN

80 g Naturjoghurt
1/2 TL Speisestärke
1 EL Limettensaft
abgeriebene Schale von
1/2 unbehandelten Limette
Pfeffer aus der Mühle
1 TL mildes Currypulver
milde Chiliflocken
2 Hähnchenbrustfilets
(à 120 g; ohne Haut)
1/2 l Hühnerbrühe
1 Döschen Safranfäden (0,1 g)
1 Karotte
1/2 rote Paprikaschote
200 g Basmatireis
3 EL Korinthen
1 TL gemahlene Kurkuma
5 grüne Kardamomkapseln
3 Splitter Zimtrinde
2 EL Mandelblättchen
1/2 Granatapfel
2 EL gehackte Pistazien
1 EL Öl · Salz
mildes Chilipulver
1 EL Butter

1 Den Joghurt mit der Speisestärke, Limettensaft und -schale, Pfeffer, Currypulver und 1 Prise Chiliflocken verrühren. Die Hähnchenbrustfilets waschen, trocken tupfen und in Würfel schneiden. Mit dem Joghurt mischen und 30 Minuten ziehen lassen.

2 In einem kleinen Topf 5 EL Brühe erhitzen und vom Herd nehmen. Den Safran hineingeben und ziehen lassen. Die Karotte putzen, schälen und in 1/2 cm große Würfel schneiden. Die Paprikaschote entkernen, waschen und ebenfalls in 1/2 cm große Würfel schneiden.

3 Den Reis mit der restlichen Brühe, Korinthen, Karotte und Paprika in einen Topf geben. Kurkuma, Kardamom und Zimt unterrühren und alles erhitzen. Den Reis zugedeckt knapp unter dem Siedepunkt etwa 10 Minuten ziehen lassen. Vom Herd nehmen und zugedeckt weitere 5 bis 8 Minuten ausquellen lassen.

4 Die Mandelblättchen in einer Pfanne ohne Fett goldbraun rösten. Die Granatapfelkerne aus den Trennhäuten herauslösen. Mandeln, Granatapfelkerne und Pistazien mit der Safranbrühe unter den Reis rühren.

5 Das Öl in einer Pfanne erhitzen und die marinierten Hähnchenbrustwürfel darin rundum 2 bis 3 Minuten anbraten. Mit Salz würzen, unter den Reis mischen und 2 Minuten ziehen lassen.

6 Kardamom und Zimt aus dem Reis entfernen. Den Juwelenreis mit Salz und 1 Prise Chilipulver würzen. Die Butter unterrühren und den Reis in vorgewärmten tiefen Tellern oder Schälchen anrichten.

MEIN TIPP

Granatapfelkerne sorgen für leichte Säure und fruchtige Frische. Sie passen zu vielen orientalischen Gerichten, zu Lamm und Reis ebenso wie zu Desserts. Obwohl sie auch getrocknet angeboten werden, sollte man möglichst die frischen Kerne verwenden.

PASTA & REIS

Lammpilaw
mit Kreuzkümmel und Dill

FÜR 4 PERSONEN

500 g Lammschulter
(küchenfertig)
2–3 EL braune Butter
(siehe S. 139)
1 1/2 l Gemüsebrühe
200 g Tiefkühl-Erbsen
1 gestr. TL Paprikapulver
(edelsüß)
1/4–1/2 TL gemahlener
Kreuzkümmel
Pfeffer aus der Mühle
300 g Langkornreis
3 EL Korinthen
2 EL Pinienkerne
2 EL Dill (frisch geschnitten)
mildes Chilisalz

1 Das Lammfleisch von Fett und Sehnen befreien. In einem Topf 1 EL braune Butter erhitzen und das Fleisch darin bei mittlerer Hitze rundum anbraten. Die Brühe dazugießen und die Lammschulter knapp unter dem Siedepunkt 1 1/2 bis 2 Stunden fast weich garen.

2 Das Fleisch aus der Brühe nehmen, etwas abkühlen lassen und in etwa 2 cm große Würfel schneiden. Von der Brühe 1/2 l abmessen und den Rest beiseitestellen.

3 Den Backofen auf 180 °C vorheizen. Die Erbsen auftauen lassen. Die abgemessene Lammbrühe mit Paprikapulver, Kreuzkümmel und etwas Pfeffer würzen und mit dem Lammfleisch, dem Reis und den Korinthen mischen. Die Reismischung in eine ofenfeste Form füllen und den Pilaw zugedeckt im Ofen auf der mittleren Schiene 35 bis 40 Minuten garen.

4 Die Pinienkerne in einer Pfanne ohne Fett hell rösten. Die Erbsen in einem Topf in 80 ml Lammbrühe erhitzen. Mit der restlichen braunen Butter, den Pinienkernen und dem Dill am Ende der Garzeit unter den Reis mischen. Den Lammpilaw mit Chilisalz würzen und auf vorgewärmte tiefe Teller verteilen.

MEIN TIPP

Man kann für dieses Rezept auch Lammkeule verwenden, allerdings hat sie eine längere Garzeit als Lammschulter. Damit das Dillkraut seinen Geschmack optimal entfalten kann, sollte man es erst kurz vor Verwendung klein schneiden und unter den Reis mischen. Dill verträgt keine Hitze – deshalb darf man ihn nie lange mitkochen lassen!

220

PASTA & REIS

Kichererbsenpilaw
mit Joghurtgarnelen

FÜR 4 PERSONEN

Für den Pilaw:

150 g getrocknete Kichererbsen
(ersatzweise gelbe Erbsen)
1 TL gemahlene Kurkuma
1/2 l Gemüsebrühe
je 1/2 frische rote und grüne
Chilischote
300 g Langkornreis
je 1 TL geriebener Ingwer und
Knoblauch
1–2 TL Garam Masala
(ind. Gewürzmischung)
2 kleine Zwiebeln
2 EL Butter
1/2 Bund Frühlingszwiebeln

Für die Joghurtgarnelen:

300 g kleine, vorgegarte
Garnelen (in Lake oder
tiefgekühlt)
150 g Naturjoghurt
1 TL Zitronensaft
1 Msp. abgeriebene
unbehandelte Zitronenschale
je 1–2 TL Minze und Koriander
(frisch geschnitten)
Salz · mildes Chilipulver
Zucker

1 Für den Pilaw die getrockneten Kichererbsen in einer Schüssel in 1/2 l Wasser 2 Stunden einweichen. Die Kichererbsen in ein Sieb abgießen, schälen und halbieren. In einem Topf gut mit Wasser bedecken, Kurkuma hinzufügen und zum Kochen bringen. Die Kichererbsen 20 bis 30 Minuten fast weich garen. In ein Sieb abgießen und abtropfen lassen.

2 Den Backofen auf 180 °C vorheizen. Die Brühe erhitzen. Die Chilischoten entkernen, waschen und in Streifen schneiden. Den Reis mit der heißen Brühe und den Kichererbsen sowie mit Chilistreifen, Ingwer, Knoblauch und Garam Masala mischen. Die Reismischung in eine ofenfeste Form füllen und den Pilaw zugedeckt im Ofen auf der mittleren Schiene 35 bis 40 Minuten garen.

3 Die Zwiebeln schälen und in feine Würfel schneiden. Die Butter in einer Pfanne erhitzen und die Zwiebeln darin glasig dünsten. Die Frühlingszwiebeln putzen, waschen und schräg in Ringe schneiden. Die Zwiebelwürfel und die Frühlingszwiebelringe am Ende der Garzeit unter den Pilaw mischen.

4 Für die Joghurtgarnelen die Garnelen in ein Sieb geben, kalt abbrausen und gut abtropfen lassen. Den Joghurt in einer Schüssel mit Zitronensaft und -schale, Minze und Koriander mischen und mit Salz sowie je 1 Prise Chilipulver und Zucker würzen. Die Garnelen mit dem Joghurt mischen.

5 Den Kichererbsenpilaw auf vorgewärmte tiefe Teller verteilen und die Joghurtgarnelen darauf anrichten.

MEIN TIPP

Neben Currypulver ist Garam Masala die berühmteste indische Gewürzmischung. Ihr Name bedeutet übersetzt »warme Mischung« – denn diese Komposition aus bis zu dreizehn verschiedenen Gewürzen soll den Körper erwärmen. Zu den festen Bestandteilen von Garam Masala zählen Kreuzkümmel, Nelken, Zimt, Muskatnuss und Kardamom.

Gemüse & Beilagen

GEMÜSE & BEILAGEN

Lauwarmer Bratkartoffelsalat
mit Steinpilzen und Kümmel

FÜR 4 PERSONEN

500 g kleine festkochende
Kartoffeln
Salz · ganzer Kümmel
400 g kleine feste Steinpilze
4 Frühlingszwiebeln
1/2 Kopf Eissalat (400 g)
1 Bund Rucola
150 g Magerquark
2 EL Leinöl
100 g saure Sahne
100 ml Gemüsebrühe
1–2 EL Zitronensaft
1–2 EL Schnittlauchröllchen
1 kleine Knoblauchzehe
1/2 TL geriebener Ingwer
gerösteter Koriander und
Pfeffer aus der Mühle
gemahlener Kümmel
mildes Chilipulver
Zucker
2 EL braune Butter
(siehe S. 139)
1 TL getrockneter Majoran
milde Chiliflocken
1/2 TL abgeriebene unbehandelte
Zitronenschale

1 Die Kartoffeln waschen und mit der Schale in einem Topf in Salzwasser mit 1 Prise Kümmel weich garen. Abgießen, kurz ausdampfen lassen, pellen und in Scheiben schneiden. Die Steinpilze putzen, trocken abreiben und in Stücke schneiden. Die Frühlingszwiebeln putzen, waschen und in feine Ringe schneiden.

2 Den Eissalat putzen, waschen, trocken schleudern und in 4 bis 5 cm große Stücke schneiden. Den Rucola verlesen, waschen und trocken schleudern, grobe Stiele entfernen.

3 Für das Dressing den Quark in einer Schüssel mit dem Leinöl verrühren, die saure Sahne und die Brühe hinzufügen und alles zu einer sämigen Sauce verrühren. Den Zitronensaft und den Schnittlauch unterrühren. Den Knoblauch schälen und auf der Zestenreibe fein dazureiben. Den Ingwer hinzufügen und das Dressing mit Koriander und Pfeffer aus der Mühle, Salz sowie je 1 Prise Kümmel, Chilipulver und Zucker würzen.

4 In einer Pfanne 1 EL braune Butter erhitzen und die Kartoffelscheiben darin auf beiden Seiten knusprig braten. Mit Salz, Pfeffer, Majoran sowie je 1 Prise Kümmel und Chiliflocken würzen.

5 Die restliche braune Butter in einer weiteren Pfanne erhitzen und die Steinpilze darin kurz braten. Mit Salz, Pfeffer, 1 Prise Kümmel und Zitronenschale würzen. Die Frühlingszwiebelringe untermischen.

6 Den Eissalat und den Rucola mit dem Dressing marinieren und auf Teller verteilen. Die Bratkartoffeln und die Steinpilze darauf anrichten.

MEIN TIPP

Dieses Dressing ist eine leichte Alternative zum klassischen French Dressing. Da es sehr cremig ist, eignet es sich am besten für feste Salatblätter wie Eissalat oder Radicchio. Das geschmacksintensive Leinöl kann man durch mildes Raps- oder Olivenöl ersetzen und zusätzlich noch etwas scharfen Senf unterrühren.

GEMÜSE & BEILAGEN

Würzige Reiberdatschi
mit Majoran und Chili

FÜR CA. 8 STÜCK

*500 g vorwiegend festkochende
Kartoffeln · 2 Eigelb
Salz · Pfeffer aus der Mühle
mildes Chilipulver
je 1 geh. TL gemahlener
Kümmel und getrockneter
Majoran · 1 Msp. abgeriebene
unbehandelte Zitronenschale
frisch geriebene Muskatnuss
Öl zum Braten*

1 Die Kartoffeln schälen, waschen und fein reiben. Mit den Händen den Saft etwas ausdrücken und die Kartoffeln in eine Schüssel geben. Die Eigelbe hinzufügen und gut untermischen. Die Kartoffelmasse kräftig mit Salz, Pfeffer, 1 Prise Chilipulver, Kümmel, Majoran, Zitronenschale und Muskatnuss würzen.

2 Den Backofen auf 70 °C vorheizen. Aus der Kartoffelmasse kleine Portionen abnehmen und nacheinander in einer Pfanne im Öl zu flachen Küchlein (à 6 bis 7 cm Durchmesser) verstreichen. Die Küchlein bei milder Hitze 4 bis 5 Minuten braun backen, wenden und auf der zweiten Seite ebenfalls 4 bis 5 Minuten braun backen.

3 Die Reiberdatschi aus der Pfanne nehmen, auf Küchenpapier abtropfen lassen und im Ofen warm halten, bis alle gebacken sind.

Italienisches Kartoffelgemüse
mit Oliven und Basilikum

FÜR 4 PERSONEN

*400 g festkochende Kartoffeln
1 Lorbeerblatt · 1 halbierte Knoblauchzehe · 400 ml Gemüsebrühe
2 Tomaten · 2 Zwiebeln
1/4 Zucchino · je 20 g grüne und
schwarze Oliven (entsteint)
1 gestr. TL Puderzucker
1 EL Tomatenmark · 1 Streifen
unbehandelte Zitronenschale
Salz · milde Chiliflocken
1 TL Rotweinessig
2 EL mildes Olivenöl
2 EL Basilikum (frisch geschnitten)*

1 Die Kartoffeln schälen, waschen und in 1 cm große Würfel schneiden. Mit dem Lorbeerblatt und dem Knoblauch in der Brühe 20 bis 25 Minuten weich garen. Die Kartoffeln in ein Sieb abgießen und die Brühe auffangen, das Lorbeerblatt und den Knoblauch entfernen.

2 Die Tomaten kreuzweise einritzen, überbrühen, kalt abschrecken, häuten, vierteln, entkernen und in Würfel schneiden. Die Kerne mit dem Stabmixer kurz pürieren und durch ein feines Sieb streichen. Zwiebeln schälen und in feine Würfel schneiden. Zucchino putzen, waschen und in 1/2 cm große Würfel schneiden. Die Oliven vierteln.

3 Den Puderzucker in einem Topf bei mittlerer Hitze hell karamellisieren, das Tomatenmark darin kurz anrösten. Zwiebeln hinzufügen und andünsten. Den Tomatensaft und 1/8 l Brühe dazugießen und kurz köcheln lassen. Kartoffel- und Zucchiniwürfel sowie Zitronenschale dazugeben und 1 bis 2 Minuten köcheln lassen. Tomatenwürfel und Oliven hinzufügen, erhitzen, mit Salz und 1 Prise Chiliflocken würzen. Essig und Olivenöl dazugeben und zuletzt das Basilikum untermischen.

226

GEMÜSE & BEILAGEN

Kichererbsenpflanzerl
mit Chili-Minze-Dip

FÜR 4 PERSONEN

Für die Pflanzerl:

3 Frühlingszwiebeln
350 g Kichererbsen
(aus der Dose)
40 g Frischkäse · 1 Ei
1–2 EL Toastbrotbrösel
1 große Knoblauchzehe
1/2–1 TL geriebener Ingwer
1 EL Petersilie (frisch geschnitten)
Salz · 1/2 TL gemahlene Kurkuma
1/2 TL Paprikapulver (edelsüß)
1/2 TL gemahlener Koriander
1/2 TL gemahlener Kreuzkümmel
milde Chiliflocken
frisch geriebene Muskatnuss
1 Msp. abgeriebene unbehandelte
Zitronenschale
3 EL braune Butter
(siehe S. 139)

Für den Dip:

1 frische rote Chilischote
200 g griechischer Joghurt
2 EL Milch
1 EL mildes Olivenöl
1 EL Minze (frisch geschnitten)
1 TL abgeriebene unbehandelte
Zitronenschale
einige Spritzer Zitronensaft
Salz

1 Für die Pflanzerl die Frühlingszwiebeln putzen, waschen und in feine Ringe schneiden. Die Kichererbsen in ein Sieb abgießen, kalt abbrausen und abtropfen lassen. Im Blitzhacker pürieren und in eine Schüssel geben.

2 Die Frühlingszwiebeln mit dem Frischkäse, dem Ei und den Bröseln zu den pürierten Kichererbsen geben. Den Knoblauch schälen und auf der Zestenreibe fein dazureiben. Ingwer und Petersilie hinzufügen und alles mit Salz, Kurkuma, Paprika, Koriander, Kreuzkümmel, 1 Prise Chiliflocken, etwas Muskatnuss und der Zitronenschale würzen. Alle Zutaten zu einer glatten Masse verrühren.

3 Aus der Kichererbsenmasse mit angefeuchteten Händen 3 bis 4 cm große Bällchen formen. Die braune Butter in einer Pfanne erhitzen und die Kichererbsenpflanzerl darin auf beiden Seiten bei mittlerer Hitze 2 bis 3 Minuten goldbraun braten. Herausnehmen und auf Küchenpapier abtropfen lassen.

4 Für den Dip die Chilischote längs halbieren, entkernen, waschen und in feine Würfel schneiden. Den Joghurt mit der Milch und dem Olivenöl in einer Schüssel glatt rühren. Die Chiliwürfel und die Minze unterrühren und den Dip mit Zitronenschale, -saft und Salz würzen.

5 Die Kichererbsenpflanzerl auf vorgewärmten Tellern servieren und den Chili-Minze-Dip dazu reichen.

MEIN TIPP

Wenn Sie die Kichererbsenpflanzerl vor dem Braten in Weißbrotbröseln wenden, werden sie noch knuspriger. Servieren Sie als Beilage dazu einen gemischten Blattsalat. Der Dip passt übrigens auch gut zu gebackenem Gemüse und gebratenem und gegrilltem Fleisch.

GEMÜSE & BEILAGEN

Buntes Pfannengemüse
mit Rosmarin

FÜR 4 PERSONEN

150 g Brokkoli
150 g grüner Spargel
150 g Blumenkohl
2 Karotten
1 Petersilienwurzel
1 Stange Staudensellerie
1 rote Paprikaschote
1 Zweig Rosmarin
100 ml Gemüsebrühe
¼ aufgeschlitzte Vanilleschote
je 2 Streifen unbehandelte
Zitronen- und Orangenschale
1 Knoblauchzehe (in Scheiben)
4 Scheiben Ingwer
4 EL braune Butter
(siehe S. 139)
Salz
Chiliflocken
1 Stück Zimtrinde

1 Den Brokkoli putzen, waschen und in die einzelnen Röschen teilen. Die Brokkolistiele schälen und in Scheiben schneiden. Den Spargel waschen, nur im unteren Drittel schälen und die holzigen Enden entfernen. Die Spargelstangen schräg in 5 bis 6 cm lange Stücke schneiden. Den Blumenkohl putzen, waschen und in kleine Röschen teilen.

2 Die Karotten und die Petersilienwurzel putzen, schälen, längs vierteln und in 5 bis 6 cm lange Stücke schneiden. Den Sellerie putzen, waschen, längs halbieren und schräg in 5 bis 6 cm lange Stücke schneiden. Die Paprikaschote längs vierteln, entkernen und mit dem Sparschäler schälen. Die Paprikaviertel in 1 cm breite Streifen schneiden.

3 Den Dampfgarer auf 100 °C vorheizen. Alle Gemüsesorten in das dafür vorgesehene Lochblech geben und im Ofen im heißen Dampf 15 Minuten fast weich garen. Oder in einem Topf etwas Wasser erhitzen, das Gemüse in den Dämpfeinsatz geben und zugedeckt im heißen Dampf 10 bis 12 Minuten garen.

4 Den Rosmarin waschen und trocken schütteln. Die Brühe in eine weite tiefe Pfanne gießen und mit Rosmarin, Vanilleschote, Zitronen- und Orangenschale, Knoblauch und Ingwer bei milder Hitze erwärmen. Das Gemüse aus dem Dämpfeinsatz nehmen und in der Gewürzbrühe schwenken. Die braune Butter unterrühren und das Gemüse mit Salz und 1 Prise Chiliflocken würzen, etwas Zimt darüberreiben.

5 Das Gemüse auf vorgewärmten Tellern anrichten und als Beilage zu Geflügel, Fleisch oder Fisch servieren.

MEIN TIPP

Statt der braunen Butter können Sie auch mildes Olivenöl, Raps- oder Sonnenblumenöl unter das Gemüse mischen. Eine leicht nussige Note erhält das Gemüse, wenn Sie es zudem mit ein wenig Argan- oder Sesamöl verfeinern.

GEMÜSE & BEILAGEN

Gebackenes Gemüse
mit zweierlei Dips

FÜR 4 PERSONEN

Für den Mandel-Knoblauch-Dip:
4 EL Mandelblättchen
160 ml Milch
2 Knoblauchzehen (in Scheiben)
¼ aufgeschlitzte Vanilleschote
200 g Frischkäse
2 EL Schnittlauchröllchen
Chili-Vanille-Salz
(siehe S. 142)

Für den Harissa-Joghurt-Dip:
3 EL Gemüsebrühe
2 gestr. EL Harissapulver
200 g Frischkäse
200 g Naturjoghurt
1–2 EL mildes Olivenöl · Salz

Für den Tempurateig:
100 g Mehl
2 ½ EL Speisestärke
75 ml eiskalter Weißwein
1 EL Olivenöl
je 1 TL getrocknetes Bohnen-
kraut, getrockneter Thymian,
Rosmarin und Oregano
Salz · Pfeffer aus der Mühle

Für das Gemüse:
600 g Gemüse (z. B. Blumen-
kohl, Brokkoli, Staudensellerie,
grüner Spargel, Karotten,
Rettich) · Salz
1 kg Kokosfett zum Frittieren
mildes Chilisalz

1 Für den Mandel-Knoblauch-Dip die Mandelblättchen mit der Milch in einem Topf erhitzen. Mit Knoblauch und Vanilleschote 2 bis 3 Minuten köcheln lassen. Den Topf vom Herd nehmen und die Mandelmilch 7 bis 8 Minuten ziehen lassen. Die Vanilleschote wieder entfernen. Die Mandelmilch mit dem Stabmixer pürieren und abkühlen lassen. Die Milch mit dem Frischkäse glatt rühren und den Schnittlauch untermischen. Den Mandel-Knoblauch-Dip mit 1 Prise Chili-Vanille-Salz würzen.

2 Für den Harissa-Joghurt-Dip die Brühe in einem kleinen Topf erhitzen und vom Herd nehmen. Das Harissapulver unterrühren und 2 Minuten quellen lassen. Den Frischkäse mit dem Joghurt glatt rühren. Das Olivenöl und die Harissapaste unterrühren und den Dip mit Salz würzen.

3 Für den Tempurateig das Mehl mit der Speisestärke in einer Schüssel mischen. Den Wein, ⅛ l eiskaltes Wasser und das Olivenöl dazugeben und alles zu einem glatten Teig verrühren. Die getrockneten Kräuter unterrühren und den Teig mit Salz und Pfeffer würzen.

4 Für das Gemüse den Blumenkohl und den Brokkoli putzen, waschen und in die einzelnen Röschen teilen. Den Sellerie putzen, waschen und in etwa 4 cm lange Stücke schneiden. Den Spargel waschen, nur im unteren Drittel schälen und die holzigen Enden entfernen. Die Spargelstangen ebenfalls in etwa 4 cm lange Stücke schneiden. Die Karotten und den Rettich putzen, schälen und in mundgerechte Stücke bzw. Stifte schneiden.

5 In einem Topf reichlich Salzwasser zum Kochen bringen und die Gemüsesorten darin nacheinander einige Minuten bissfest blanchieren. Mit dem Schaumlöffel herausnehmen, kalt abschrecken und auf einem Küchentuch gut abtropfen lassen.

6 Zum Frittieren das Fett in einem Topf oder der Fritteuse auf 175 °C erhitzen. Das Gemüse portionsweise durch den Tempurateig ziehen und im heißen Fett etwa 2 Minuten knusprig backen. Auf Küchenpapier abtropfen lassen und mit Chilisalz bestreuen. Das gebackene Gemüse mit den Dips servieren.

GEMÜSE & BEILAGEN

Herbstliches Rettichgemüse
mit karamellisiertem Apfelessig

FÜR 4 PERSONEN

500 g Rettich
Salz · Zucker
1 EL Puderzucker
50 ml Apfelessig
100 ml Gemüsebrühe
1 EL Petersilie
(frisch geschnitten)
1 EL braune Butter
(siehe S. 139)
30 g kalte Butter
Chiliflocken

1 Den Rettich putzen, schälen und längs vierteln. Die Rettichviertel in $^1/_2$ cm breite Stücke schneiden. In einem Topf Wasser aufkochen und kräftig mit Salz und Zucker würzen. Die Rettichstücke hineingeben und etwa 4 Minuten leicht bissfest kochen. In ein Sieb abgießen, kalt abschrecken und abtropfen lassen.

2 Den Puderzucker in einer tiefen Pfanne bei mittlerer Hitze hell karamellisieren. Den Essig dazugießen und auf 1 EL einköcheln lassen. Die Brühe und den blanchierten Rettich hinzufügen und erhitzen. Die Petersilie dazugeben und die braune und die kalte Butter darin schmelzen lassen. Das herbstliche Rettichgemüse mit Salz und Chiliflocken würzen.

Pfiffiges Bayerisch Kraut
mit Chili und Aprikosen

FÜR 4 PERSONEN

1 Zwiebel · 1 kg junger Weißkohl
50 g getrocknete Aprikosen
2 frische rote Chilischoten
2 TL Puderzucker
50 ml Apfelsaft · 80 ml Weißwein
100 ml Gemüsebrühe
2 EL eingelegter Ingwer
1–2 EL Kerbel (frisch geschnitten)
$^1/_2$ TL unbehandelte abgeriebene
Zitronenschale
1 EL braune Butter
(siehe S. 139)
10 g kalte Butter · Salz

1 Die Zwiebel schälen und in feine Würfel schneiden. Den Kohl in die einzelnen Blätter teilen, waschen und trocken tupfen. Die Blattrippen herausschneiden und die Blätter in Rauten schneiden. Die Aprikosen in Streifen schneiden. Die Chilischoten längs halbieren, entkernen, waschen und in feine Streifen schneiden. Die Chilistreifen in einem Topf in etwas kochendem Wasser 2 Minuten blanchieren. In ein Sieb abgießen und abtropfen lassen.

2 Den Puderzucker in einem Topf bei mittlerer Hitze hell karamellisieren und die Zwiebelwürfel kurz darin andünsten. Das Kraut dazugeben, kurz mitdünsten und mit dem Apfelsaft und dem Wein ablöschen. Etwas einköcheln lassen, die Brühe dazugießen und die Aprikosen hinzufügen. Alles zugedeckt etwa 10 Minuten dünsten.

3 Den Ingwer abtropfen lassen, in feine Streifen schneiden und mit den Chilistreifen, Kerbel und Zitronenschale unter das Kraut mischen. Die braune und die kalte Butter dazugeben und das Kraut mit Salz würzen.

GEMÜSE & BEILAGEN

Schwarze Nüsse
mit Nelken und Muskatnuss

FÜR 2 EINMACHGLÄSER

2 kg unreife grüne Walnüsse
1,8 kg Zucker
1 Muskatnuss
2 Zimtrinden
1 halbierte Vanilleschote
2 Gewürznelken
4 Scheiben Ingwer
je 4 Streifen unbehandelte
Zitronen- und Orangenschale

1 Die Walnüsse mit einer Fleischgabel rundum mehrmals einstechen (dabei am besten Einweghandschuhe tragen). Die Nüsse in eine Schüssel geben, mit kaltem Wasser bedecken und 8 Tage im Kühlschrank einweichen. Das Wasser täglich wechseln, bis sich die Nüsse am Ende der Einweichzeit dunkel verfärbt haben.

2 Die Nüsse in ein Sieb abgießen und in eine Schüssel geben. Den Zucker in einem Topf mit 1 1/2 l Wasser 1 bis 2 Minuten köcheln lassen, bis der Sirup klar ist. Auf etwa 40 °C abkühlen lassen, über die Nüsse gießen und im Kühlschrank 24 Stunden ziehen lassen.

3 Am nächsten Tag den Sirup in einen Topf abgießen, einmal aufkochen lassen und auf etwa 40 °C abkühlen lassen. Den Sirup über die Nüsse gießen und wieder 24 Stunden ziehen lassen. Diesen Vorgang dreimal wiederholen.

4 Am vierten Tag die Nüsse mit dem Sirup aufkochen und 15 Minuten leicht köcheln lassen. Die Muskatnuss mit einem Sägemesser vorsichtig halbieren. Die Muskatnusshälften, den Zimt, die Vanilleschote, die Nelken, den Ingwer sowie die Zitronen- und Orangenschale dazugeben und einmal aufkochen lassen.

5 Zwei Einmachgläser (à 1 l Inhalt) in einem Topf auf einem Gitter in Wasser 8 bis 10 Minuten auskochen. Die Gläser herausnehmen und auf einem sauberen Küchentuch trocknen lassen. Den Sirup mit den Nüssen und den Gewürzen gleichmäßig auf die Gläser verteilen, dabei darauf achten, dass die Nüsse vollständig mit Sirup bedeckt sind. Die Gläser gut verschließen und die schwarzen Nüsse gekühlt 14 Tage ziehen lassen. Die schwarzen Nüsse sind etwa 1 Jahr haltbar.

MEIN TIPP

Grüne Walnüsse müssen spätestens Mitte bis Ende Juni gepflückt werden – dann ist der Kern zwar voll entwickelt, die Schale aber noch weich und durchlässig. Das kann man mit einer Nadel prüfen: Lässt sie sich durch die ganze Nuss stechen, sind die Nüsse für diese Zubereitung optimal. Man isst die schwarzen Nüsse in Scheiben geschnitten zu Käse, Wildgerichten, Ente, Gans oder zu herbstlichen und winterlichen Salaten sowie zu Desserts.

GEMÜSE & BEILAGEN

Safrangrießnockerl
auf Pfifferling-Spargel-Gemüse

FÜR 4 PERSONEN

Für die Grießnockerl:

175 ml Gemüsebrühe
1/2 Döschen Safranfäden
(0,05 g)
175 ml Milch
120 g Hartweizengrieß
Salz · Pfeffer aus der Mühle
frisch geriebene Muskatnuss
1/2 TL abgeriebene unbehandelte
Orangenschale
1 Eigelb · 1 Ei
1 Lorbeerblatt

Für das Gemüse und die Sauce:

250 g kleine Pfifferlinge
500 g grüner Spargel
150 ml Gemüsebrühe
1 TL Puderzucker
5 EL Weißwein
80 g Sahne
20 g kalte Butter
mildes Chilisalz
3/4 TL abgeriebene unbehandelte
Zitronenschale
2 EL braune Butter
(siehe S. 139)
gemahlener Kümmel
1 EL Butter
1 EL Petersilie (frisch geschnitten)

1 Für die Grießnockerl die Brühe in einem Topf erhitzen und vom Herd nehmen. Den Safran im Mörser zerreiben und 10 Minuten in der Brühe ziehen lassen. Die Milch hinzufügen und das Ganze zum Kochen bringen. Den Grieß einrieseln lassen und unter Rühren einige Minuten dicklich einköcheln lassen. Den Grieß mit Salz, Pfeffer, Muskatnuss und Orangenschale würzen. Den Topf vom Herd nehmen und den Grieß etwas abkühlen lassen. Das Eigelb mit dem Ei verquirlen und unter die Grießmasse rühren.

2 In einem Topf reichlich Salzwasser mit dem Lorbeerblatt zum Kochen bringen. Aus der Grießmasse mit zwei Esslöffeln Nockerl abstechen, dabei die Löffel öfter in warmes Wasser tauchen. Die Nockerl im Wasser knapp unter dem Siedepunkt etwa 10 Minuten gar ziehen lassen.

3 Für das Gemüse die Pfifferlinge putzen, trocken abreiben und je nach Größe halbieren oder ganz lassen. Den Spargel waschen und nur im unteren Drittel schälen, die holzigen Enden entfernen. Die Spargelstangen schräg in etwa 4 cm lange Stücke schneiden. Den Spargel in einem Topf in der Brühe zugedeckt etwa 5 Minuten bissfest garen. Den Puderzucker in einer Pfanne bei mittlerer Hitze hell karamellisieren, mit Wein ablöschen und fast vollständig einköcheln lassen.

4 Den Spargel in ein Sieb abgießen, dabei die Kochflüssigkeit auffangen. Die Kochflüssigkeit zum eingekochen Weißwein geben, die Sahne hinzufügen und alles erhitzen. Die kalte Butter mit dem Stabmixer unterrühren, mit Chilisalz und 1/4 TL Zitronenschale würzen.

5 In einer Pfanne 1 EL braune Butter erhitzen und die Pfifferlinge darin bei mittlerer Hitze anbraten. Mit 1 Prise Kümmel, der restlichen Zitronenschale und Chilisalz würzen. Den Spargel mit der Butter, der restlichen braunen Butter und der Petersilie dazugeben und erhitzen. Das Pfifferling-Spargel-Gemüse auf vorgewärmte tiefe Teller verteilen. Die Sauce mit dem Stabmixer aufschäumen und um das Gemüse träufeln. Die Safrangrießnockerl darauf anrichten.

GEMÜSE & BEILAGEN

Kartoffelgulasch
mit Wiener Würstchen

FÜR 4 PERSONEN

800 g vorwiegend festkochende
Kartoffeln
2 Knoblauchzehen · Salz
1 Lorbeerblatt
1 getrocknete rote Chilischote
1 Zwiebel
3 rote Paprikaschoten
450 ml Gemüsebrühe
3 EL mildes Olivenöl
je 1 TL gemahlener Kümmel
und getrockneter Majoran
1/2 TL abgeriebene unbehandelte
Zitronenschale
1 gestr. TL Paprikapulver
(edelsüß)
1 gestr. TL geräuchertes
Paprikapulver (siehe S. 82)
Pfeffer aus der Mühle
mildes Chilipulver
4 Wiener Würstchen
2 EL braune Butter
(siehe S. 139)
1–2 EL Petersilie
(frisch geschnitten)
mildes Chilisalz

1 Die Kartoffeln schälen, waschen und in etwa 2 1/2 cm große Würfel schneiden. Den Knoblauch schälen und 1 Zehe halbieren, die restliche Zehe beiseitelegen. Die Kartoffelwürfel in einem Topf in Salzwasser mit dem Lorbeerblatt, der Chilischote und dem halbierten Knoblauch etwa 30 Minuten weich garen. In ein Sieb abgießen und gut abtropfen lassen, die ganzen Gewürze entfernen.

2 Für die Sauce die Zwiebel schälen und in etwa 2 cm große Rauten schneiden. Die Paprikaschoten längs halbieren, entkernen und waschen. Die Paprikahälften mit dem Sparschäler schälen und in Rauten schneiden. Die Brühe in einem Topf zum Kochen bringen, die Zwiebel- und Paprikarauten darin knapp unter dem Siedepunkt 15 bis 20 Minuten weich garen.

3 Ein Drittel des Gemüses mit dem Schaumlöffel herausnehmen und beiseitestellen. 4 EL Kochbrühe abnehmen und dazugeben. Das restliche Gemüse mit der Brühe, einigen gegarten Kartoffelwürfeln und dem Olivenöl mit dem Stabmixer pürieren.

4 Für das Gulaschgewürz den beiseitegelegten Knoblauch hacken. Den Kümmel, den Majoran und die Zitronenschale untermischen. Beide Paprikapulversorten mit etwas Wasser glatt rühren.

5 Die Paprikasauce mit der Hälfte des Gulaschgewürzes würzen und das angerührte Paprikapulver untermischen. Die Sauce einige Minuten ziehen lassen und mit Salz, Pfeffer und 1 Prise Chilipulver würzen. Gegebenenfalls noch etwas Gulaschgewürz hinzufügen.

6 Die Wiener Würstchen in einem Topf in Wasser erhitzen. Die Würstchen herausnehmen und schräg in 3 bis 4 Stücke schneiden. Die braune Butter in einer Pfanne erhitzen und die Kartoffelwürfel darin bei mittlerer Hitze rundum braten. Zum Schluss die Petersilie hinzufügen und die Kartoffelwürfel mit Chilisalz würzen.

7 Das beiseitegestellte Paprika-Zwiebel-Gemüse erhitzen und mit Chilisalz würzen. Die Sauce mit dem Stabmixer nochmals aufschäumen und auf vorgewärmte tiefe Teller verteilen. Die Kartoffelwürfel und das Gemüse darauf anrichten und mit den klein geschnittenen Wiener Würstchen servieren.

GEMÜSE & BEILAGEN

Grünes Gemüsecurry
mit Minze und Bockshornklee

FÜR 4 PERSONEN

1 EL Mandelblättchen
40 g Petersilienstiele
40 g Blattspinat · Salz
1/2 Knoblauchzehe
je 1 gestr. EL Minze und
Koriander (frisch geschnitten)
2 EL mildes Olivenöl
1/2–1 TL Sesamöl
800 ml Gemüsebrühe
1/2 TL Kardamomsamen
1/4 TL Bockshornkleesamen
200 g Brokkoli
2 Karotten
2 Stangen Staudensellerie
500 g festkochende Kartoffeln
1 Lorbeerblatt
2 getrocknete rote Chilischoten
1 Gewürznelke
1/2 TL gemahlene Kurkuma
mildes Chilipulver
1 TL geriebener Ingwer

1 Die Mandelblättchen in einer Pfanne ohne Fett hell rösten. Die Petersilie waschen, trocken schütteln und die Blätter abzupfen. Die Spinatblätter verlesen und waschen, grobe Stiele entfernen. Mit den Petersilienblättern in kochendem Salzwasser 1 Minute blanchieren. In ein Sieb abgießen, kalt abschrecken und abtropfen lassen. Das restliche Wasser gut ausdrücken und die Blätter klein schneiden.

2 Den Knoblauch schälen und klein schneiden. Petersilie, Spinat und Knoblauch mit der Minze, dem Koriander und den gerösteten Mandelblättchen in den Küchenmixer geben. Beide Ölsorten und 3 EL Brühe dazugeben und alles zu einer Paste pürieren. Den Kardamom und den Bockshornklee im Mörser fein zerreiben.

3 Den Brokkoli putzen, waschen und in die einzelnen Röschen teilen. Die Stiele schälen und in Scheiben schneiden. Die Karotten putzen, schälen, längs halbieren und schräg in 2 cm breite Stücke schneiden. Den Sellerie putzen, waschen und schräg in 1 cm breite Stücke schneiden. Die Kartoffeln schälen, waschen und in 2 cm große Würfel schneiden.

4 Den Brokkoli in einem Topf in kochendem Salzwasser bissfest garen. In ein Sieb abgießen, kalt abschrecken und abtropfen lassen. Die Kartoffeln und die Karotten in der restlichen Brühe mit dem Lorbeerblatt und den Chilischoten etwa 30 Minuten weich köcheln. Nach 20 Minuten den Sellerie und die Nelke dazugeben. Das Gemüse in ein Sieb abgießen, dabei den Kochsud auffangen. Lorbeerblatt, Nelke und Chili wieder entfernen.

5 Den Sud mit 1 Handvoll gekochten Kartoffelwürfeln pürieren und mit Kurkuma, Kardamom und Bockshornklee, Salz und 1 Prise Chili würzen. Den Sud mit dem Gemüse mischen und das Gemüsecurry mit dem Ingwer und der Kräuterpaste würzen und nach Belieben mit Fladenbrot oder Reis servieren.

237

GEMÜSE & BEILAGEN

Würzige Gemüse-Tarte
mit Kidneybohnen und Paprika

FÜR 4 PERSONEN

Für den Mürbeteig:

200 g Mehl · 1 gestr. TL Salz
2 EL geriebener Parmesan
2 TL getrockneter Oregano
100 g kalte Butter (in Stücken)
1 EL Essig

Für die Füllung:

je 1 rote und gelbe
Paprikaschote · 1 Zwiebel
150 g stückige Tomaten
(aus der Dose)
100 g Kidneybohnen
(aus der Dose)
100 g scharfe Paprikawurst
(z. B. Chorizo)
1 EL mildes Olivenöl
Salz · Vanillesalz
mildes Chilipulver
Pfeffer aus der Mühle
1 gestr. TL getrocknetes
Bohnenkraut · Zucker
1 Stück Zimtrinde
150 g Frischkäse
200 g Sahne · 3 Eier
1 Eigelb · 1 Knoblauchzehe
1 TL geriebener Ingwer

Außerdem:

Butter für die Form
Mehl zum Ausrollen
getrocknete Hülsenfrüchte zum
Blindbacken
1 Eiweiß zum Bestreichen

1 Für den Mürbeteig das Mehl mit Salz, Parmesan, Oregano, Butter, Essig und 70 ml kaltem Wasser in einer Schüssel mit den Knethaken des Handrührgeräts oder mit der Teigkarte zu einem glatten Teig verarbeiten. Den Mürbeteig zu einem flachen Ziegel formen, in Frischhaltefolie wickeln und im Kühlschrank 1 Stunde ruhen lassen.

2 Eine Tarteform (28 cm Durchmesser) mit Butter einfetten. Den Teig auf der bemehlten Arbeitsfläche dünn ausrollen und die Form damit auslegen. Den Teigboden mit einer Gabel mehrmals einstechen und 30 Minuten kühl stellen.

3 Inzwischen für die Füllung die Paprikaschoten längs halbieren, entkernen, mit dem Sparschäler schälen und in Streifen schneiden. Die Zwiebel schälen und in Streifen schneiden. Die Tomaten in ein Sieb abgießen und abtropfen lassen, dabei den Saft auffangen. Die Bohnen in ein Sieb abgießen, kalt abbrausen und abtropfen lassen. Die Wurst häuten und in dünne Scheiben schneiden. Den Backofen auf 200 °C vorheizen.

4 Das Olivenöl in einer tiefen Pfanne erhitzen und die Paprika- und Zwiebelstreifen darin andünsten. Die Pfanne vom Herd nehmen und die Tomaten mit den Bohnen und der Wurst hinzufügen. Mit Salz, Vanillesalz, Chilipulver, Pfeffer, Bohnenkraut und 1 Prise Zucker würzen und etwas Zimt darüberreiben.

5 Den Teig mit Backpapier belegen, mit Hülsenfrüchten auffüllen und im Ofen auf der mittleren Schiene 10 Minuten blindbacken. Das Backpapier mit den Hülsenfrüchten entfernen und den Teigboden weitere 15 Minuten backen. Den Boden mit Eiweiß bestreichen, 1 bis 2 Minuten weiterbacken und die Füllung darauf verteilen.

6 Für den Guss den abgetropften Tomatensaft mit dem Frischkäse, der Sahne, den Eiern und dem Eigelb in einen hohen Rührbecher geben und mit dem Stabmixer verrühren. Den Knoblauch schälen und auf der Zestenreibe fein dazureiben. Den Ingwer untermixen und den Guss mit Salz und reichlich Chilipulver würzen. Den Guss auf dem Gemüse verteilen und die Tarte im Ofen auf der mittleren Schiene 40 bis 45 Minuten backen.

7 Die Tarte aus dem Ofen nehmen und etwas abkühlen lassen. Lauwarm in Stücke schneiden und servieren.

GEMÜSE & BEILAGEN

Orientalische Linsen-Kokos-Tarte
mit Kreuzkümmel und Kardamom

FÜR 4 PERSONEN

Für den Mürbeteig:

50 g gesalzene Erdnüsse
250 g Mehl · 100 g weiche Butter
1 Ei · Salz · 1 EL Essig

Für die Füllung:

je 1/2 TL Kardamomsamen,
ganzer Kreuzkümmel und
Zimtsplitter
1/2 TL gemahlene Kurkuma
1/2 dünne Stange Lauch
1 kleine Zwiebel · 1–2 TL Öl
100 g rote Linsen
1 TL Tomatenmark
150 g stückige Tomaten
(aus der Dose)
350 ml Gemüsebrühe
150 ml Kokosmilch
1 halbierte Knoblauchzehe
1 Scheibe Ingwer
1 Msp. abgeriebene unbehan-
delte Zitronenschale
2 Eier · 1 Eigelb
Salz · Pfeffer aus der Mühle
mildes Chilipulver
70 g geräucherter roher
Schinken · 2 EL Kokos-Chips

Außerdem:

Butter für die Form
Mehl zum Ausrollen
getrocknete Hülsenfrüchte zum
Blindbacken
1 Eiweiß zum Bestreichen

1 Für den Mürbeteig die Erdnüsse im Blitzhacker fein zerkleinern. Die Erdnüsse mit Mehl, Butter, Ei, 1 Prise Salz, Essig und 1 bis 2 EL Wasser in einer Schüssel mit den Knethaken des Handrührgeräts zu einem glatten Teig verarbeiten. Den Teig zu einem Ziegel formen, in Frischhaltefolie wickeln und im Kühlschrank etwa 1 Stunde ruhen lassen.

2 Eine Tarteform (28 cm Durchmesser) mit Butter einfetten. Den Teig auf der bemehlten Arbeitsfläche dünn ausrollen und die Form damit auslegen. Den Teig mehrmals mit einer Gabel einstechen und 30 Minuten kühl stellen.

3 Inzwischen für die Füllung Kardamom, Kreuzkümmel und Zimt in einer Pfanne ohne Fett bei mittlerer Hitze anrösten, bis sie zu duften beginnen. Die Pfanne vom Herd nehmen, die Gewürze auskühlen lassen und im Mörser fein zerreiben. Die Kurkuma untermischen.

4 Den Lauch putzen, waschen und in feine Streifen schneiden. Die Zwiebel schälen und in feine Würfel schneiden. Das Öl in einem Topf erhitzen und das Weiße vom Lauch mit der Zwiebel darin andünsten. Die Linsen dazugeben und etwas mitdünsten. Dann das Tomatenmark unterrühren und kurz anrösten. Die Tomaten mit der Brühe hinzufügen und das Gemüse und die Linsen knapp unter dem Siedepunkt 15 Minuten fast weich garen. Den Backofen auf 200 °C vorheizen.

5 Etwa die Hälfte der Linsen mit dem Schaumlöffel aus dem Topf heben. Die Kokosmilch mit Knoblauch, Ingwer und Zitronenschale zu den Linsen in den Topf geben. Den Topf vom Herd nehmen und die Linsen mit dem Stabmixer pürieren. Die Eier und das Eigelb unterrühren und alles mit Salz, Pfeffer, 1 Prise Chilipulver und mit 1/4 bis 1/2 TL der Mischung aus dem Mörser würzen. Den Schinken in Streifen schneiden und mit dem Lauchgrün und den ganzen Linsen untermischen.

6 Den Teig mit Backpapier belegen, mit Hülsenfrüchten auffüllen und im Ofen auf der mittleren Schiene 10 Minuten blindbacken. Das Backpapier mit den Hülsenfrüchten entfernen und den Boden weitere 15 Minuten backen. Den Boden mit Eiweiß bestreichen, 1 bis 2 Minuten weiterbacken und die Füllung darauf verteilen. Die Tarte im Ofen etwa 30 Minuten backen.

7 Die Kokos-Chips in einer Pfanne ohne Fett leicht anrösten. Die Tarte aus dem Ofen nehmen und lauwarm auskühlen lassen. In Stücke schneiden und mit den Kokos-Chips garniert servieren.

GEMÜSE & BEILAGEN

Gemüsepizza
mit Fenchel, Artischocken und Pilzen

FÜR 4 PERSONEN

Für den Hefeteig:
1/4 Würfel Hefe (10 g)
250 g Mehl · 1 gestr. TL Salz
2 EL Olivenöl · Öl für das Blech
Mehl für das Blech und
zum Ausrollen

Für die Sauce:
1/2 Zwiebel · 1 Knoblauchzehe
4 EL Olivenöl
300 g stückige Tomaten
(aus der Dose)
Salz · getrockneter Oregano
mildes Chilipulver

Für den Belag:
1 kleine Fenchelknolle · Salz
150 g Artischockenherzen
(aus dem Glas)
150 g frische Pilze (z. B. Eger-
linge, Steinpilze, Pfifferlinge)
150 g Zucchini
2 EL braune Butter
(siehe S. 139)
mildes Chilisalz
1 TL getrocknetes Bohnenkraut
gemahlener Kümmel
1 Msp. abgeriebene unbehandelte
Zitronenschale
1 EL Petersilie (frisch geschnitten)
Pfeffer aus der Mühle
etwas mildes Olivenöl
ca. 40 g Parmesan (am Stück)
Basilikumblätter zum Garnieren

1 Für den Hefeteig die Hefe in 1/8 l lauwarmem Wasser auflösen. Mit dem Mehl, dem Salz und dem Olivenöl in einer Schüssel zu einem glatten Teig verkneten. Den Teig mit Frischhaltefolie bedeckt an einem warmen Ort 30 Minuten gehen lassen.

2 Für die Sauce die Zwiebel schälen und in feine Würfel schneiden. Den Knoblauch schälen und fein hacken. In einem Topf 1 EL Olivenöl erhitzen und die Zwiebelwürfel und den Knoblauch darin bei milder Hitze andünsten. Die Tomaten hinzufügen und die Sauce 15 bis 20 Minuten köcheln lassen. Mit Salz sowie je 1 Prise Oregano und Chilipulver würzen.

3 Den Backofen auf 250 °C vorheizen. Ein tiefes Backblech mit etwas Öl einfetten. Den Teig auf der bemehlten Arbeitsfläche etwas größer als das Blech ausrollen und das Blech mit dem Teig auslegen. Die Tomatensauce darauf verteilen und den Teig im Ofen auf der untersten Schiene etwa 15 Minuten braun backen.

4 Für den Belag den Fenchel putzen, waschen und in 3 bis 4 mm dicke Scheiben schneiden. Jede Scheibe durch die Mitte des Strunks halbieren und in einem Topf in kochendem Salzwasser bissfest garen. In ein Sieb abgießen, kalt abschrecken und abtropfen lassen. Die Artischockenherzen vierteln. Die Pilze putzen, trocken abreiben und in 1/2 cm dicke Scheiben schneiden. Die Zucchini putzen, waschen und in 1/2 cm dicke Scheiben schneiden.

5 Die Zucchinischeiben in einer Pfanne in 1 EL brauner Butter auf beiden Seiten anbraten. Den Fenchel und die Artischocken dazugeben und erhitzen. Das Gemüse mit Chilisalz und Bohnenkraut würzen. Die Pilze in einer Pfanne in der restlichen braunen Butter anbraten und mit 1 Prise Kümmel, Zitronenschale, Petersilie und Chilisalz würzen.

6 Alle Gemüsesorten auf dem gebackenen Teig verteilen. Etwas Pfeffer darübermahlen, mit Olivenöl beträufeln und den Parmesan in groben Spänen darüberhobeln. Die Gemüsepizza in Stücke schneiden und mit Basilikumblättern garniert servieren.

GEMÜSE & BEILAGEN

Gemüsestrudel
mit Thunfischsauce

FÜR 4 PERSONEN

Für die Strudel:

1 Karotte · 1 rote Spitzpaprika
1 Blatt Chinakohl
1 Stange Staudensellerie
4 Frühlingszwiebeln
50 g Austernpilze
30 g Sojasprossen
1 TL Puderzucker
1 EL Sherry (medium dry)
50 ml Gemüsebrühe
1 kleine Knoblauchzehe
1 TL geriebener Ingwer
1 EL Petersilie (frisch geschnitten)
1 Msp. abgeriebene unbehandelte
Zitronenschale
Salz · mildes Chilipulver
4 Blätter Strudelteig
(à 20 x 20 cm; aus dem
Kühlregal)
50 g zerlassene braune Butter
(siehe S. 139)

Für die Sauce:

150 g Thunfisch (aus der Dose;
im eigenen Saft) · 1 EL Kapern
4 eingelegte Sardellenfilets
4 EL Gemüsebrühe
100 g Crème fraîche
2 EL mildes Olivenöl
1 EL Zitronensaft
Salz · Pfeffer aus der Mühle
mildes Chilipulver · Zucker
1 Msp. abgeriebene
unbehandelte Zitronenschale

1 Für die Strudel die Karotte putzen, schälen und in feine Streifen schneiden. Die Spitzpaprika längs halbieren, entkernen, waschen und in feine Streifen schneiden. Den Chinakohl waschen, trocken tupfen und in feine Streifen schneiden. Den Sellerie putzen, waschen und schräg in dünne Scheiben schneiden. Die Frühlingszwiebeln putzen, waschen und schräg in feine Ringe schneiden. Die Austernpilze putzen, trocken abreiben und klein schneiden. Die Sojasprossen in einem Sieb heiß abbrausen und abtropfen lassen.

2 Den Puderzucker in einer weiten tiefen Pfanne bei mittlerer Hitze hell karamellisieren. Das Gemüse mit den Austernpilzen und den Sojasprossen unterrühren und etwas andünsten. Mit dem Sherry ablöschen, die Brühe dazugießen und das Gemüse 1 bis 2 Minuten dünsten. Den Knoblauch schälen und auf der Zestenreibe fein dazureiben. Ingwer, Petersilie und Zitronenschale hinzufügen und das Gemüse mit Salz und 1 Prise Chilipulver würzen.

3 Den Backofen auf 200 °C vorheizen. Ein Backblech mit Backpapier auslegen. Die Teigblätter auf der Arbeitsfläche auslegen und mit der braunen Butter bestreichen. Das Gemüse in 4 Portionen teilen und jeweils in einem langen Strang in der Mitte auf den Teigblättern verteilen. Die Strudelteigblätter über dem Gemüse zusammenklappen und die offenen Seiten fest zusammendrücken. Mit der Nahtseite nach unten auf das Blech legen und mit brauner Butter bestreichen. Die Gemüsestrudel im Ofen auf der mittleren Schiene 15 Minuten goldbraun backen.

4 Für die Sauce den Thunfisch abtropfen lassen und mit Kapern, Sardellen, Brühe, Crème fraîche, Olivenöl und Zitronensaft in den Küchenmixer geben und zu einer sämigen Sauce pürieren. Mit Salz, Pfeffer, je 1 Prise Chilipulver und Zucker sowie Zitronenschale würzen.

5 Die Gemüsestrudel aus dem Ofen nehmen, in Scheiben schneiden und auf vorgewärmten Tellern mit der Thunfischsauce servieren.

MEIN TIPP

Die Gemüsestrudel kann man statt mit Strudelteig auch mit Yufkateig (aus dem türkischen Lebensmittelladen) zubereiten. Die Thunfischsauce eignet sich auch wunderbar als Dip zu rohen Gemüsestücken.

Fisch & Meeresfrüchte

FISCH & MEERESFRÜCHTE

Knuspriger Kartoffelwaller
auf Dillgurken mit Zitronensauce

FÜR 4 PERSONEN

Für die Sauce:
1 festkochende Kartoffel
(ca. 100 g)
350 ml Gemüsebrühe
1 Lorbeerblatt
1 getrocknete rote Chilischote
1 Msp. abgeriebene
unbehandelte Zitronenschale
2 EL braune Butter
(siehe S. 139)
80 g Sahne · Salz
einige Spritzer Zitronensaft

Für die Gurken:
2 Gärtnergurken · Salz
3 EL braune Butter
1 EL Dill (frisch geschnitten)
mildes Chilisalz

Für den Fisch:
3–4 kleine festkochende
Kartoffeln
4 Wallerfilets (à 120 g;
ohne Haut und Gräten)
Salz · 3 EL braune Butter
Chiliflocken

1 Für die Sauce die Kartoffel schälen, waschen und in etwa 1/2 cm dicke Scheiben schneiden. Die Kartoffelscheiben in einem Topf in der Brühe mit dem Lorbeerblatt und der Chilischote knapp unter dem Siedepunkt 15 bis 20 Minuten gar ziehen lassen.

2 Am Ende der Garzeit das Lorbeerblatt und die Chilischote wieder entfernen. Die Kartoffel mit der Brühe, der Zitronenschale, der braunen Butter und der Sahne in einen hohen Rührbecher geben und mit dem Stabmixer fein pürieren. Die Sauce mit Salz und Zitronensaft würzen.

3 Für die Gurken die Gärtnergurken schälen, längs halbieren und die Kerne mit einem Löffel entfernen. Die Gurkenhälften in Scheiben schneiden und in kochendem Salzwasser (das Wasser kräftig salzen!) bissfest blanchieren. In ein Sieb abgießen, kalt abschrecken und gut abtropfen lassen. Die braune Butter in einer Pfanne erhitzen und die Gurken darin andünsten, den Dill dazugeben und mit Chilisalz würzen.

4 Für den Fisch die Kartoffeln waschen, schälen und in feine Scheiben hobeln. Die Wallerfilets waschen, trocken tupfen und mit Salz würzen. Die Filets schuppenförmig mit den Kartoffelscheiben belegen. Die braune Butter in einer Pfanne erhitzen und die Wallerfilets darin bei mittlerer Hitze zuerst auf der Schuppenseite goldbraun braten, dann wenden und auf der Fleischseite bei milder Hitze etwa 3 Minuten braten. Die Filets herausnehmen, auf Küchenpapier abtropfen lassen und mit 1 Prise Chiliflocken würzen.

5 Die Dillgurken auf vorgewärmten Tellern anrichten und je 1 Fischfilet mit der Kartoffelseite nach oben daraufsetzen. Die Zitronensauce mit dem Stabmixer aufschäumen und die Gurken damit beträufeln.

MEIN TIPP

Es ist wichtig, die Fischfilets zu salzen, bevor man sie mit Kartoffelscheiben belegt. Durch das Salz tritt nämlich eine eiweißhaltige Flüssigkeit aus dem Fisch, die wie ein »Kleber« für die Kartoffelkruste wirkt. Die Filets sollten so lange auf der Kartoffelseite gebraten werden, bis die Kartoffelscheiben goldbraun sind und gut anhaften. Man wendet den Fisch dann am besten mit einer Winkelpalette.

FISCH & MEERESFRÜCHTE

Gebratene Lachs-Zander-Strudel
mit Honig-Senf-Dill-Sauce

FÜR 4 PERSONEN

Für die Strudel:

1 EL gelbe Senfkörner
70 g Zucchino
200 g Lachsfilet (ohne Haut
und Gräten) · Salz
½–1 TL scharfer Senf
milde Chiliflocken
frisch geriebene Muskatnuss
200 g eiskalte Sahne
1 EL Basilikum
(frisch geschnitten)
4 Strudelteigblätter
(à ca. 25 x 25 cm;
aus dem Kühlregal)
4 Zanderfilets (à 80 g;
ohne Haut und Gräten)
Pfeffer aus der Mühle
2 EL Öl

Für die Sauce:

250 g Schmand
80 g Sahne
1 EL Honig
1 EL scharfer Senf
(z. B. Dijonsenf)
1–2 EL Dill (frisch geschnitten)
Salz
mildes Chilipulver

1 Für die Strudel die Senfkörner in einem Topf in etwas Wasser 5 Minuten köcheln lassen, in ein Sieb abgießen, kalt abbrausen und gut abtropfen lassen. Den Zucchino putzen, waschen und in möglichst kleine Würfel schneiden.

2 Für die Farce das Lachsfilet waschen und trocken tupfen. In Würfel schneiden, salzen und im Tiefkühlfach 5 Minuten anfrieren lassen. Den Fisch mit dem Senf in den Blitzhacker geben, mit 1 Prise Chiliflocken und etwas Muskatnuss würzen und kurz anmixen, bis die Masse leicht zu binden beginnt. Ein Drittel der eiskalten Sahne hinzufügen und so lange weitermixen, bis die Sahne gebunden und die Masse glatt ist. Die restliche Sahne in 2 Portionen untermixen, bis sie gebunden ist. Die Fischfarce in eine Schüssel geben, Senfkörner, Zucchiniwürfel und Basilikum untermischen und gegebenenfalls noch etwas nachwürzen.

3 Die Strudelblätter auf ein Küchentuch legen. Ein Viertel der Fischfarce jeweils in der Größe der Zanderfilets in der Mitte der Teigblätter verstreichen. Die Zanderfilets waschen, trocken tupfen, mit Salz und Pfeffer würzen und auf die Farce legen. Die Filets mit der restlichen Fischfarce bestreichen. Die Strudelteigblätter über den Zanderfilets zusammenklappen und die Ränder fest zusammendrücken. Den überstehenden Teig bis auf 1 cm abschneiden.

4 Das Öl in einer Pfanne erhitzen und die Strudelpäckchen darin bei milder Hitze zuerst auf der Nahtseite 4 bis 5 Minuten hell braten. Dann wenden und auf der anderen Seite ebenfalls 4 bis 5 Minuten braten. Die Pfanne vom Herd nehmen und den Strudel in der Resthitze etwas nachziehen lassen.

5 Für die Sauce den Schmand mit der Sahne in einer Schüssel glatt rühren. Den Honig, den Senf und den Dill unterrühren und die Sauce mit Salz und 1 Prise Chilipulver würzen.

6 Die Lachs-Zander-Strudel jeweils in der Mitte halbieren (am besten mit dem elektrischen Messer) und mit der Honig-Senf-Dill-Sauce auf vorgewärmten Tellern anrichten.

FISCH & MEERESFRÜCHTE

Zander-Krautwickerl
mit Safran-Limetten-Sauce

FÜR 4 PERSONEN

Für die Krautwickerl:
4 Blätter Spitzkohl · Salz
150 g Lachsfilet (ohne Haut
und Gräten)
1/2–1 TL scharfer Senf
Pfeffer aus der Mühle
mildes Chilipulver
frisch geriebene Muskatnuss
150 g eiskalte Sahne
8 Zanderfilets (à 60 g;
ohne Haut und Gräten)
Chilisalz

Für die Sauce:
1 festkochende Kartoffel
(ca. 100 g)
400 ml Gemüsebrühe
1 Lorbeerblatt
1 getrocknete rote Chilischote
1 Döschen Safranfäden (0,1 g)
1 TL Puderzucker
100 ml Champagner
150 g Sahne
abgeriebene Schale und Saft
von 1 unbehandelten Limette
3 EL kalte Butter · Chilisalz

Für die Kartoffelwürfel:
1 EL helle Sesamsamen
2 große festkochende Kartoffeln
300 ml Gemüsebrühe
1 Lorbeerblatt
1 getrocknete rote Chilischote
1–2 EL Öl · Salz

1 Für die Krautwickerl die Spitzkohlblätter in kochendem Salzwasser fast weich garen. Herausnehmen und abtropfen lassen. Den dicken Strunk mit einem Messer flach schneiden und die Blätter mit Küchenpapier trocken tupfen.

2 Für die Farce das Lachsfilet waschen und trocken tupfen. In Würfel schneiden, salzen und im Tiefkühlfach 5 Minuten anfrieren lassen. Den Fisch mit dem Senf in den Blitzhacker geben, mit Pfeffer, 1 Prise Chilipulver und etwas Muskatnuss würzen und kurz anmixen, bis die Masse leicht zu binden beginnt. Ein Drittel der eiskalten Sahne hinzufügen und so lange weitermixen, bis die Sahne gebunden und die Masse glatt ist. Die restliche Sahne in 2 Portionen untermixen, bis sie gebunden ist. Die Farce in eine Schüssel geben und gegebenenfalls noch etwas nachwürzen.

3 Die Zanderfilets waschen und trocken tupfen. Die Kohlblätter nebeneinander auf ein Küchentuch legen, mit einem zweiten Tuch bedecken und mit dem Nudelholz glatt rollen. Etwas Farce auf die Kohlblätter streichen, die Fischfilets mit Chilisalz würzen und auf die Farce legen. Die Kohlblätter zu Päckchen aufwickeln. Etwas Wasser in einem Dämpftopf erhitzen, die Zanderpäckchen in den Dämpfeinsatz legen und zugedeckt im heißen Dampf 12 Minuten garen.

4 Für die Sauce die Kartoffel schälen, waschen und in 1/2 cm große Würfel schneiden. Mit der Brühe, dem Lorbeerblatt und der Chilischote in einen Topf geben und bei milder Hitze etwa 20 Minuten weich kochen. Die Gewürze entfernen und den Safran dazugeben.

5 Den Puderzucker in einem kleinen Topf hell karamellisieren. Mit dem Champagner ablöschen und auf ein Drittel einkochen lassen. Die Champagnerreduktion zu den Kartoffeln geben, die Sahne hinzufügen und alles mit dem Stabmixer pürieren. Die Limettenschale und etwas Saft dazugeben und mit der kalten Butter untermixen. Die Sauce mit Chilisalz würzen.

6 Für die Kartoffelwürfel den Sesam in einer Pfanne ohne Fett anrösten. Die Kartoffeln schälen, waschen und in 1/2 cm große Würfel schneiden. In der Brühe mit Lorbeerblatt und Chilischote weich kochen, in ein Sieb abgießen, abtropfen lassen und trocken tupfen. Das Öl in einer Pfanne erhitzen und die Kartoffeln darin rundum knusprig braun braten. Mit 1 Prise Salz würzen, den Sesam untermischen.

7 Die Safran-Limetten-Sauce auf tiefe Teller verteilen. Die Zander-Krautwickerl in Scheiben schneiden und mit den Kartoffeln darauf anrichten.

249

FISCH & MEERESFRÜCHTE

Gebratener Zander
auf geräuchertem Linsenfond

FÜR 4 PERSONEN

Für den Fond:

*150 g Champagnerlinsen
(kleine braune Linsen) · Salz
1 dunkel geräuchertes
Forellenfilet (100 g; mit Haut,
ohne Gräten)
je 60 g Karotte, Knollensellerie,
Zwiebel und Kartoffel
800 ml Gemüsebrühe
getrockneter Majoran
je 2 Scheiben Knoblauch
und Ingwer
1 kleiner Splitter Zimtrinde
1 kleiner Streifen unbehandelte
Orangenschale
mildes Chilipulver
1–2 Frühlingszwiebeln
1 TL Liebstöckel
(frisch geschnitten)*

Für die Sauce:

*200 ml Kalbsfond
1 halbierte Knoblauchzehe
1 Scheibe Ingwer · 1 Streifen
unbehandelte Limettenschale
1 TL Limettensaft
Salz · Pfeffer aus der Mühle
50 g kalte Butter (in Stücken)
50 g braune Butter
(siehe S. 139)*

Für den Fisch:

*4 Zanderfilets (500 g;
mit Haut, ohne Gräten)
1 EL Öl · mildes Chilisalz*

1 Für den Fond die Linsen mindestens 2 Stunden in reichlich kaltem Wasser einweichen.

2 Für die Sauce den Kalbsfond in einem Topf auf zwei Drittel einköcheln lassen. Knoblauch, Ingwer und Limettenschale dazugeben, einige Minuten ziehen lassen und wieder entfernen. Den Fond mit Limettensaft, Salz und Pfeffer würzen. Zuerst die kalte Butter, dann die braune Butter mit dem Stabmixer unterrühren, dabei sollte die Sauce nicht mehr kochen. Gegebenenfalls mit etwas Salz nachwürzen.

3 Die Linsen in ein Sieb abgießen und in einem Topf in Salzwasser etwa 30 Minuten weich garen. In ein Sieb abgießen und abtropfen lassen. Das Forellenfilet häuten, den Tran von der Haut entfernen und die Haut beiseitelegen. Das Filet in kleine Stücke schneiden und eventuell verbliebene Gräten entfernen.

4 Die Karotte und den Sellerie putzen und schälen, die Zwiebel schälen und die Kartoffel schälen und waschen. Das Gemüse in kleine Würfel schneiden und in der Brühe knapp unter dem Siedepunkt 5 Minuten ziehen lassen. Die Räucherforellenhaut und 1 Prise Majoran dazugeben und weitere 5 Minuten garen. Am Ende der Garzeit Knoblauch, Ingwer, Zimt und Orangenschale hinzufügen und den Fond mit Salz und 1 Prise Chilipulver würzen. Die ganzen Gewürze und die Forellenhaut wieder entfernen und die Linsen mit dem Fischfleisch in den Fond geben. Die Frühlingszwiebeln putzen, waschen, in feine Ringe schneiden und mit dem Liebstöckel ebenfalls hinzufügen.

5 Für den Fisch die Zanderfilets waschen und trocken tupfen. Das Öl in einer Pfanne erhitzen und die Fischfilets darin bei mittlerer Hitze zuerst auf der Hautseite goldbraun braten. Dann wenden, die Pfanne vom Herd nehmen und die Filets in der Resthitze durchziehen lassen. Auf Küchenpapier abtropfen lassen und mit Chilisalz würzen.

6 Etwas Linsengemüse mit Fond in vorgewärmten tiefen Tellern anrichten und die Zanderstücke darauf verteilen. Die Sauce mit dem Stabmixer aufschäumen und den Schaum über die Linsen träufeln. Nach Belieben mit Limettenspalten garniert servieren.

FISCH & MEERESFRÜCHTE

Fischpflanzerl
mit buntem Blattsalat

FÜR 4 PERSONEN

Für die Pflanzerl:

75 g Weißbrot (entrindet)
75 ml Milch
1/2 Bund Frühlingszwiebeln
je 250 g Lachs- und Zanderfilet
(ohne Haut und Gräten)
1 Eigelb
1 Knoblauchzehe
1 TL geriebener Ingwer
1 TL abgeriebene unbehandelte
Zitronenschale
Salz · Pfeffer aus der Mühle
1 TL Currypulver
milde Chiliflocken
Weißbrotbrösel zum Wenden
4 EL Öl

Für den Salat:

250 g gemischter Blattsalat
70 ml Gemüsebrühe
2 EL Zitronensaft
1 TL abgeriebene unbehandelte
Zitronenschale
1/2 TL scharfer Senf
4 EL mildes Rapsöl
oder Olivenöl
Salz · Pfeffer aus der Mühle
milde Chiliflocken
Zucker
1–2 EL Kerbel oder Basilikum
(frisch geschnitten)

1 Für die Pflanzerl das Weißbrot in kleine Würfel schneiden. Die Brotwürfel in eine Schüssel geben und die Milch darübergießen. Die Frühlingszwiebeln putzen, waschen und in feine Ringe schneiden.

2 Die Fischfilets waschen, trocken tupfen und durch den Fleischwolf drehen. Den Fisch mit dem Eigelb, dem eingeweichten Weißbrot und den Frühlingszwiebeln mischen. Den Knoblauch schälen und fein hacken. Die Fischmasse mit Knoblauch, Ingwer und der Zitronenschale mischen und mit Salz, Pfeffer, Currypulver und 1 Prise Chiliflocken würzen.

3 Die Weißbrotbrösel auf einen Teller geben. Aus der Fischmasse mit angefeuchteten Händen Pflanzerl formen und diese in den Bröseln wenden. Das Öl in einer großen Pfanne erhitzen und die Fischpflanzerl darin bei milder Hitze auf beiden Seiten goldbraun braten. Aus der Pfanne nehmen und auf Küchenpapier abtropfen lassen.

4 Für den Salat die Salatblätter putzen, waschen und trocken schleudern. Die Brühe mit Zitronensaft und -schale, dem Senf und dem Raps- oder Olivenöl in einer kleinen Schüssel verrühren. Mit Salz, Pfeffer, Chiliflocken und etwas Zucker würzen. Zuletzt den Kerbel oder das Basilikum untermischen und die Salatblätter mit der Zitronenmarinade marinieren.

5 Die Fischpflanzerl mit dem bunten Salat auf vorgewärmten Tellern anrichten und servieren.

MEIN TIPP

Statt Lachs und Zander kann man für die Fischpflanzerl auch andere Fischsorten wie Forelle, Saibling oder Lachsforelle verwenden. Oder Sie ersetzen einen Teil des Fischfilets durch geschälte, grob zerkleinerte Tiefseegarnelen und mischen diese unter die Fischmasse.

FISCH & MEERESFRÜCHTE

Offene Saibling-Lasagne
mit Wokgemüse

FÜR 4 PERSONEN

Für die Nudelblätter:

75 g Mehl · 40 g Hartweizengrieß
1 Ei · 1 EL Olivenöl · Salz
2 Handvoll gemischte
Kräuterblätter (z. B. Basilikum,
Salbei, Dill, Kerbel)
2 EL braune Butter
(siehe S. 139)
Mehl zum Ausrollen

Für den Fisch:

4 Saiblingsfilets (à 100 g;
ohne Haut und Gräten)
Butter für das Blech
1–2 EL zerlassene braune Butter
mildes Chilisalz

Für das Gemüse:

1 große Karotte
120 g Knollensellerie
120 g Lauch · 30 g Sojasprossen
1 TL Puderzucker
1 EL Sherry (medium dry)
3 EL helle Sojasauce
60 ml Gemüsebrühe
6 EL Sahne
1 TL geriebener Ingwer
1 Msp. abgeriebene unbehandelte
Zitronenschale
1 EL helle Sesamsamen (geröstet)
1 kleine Knoblauchzehe
2 EL kalte Butter
½–1 TL Sesamöl
Salz · mildes Chilipulver

1 Für die Nudelblätter das Mehl, den Grieß, das Ei, das Olivenöl und 1 Prise Salz zu einem festen, glatten Teig verkneten. Den Teig in Frischhaltefolie wickeln und im Kühlschrank etwa 30 Minuten ruhen lassen. Die Kräuter waschen und trocken tupfen.

2 Den Nudelteig mit der Nudelmaschine oder dem Nudelholz zu dünnen, 10 bis 12 cm breiten Teigblättern ausrollen, dabei mit etwas Mehl bestäuben. Jedes Teigblatt bis zur Hälfte mit wenig kaltem Wasser bestreichen und dicht mit Kräuterblättern belegen. Die andere Hälfte des Teigblatts darüberfalten. Die Teigblätter mit der Nudelmaschine nochmals bis zu einer Dicke von etwa 2 mm ausrollen und in 5 x 8 cm große Rechtecke schneiden.

3 Für den Fisch den Backofen auf 80 °C vorheizen. Ein Backblech mit Butter einfetten. Die Saiblingsfilets waschen und trocken tupfen. Die Filets auf das Blech legen und im Ofen auf der mittleren Schiene etwa 15 Minuten garen.

4 Für das Gemüse die Karotte und den Sellerie putzen und schälen. Den Lauch putzen und waschen. Alle Gemüsesorten zunächst in etwa 8 cm lange Stücke und dann in feine Streifen schneiden. Die Sojasprossen abbrausen und abtropfen lassen.

5 Den Puderzucker im Wok oder einer weiten tiefen Pfanne bei mittlerer Hitze hell karamellisieren. Das Gemüse mit den Sojasprossen unterrühren und darin andünsten. Mit dem Sherry ablöschen. Die Sojasauce hinzufügen, die Brühe dazugießen und das Gemüse 1 bis 2 Minuten dünsten. Sahne, Ingwer, Zitronenschale und gerösteten Sesam dazugeben. Den Knoblauch schälen und auf der Zestenreibe fein dazureiben. Die kalte Butter mit dem Sesamöl unterrühren und das Gemüse mit Salz und Chilipulver würzen.

6 In einem Topf reichlich Salzwasser zum Kochen bringen und darin 8 Nudelblätter 2 bis 3 Minuten bissfest garen, mit dem Schaumlöffel herausnehmen und mit brauner Butter bestreichen. Die restlichen Nudelblätter nach Belieben einfrieren und bei Bedarf in kochendem Wasser garen.

7 Den Fisch aus dem Ofen nehmen, mit der braunen Butter bestreichen und mit Chilisalz würzen. Je 1 Nudelblatt in einen vorgewärmten tiefen Teller legen, etwas Wokgemüse daraufgeben und je 1 Saiblingsfilet daraufsetzen. Mit je 1 weiteren Nudelblatt belegen.

FISCH & MEERESFRÜCHTE

Saibling-Rouladen
auf Gurken-Ingwer-Salat

FÜR 4 PERSONEN

Für die Rouladen:

*4 dicke Saiblingsfilets
(à 80–100 g; ohne Haut
und Gräten)
2 Räucherforellenfilets (à 100 g;
ohne Haut und Gräten)
zerlassene braune Butter
(siehe S. 139) · Chilisalz*

Für den Salat:

*500 g Gärtnergurken · Salz
120 g eingelegter Ingwer
(mit dem Einlegesud;
aus dem Asienladen)
1–2 EL Weißweinessig
3–4 EL Olivenöl · Chilisalz
je 1 TL Kubebenpfeffer, grob
zerkleinerter Langer Pfeffer,
Tasmanischer Pfeffer und
Pimentkörner für die
Gewürzmühle
Zucker
je 1/2 TL abgeriebene
unbehandelte Limetten- und
Orangenschale
1 EL Dill (frisch geschnitten)*

Für die Sauce:

*200 g saure Sahne
je 1/2 TL abgeriebene
unbehandelte Limetten- und
Orangenschale
einige Spritzer Limettensaft
Salz · Zucker
mildes Chilipulver*

1 Für die Rouladen die Saiblingsfilets waschen und trocken tupfen. Die Filetstücke mit einem scharfen Messer an der Längsseite so einschneiden, dass sie gerade noch zusammenhalten, und aufklappen. Die Forellenfilets in 7 cm lange Stücke schneiden, auf die untere Hälfte des Saiblings legen und einrollen. Vier Bogen Alufolie mit brauner Butter bestreichen und mit etwas Chilisalz bestreuen. Die Saibling-Rouladen darauflegen, fest in die Folie wickeln und die Enden eindrehen.

2 In einem Dämpftopf etwas Wasser erhitzen. Die Saibling-Rouladen in den Dämpfeinsatz legen und zugedeckt im heißen Dampf 7 bis 8 Minuten garen.

3 Für den Salat die Gurken waschen, in dünne Scheiben hobeln und in eine Schüssel geben. Den eingelegten Ingwer in feine Streifen schneiden und mit 2 EL Einlegesud, Essig und Olivenöl zu den Gurken geben. Mit Chilisalz, der Pfeffermischung aus der Mühle, 1 Prise Zucker sowie Limetten- und Orangenschale würzen und zuletzt den Dill untermischen.

4 Für die Sauce die saure Sahne in einer Schüssel glatt rühren. Limetten- und Orangenschale unterrühren und die Sauce mit Limettensaft, Salz, 1 Prise Zucker und Chilipulver würzen.

5 Die Saibling-Rouladen aus der Alufolie wickeln und mit einem scharfen Messer schräg aufschneiden. Den Gurken-Ingwer-Salat auf Teller verteilen, die Rouladen daraufsetzen und die Sauce daneben anrichten. Nach Belieben etwas von der Pfeffermischung aus der Mühle darübermahlen.

MEIN TIPP

Um den Langen Pfeffer leichter in eine Gewürzmühle zu füllen, kann man ihn zuvor in Stücke brechen oder mit einem großen Messer zerkleinern (siehe Seite 137). Statt der hier beschriebenen Mischung kann man zum Würzen auch die bunte Pfeffermischung von Seite 141 verwenden. Der Tasmanische Pfeffer lässt sich durch schwarzen Pfeffer ersetzen.

FISCH & MEERESFRÜCHTE

Soufflierter Steckerlfisch
auf Bohnen-Tomaten-Salat

FÜR 4 PERSONEN

Für den Salat:

2 Schalotten · 3 Tomaten
200 ml Gemüsebrühe
3–4 EL Weißweinessig
1 TL scharfer Senf
Salz · Pfeffer aus der Mühle
mildes Chilipulver · Zucker
5 EL mediterranes Gewürzöl
(siehe S. 146)
600 g gelbe Stangenbohnen
1 TL Bohnenkraut
(frisch geschnitten)

Für die Farce:

150 g Forellenfilet
(ohne Haut und Gräten)
Salz · 1/2 TL scharfer Senf
1/2 TL mildes Currypulver
150 g eiskalte Sahne
1 EL Basilikum (frisch geschnitten)

Für den Fisch und den Dip:

2 Seeforellenfilets (à ca. 120 g;
ohne Haut und Gräten)
Chilisalz
4 Scheiben Toastbrot · 4 EL Öl
200 g Crème fraîche · 2 EL Milch
1/2–1 TL scharfer Senf
einige Spritzer Zitronensaft
1 EL frisch geschnittene Kräuter
(z. B. Petersilie, Basilikum)
1 Msp. abgeriebene
unbehandelte Zitronenschale
Chili-Vanille-Salz (siehe S. 142)

1 Für den Salat die Schalotten schälen und in feine Würfel schneiden. Die Schalottenwürfel kurz in kochendem Wasser blanchieren, in ein Sieb abgießen, kalt abschrecken und abtropfen lassen. Die Tomaten kreuzweise einritzen, überbrühen, kalt abschrecken, häuten, vierteln und entkernen. Die Tomatenviertel dritteln.

2 Die Brühe mit dem Essig und dem Senf in einen hohen Rührbecher geben. Mit Salz, Pfeffer und je 1 Prise Chilipulver und Zucker würzen und das Gewürzöl mit dem Stabmixer unterrühren. Die Bohnen putzen, waschen und schräg in etwa 3 cm lange Stücke schneiden. In kochendem Salzwasser weich garen, in ein Sieb abgießen und gut abtropfen lassen. Die Bohnen mit der Marinade, den Schalotten, den Tomaten und dem Bohnenkraut mischen und 3 Stunden ziehen lassen.

3 Für die Farce das Forellenfilet waschen und trocken tupfen. In Würfel schneiden, salzen und im Tiefkühlfach 5 Minuten anfrieren lassen. Den Fisch mit dem Senf in den Blitzhacker geben, mit dem Currypulver würzen und die Sahne nach und nach untermixen, bis eine glatte, glänzende Farce entstanden ist. Zuletzt das Basilikum unterrühren.

4 Für den Fisch die Seeforellenfilets waschen und trocken tupfen. In 1/2 bis 1 cm große Würfel schneiden, mit etwas Chilisalz würzen und mit der Farce mischen. Das Toastbrot entrinden und mit einem scharfen Messer quer halbieren, sodass 2 dünne Scheiben entstehen. Vier Toastbrothälften mit je einem Viertel der Farce gleichmäßig bestreichen, mit einer zweiten Brotscheibe belegen und leicht andrücken. Das Öl in einer Pfanne erhitzen und die Brote darin bei milder Hitze auf beiden Seiten 5 bis 6 Minuten goldbraun braten. Herausnehmen und auf Küchenpapier abtropfen lassen. Die Brote mit einem Messer so halbieren, dass 2 Rechtecke entstehen, und je einen Schaschlikspieß hineinstecken.

5 Für den Dip die Crème fraîche mit der Milch, dem Senf und dem Zitronensaft glatt rühren. Die Kräuter und die Zitronenschale untermischen und mit 1 Prise Chili-Vanille-Salz würzen. Den Bohnen-Tomaten-Salat auf Teller verteilen, die Steckerlfische darauf anrichten und den Dip dazu servieren.

FISCH & MEERESFRÜCHTE

An der Gräte gebratener Steinbutt
mit Fenchel-Kartoffel-Püree

FÜR 4 PERSONEN

Für das Püree:
400 g mehlig kochende
Kartoffeln · Salz
1/2 TL ganzer Kümmel
1 große Fenchelknolle
(ca. 300 g)
1–2 TL Fenchelsamen
100 ml Milch
1 EL Butter
2 EL braune Butter
(siehe S. 139)
frisch geriebene Muskatnuss

Für den Fisch:
1 Steinbutt (ca. 1,8–2 kg)
100 g doppelgriffiges Mehl
zum Wenden
2 EL braune Butter
braune Butter für das Blech
Fischgewürzmischung für die
Mühle (siehe S. 140)

Für die Gewürzbutter:
6 EL braune Butter
Fischgewürzmischung
für die Mühle

1 Für das Püree die Kartoffeln waschen und in einem Topf in Salzwasser mit dem Kümmel weich garen. Abgießen, kurz ausdampfen lassen, möglichst heiß pellen und durch die Kartoffelpresse in eine Schüssel drücken. Den Fenchel putzen, waschen und in etwa 1/2 cm große Würfel schneiden. In einem Topf in kochendem Salzwasser weich garen, in ein Sieb abgießen und abtropfen lassen.

2 Die Fenchelsamen in einer Pfanne ohne Fett rösten, bis sie zu duften beginnen, und im Mörser fein zerreiben.

3 Die Milch in einem Topf erhitzen, ein Drittel der Fenchelwürfel dazugeben und mit dem Stabmixer pürieren. Die Fenchelmilch zu dem Kartoffelmus geben und mit einem Kochlöffel unterrühren. Die restlichen Fenchelwürfel mit der Butter und der braunen Butter hinzufügen und das Püree mit Salz und Muskatnuss würzen.

4 Für den Fisch den Steinbutt waschen, trocken tupfen und mit der dunklen Seite nach oben auf die Arbeitsfläche legen. Den Flossensaum und den Kopf mit einer Schere abschneiden. Mit einem scharfen Messer den Fisch links und rechts entlang der Mittelgräte auf beiden Seiten einschneiden und mit der Schere die Gräten durchschneiden. Die darunterliegenden Filets so durchschneiden, dass die Mittelgräte frei liegt und entfernt werden kann – es entstehen zwei Fischteile. Die dunkle Haut von den Filets schneiden, die weiße Haut nicht entfernen.

5 Den Backofen auf 150 °C vorheizen. Die Fischstücke auf der weißen Hautseite mit Mehl bestäuben. Die braune Butter in einer Pfanne erhitzen und die Fischfilets darin auf der bemehlten Seite bei mittlerer Hitze 2 bis 3 Minuten goldbraun und knusprig anbraten.

6 Ein Backblech mit brauner Butter einfetten und großzügig Fischgewürz aus der Mühle daraufmahlen. Die Fischstücke mit der rohen Seite nach unten auf das Blech legen und im Ofen auf der mittleren Schiene etwa 18 Minuten saftig garen. Dann den Steinbutt aus dem Ofen nehmen und die Filets auslösen.

7 Für die Gewürzbutter die braune Butter in einer Pfanne leicht erwärmen und nach Geschmack mit der Fischgewürzmischung aus der Mühle würzen. Das Fenchel-Kartoffel-Püree auf vorgewärmten Tellern anrichten, die Fischfilets daraufsetzen und die Gewürzbutter darum herumträufeln.

FISCH & MEERESFRÜCHTE

Heilbutt auf Vanillespinat
mit Tomaten-Kapern-Salsa

FÜR 4 PERSONEN

Für die Salsa:

4 Frühlingszwiebeln · 4 Tomaten
2 kleine Schalotten
je 1 TL süßer und scharfer Senf
1 TL saure Sahne
1 EL Aceto balsamico
1 EL Rotweinessig
100 ml Gemüsebrühe
5 EL mildes Olivenöl
Salz · Pfeffer aus der Mühle
2 EL eingelegte Kapern
1/2 reife Mango

Für den Spinat:

250 g Blattspinat
150 g Brennnesseln · Salz
80 ml Gemüsebrühe
1 halbierte Knoblauchzehe
1 Scheibe Ingwer · 1 Streifen
unbehandelte Zitronenschale
1/2 Vanilleschote
Pfeffer aus der Mühle
mildes Chilipulver
frisch geriebene Muskatnuss
1 Stück Zimtrinde
1 EL Butter · 1 TL braune Butter
(siehe S. 139)
1 Msp. abgeriebene unbehan-
delte Orangenschale

Für den Fisch:

4 Heilbuttfilets (à 120 g;
ohne Haut und Gräten)
Butter für den Dämpfeinsatz
mildes Chilisalz

1 Für die Salsa die Frühlingszwiebeln putzen, waschen und schräg in feine Ringe schneiden. Die Tomaten kreuzweise einritzen, überbrühen, kalt abschrecken, häuten, vierteln, entkernen und in kleine Würfel schneiden. Die Schalotten schälen und in feine Würfel schneiden.

2 Beide Senfsorten mit der sauren Sahne, beiden Essigsorten und der Brühe in einer kleinen Schüssel verrühren. Das Olivenöl kräftig unterrühren und die Marinade mit Salz und Pfeffer würzen. Frühlingszwiebeln, Tomaten, Schalotten und Kapern hinzufügen und gut mischen. Das Mangofruchtfleisch vom Stein schneiden, die Mangostücke schälen und in 1 cm große Würfel schneiden.

3 Für den Spinat die Spinatblätter verlesen, waschen und trocken schleudern, grobe Stiele entfernen. Die Brennnesseln waschen, trocken schleudern und die Blätter von den Stielen zupfen (dabei trägt man am besten Einweghandschuhe).

4 Den Spinat und die Brennnesseln nacheinander in kochendem Salzwasser blanchieren. Mit dem Schaumlöffel herausheben und kalt abschrecken. Mit den Händen das restliche Wasser ausdrücken und die Brennnesselblätter klein schneiden.

5 Die Brühe in einer Pfanne erhitzen und die Spinat- und Brennnesselblätter hineingeben, Knoblauch, Ingwer und Zitronenschale dazugeben und alles 1 bis 2 Minuten garen. Die Vanilleschote der Länge nach halbieren und das Mark mit einem spitzen Messer herauskratzen. Vanilleschote und -mark in die Pfanne geben und das Gemüse mit Salz, Pfeffer, je 1 Prise Chilipulver und Muskatnuss würzen, etwas Zimt darüberreiben. Die Butter und die braune Butter unterrühren. Knoblauch, Ingwer, Zitronenschale und Vanilleschote wieder entfernen. Zuletzt die Orangenschale hinzufügen.

6 Für den Fisch die Heilbuttfilets waschen und trocken tupfen. Etwas Wasser in einem Dämpftopf erhitzen und den Dämpfeinsatz mit Butter einfetten. Den Heilbutt in den Einsatz legen und zugedeckt im heißen Dampf je nach Dicke der Filets 6 bis 8 Minuten glasig durchziehen lassen. Mit Chilisalz würzen.

7 Den Vanillespinat auf vorgewärmte Teller verteilen und den Heilbutt darauf anrichten. Mit den Mangowürfeln bestreuen, die Salsa darüberträufeln und servieren.

259

FISCH & MEERESFRÜCHTE

Mit Kümmel gebratene Lotte
auf Kartoffel-Majoran-Sauce

FÜR 4 PERSONEN
Für die Roten Beten:
3 kleine Rote Beten (à 150 g)
Salz · 1 TL ganzer Kümmel
1/2 kleine Zwiebel
350 ml Gemüsebrühe
2 EL Rotweinessig
3 EL mildes Olivenöl
Pfeffer aus der Mühle
mildes Chilipulver
Zucker · 2 EL Butter

Für die Sauce:
1 festkochende Kartoffel (100 g)
40 g Karotte
1/4 l Gemüsebrühe
1/2 Lorbeerblatt
1 getrocknete rote Chilischote
1 halbierte Knoblauchzehe
80 g Sahne
getrockneter Majoran
gemahlener Kümmel
1/4–1/2 TL abgeriebene
unbehandelte Zitronenschale
20 g kalte Butter

Für den Fisch:
500 g Seeteufelfilet (Lotte;
ohne Haut und Gräten)
2 TL ganzer Kümmel
1 EL Öl · mildes Chilisalz
1–2 EL braune Butter
(siehe S. 139)

1 Für die Roten Beten die Knollen waschen und die Blätter vorsichtig abschneiden, ohne dabei die Knollen zu verletzen. Die Rote-Bete-Knollen in einem Topf in kochendem Salzwasser mit dem Kümmel etwa 1 Stunde weich garen. In ein Sieb abgießen, etwas abkühlen lassen, schälen und in 4 bis 5 mm dicke Scheiben schneiden (dabei trägt man am besten Einweghandschuhe). Die Zwiebel schälen und in breite Streifen schneiden.

2 Die Brühe in einem Topf erwärmen und vom Herd nehmen. Den Essig und das Olivenöl unterrühren und den Sud mit Salz und Pfeffer sowie je 1 Prise Chilipulver und Zucker würzen. Rote-Bete-Scheiben und Zwiebelstreifen in dem Sud mehrere Stunden (am besten über Nacht) ziehen lassen.

3 Für die Sauce die Kartoffel schälen und waschen, die Karotte putzen und schälen. Beides in 1/2 bis 1 cm große Würfel schneiden. Die Brühe in einem Topf erhitzen und die Kartoffel- und Karottenwürfel mit dem Lorbeerblatt, der Chilischote und dem Knoblauch darin knapp unter dem Siedepunkt etwa 20 Minuten weich garen. Lorbeerblatt, Chili-schote und Knoblauch wieder entfernen. Die Sahne dazugeben, die Sauce erhitzen und mit je 1 Prise Majoran und Kümmel sowie der Zitronenschale würzen. Die kalte Butter hinzufügen und die Sauce mit dem Stabmixer pürieren, gegebenenfalls noch etwas nachwürzen.

4 Für den Fisch das Seeteufelfilet waschen, trocken tupfen und schräg in 1 cm dicke Scheiben schneiden. Die Filetscheiben mit dem Kümmel bestreuen. Das Öl in einer Pfanne erhitzen und die Fischscheiben darin auf beiden Seiten jeweils 1 bis 2 Minuten anbraten. Die Pfanne vom Herd nehmen und den Fisch in der Resthitze 1 Minute durchziehen lassen. Mit dem Chilisalz würzen und die braune Butter hinzufügen.

5 Kurz vor dem Servieren die Roten Beten aus der Marinade nehmen und die Zwiebelstreifen entfernen. Die Butter in einer Pfanne erhitzen und die Rote-Bete-Scheiben darin bei milder Hitze erwärmen.

6 Die Sauce nochmals mit dem Stabmixer aufschäumen und auf vorge-wärmte Teller verteilen. Die Rote-Bete-Scheiben mit den Lotteschei-ben abwechselnd zu Türmchen stapeln und auf die Sauce setzen. Nach Belieben mit frischem Majoran garniert servieren.

FISCH & MEERESFRÜCHTE

Rotbarbe mit Kurkuma-Ingwer-Butter
und Fenchel-Bärlauch-Spinat

FÜR 4 PERSONEN

Für den Spinat:
2 Fenchelknollen
1–2 TL Öl
¼ l Gemüsebrühe
1 halbierte Knoblauchzehe
½ Döschen Safranfäden (0,05 g)
½–1 TL gemahlene Kurkuma
1 EL mildes Olivenöl
Salz · mildes Chilipulver
500 g junger Blattspinat
1 Bund Bärlauch (50 g)
1 Scheibe Knoblauch
1 EL Butter
1 EL braune Butter
(siehe S. 139)
frisch geriebene Muskatnuss

Für die Butter:
¼ TL Chiliflocken
2 EL Butter
¼ TL gemahlene Kurkuma
1 Knoblauchzehe (in Scheiben)
3 Scheiben Ingwer
½ aufgeschlitzte Vanilleschote
Salz

Für den Fisch:
8 Rotbarbenfilets (à 60–80 g;
mit Haut, ohne Gräten)
1 EL Öl
Salz · Pfeffer aus der Mühle

1 Für den Spinat den Fenchel putzen, waschen und den Strunk herausschneiden. Den Fenchel in die einzelnen Blätter teilen und diese in 3 bis 4 cm große Dreiecke schneiden. Das Öl in einem Topf erhitzen und den Fenchel darin bei mittlerer Hitze andünsten. 200 ml Brühe dazugießen und Knoblauch, Safran und Kurkuma hinzufügen. Den Fenchel in der Gewürzbrühe zugedeckt knapp unter dem Siedepunkt etwa 10 Minuten garen. Das Olivenöl dazugeben und den Fenchel mit Salz und 1 Prise Chilipulver würzen. Den Knoblauch wieder entfernen.

2 Die Spinatblätter verlesen, waschen und trocken schleudern, grobe Stiele entfernen. Den Bärlauch waschen und trocken schütteln, die Blätter von den Stielen zupfen und in feine Streifen schneiden. Spinat und Bärlauch mit der restlichen Brühe in einer Pfanne erhitzen. Den Knoblauch, die Butter und die braune Butter hinzufügen und den Spinat mit Salz, 1 Prise Chilipulver und Muskatnuss würzen. Den Knoblauch wieder entfernen und das Gemüse unter den Fenchel mischen.

3 Für die Butter die Chiliflocken in einer kleinen Schüssel überbrühen, kurz ziehen lassen und in ein Sieb abgießen. Die Butter in einer Pfanne zerlassen. Chiliflocken, Kurkuma, Knoblauch, Ingwer und die Vanilleschote dazugeben und kurz ziehen lassen. Die Kurkuma-Ingwer-Butter mit Salz abschmecken.

4 Für den Fisch die Rotbarbenfilets waschen und trocken tupfen. Das Öl in einer Pfanne erhitzen und die Filets darin auf der Hautseite bei mittlerer Hitze etwa 2 Minuten kross anbraten. Dann wenden, die Pfanne vom Herd nehmen und die Fischfilets in der Resthitze etwa 1 Minute ziehen lassen. Auf Küchenpapier abtropfen lassen und mit Salz und Pfeffer würzen.

5 Den Fenchel-Bärlauch-Spinat auf vorgewärmte Teller verteilen. Die Rotbarben darauf anrichten und mit der Kurkuma-Ingwer-Butter beträufelt servieren.

MEIN TIPP

Wer eine andere Geschmacksnote bevorzugt, kann die Rotbarbenfilets auch mit etwas zerlassener italienischer Kräuterbutter oder orientalischer Gewürzbutter (siehe Seite 145) beträufeln.

FISCH & MEERESFRÜCHTE

Gebratene Seezungen
auf Fenchel-Orangen-Salat

FÜR 4 PERSONEN

Für den Salat:

*je 1 TL schwarze Pfeffer- und
Korianderkörner
1 TL Fenchelsamen
1/2 TL geschrotete Zimtrinde
1 Orange
1/2 TL mildes Currypulver
1 Fenchelknolle (mit Grün)
1 EL Zitronensaft
je 1 Msp. abgeriebene
unbehandelte Zitronen- und
Orangenschale
1/2 TL scharfer Senf
1 EL Dill (frisch geschnitten)
2 EL mildes Olivenöl
je 1 EL Rosinen, Pistazien,
Kapern und Granatapfelkerne
Salz · Zucker*

Für den Fisch:

*4 Seezungen (à ca. 350 g)
2 EL Öl
4 EL braune Butter
(siehe S. 139)
1 Knoblauchzehe (in Scheiben)
1/4 ausgekratzte Vanilleschote
mildes Chilisalz*

1 Für den Salat die Pfeffer- und Korianderkörner, die Fenchelsamen und den Zimt in eine Gewürzmühle füllen. Die Orange mit einem scharfen Messer so großzügig schälen, dass auch die weiße Haut mit entfernt wird. Die Fruchtfilets zwischen den Trennwänden herausschneiden, in einem Sieb abtropfen lassen und den Saft mit dem Currypulver in einem kleinen Topf erhitzen.

2 Den Fenchel putzen, waschen und fein hobeln, das Fenchelgrün klein schneiden. Die Fenchelstreifen mit dem Zitronen- und Orangensaft, der Zitronen- und Orangenschale, dem Senf, dem Dill sowie dem Olivenöl mischen. Das Fenchelgrün und die Orangenfilets, die Rosinen, die Pistazien, die Kapern und die Granatapfelkerne unterheben. Mit Salz, der Mischung aus der Mühle und 1 Prise Zucker würzen.

3 Für den Fisch die Schwanzflossen der Seezungen kurz in kochendes Wasser tauchen, bis sich die Haut von der Gräte löst. Die abgelöste Haut der Seezungen auf beiden Seiten von der Schwanzflosse bis zum Kopf kräftig abziehen, dabei die Haut am besten mit einem Küchentuch fassen. Den äußeren Flossenkranz samt dem Kopf mit einer Schere entlang der Filets abschneiden und entfernen. Die Seezungen unter fließendem kaltem Wasser gründlich waschen und mit Küchenpapier trocken tupfen.

4 Den Backofen auf 100 °C vorheizen. Ein Backblech mit 1 EL Öl einfetten. Das restliche Öl in einer weiten Pfanne erhitzen und die Seezungen darin (gegebenenfalls nacheinander) bei mittlerer Hitze auf beiden Seiten jeweils etwa 1 Minute anbraten. Die Fische auf das Blech legen und im Ofen auf der mittleren Schiene 5 bis 8 Minuten garen.

5 Die braune Butter mit dem Knoblauch und der Vanilleschote in einer Pfanne erwärmen, mit Chilisalz würzen. Die Seezungen aus dem Ofen nehmen und mit der Gewürzbutter bestreichen.

6 Die Seezungen mit dem Fenchel-Orangen-Salat auf vorgewärmten Tellern anrichten.

FISCH & MEERESFRÜCHTE

Rotes Wallercurry
mit Weißkraut und Cocktailtomaten

FÜR 4 PERSONEN

1 ½ Zwiebeln

350 g Tomaten

2 EL Öl

1 EL Tomatenmark

¼ l Fischfond

1 Msp. gemahlene Kurkuma

brauner Zucker

½ TL Paprikapulver (edelsüß)

mildes Chilisalz

je 1 TL gehackter Ingwer und
Knoblauch

1 EL mildes Currypulver

4 EL kalte Butter

300 g junger Weißkohl

gemahlener Kümmel

1 EL Petersilie
(frisch geschnitten)

120 g Cocktailtomaten

1 EL braune Butter
(siehe S. 139)

1 Lorbeerblatt

2 Gewürznelken

Salz

600 g Wallerfilet
(ohne Haut und Gräten)

1 Die ganze Zwiebel schälen und in feine Würfel schneiden. Die Tomaten waschen, halbieren und entkernen, dabei die Stielansätze entfernen. Die Tomaten in kleine Würfel schneiden.

2 In einem Topf 1 EL Öl erhitzen und die Zwiebelwürfel darin bei milder Hitze einige Minuten glasig dünsten. Das Tomatenmark unterrühren und kurz anrösten. Die Tomatenwürfel hinzufügen, den Fond dazugießen und alles knapp unter dem Siedepunkt 30 Minuten ziehen lassen. Die Sauce 5 Minuten vor Ende der Garzeit mit Kurkuma, 1 Prise braunem Zucker, Paprika, Chilisalz, Ingwer, Knoblauch und Currypulver würzen, 3 EL kalte Butter unterrühren. Die Sauce mit dem Stabmixer pürieren und durch ein nicht zu feines Sieb streichen.

3 Den Weißkohl putzen, die äußeren Blätter entfernen und den Strunk herausschneiden. Die Kohlblätter in Rauten schneiden. Das restliche Öl in einer Pfanne erhitzen und die Weißkohlrauten darin bei mittlerer Hitze anbraten. Mit Chilisalz und 1 Prise Kümmel würzen. Die restliche kalte Butter unterrühren und die Petersilie dazugeben.

4 Die Cocktailtomaten waschen und halbieren. Die braune Butter in einer Pfanne erhitzen und die Cocktailtomaten darin andünsten, mit Chilisalz würzen.

5 Die restliche Zwiebelhälfte schälen, das Lorbeerblatt darauflegen und mit den Nelken feststecken. In einem Topf Salzwasser zum Kochen bringen, die gespickte Zwiebel hineingeben und knapp unter dem Siedepunkt 15 Minuten ziehen lassen.

6 Das Wallerfilet waschen, trocken tupfen und in 2 cm große Stücke schneiden. Den Topf vom Herd nehmen, die Fischstücke in den Zwiebelsud legen und etwa 3 Minuten glasig ziehen lassen.

7 Das Weißkraut auf vorgewärmte tiefe Teller oder Schälchen verteilen und die Sauce darübergeben. Die Wallerstücke mit dem Schaumlöffel aus dem Topf heben, kurz abtropfen lassen und darauf anrichten. Das Wallercurry mit den Cocktailtomaten garniert servieren.

FISCH & MEERESFRÜCHTE

Paprika-Garnelen-Curry
mit Frühlingszwiebeln und Zucchini

FÜR 4 PERSONEN

2 Tomaten
1 Zwiebel
1 rote Paprikaschote
1 EL brauner Zucker
1 EL Tomatenmark
800 ml Fischfond
100 g Sahne
1 frische rote Chilischote
2 Knoblauchzehen (in Scheiben)
5 Scheiben Ingwer
1/4 ausgekratzte Vanilleschote
1 EL mildes Currypulver
1 TL geräuchertes Paprikapulver
(siehe S. 82)
1 EL Speisestärke
3 Frühlingszwiebeln
100 g Zucchino
1 EL Petersilie (frisch geschnitten)
1 TL abgeriebene unbehandelte
Zitronenschale · Salz
600 g Riesengarnelen
1 EL braune Butter
(siehe S. 139)

1 Die Tomaten kreuzweise einritzen, überbrühen, kalt abschrecken, häuten, vierteln und entkernen. Die Kerne mit dem Stabmixer kurz pürieren und durch ein feines Sieb streichen. Den Saft auffangen und beiseitestellen, die Kerne entfernen. Die Tomatenviertel in kleine Würfel schneiden. Die Zwiebel schälen und in feine Würfel schneiden. Die Paprikaschote längs vierteln, entkernen und mit dem Sparschäler schälen. Die Paprikaviertel in kleine Würfel schneiden.

2 Den braunen Zucker in einem Topf bei mittlerer Hitze schmelzen lassen. Die Zwiebel- und Paprikawürfel hinzufügen und andünsten. Das Tomatenmark unterrühren und kurz mitrösten. Mit dem Fond ablöschen und auf die Hälfte einköcheln lassen. Den Tomatensaft und die Sahne dazugeben und erhitzen. Die Chilischote längs halbieren, entkernen, waschen und in feine Streifen schneiden. Chili, Knoblauch, Ingwer, Vanilleschote und Currypulver in den Sud geben.

3 Das Paprikapulver mit etwas kaltem Wasser glatt rühren und unter den Sud rühren. Die Speisestärke ebenfalls mit etwas kaltem Wasser glatt rühren. Unter den leicht kochenden Sud rühren, bis er sämig gebunden ist, und den Sud 1 bis 2 Minuten köcheln lassen.

4 Die Frühlingszwiebeln putzen, waschen und schräg in 1/2 cm breite Ringe schneiden. Den Zucchino waschen, putzen und in 1/2 cm große Würfel schneiden. Die Frühlingszwiebelringe, Zucchini- und Tomatenwürfel in den Sud geben und erhitzen. Die Petersilie mit der Zitronenschale hinzufügen und die Sauce mit Salz würzen.

5 Die Garnelen schälen, am Rücken entlang einschneiden und den dunklen Darm entfernen. Die Garnelen waschen, trocken tupfen und längs halbieren. Die braune Butter in einer Pfanne erhitzen und die Garnelen darin bei mittlerer Hitze zuerst auf der Hautseite kurz anbraten, bis sie sich etwas eindrehen. Wenden, die Pfanne vom Herd nehmen und die Garnelen in der Resthitze 1 bis 2 Minuten ziehen lassen. Die gebratenen Garnelen unter das Curry mischen, Ingwer und Vanilleschote entfernen. Das Paprika-Garnelen-Curry in vorgewärmten tiefen Tellern anrichten und nach Belieben mit Reis servieren.

MEIN TIPP

Statt der Garnelen können Sie auch 500 g Hähnchenbrustfilet in kleine Würfel schneiden, in etwas brauner Butter rundum anbraten und einige Minuten in dem Curry ziehen lassen.

FISCH & MEERESFRÜCHTE

Wildkabeljau
mit Peperoni-Grünkohl-Gemüse

FÜR 4 PERSONEN

Für das Pesto:
80 g Petersilie · Salz
1 TL Mandelblättchen
½ kleine Knoblauchzehe
80 g frisch geschnittene Kräuter
(z. B. Basilikum, Kerbel)
1 TL geriebener Parmesan
3 EL Olivenöl · 80 g zerlassene
braune Butter (siehe S. 139)
Pfeffer aus der Mühle
einige Spritzer Zitronensaft

Für das Gemüse:
500 g Grünkohl · Salz
je 1 rote und grüne milde
Peperoni · 100 ml Gemüsebrühe
1 halbierte Knoblauchzehe
1 EL braune Butter · mildes
Chilipulver · frisch geriebene
Muskatnuss · 1 EL Butter
1 Msp. abgeriebene
unbehandelte Orangenschale

Für den Fisch:
Butter für den Dämpfeinsatz
4 Wildkabeljaufilets
(à 120 g; ohne Haut)
je 1 TL Wacholderbeeren,
Koriander- und Pimentkörner
2 Scheiben Ingwer
je 2 Streifen unbehandelte
Zitronen- und Orangenschale
1 Knoblauchzehe (in Scheiben)
Chilisalz · Olivenöl

1 Für das Pesto die Petersilie waschen, trocken schütteln und die Blätter abzupfen. Die Petersilienblätter kurz in kochendem Salzwasser blanchieren, in ein Sieb abgießen, kalt abschrecken und mit den Händen das restliche Wasser gut ausdrücken. Die Mandelblättchen in einer Pfanne ohne Fett hell rösten. Den Knoblauch schälen und in Scheiben schneiden. Die Petersilie und den Knoblauch mit den Kräutern, dem Parmesan, den Mandeln, dem Olivenöl und der braunen Butter in den Küchenmixer geben. Mit Salz, Pfeffer und Zitronensaft würzen und zu einer Paste pürieren.

2 Für das Gemüse den Grünkohl von den Stielen zupfen, gründlich waschen und abtropfen lassen. In einem Topf in kochendem Salzwasser 1 bis 2 Minuten blanchieren, in ein Sieb abgießen, kalt abschrecken und mit den Händen das restliche Wasser ausdrücken.

3 Die Peperoni längs halbieren, entkernen, waschen und in 1 cm breite Stücke schneiden. In kochendem Salzwasser bissfest garen, in ein Sieb abgießen und kalt abschrecken.

4 Den Kohl und die Peperoni mit der Brühe in einer Pfanne erhitzen. Den Knoblauch dazugeben, die braune Butter hinzufügen und mit Salz, 1 Prise Chilipulver und Muskatnuss würzen. Das Gemüse kurz ziehen lassen und den Knoblauch wieder entfernen. Die Brühe abgießen und mit 2 bis 3 EL Pesto und der Butter mit dem Stabmixer aufmixen. Wieder in die Pfanne geben, das Gemüse kurz darin schwenken und die Orangenschale hinzufügen.

5 Für den Fisch einen Dämpfeinsatz (z. B. ein Bambuskörbchen) mit Butter einfetten. Die Fischfilets waschen, trocken tupfen und in den Einsatz legen. In einen passenden Topf etwa 2 cm hoch Wasser füllen, die Gewürze in das Wasser geben und erhitzen. Den Dämpfkorb einsetzen und den Fisch zugedeckt im heißen Dampf 6 bis 7 Minuten glasig durchziehen lassen. Mit Chilisalz würzen.

6 Das Gemüse auf vorgewärmte tiefe Teller verteilen und die Fischfilets darauf anrichten. Mit etwas Olivenöl beträufeln und das Pesto darum herumziehen.

FISCH & MEERESFRÜCHTE

Wolfsbarsch in der Folie
mit Fenchel und Lavendelblüten

FÜR 4 PERSONEN

1 Wolfsbarsch (ca. 1,2 kg;
küchenfertig)
Salz · Pfeffer aus der Mühle
Chiliflocken
2 TL Fenchelsamen
1 gestr. TL getrocknete
Lavendelblüten
1/2 aufgeschlitzte Vanilleschote
2 Knoblauchzehen (in Scheiben)
je 4 Streifen unbehandelte
Zitronen- und Orangenschale
80 g kalte Butter
mildes Chilisalz

1 Den Backofen auf 180 °C vorheizen. Den Wolfsbarsch innen und außen waschen und mit Küchenpapier trocken tupfen.

2 Den Wolfsbarsch innen mit Salz, Pfeffer und 1 Prise Chiliflocken würzen. 1 TL Fenchelsamen, 1/4 TL Lavendelblüten, 1/4 Vanilleschote und die Hälfte der Knoblauchscheiben und je 2 Streifen Zitronen- und Orangenschale in die Bauchhöhle füllen. Den Fisch auf einen großen Bogen Alufolie oder Pergamentpapier legen und 20 g kalte Butter in kleinen Stücken daraufsetzen.

3 Die Folie oder das Pergamentpapier über dem Fisch zusammenfalten und verschließen. Den Wolfsbarsch auf ein Backblech legen und im Ofen auf der mittleren Schiene etwa 35 Minuten garen.

4 Die restliche Butter mit den übrigen Gewürzen und der Zitronen- und Orangenschale in einer Pfanne erwärmen und mit Chilisalz würzen.

5 Den Fisch aus dem Ofen nehmen und die Folie öffnen. Den Wolfsbarsch herausnehmen, häuten, filetieren und auf vorgewärmte Teller verteilen. Mit der Gewürzbutter beträufeln und nach Belieben mit Spinat, feinen grünen Bohnen oder Artischocken-Tomaten-Gemüse servieren.

MEIN TIPP

Der Fisch ist gar, wenn sich die Rückenflosse leicht aus dem Fleisch ziehen lässt. Dazu die Folie am Ende der Garzeit öffnen, den Garzustand überprüfen und den Wolfsbarsch gegebenenfalls noch einige Minuten weitergaren.

FISCH & MEERESFRÜCHTE

Gebackener Fisch
mit Paprika-Remoulade

FÜR 4 PERSONEN

Für die Remoulade:
2 Eier
1 rote Paprikaschote · Salz
1 kleine Essiggurke
1 EL Kapern
150 g Schmand
2 EL Sahne
1 gestr. TL Paprikapulver
(edelsüß)
1–2 TL geräuchertes Paprika-
pulver (siehe S. 82)
1–2 TL scharfer Senf
1 EL Schnittlauchröllchen
1–2 TL Zitronensaft
1 Msp. abgeriebene unbehandelte
Zitronenschale
mildes Chilipulver
Zucker

Für den Fisch:

je 1 TL schwarze Pfeffer- und
Korianderkörner
1/2 TL ganzer Kümmel
2 Eier · 100 g Mehl
150 ml Bier
4 EL zerlassene braune Butter
(siehe S. 139) · Salz
Öl zum Frittieren
500 g Rotbarschfilet
mildes Chilisalz
einige Spritzer Zitronensaft
Mehl zum Wenden

1 Für die Remoulade die Eier 10 Minuten hart kochen, kalt abschrecken, pellen und klein hacken. Die Paprikaschote längs vierteln, entkernen und mit dem Sparschäler schälen. Die Paprikaviertel in kleine Würfel schneiden und in einem Topf in kochendem Salzwasser 2 Minuten blanchieren. In ein Sieb abgießen, kalt abschrecken und abtropfen lassen. Die Essiggurke abtropfen lassen und in kleine Würfel schneiden. Die Kapern grob hacken.

2 Den Schmand mit der Sahne, beiden Paprikapulversorten und dem Senf in einer kleinen Schüssel verrühren. Das Ei, die Paprika- und die Gurkenwürfel, die Kapern und den Schnittlauch dazugeben und untermischen. Die Remoulade mit Zitronensaft und -schale, Salz, Chilipulver und 1 Prise Zucker würzen.

3 Für den Fisch die Pfeffer- und Korianderkörner mit dem Kümmel in eine Gewürzmühle füllen. Die Eier trennen. Das Mehl mit dem Bier und den Eigelben in einer Schüssel glatt rühren, mit der Mischung aus der Mühle kräftig würzen und zuletzt die braune Butter unterrühren. Die Eiweiße mit 1 Prise Salz zu einem cremigen Schnee schlagen. Den Eischnee locker und gleichmäßig unter den Teig heben.

4 Zum Frittieren reichlich Öl in einem Topf auf 170 °C erhitzen. Die Fischfilets waschen und trocken tupfen, mit Chilisalz würzen und mit Zitronensaft beträufeln. Das Mehl in einen tiefen Teller geben. Die Filets zunächst im Mehl wenden und dann durch den Backteig ziehen. Im heißen Öl 4 bis 5 Minuten goldbraun backen, dabei einmal wenden und auf Küchenpapier abtropfen lassen.

5 Den gebackenen Fisch mit der Remoulade und nach Belieben mit Kartoffeln oder Blattsalat auf Tellern anrichten und servieren.

MEIN TIPP

Wer auf Alkohol verzichten möchte, tauscht das Bier im Backteig einfach durch die gleiche Menge Milch aus. Den Teig können Sie prima vorbereiten. Allerdings sollten Sie den Eischnee erst kurz vor der Verwendung unterheben und den Teig dann sofort verarbeiten. Achten Sie beim Ausbacken der Fischstücke darauf, dass die Temperatur nicht zu hoch ist, damit das Fischfilet innen gar und der Teig außen schön kross wird.

FISCH & MEERESFRÜCHTE

Gefüllte Kalamari
mit Jakobsmuscheln und Avocado

FÜR 4 PERSONEN

Für den Dip:

300 g Naturjoghurt
1 EL Limettensaft
abgeriebene Schale von
1 unbehandelten Limette
je 1 EL Petersilie und Minze
(frisch geschnitten)
mildes Chilisalz
Zucker

Für die Kalamari:

4 Kalamari (ca. 12 cm lang)
8 Jakobsmuscheln
(à 25 g; ausgelöst)
mildes Chilisalz
1 EL braune Butter
(siehe S. 139)
2 EL mildes Olivenöl
1 Knoblauchzehe (in Scheiben)
2 Scheiben Ingwer
1 ausgekratzte Vanilleschote

Für die Avocadospalten:

2 reife, nicht zu weiche
Avocados
einige Spritzer Zitronensaft
Salz
50 g Weißbrotbrösel
2 EL braune Butter
Chilisalz

1 Für den Dip den Joghurt mit dem Limettensaft in einer Schüssel glatt rühren. Die Limettenschale, die Petersilie und die Minze unterrühren. Den Dip mit Chilisalz und 1 Prise Zucker würzen und kühl stellen.

2 Für die Kalamari jeweils den Kopf und die Arme (Tentakel) mitsamt den Eingeweiden aus dem Körperbeutel (Tuben) ziehen. Die Arme knapp unter den Augen so vom Kopf abtrennen, dass sie noch durch einen dünnen Ring verbunden bleiben. Die Tentakel so in beide Hände nehmen, dass der Schnabel oben liegt. Das Kauwerkzeug von unten herausdrücken. Das durchsichtige Fischbein aus dem Körperbeutel ziehen und die dünne Haut entfernen. Tentakel und Tuben gründlich waschen und trocken tupfen.

3 Die Jakobsmuscheln waschen, trocken tupfen und mit Chilisalz würzen. Je 2 Jakobsmuscheln in eine Kalamaritube füllen und diese mit kleinen Holzspießen verschließen. Die braune Butter in einer Pfanne erhitzen und die Kalamari darin etwa 5 Minuten rundum braten. Die Tentakel nach 3 bis 4 Minuten Garzeit dazugeben. Die Pfanne vom Herd nehmen und die Kalamari etwas abkühlen lassen. Das Olivenöl mit dem Knoblauch, dem Ingwer und der Vanilleschote hinzufügen, mit Chilisalz würzen und die gefüllten Kalamari darin wenden.

4 Für die Avocadospalten die Avocados halbieren, jeweils den Kern entfernen und das Fruchtfleisch schälen. Die Avocadohälften in 1/2 cm dicke Spalten schneiden, mit Zitronensaft beträufeln und leicht mit Salz würzen. Die Avocadospalten in den Bröseln wälzen. Die braune Butter in einer Pfanne erhitzen und die Avocadospalten darin bei mittlerer Hitze auf beiden Seiten anbraten. Mit etwas Chilisalz würzen.

5 Die gebratenen Avocadospalten auf vorgewärmte Teller verteilen und die gefüllten Kalamari darauf anrichten. Die Tentakel darauf verteilen und mit dem Dip beträufeln.

FISCH & MEERESFRÜCHTE

Gebratene Kalamari
mit Frühlingszwiebeln und Kardamom

FÜR 4 PERSONEN

600 g kleine Kalamari

1/2 Bund Frühlingszwiebeln

3 Knoblauchzehen

4–5 EL mildes Olivenöl

4 Scheiben Ingwer

1/2 aufgeschlitzte Vanilleschote

4 kleine Splitter Zimtrinde

10 grüne Kardamomkapseln

1–2 EL Petersilie

(frisch geschnitten)

geröstete Korianderkörner

aus der Mühle

mildes Chilisalz

1 Von den Kalamari jeweils den Kopf und die Arme (Tentakel) mitsamt den Eingeweiden aus dem Körperbeutel (Tuben) ziehen. Die Arme knapp unter den Augen so vom Kopf abtrennen, dass sie noch durch einen dünnen Ring verbunden bleiben. Die Tentakel so in beide Hände nehmen, dass der Schnabel oben liegt. Das Kauwerkzeug von unten herausdrücken. Das durchsichtige Fischbein aus dem Körperbeutel ziehen und die dünne Haut entfernen. Tentakel und Tuben gründlich waschen und trocken tupfen. Die Tuben in 3 cm große Stücke schneiden und die Tentakel zerkleinern.

2 Die Frühlingszwiebeln putzen, waschen und in feine Ringe schneiden. Den Knoblauch schälen und in Scheiben schneiden.

3 Je 1 bis 2 TL Olivenöl in zwei großen Pfannen stark erhitzen und jeweils die Hälfte der Kalamari mit der Hälfte der Frühlingszwiebeln, des Knoblauchs, des Ingwers und der Gewürze darin verteilen. Die Mischung unter Rühren etwa 1 Minute anbraten, die Pfannen vom Herd nehmen und alles in eine Pfanne geben. Das restliche Olivenöl und die Petersilie hinzufügen und die Kalamari mit dem Koriander aus der Mühle und Chilisalz würzen.

4 Die gebratenen Kalamari passen sehr gut zu Spaghetti oder Risotto. Nach Belieben als Beilage einen grünen Salat dazu servieren.

MEIN TIPP

Verwenden Sie für dieses Rezept unbedingt frische Kalamari: Nur sie werden beim Braten wirklich zart. Außerdem sollten Sie darauf achten, dass die Kalamari nicht zu lange garen – sie müssen nur einmal richtig erhitzt werden, um weich zu sein. Garen sie länger, werden sie zäh. Weil die Kalamari nur kurz in der Pfanne sind, ist es sinnvoll, alle Gewürze schon im Voraus bereitzustellen.

FISCH & MEERESFRÜCHTE

Gedämpfte Muscheln
in Anis-Ingwer-Sud

FÜR 4 PERSONEN

1 Zwiebel
2 Knoblauchzehen
4 Scheiben Ingwer
2 TL Anissamen
2 EL mildes Olivenöl
1 TL Anislikör
400 ml Fischfond
oder Gemüsebrühe
100 g Sahne
100 ml Kokosmilch
1–2 TL Speisestärke
¼ Vanilleschote
30 g kalte Butter
Salz · Pfeffer aus der Mühle
mildes Chilipulver
1½ kg Venusmuscheln
1 EL schwarze Pfefferkörner

1 Die Zwiebel schälen und in feine Würfel schneiden. Den Knoblauch schälen und in Scheiben schneiden. Den Ingwer schälen und klein schneiden. Die Anissamen im Mörser grob zerstoßen. Das Olivenöl in einem Topf erhitzen und Zwiebel, Knoblauch, Ingwer und Anis darin bei mittlerer Hitze andünsten. Mit dem Likör ablöschen, den Fond oder die Brühe dazugießen und den Sud knapp unter dem Siedepunkt 10 bis 15 Minuten ziehen lassen.

2 Die Sahne und die Kokosmilch hinzufügen und den Sud nochmals erhitzen. Mit dem Stabmixer pürieren und durch ein feines Sieb streichen. Wieder in den Topf geben und erhitzen. Die Speisestärke mit etwas kaltem Wasser glatt rühren. Unter den leicht kochenden Sud rühren, bis er sämig gebunden ist, und den Sud 1 bis 2 Minuten köcheln lassen. Die Vanilleschote dazugeben, einige Minuten ziehen lassen und wieder entfernen. Die kalte Butter mit dem Stabmixer unterrühren und den Sud mit Salz, Pfeffer und 1 Prise Chilipulver abschmecken.

3 Die Muscheln unter fließendem kaltem Wasser gründlich abbürsten, geöffnete Exemplare aussortieren.

4 Die Pfefferkörner im Mörser grob zerstoßen, in ein Gewürzsäckchen füllen und das Säckchen verschließen. In einem Topf ¼ l Wasser mit dem Gewürzsäckchen bei mittlerer Hitze aufkochen und salzen. Die Muscheln hineingeben, den Deckel auflegen und alles zum Kochen bringen. Sobald sie sich nach einigen Minuten geöffnet haben, die Muscheln mit dem Schaumlöffel herausheben. Geschlossene Muscheln entfernen.

5 Die gegarten Muscheln mit dem Anis-Ingwer-Sud mischen, auf vorgewärmte tiefe Teller verteilen und servieren.

MEIN TIPP

Wenn man den Sud mit etwas mehr Speisestärke bindet, kann man ihn auch sehr gut als Sauce zu gebratenem oder gedämpftem Fisch servieren. Nach Belieben können als Einlage noch kleine blanchierte Gemüsewürfel (z. B. Sellerie, Karotte und Lauch) hineingegeben werden.

Fleisch

FLEISCH

Schweinemedaillons
aus dem Gewürzsud mit Wasabi-Pesto

FÜR 4 PERSONEN

Für die Medaillons:

2 Zwiebeln · 1 Karotte
130 g Knollensellerie
1 EL Puderzucker
1 l Hühnerbrühe
1 kleines Lorbeerblatt
3 Wacholderbeeren
5 Pimentkörner
1 TL schwarze Pfefferkörner
3–4 EL Rotweinessig · Zucker
mildes Chilipulver · Salz
1 Knoblauchzehe (in Scheiben)
1 Streifen unbehandelte
Zitronenschale
1 Scheibe Ingwer
500 g Schweinefilet
40 g kalte Butter

Für das Pesto:

3 EL Mandelblättchen
1 Bund Basilikum
50 g Blattspinat (blanchiert und
ausgedrückt)
1 EL geriebener Parmesan
1 Msp. gehackter Knoblauch
1–2 TL Wasabi-Paste
80 ml mildes Olivenöl
80 g zerlassene braune Butter
(siehe S. 139)
einige Spritzer Zitronensaft
Salz · Pfeffer aus der Mühle

1 Für die Medaillons die Zwiebeln schälen, die Karotte und den Sellerie putzen und schälen. Alles in feine Streifen schneiden. Den Puderzucker in einem Topf bei mittlerer Hitze hell karamellisieren und das Gemüse darin andünsten

2 Die Brühe dazugießen und das Lorbeerblatt hinzufügen. Wacholderbeeren, Piment- und Pfefferkörner grob andrücken und in ein Gewürzsäckchen füllen, das Säckchen verschließen und in die Brühe geben. Das Gemüse knapp unter dem Siedepunkt etwa 10 Minuten ziehen lassen, bis es fast weich ist.

3 Die Brühe mit Essig, 1 TL Zucker, 1 Prise Chilipulver und etwas Salz würzen. Knoblauch, Zitronenschale und Ingwer hinzufügen und etwa 3 Minuten ziehen lassen und dann ebenso wie das Gewürzsäckchen wieder herausnehmen.

4 Den Gewürzsud durch ein Sieb gießen und wieder in den Topf geben. Das Gemüse warm stellen. Das Schweinefilet in 8 möglichst gleich große Medaillons schneiden. Jedes Schweinemedaillon einmal mit Küchengarn (etwa 25 cm lang) umwickeln und die losen Garnenden an einem oder zwei Kochlöffelstielen befestigen. Die Kochlöffel quer über den Topf legen und die Medaillons in den Sud hängen. Die Schweinemedaillons sollten vollständig vom Sud bedeckt sein, aber den Topfboden nicht berühren. Die Medaillons im Gewürzsud bei etwa 90 °C 20 bis 30 Minuten durchziehen lassen.

5 Inzwischen für das Pesto die Mandelblättchen in einer Pfanne ohne Fett hell rösten und abkühlen lassen. Das Basilikum waschen, trocken schütteln und die Blätter abzupfen. Mit dem Spinat, dem Parmesan, dem Knoblauch, dem Wasabi, dem Olivenöl, der braunen Butter und dem Zitronensaft in den Küchenmixer geben und zu einer glatten Paste pürieren. Das Pesto mit Salz und Pfeffer würzen.

6 Die Medaillons aus dem Topf heben, das Küchengarn entfernen und das Fleisch kurz warm stellen. 1/4 l Sud abmessen und in einen Topf geben. Die kalte Butter mit dem Stabmixer unterrühren und die Sauce gegebenenfalls mit Salz, Zucker und Essig abschmecken.

7 Das Gemüse auf vorgewärmte tiefe Teller verteilen, den Sud mit dem Stabmixer aufschäumen und über dem Gemüse verteilen. Die Schweinemedaillons quer halbieren, darauf anrichten und mit dem Wasabi-Pesto beträufelt servieren.

278

FLEISCH

Schweinefilet mit Arganöl
und Kaffeesalz auf Apfelrahmkraut

FÜR 4 PERSONEN

Für das Kraut:

1 kleine Zwiebel
500 g Spitzkohl
1 kleine Karotte
100 g Knollensellerie · Salz
1 Apfel
1 EL braune Butter
(siehe S. 139)
1 TL getrockneter Majoran
1 TL gemahlener Kümmel
frisch geriebene Muskatnuss
Pfeffer aus der Mühle
50 ml Gemüsebrühe
150 g Sahne
¼ ausgekratzte Vanilleschote
10 g kalte Butter
1 EL Petersilie (frisch geschnitten)
je 1 Msp. abgeriebene
unbehandelte Zitronen- und
Orangenschale
1 Stück Zimtrinde

Für das Schweinefilet:

500 g Schweinefilet
1–2 EL Öl
Kaffeesalz (siehe S. 142)
1 EL Arganöl

1 Für das Kraut die Zwiebel schälen und in Rauten schneiden. Vom Spitzkohl die äußeren Blätter und den Strunk entfernen und die Blätter in Rauten schneiden. Die Karotte und den Sellerie putzen und schälen, zuerst in dünne Scheiben und dann in Rauten schneiden. Beides in einem Topf in kochendem Salzwasser bissfest blanchieren, in ein Sieb abgießen, kalt abschrecken und gut abtropfen lassen. Den Apfel schälen, vierteln, entkernen und in dünne Scheiben schneiden.

2 Die braune Butter in einer Pfanne erhitzen und die Zwiebelrauten darin bei mittlerer Hitze glasig dünsten. Spitzkohl, Karotte und Sellerie dazugeben und etwas andünsten. Mit Majoran, Kümmel, Muskatnuss, Salz und Pfeffer würzen. Die Brühe und die Sahne dazugießen und das Gemüse bei milder Hitze einige Minuten dünsten. Die Apfelwürfel dazugeben. Die Vanilleschote hinzufügen, einige Minuten ziehen lassen und wieder herausnehmen. Zum Schluss die kalte Butter, die Petersilie sowie die Zitronen- und Orangenschale unterrühren und etwas Zimt darüberreiben.

3 Für das Schweinefilet den Backofen auf 100 °C vorheizen. Ein Ofengitter auf die mittlere Schiene und darunter ein Abtropfblech schieben. Das Schweinefilet in 8 möglichst gleich große Medaillons schneiden.

4 Das Öl in einer Pfanne erhitzen und die Medaillons darin bei mittlerer Hitze auf beiden Seiten 1 bis 2 Minuten anbraten. Aus der Pfanne nehmen und auf dem Gitter im Ofen etwa 30 Minuten rosa garen.

5 Das Apfelrahmkraut auf vorgewärmte Teller verteilen. Die Medaillons quer halbieren und auf dem Kraut anrichten. Mit 1 Prise Kaffeesalz würzen und mit dem Arganöl beträufeln.

MEIN TIPP

Arganöl ist ein hochwertiges Speiseöl, das mit großem handwerklichem Aufwand aus den in den Kernen enthaltenen kleinen Mandeln des Arganbaums hergestellt wird. Dieser Baum wächst ausschließlich in Marokko. Das Öl hat einen sehr kräftigen Eigengeschmack – man gibt es immer erst am Ende der Garzeit vorsichtig dosiert an ein Gericht. Besonders gut eignet es sich für Salatmarinaden und zum Würzen von klaren Suppen. Ich verwende es – wie in diesem Rezept – auch gern zum Aromatisieren von kurz gebratenem Fleisch oder Fisch.

FLEISCH

Mariniertes Schweinekotelett
mit Pfeffer und Piment

FÜR 4 PERSONEN

4 EL Tomatenketchup · 4 TL Rum
2–3 TL Limettensaft
abgeriebene Schale von
1 unbehandelten Limette
je 1 TL Pfeffer und Piment
aus der Mühle · mildes Chili-
pulver · 2 TL geräuchertes
Paprikapulver (siehe S. 82)
1/2–1 TL Salz · 4 Knoblauchzehen
4 Schweinekoteletts (à 200 g)
1–2 EL braune Butter
(siehe S. 139)

1 Das Ketchup mit dem Rum, dem Limettensaft und der -schale, Pfeffer, Piment, 1 Prise Chilipulver, dem Paprikapulver und dem Salz in einem Schälchen verrühren. Den Knoblauch schälen, auf der Zestenreibe fein dazureiben und gut untermischen.

2 Die Koteletts waschen und trocken tupfen. Das Fleisch mit der Marinade bestreichen und 1 Stunde marinieren.

3 Den Backofen auf 100 °C vorheizen. Ein Ofengitter auf die mittlere Schiene und darunter ein Abtropfblech schieben.

4 Die braune Butter in einer Pfanne erhitzen und die Koteletts darin bei mittlerer Hitze rundum anbraten. Auch die Seiten der Koteletts kurz anbraten. Aus der Pfanne nehmen und auf dem Gitter im Ofen etwa 45 Minuten garen. Die Koteletts herausnehmen und nach Belieben mit grünem Blattsalat oder Grillgemüse servieren.

Spareribs
in Tomaten-Paprika-Marinade

FÜR 4 PERSONEN

4 EL Tomatenketchup
4 EL helle Sojasauce
4 EL Worcestershiresauce
je 4 TL geräuchertes Paprika-
pulver (siehe S. 82) und
Paprikapulver (edelsüß)
4 TL gelbes Senfpulver
4 TL Ingwerpulver · 4 TL Rotwein-
essig · 4 Knoblauchzehen
2 TL Salz · 1/2 TL mildes Chili-
pulver · 3 kg Schälrippchen
(in Doppelrippen geteilt)

1 Das Ketchup mit der Sojasauce, der Worcestershiresauce, beiden Paprikapulversorten, dem Senf- und dem Ingwerpulver sowie dem Essig in einer großen Schüssel verrühren. Den Knoblauch schälen, auf der Zestenreibe fein dazureiben und mit dem Salz sowie dem Chilipulver unter die anderen Zutaten mischen.

2 Die Rippchen waschen und trocken tupfen. In der Marinade wenden und 1 Stunde ziehen lassen.

3 Den Backofen auf 200 °C vorheizen. Ein Backblech mit Backpapier auslegen. Die marinierten Rippchen auf dem Blech verteilen und im Ofen auf der mittleren Schiene 20 bis 30 Minuten garen. Herausnehmen und nach Belieben mit Krautsalat servieren.

281

FLEISCH

Gewürzkrustenbraten
auf Schmorgemüse

FÜR 4 PERSONEN

Für den Braten:

3 Zwiebeln

1/2 Karotte

150 g Knollensellerie

800 ml Hühnerbrühe oder
Geflügelfond

1 1/2 kg Schweinebauch
(mit Schwarte)

1 EL braune Butter
(siehe S. 139)

1 EL Tomatenmark

1 TL Paprikapulver (edelsüß)

Salz

Für die Sauce:

Salz · 4 Knoblauchzehen
(in Scheiben)

4 Scheiben Ingwer

1/2 ausgekratzte Vanilleschote

1 TL gelbe Senfkörner

2 gestr. TL Korianderkörner

2 TL grüne Kardamomkapseln

2 TL Fenchelsamen

3 Splitter Zimtrinde

milde Chiliflocken

3 Streifen unbehandelte
Zitronenschale

1 Streifen unbehandelte
Orangenschale

1 TL Speisestärke

1 Für den Braten den Backofen auf 130 °C vorheizen. Die Zwiebeln schälen und in Streifen schneiden. Die Karotte und den Sellerie putzen und schälen, die Karotte schräg in 1/2 cm dicke Scheiben, den Sellerie in 1 cm große Würfel schneiden.

2 Die Brühe oder den Fond in einen Schmortopf gießen. Den Schweinebauch mit der Schwarte nach unten hineinlegen und im Ofen auf der mittleren Schiene 1 Stunde garen.

3 Die braune Butter in einem Topf erhitzen und die Zwiebeln darin bei milder Hitze glasig dünsten. Karotte und Sellerie dazugeben und kurz mitdünsten. Das Tomatenmark unterrühren und etwas mitrösten. Das Paprikapulver darüberstäuben.

4 Das Fleisch aus dem Schmortopf nehmen und wenden. Die Backofentemperatur auf 160 °C erhöhen. Die Schwarte mit einem Messer im Abstand von etwa 1 cm quer einritzen, so wie später die Scheiben geschnitten werden. Die Brühe aus dem Schmortopf unter das angedünstete Gemüse rühren und alles wieder zum Fleisch geben. Den Schweinebraten mit der Schwarte nach oben daraufsetzen und im Ofen weitere 2 Stunden garen.

5 Das Fleisch aus dem Ofen nehmen. Die Backofentemperatur auf 220 bis 240 °C (Oberhitze) erhöhen oder den Backofen- oder Umluftgrill einschalten. Den Schweinebraten aus der Sauce nehmen und mit der Schwarte nach oben auf ein Backblech setzen. Die Schwarte mit Salz würzen und den Braten im Ofen auf der untersten Schiene 20 bis 30 Minuten knusprig braten.

6 Für die Sauce den Bratenfond mit dem Gemüse durch ein feines Sieb in einen Topf gießen. Das Gemüse mit Salz würzen und warm stellen. Knoblauch, Ingwer, Vanilleschote, Senf- und Korianderkörner, Kardamom, Fenchelsamen, Zimt und 1 Prise Chiliflocken unter die Sauce rühren. Zitronen- und Orangenschalen dazugeben und die Gewürze knapp unter dem Siedepunkt 10 Minuten ziehen lassen. Die Sauce nochmals durch ein Sieb gießen, wieder in den Topf geben und erhitzen. Die Speisestärke mit etwas kaltem Wasser glatt rühren. Unter die kochende Sauce rühren, bis sie sämig gebunden ist, und die Sauce 1 bis 2 Minuten köcheln lassen. Die Sauce durch ein Sieb gießen.

7 Den Krustenbraten in Scheiben schneiden und mit dem Schmorgemüse und der Bratensauce auf vorgewärmten Tellern anrichten. Als Beilage dazu passen Kartoffel-, Semmel- oder Brezenknödel.

FLEISCH

Gegrillter Spanferkelrücken
mit Gewürzbutter

FÜR 4 PERSONEN

400 ml Hühnerbrühe

*1 kg Spanferkelrücken (mit
Schwarte, ohne Knochen)*

Salz · 2 TL ganzer Kümmel

1 TL Korianderkörner

4 EL Butter

1 Knoblauchzehe

1 TL geriebener Ingwer

*1 TL abgeriebene unbehandelte
Zitronenschale*

2 EL Petersilie (frisch geschnitten)

mildes Chilisalz

1 Für den Spanferkelrücken die Brühe in einer Pfanne erhitzen. Den Spanferkelrücken mit der Schwarte nach unten in die Brühe legen und die Schwarte knapp unter dem Siedepunkt 30 Minuten weich ziehen lassen. Das Fleisch aus der Pfanne nehmen und die Schwarte mit einem Messer im Abstand von etwa 1 cm quer einritzen, so wie später die Scheiben geschnitten werden.

2 Den Backofen auf 150 °C vorheizen. Die Brühe in einen Schmortopf gießen, gegebenenfalls noch etwas Brühe dazugießen. Den Spanferkelrücken mit der Schwarte nach oben hineinlegen und im Ofen auf der untersten Schiene etwa 40 Minuten garen.

3 Am Ende der Garzeit den Backofengrill einschalten. 50 ml Wasser mit 1 bis 2 TL Salz verrühren. Die Spanferkelschwarte damit bestreichen und unter dem Grill 4 bis 5 Minuten kross braten.

4 Für die Gewürzbutter den Kümmel und den Koriander in einer Pfanne ohne Fett rösten, bis sie zu duften beginnen. Die Gewürze im Mörser fein zerreiben. Mit der Butter in die Pfanne geben und die Butter bei milder Hitze zerlassen. Den Knoblauch schälen und auf der Zestenreibe fein dazureiben. Den Ingwer und die Zitronenschale hinzufügen und die Pfanne vom Herd nehmen. Die Petersilie unterrühren und die Gewürzbutter mit Chilisalz würzen.

5 Den Spanferkelrücken in Scheiben schneiden und auf vorgewärmten Tellern anrichten. Mit der Gewürzbutter beträufeln und nach Belieben mit Chili-Krautsalat (siehe Tipp) servieren.

MEIN TIPP

Für den Chili-Krautsalat 1/2 Kopf Spitzkohl oder jungen Weißkohl hobeln. In einer Pfanne 1 EL Puderzucker bei mittlerer Hitze goldbraun karamellisieren, mit 5 EL Rotweinessig ablöschen und auf die Hälfte einköcheln lassen. 1/8 l Gemüsebrühe dazugeben, einmal aufkochen lassen, heiß über das Kraut gießen und untermischen. 2 EL mildes Öl hinzufügen und das Kraut mit Salz, Chilipulver, etwas gemahlenem Kümmel und Zucker würzen. Nach Belieben noch kleine ausgebratene Speckwürfel untermischen. Den Salat abkühlen und durchziehen lassen.

FLEISCH

Szegediner Gulasch
mit Sauerkraut und Zitronenschmand

FÜR 4 PERSONEN

Für das Gulasch:

1 kg Schweineschulter (ohne
Schwarte und Knochen)
3 Zwiebeln · 1–2 EL Öl
1 EL Tomatenmark
800 ml Hühnerbrühe oder
Geflügelfond
½–1 EL Paprikapulver
(edelsüß)
2 Knoblauchzehen
je 1 TL ganzer Kümmel und
getrockneter Majoran
1 Streifen unbehandelte
Zitronenschale
Salz · mildes Chilipulver

Für das Kraut:

½ Zwiebel · 1 EL Öl
400 g Sauerkraut (aus der Dose)
50 ml Weißwein
⅛ l Gemüsebrühe
1 Stück Speckschwarte
2 Wacholderbeeren
5 schwarze Pfefferkörner
1 Lorbeerblatt
1–2 EL Apfelmus
10 g kalte Butter
mildes Chilipulver · Zucker

Für den Schmand:

200 g Schmand · 1 EL Zitronen-
saft · 1 TL abgeriebene
unbehandelte Zitronenschale
Salz · mildes Chilipulver

1 Für das Gulasch das Fleisch in 3 cm große Würfel schneiden. Die Zwiebeln schälen, halbieren und quer in dünne Scheiben schneiden.

2 Das Öl in einem Topf erhitzen, das Fleisch darin bei milder Hitze portionsweise rundum anbraten und wieder herausnehmen. Die Zwiebelscheiben im verbliebenen Bratfett bei milder Hitze leicht andünsten. Das Tomatenmark unterrühren und kurz anrösten. Das Fleisch wieder hinzufügen und die Brühe oder den Fond dazugießen. Den Deckel so auf den Topf legen, dass noch ein Spalt offen bleibt, und das Gulasch bei milder Hitze 2 Stunden schmoren, dabei nicht kochen lassen. Nach 1 Stunde den Deckel abnehmen, damit die Sauce etwas einkocht und sämiger wird.

3 Für das Kraut die Zwiebel schälen und in feine Würfel schneiden. Das Öl in einem Topf erhitzen und die Zwiebelwürfel darin bei milder Hitze glasig dünsten. Das Sauerkraut dazugeben und kurz mitdünsten. Mit dem Wein ablöschen und fast vollständig einköcheln lassen.

4 Die Brühe dazugießen, die Speckschwarte hinzufügen und das Kraut bei milder Hitze etwa 45 Minuten schmoren. Die Wacholderbeeren andrücken und mit den Pfefferkörnern sowie dem Lorbeerblatt in ein Gewürzsäckchen füllen und das Säckchen verschließen. Nach etwa 30 Minuten das Apfelmus und das Gewürzsäckchen zum Kraut geben. Am Ende der Garzeit das Gewürzsäckchen entfernen, die kalte Butter hinzufügen und das Kraut mit Chilipulver, 1 Prise Zucker und gegebenenfalls mit Salz würzen.

5 Für das Gulasch das Paprikapulver mit etwas kaltem Wasser glatt rühren. Für das Gulaschgewürz den Knoblauch schälen, mit Kümmel, Majoran und Zitronenschale fein hacken und mischen.

6 Das angerührte Paprikapulver und das Gulaschgewürz 5 bis 10 Minuten vor Ende der Garzeit unter das Gulasch rühren und fertig garen. Das Gulasch zum Schluss mit Salz und 1 Prise Chilipulver würzen.

7 Für den Schmand den Schmand in einer Schüssel mit Zitronensaft und -schale verrühren und mit etwas Salz und Chilipulver würzen.

8 Das Sauerkraut auf vorgewärmte Teller verteilen, das Gulasch darauf anrichten und mit je 1 großen Klecks Zitronenschmand servieren. Als Beilage dazu passen Kartoffeln, Spätzle oder Nudeln.

FLEISCH

Rinderfiletsteaks
mit Tomaten und Estragon

FÜR 4 PERSONEN

6 vollreife Tomaten
8 Rinderfiletsteaks
(ca. 800 g; 1 1/2–2 cm dick,
aus dem Mittelstück)
2 TL Öl
mildes Chilisalz
1 Knoblauchzehe
1 Scheibe Ingwer
1/4 aufgeschlitzte Vanilleschote
Chiliflocken
Zucker
1 TL Estragon
(frisch geschnitten)
1 EL braune Butter
(siehe S. 139)
30 g kalte Butter
Salz

1 Die Tomaten kreuzweise einritzen, überbrühen, kalt abschrecken, häuten, vierteln, entkernen und in kleine Würfel schneiden. Die Kerne in einem hohen Rührbecher mit dem Stabmixer kurz pürieren und durch ein feines Sieb streichen.

2 Den Backofen auf 70 °C vorheizen. Die Rinderfiletsteaks mit dem Handballen etwas flach drücken. Das Öl in einer großen Pfanne erhitzen und die Steaks darin bei mittlerer Hitze etwa 2 Minuten braten, bis an der Oberfläche Fleischsaft austritt und sich die Fleischscheiben nach oben wölben. Die Steaks wenden und auf der zweiten Seite ebenfalls 2 Minuten braten, bis sich die Fleischstücke wieder nach oben wölben und Fleischsaft austritt. Die Pfanne vom Herd nehmen und die Steaks in der Resthitze noch 1 Minute ziehen lassen. Die Steaks mit etwas Chilisalz würzen, aus der Pfanne nehmen und im Ofen warm halten.

3 Den Knoblauch schälen und in Scheiben schneiden. Die Hälfte der Tomatenwürfel mit dem Tomatensaft, dem Knoblauch, dem Ingwer, der Vanilleschote sowie je 1 Prise Chiliflocken und Zucker in der Pfanne im verbliebenen Bratensatz 3 bis 4 Minuten dünsten, bis die Tomaten sämig sind. Die restlichen Tomatenwürfel mit dem Estragon dazugeben. Die braune und die kalte Butter unterrühren, das Tomatengemüse mit Salz würzen und die Pfanne vom Herd nehmen.

4 Je 2 Rinderfiletsteaks mit den Tomaten auf vorgewärmten Tellern anrichten und sofort servieren. Als Beilage dazu passen Bratkartoffeln, würzige Ofenkartoffeln oder knusprig gebratene Kartoffelwürfel.

MEIN TIPP

Steaks in der Pfanne genau »auf den Punkt« zu garen, funktioniert nach der oben beschriebenen Methode nur bei Steaks, die 1 1/2 bis 2 cm dick sind. Dickere Steaks brät man in der Pfanne nur kurz an und lässt sie dann im Backofen bei 100 °C je nach Dicke 40 bis 60 Minuten (oder länger) rosa durchziehen. Nach Belieben können Sie die gebratenen Steaks noch in einer erwärmten Gewürzbutter wenden (siehe Seite 144 bis 145) – so bekommen sie im Nu mal eine orientalische, mal eine mediterrane Note.

FLEISCH

Roastbeef
mit Bratkartoffeln und Barbecue-Sauce

FÜR 4 PERSONEN

Für das Roastbeef:

1–2 EL Öl

1,2 kg Roastbeef (küchenfertig)

2–3 EL zerlassene braune Butter

(siehe S. 139)

mildes Chilisalz

Für die Bratkartoffeln:

1 kg festkochende Kartoffeln

Salz · 1 TL ganzer Kümmel

1 Zwiebel

1–2 EL Öl

Pfeffer aus der Mühle

gemahlener Kümmel

1/2–1 TL getrockneter Majoran

1 EL Butter

1 EL Petersilie (frisch geschnitten)

Für die Sauce:

100 ml Ananassaft

10 g Rauchsalz

(aus dem Gewürzladen)

2 getrocknete rote Chilischoten

100 ml Espresso

1 EL Honig

1 TL geräuchertes Paprikapulver

(siehe S. 82)

300 g Tomatenketchup

1 Für das Roastbeef den Backofen auf 100 °C vorheizen. Ein Ofengitter auf die mittlere Schiene und darunter ein Abtropfblech schieben.

2 Das Öl in einer großen Pfanne erhitzen und das Roastbeef darin bei mittlerer Hitze rundum anbraten. Das Fleisch aus der Pfanne nehmen und auf dem Gitter im Ofen etwa 2 Stunden rosa garen.

3 Für die Bratkartoffeln die Kartoffeln waschen und mit der Schale in einem Topf in Salzwasser mit dem Kümmel weich garen. Die Kartoffeln abgießen, kurz ausdampfen lassen, möglichst heiß pellen und auskühlen lassen.

4 Für die Sauce den Ananassaft mit dem Rauchsalz und den Chilischoten in einem Topf auf ein Viertel einköcheln lassen. Den Espresso und den Honig dazugeben und alles sirupartig einköcheln lassen. Das Paprikapulver unterrühren. Die Mischung mit dem Ketchup glatt rühren und die Chilischoten wieder entfernen.

5 Die gegarten Kartoffeln in 1/2 cm dicke Scheiben schneiden. Die Zwiebel schälen und in feine Streifen schneiden. Das Öl in einer großen Pfanne erhitzen und die Kartoffeln darin bei milder Hitze auf einer Seite goldbraun braten. Die Kartoffelscheiben wenden, die Zwiebelstreifen dazugeben und beides goldbraun braten. Mit Salz, Pfeffer, 1 Prise Kümmel und dem Majoran würzen. Zum Schluss die Butter hinzufügen, schmelzen lassen und die Petersilie dazugeben.

6 Das Roastbeef aus dem Ofen nehmen, in Scheiben schneiden und auf vorgewärmten Tellern anrichten. Das Fleisch mit der braunen Butter beträufeln und mit Chilisalz oder nach Belieben Kaffeesalz (siehe Seite 142) würzen. Mit den Bratkartoffeln und der Barbecue-Sauce servieren.

MEIN TIPP

Die Bratkartoffeln können gleichmäßiger bräunen und werden noch knuspriger, wenn die Kartoffelscheiben nebeneinander in der Pfanne liegen. Deshalb empfiehlt es sich, sie portionsweise nacheinander oder am besten gleichzeitig in zwei Pfannen zu braten.

FLEISCH

Geschmorte Kalbshaxe
mit Kräuter-Salsa

FÜR 4 PERSONEN

Für die Kalbshaxe:

2 Zwiebeln
1 Karotte
120 g Knollensellerie
2–3 EL Öl
1 Kalbshaxe (ca. 3 kg)
2 TL Puderzucker
1 EL Tomatenmark
150 ml Rotwein
1/2 l Hühnerbrühe
1 Lorbeerblatt
1/2 TL schwarze Pfefferkörner
1 Knoblauchzehe
1 Streifen unbehandelte
Zitronenschale
1 Scheibe Ingwer
1 Zweig Thymian
Salz · Pfeffer aus der Mühle

Für die Salsa:

1 Schalotte
1 Tomate
4 EL mildes Olivenöl
je 1 Msp. geriebener Ingwer
und Knoblauch
1–2 TL abgeriebene
unbehandelte Zitronenschale
je 2 Handvoll Petersilie und
Basilikum (frisch geschnitten)
2 Handvoll Kerbel (klein gezupft)
1 Handvoll Zitronenmelisse
(frisch geschnitten)
1/2 TL Estragon
(frisch geschnitten)
mildes Chilisalz

1 Für die Haxe den Backofen auf 160 °C vorheizen. Die Zwiebeln schälen, die Karotte und den Sellerie putzen und schälen. Alle Gemüsesorten klein schneiden.

2 In einem Schmortopf 1 bis 2 EL Öl erhitzen, die Kalbshaxe darin bei mittlerer Hitze rundum anbraten und wieder herausnehmen. Das Fett mit Küchenpapier aus dem Schmortopf tupfen. Den Puderzucker hineinstäuben und hell karamellisieren. Das Tomatenmark unterrühren und kurz mitrösten. Mit der Hälfte des Weins ablöschen und sämig einköcheln lassen. Den restlichen Rotwein dazugießen und ebenfalls einköcheln lassen.

3 Das restliche Öl in einer Pfanne erhitzen und das Gemüse darin bei mittlerer Hitze andünsten. In den Schmortopf geben, die Brühe dazugießen und die Kalbshaxe daraufsetzen. Den Deckel auflegen und die Kalbshaxe im Ofen auf der mittleren Schiene 4 1/2 Stunden schmoren, dabei mehrmals wenden. Nach 2 Stunden den Deckel abnehmen und die Kalbshaxe gelegentlich mit dem Schmorsud übergießen.

4 Inzwischen für die Salsa die Schalotte schälen und in feine Würfel schneiden. Die Tomate kreuzweise einritzen, überbrühen, kalt abschrecken, häuten, vierteln, entkernen und in Würfel schneiden.

5 In einer Pfanne 1 EL Olivenöl erhitzen und die Schalottenwürfel darin glasig dünsten. Die Tomatenwürfel dazugeben, kurz erhitzen und die Pfanne vom Herd nehmen. Ingwer, Knoblauch, Zitronenschale und das restliche Olivenöl hinzufügen. Kurz vor dem Servieren die Kräuter untermischen und die Salsa mit 1 Prise Chilisalz würzen.

6 Die Kalbshaxe aus dem Schmortopf nehmen. Das Lorbeerblatt und die Pfefferkörner in die Sauce geben und die Sauce etwas einkochen lassen. Den Knoblauch schälen, mit Zitronenschale, Ingwer und Thymian hinzufügen und einige Minuten ziehen lassen. Die Sauce durch ein Sieb streichen, dabei das Gemüse etwas ausdrücken und die Sauce mit Salz würzen.

7 Die Kalbshaxe parallel zum Knochen in Scheiben schneiden und leicht mit Salz und Pfeffer würzen. Die Kalbshaxenscheiben mit der Sauce auf vorgewärmten Tellern anrichten und mit der Kräuter-Salsa beträufeln. Dazu passen Bohnen-Pfifferling-Gemüse und Kartoffelpüree.

289

FLEISCH

Geschmorte Rinderschulter
mit geröstetem Sternanis

FÜR 4 PERSONEN

2 Zwiebeln
1 kleine Karotte
100 g Knollensellerie
2–3 EL Öl
1 1/2 kg flache Rinderschulter
(Schaufelbug)
2 EL Puderzucker
1 EL Tomatenmark
5 EL Weinbrand
350 ml kräftiger Rotwein
1 l Hühnerbrühe
je 1/2 TL Pimentkörner und
schwarze Pfefferkörner
1 cm Zimtrinde
5 Wacholderbeeren
1 Lorbeerblatt
1 Knoblauchzehe
2 Scheiben Ingwer
je 1 Streifen unbehandelte
Zitronen- und Orangenschale
1/2 TL gehackte Zartbitter-
schokolade
40 g kalte Butter (in Stücken)
2 TL milder Aceto balsamico
Salz
mildes Chilipulver
1/2 TL gemahlener Sternanis
je 1 Msp. gemahlener Fenchel
und Koriander

1 Die Zwiebeln schälen, die Karotte und den Sellerie putzen und schälen. Das Gemüse in etwa 1 cm große Würfel schneiden. Den Backofen auf 160 °C vorheizen.

2 In einem Schmortopf 1 bis 2 EL Öl erhitzen und die Rinderschulter darin bei mittlerer Hitze rundum kurz anbraten. Das Fleisch wieder herausnehmen. 1 EL Puderzucker hineinstäuben und hell karamellisieren. Das Tomatenmark unterrühren und kurz anrösten. Mit dem Weinbrand und einem Drittel des Weins ablöschen und sämig einköcheln lassen. Den restlichen Wein in 2 Portionen dazugeben und jeweils sämig einköcheln lassen.

3 Das Gemüse in einer Pfanne in etwa 1 EL Öl bei mittlerer Hitze andünsten und in den Schmortopf geben. Die Brühe dazugießen, das Fleisch wieder hineingeben und zugedeckt im Ofen auf der mittleren Schiene etwa 3 1/2 Stunden schmoren, dabei gelegentlich wenden.

4 Das Fleisch aus der Schmorsauce nehmen. Piment- und Pfefferkörner, Zimt, angedrückte Wacholderbeeren und das Lorbeerblatt zur Sauce geben und auf etwa die Hälfte einköcheln lassen. Den Knoblauch schälen und halbieren. Mit dem Ingwer sowie der Zitronen- und Orangenschale in die Sauce geben und 5 Minuten ziehen lassen. Die Sauce durch ein Sieb gießen, dabei das Gemüse etwas ausdrücken.

5 Die Schokolade mit der kalten Butter unter die Sauce rühren und mit etwas Essig, Salz und 1 Prise Chilipulver würzen.

6 Den restlichen Puderzucker mit Sternanis, Fenchel und Koriander in einer Pfanne bei milder Hitze erwärmen, bis die Gewürze zu duften beginnen. Die Mischung aus der Pfanne nehmen.

7 Das Fleisch in Scheiben schneiden und auf vorgewärmten Tellern anrichten. Mit der Sauce beträufeln und mit den gerösteten Gewürzen bestreut servieren.

MEIN TIPP

Als Beilage zur Rinderschulter passen Kartoffel- und Selleriepüree, Kartoffeln oder auch Spätzle oder Nudeln sowie praktisch jedes Gemüse der Saison.

FLEISCH

Hochrippe
mit dreierlei Dips

FÜR 8–10 PERSONEN

Für die Hochrippe:

5 kg Hochrippe (küchenfertig)
3 EL Öl · 100 ml mildes Olivenöl
3 getrocknete Chilischoten
1/4 Zimtrinde · 1/2 Vanilleschote
1–2 TL Kardamomkapseln
2 Scheiben Ingwer
2 Knoblauchzehen (in Scheiben)
Salz · Pfeffer aus der Mühle

Für den Tomaten-Vanille-Dip:

1 kleine Zwiebel · 8 Tomaten
1 frische rote Chilischote
3 EL mildes Olivenöl
1/4 aufgeschlitzte Vanilleschote
1 Knoblauchzehe
1 TL geriebener Ingwer
1 EL Tomatenketchup · Salz
Zucker · je 2 EL grüne und
schwarze Oliven (entsteint)

Für den Mango-Chili-Dip:

2 vollreife Mangos
1–2 EL Limettensaft
je 1/2 TL abgeriebene unbehandelte Limetten- und Orangenschale · Salz · mildes Chilipulver

Für den Zwiebelsenf:

1 Zwiebel · je 1 TL geriebener
Ingwer und Knoblauch
100 ml Gemüsebrühe
100 g scharfer Senf
200 g süßer Senf
1/2 TL milde Chiliflocken

1 Für die Hochrippe den Backofen auf 100 °C vorheizen. Ein Ofengitter auf die mittlere Schiene und darunter ein Abtropfblech schieben. Die Fettseite der Hochrippe mit einem scharfen Messer rautenförmig einritzen. Das Öl in einer Pfanne erhitzen und die Hochrippe darin bei mittlerer Hitze zuerst auf der Fettseite und dann rundum anbraten. Das Fleisch aus der Pfanne nehmen und auf dem Gitter im Ofen 5 1/2 bis 6 Stunden rosa garen.

2 In einem kleinen Topf 3 EL Olivenöl mit Chilischoten, Zimt, Vanilleschote, Kardamom, Ingwer und Knoblauch bei milder Hitze erwärmen. Das Gewürzöl mit Salz und Pfeffer würzen und 5 bis 10 Minuten ziehen lassen. Dann das restliche Olivenöl hinzufügen.

3 Für den Tomaten-Vanille-Dip die Zwiebel schälen und in feine Würfel schneiden. Die Tomaten kreuzweise einritzen, überbrühen, kalt abschrecken, häuten, vierteln, entkernen und in Würfel schneiden. Die Kerne in einen hohen Rührbecher geben, mit dem Stabmixer kurz pürieren und durch ein feines Sieb streichen. Die Chilischote längs halbieren, entkernen und waschen.

4 Die Zwiebel in 1 EL Olivenöl glasig dünsten. Mit dem Tomatensaft ablöschen und etwas einköcheln lassen. Die Tomaten, die Chili- und Vanilleschote dazugeben und 10 Minuten leicht köcheln lassen. Den Knoblauch schälen, auf der Zestenreibe fein dazureiben und mit dem Ingwer und dem Ketchup unter die Tomaten rühren. Mit Salz und 1 Prise Zucker würzen und das restliche Olivenöl unterrühren. Die Oliven klein schneiden und zum Schluss unter den Dip rühren. Den Dip gegebenenfalls nochmals etwas nachwürzen.

5 Für den Mango-Chili-Dip das Mangofruchtfleisch vom Stein schneiden. Die Mangostücke schälen und in 1/2 bis 1 cm große Würfel schneiden. Die Hälfte in einen hohen Rührbecher geben, mit dem Stabmixer pürieren und mit den restlichen Mangowürfeln mischen. Limettensaft, Limetten- und Orangenschale unterrühren und den Dip mit etwas Salz und 1 Prise Chilipulver würzen.

6 Für den Zwiebelsenf die Zwiebel schälen und in feine Würfel schneiden. Mit Ingwer und Knoblauch in einer Pfanne in der Brühe andünsten, bis die Flüssigkeit nach einigen Minuten verdampft ist. Etwas abkühlen lassen und in einer kleinen Schüssel mit beiden Senfsorten und den Chiliflocken verrühren.

7 Das Fleisch aus dem Ofen nehmen, mit dem lauwarmen Gewürzöl bestreichen und in Scheiben schneiden. Mit den Dips servieren.

FLEISCH

Geschmorter rosa Kalbstafelspitz
in Zitronengras-Sauce

FÜR 4 PERSONEN

1–2 EL Kokosfett
1 kg Kalbstafelspitz
800 ml Kalbsfond
3 Zwiebeln
1/2 Karotte
120 g Knollensellerie
3 Tomaten
2 EL Puderzucker
1 EL Tomatenmark
1/4 l Weißwein
2 Stängel Zitronengras
4 Kaffirlimettenblätter
3 Knoblauchzehen (in Scheiben)
6 Scheiben Ingwer
1 TL gemahlene Kurkuma
1 EL helle Sojasauce
100 g Sahne
1 gestr. EL Speisestärke
Salz · mildes Chilipulver
1 Apfel
10 g kalte Butter
Chiliflocken

1 Das Kokosfett in einer großen Pfanne erhitzen und den Tafelspitz darin rundum anbraten. Das Fleisch wieder herausnehmen, das Fett mit Küchenpapier aus der Pfanne tupfen und den Bratensatz mit 1 Schöpflöffel Fond ablöschen.

2 Die Zwiebeln schälen. Die Karotte und den Sellerie putzen und schälen. Die Tomaten waschen und die Stielansätze entfernen. Alle Gemüsesorten in etwa 2 cm große Stücke schneiden.

3 Den Backofen auf 90 °C vorheizen. In einem Schmortopf 1 EL Puderzucker bei mittlerer Hitze goldbraun karamellisieren. Das Gemüse hinzufügen und kurz darin andünsten. Das Tomatenmark unterrühren und kurz anrösten. Mit dem Wein ablöschen und sämig einköcheln lassen. Den abgelöschten Bratensatz und den restlichen Fond dazugießen und den Tafelspitz hineingeben. Das Fleisch im Ofen zugedeckt auf der mittleren Schiene 1 1/2 Stunden rosa schmoren.

4 Für die Sauce das Zitronengras waschen und längs halbieren. Mit Limettenblättern, Knoblauch, Ingwer und Kurkuma nach 1 Stunde Garzeit in die Sauce geben und ziehen lassen.

5 Den Tafelspitz aus der Sauce nehmen und warm stellen. Die Sauce durch ein Sieb streichen, wieder in den Schmortopf geben und auf dem Herd erhitzen. Die Sojasauce und die Sahne hinzufügen. Die Speisestärke mit etwas kaltem Wasser glatt rühren. Unter die leicht kochende Sauce rühren, bis sie sämig gebunden ist, und die Sauce 1 bis 2 Minuten köcheln lassen. Mit Salz und 1 Prise Chilipulver würzen.

6 Den Apfel schälen, vierteln, entkernen und in 1 cm große Würfel schneiden. Den restlichen Puderzucker in einer Pfanne bei mittlerer Hitze hell karamellisieren und die Apfelwürfel darin andünsten. Die kalte Butter dazugeben und zerlassen. Die Apfelwürfel mit 1 Prise Chiliflocken würzen.

7 Zum Servieren die Sauce auf vorgewärmte Teller verteilen. Den Tafelspitz in Scheiben schneiden und darauf anrichten. Mit den Apfelwürfeln garnieren und nach Belieben mit Bohnengemüse oder buntem Gemüse, Kartoffelpüree, Reis oder Nudeln servieren.

FLEISCH

Gesottene Kalbsschulter
mit Liebstöckel-Petersilien-Pesto

FÜR 4 PERSONEN

Für die Kalbsschulter:
1–2 EL Öl
1 Schaufelbug vom Kalb
(am Schulterblatt; 2 1/2 kg)
ca. 6 l Gemüsebrühe
1 große Karotte
200 g Knollensellerie
1 kleine Stange Lauch
2 braunschalige Zwiebeln
2 Lorbeerblätter
je 1/2 TL Wacholderbeeren,
schwarze Pfeffer- und
Pimentkörner
Salz · 1–2 EL Butter
1 EL Kerbel (frisch geschnitten)
Pfeffer aus der Mühle
frisch geriebene Muskatnuss
Chili-Vanille-Salz (siehe S. 142)

Für das Pesto:
je 50 g Blattspinat und Petersilie
Salz · 10 g Liebstöckelblätter
1 EL geröstete Mandelblättchen
1/2 TL Wasabi-Paste (ersatzweise
1 TL Meerrettich)
1/2 TL geriebener Ingwer
60 ml mildes Rapsöl
60 g zerlassene braune Butter
(siehe S. 139)
1 Knoblauchzehe
Pfeffer aus der Mühle
einige Spritzer Zitronensaft

1 Für die Kalbsschulter das Öl in einem Schmortopf erhitzen und die Kalbsschulter darin bei mittlerer Hitze rundum anbraten. So viel Brühe angießen, dass das Fleisch gut bedeckt ist. Bei milder Hitze knapp unter dem Siedepunkt 2 1/2 bis 3 Stunden ziehen lassen, bis das Fleisch zart ist, dabei den aufsteigenden Schaum abschöpfen.

2 Inzwischen die Karotte und den Sellerie putzen und schälen, die Karotte schräg in 1/2 cm dicke Scheiben, den Sellerie zuerst in 1 cm breite Scheiben und dann in 2 bis 3 cm große Stücke schneiden. Den Lauch putzen, waschen und dritteln. Eine ungeschälte Zwiebel halbieren und auf den Schnittflächen in einer unbeschichteten Pfanne ohne Fett leicht braun rösten. Die restliche Zwiebel schälen und in 2 cm große Stücke schneiden. Das Gemüse nach etwa 2 Stunden Garzeit mit den Lorbeerblättern, den Wacholderbeeren sowie den Pfeffer- und Pimentkörnern in die Brühe geben.

3 Für das Pesto die Spinatblätter verlesen, waschen und abtropfen lassen, dabei grobe Stiele entfernen. Die Petersilie waschen, trocken schütteln und die Blätter abzupfen. Den Spinat und die Petersilie nacheinander in einem Topf in kochendem Salzwasser blanchieren, mit dem Schaumlöffel herausnehmen, kalt abschrecken und abtropfen lassen. Mit den Händen das restliche Wasser gut ausdrücken und die Blätter klein schneiden.

4 Spinat, Petersilie und Liebstöckel in den Küchenmixer geben. Mandeln, Wasabi, Ingwer, Rapsöl und die braune Butter hinzufügen. Den Knoblauch schälen und auf der Zestenreibe fein dazureiben. Mit Salz, Pfeffer und Zitronensaft würzen und alles zu einer glatten Paste pürieren.

5 Das Fleisch aus dem Schmortopf nehmen, die Fleischbrühe durch ein feines Sieb gießen und mit Salz abschmecken. Den Lauch und die Zwiebelhälften entfernen und das Fleisch in der Brühe warm halten. Das restliche Gemüse mit 5 EL Brühe in einen Topf geben. Kurz vor dem Servieren die Butter mit dem Kerbel unterrühren und das Gemüse mit Salz, Pfeffer und etwas Muskatnuss würzen.

6 Das Fleisch in Scheiben schneiden, mit Chili-Vanille-Salz bestreuen und mit dem Gemüse in vorgewärmten tiefen Tellern anrichten. 200 ml Fleischbrühe mit 1 bis 2 EL Pesto (das restliche Pesto anderweitig verwenden) verrühren und über das Fleisch träufeln.

FLEISCH

Kalbfleischbällchen
in Kardamom-Zitronen-Sauce

FÜR 4 PERSONEN

Für die Fleischbällchen:

1 Zwiebel

1 Lorbeerblatt · 1 Gewürznelke

2 l Kalbsfond (ersatzweise
Hühner- oder Gemüsebrühe)

1 getrocknete rote Chilischote

1 EL getrocknete Champignons

100 g Toastbrot

50 ml Milch

5 eingelegte Sardellenfilets

500 g Kalbshackfleisch

2 Eier · 1 EL scharfer Senf

1/2 TL abgeriebene unbehandelte
Zitronenschale

2 EL Petersilie (frisch geschnitten)

frisch geriebene Muskatnuss

Chilisalz

Für die Sauce:

1 EL grüne Kardamomkapseln

100 g Sahne

1 Knoblauchzehe (in Scheiben)

2 Scheiben Ingwer

1 Msp. gemahlene Kurkuma

2 Splitter Zimtrinde

1/4 aufgeschlitzte Vanilleschote

3 schwach geh. EL Speisestärke

3 Streifen unbehandelte
Zitronenschale

einige Spritzer Zitronensaft

mildes Chilisalz

20 g kalte Butter

1 Für die Fleischbällchen die Zwiebel schälen, das Lorbeerblatt darauflegen und mit der Nelke feststecken. Den Fond in einem Topf aufkochen und die gespickte Zwiebel, die Chilischote und die getrockneten Pilze dazugeben. Den Fond knapp unter dem Siedepunkt 20 Minuten ziehen lassen.

2 Das Toastbrot entrinden und in kleine Würfel schneiden. Die Brotwürfel in eine Schüssel geben und die Milch darübergießen. Die Sardellen abtropfen lassen und fein hacken. Das Hackfleisch in einer Schüssel mit den Eiern, dem Senf, der Zitronenschale, der Petersilie, den Sardellen und dem eingeweichten Brot zu einer glatten Masse verarbeiten, mit Muskatnuss und Chilisalz kräftig würzen.

3 Aus der Hackfleischmasse mit angefeuchteten Händen etwa 3 cm große Bällchen formen. In den heißen Fond geben und knapp unter dem Siedepunkt 10 bis 15 Minuten ziehen lassen.

4 Für die Sauce am Ende der Garzeit 3/4 l Fond abnehmen und durch ein Sieb gießen. Die Fleischbällchen in dem restlichen Fond zugedeckt warm halten. Die Kardamomkapseln im Mörser etwas andrücken. Den vorbereiteten Fond mit der Sahne, dem Knoblauch, dem Ingwer, der Kurkuma, dem Zimt und der Vanilleschote aufkochen. Die Speisestärke mit etwas kaltem Wasser glatt rühren. Unter die leicht kochende Sauce rühren, bis sie sämig gebunden ist, und die Sauce 1 bis 2 Minuten köcheln lassen.

5 Die Zitronenschale hinzufügen und die Sauce noch einige Minuten knapp unter dem Siedepunkt ziehen lassen. Die Sauce durch ein Sieb gießen und mit Zitronensaft und Chilisalz würzen. Zum Schluss die kalte Butter mit dem Stabmixer unterrühren und nach Belieben noch etwas Zitronenschale dazureiben.

6 Die Kalbfleischbällchen mit dem Schaumlöffel aus der Brühe heben und auf vorgewärmten Tellern anrichten. Die Sauce über die Fleischbällchen gießen. Nach Belieben Reis dazu servieren.

FLEISCH

Kalbsfilet in der Brotkruste
mit Rotweinsauce

FÜR 4 PERSONEN

Für das Kalbsfilet:

je 20 g Petersilie und gemischte
Kräuter (Basilikum, Kerbel und
etwas Dill, Thymian oder
Rosmarin, evtl. Bärlauch)
Salz · 3–4 EL Sahne
1 gestr. TL Dijonsenf
1/2 EL abgeriebene
unbehandelte Zitronenschale
200 g Kalbsbrät (vom Metzger)
Pfeffer aus der Mühle
mildes Chilipulver
frisch geriebene Muskatnuss
1 altbackenes Kastenweißbrot
(am Stück)
400 g Kalbsfilet (aus dem
Mittelstück) · 5 EL Öl

Für die Sauce:

1/2 Zwiebel · 1 TL Puderzucker
1 TL Tomatenmark
80 ml kräftiger Rotwein
400 ml Kalbsfond
1/3 Lorbeerblatt
3 Pimentkörner
1 gestr. TL Speisestärke
1 Knoblauchzehe (in Scheiben)
1 Scheibe Ingwer
1 Streifen unbehandelte Zitro-
nenschale · 1 Zweig Thymian
20 g kalte Butter · Salz
Pfeffer aus der Mühle
mildes Chilipulver

1 Für das Kalbsfilet alle Kräuter nur kurz in kochendem Salzwasser blanchieren, in ein Sieb abgießen und gut abtropfen lassen. Mit den Händen das restliche Wasser gut ausdrücken und die Kräuterblätter klein schneiden.

2 Die Sahne mit den Kräuterblättern, dem Senf und der Zitronenschale in einen hohen Rührbecher geben und mit dem Stabmixer fein pürieren. Das Kräuterpüree mit dem Kalbsbrät glatt rühren und die Farce mit Salz, Pfeffer, 1 Prise Chilipulver und etwas Muskatnuss würzen.

3 Den Backofen auf 180 °C vorheizen. Ein Ofengitter auf die mittlere Schiene und darunter ein Abtropfblech schieben.

4 Das Kastenweißbrot entrinden und längs 4 möglichst dünne Scheiben abschneiden. Das Kalbsfilet in 4 gleich große Stücke schneiden. Die Brotscheiben etwa 3 mm dick mit Brät bestreichen. Auf jede Brotscheibe 1 Stück Kalbsfilet legen und das Brot so aufrollen, dass das Fleisch vollständig eingewickelt ist.

5 Das Öl in einer Pfanne erhitzen und die Filets im Brotmantel darin bei mittlerer Hitze rundum kräftig anbraten. Das Fleisch aus der Pfanne nehmen und auf dem Gitter im Ofen 15 bis 20 Minuten garen.

6 Für die Sauce die Zwiebel schälen und in feine Würfel schneiden. Den Puderzucker in einem Topf bei mittlerer Hitze hell karamellisieren und die Zwiebelwürfel darin andünsten. Das Tomatenmark dazugeben und kurz mitrösten. Mit dem Wein ablöschen und sämig einköcheln lassen. Den Fond dazugießen, das Lorbeerblatt und die Pimentkörner hinzufügen und den Fond auf die Hälfte einköcheln lassen.

7 Die Speisestärke mit etwas kaltem Wasser glatt rühren. Unter die leicht kochende Sauce rühren, bis sie sämig gebunden ist, und die Sauce 1 bis 2 Minuten köcheln lassen. Knoblauch, Ingwer, Zitronenschale und den Thymianzweig zur Sauce geben, den Topf vom Herd nehmen und die Sauce 3 bis 4 Minuten ziehen lassen. Die kalte Butter unterrühren, die Sauce mit Salz, Pfeffer und 1 kleinen Prise Chilipulver würzen und durch ein feines Sieb gießen.

8 Zum Servieren die Sauce auf vorgewärmte Teller verteilen. Das Kalbsfilet in der Brotkruste mit einem Messer schräg halbieren und auf der Sauce anrichten. Als Beilage dazu passt Bohnen- oder Spargelgemüse.

FLEISCH

Lammrückenfilets
auf Bohnenkraut-Polenta

FÜR 4 PERSONEN

Für den Lammrücken:
1 EL Kokosfett oder braune
Butter (siehe S. 139)
2 Lammrückenfilets (à 300 g)

Für die Polenta:
¼ l Gemüsebrühe
¼ l Milch
60 g Instant-Polenta
(Maisgrieß)
1 kleine Knoblauchzehe
1 Msp. geriebener Ingwer
Salz
½ TL getrocknetes Bohnenkraut
je ½ TL gemahlene Kurkuma
und geräuchertes Paprikapulver
(siehe S. 82)
mildes Chilipulver
Paprikapulver (edelsüß)
frisch geriebene Muskatnuss
2 EL braune Butter
50 g Sahne

Für die Gewürzbutter:
2 EL braune Butter
3–4 Splitter Zimtrinde
1 halbierte Knoblauchzehe
1 Scheibe Ingwer
1 kleines Stück Vanilleschote
Chilisalz

1 Für den Lammrücken den Backofen auf 100 °C vorheizen. Ein Ofengitter auf die mittlere Schiene und darunter ein Abtropfblech schieben. Das Kokosfett oder die braune Butter in einer Pfanne erhitzen und die Lammrückenfilets darin bei mittlerer Hitze rundum anbraten. Das Lammfleisch herausnehmen und auf dem Gitter im Ofen 20 bis 30 Minuten rosa garen.

2 Für die Polenta die Brühe mit der Milch in einen Topf geben und zum Kochen bringen. Das Polentamehl einrieseln lassen und unter ständigem Rühren bei milder Hitze 5 bis 10 Minuten zu einer cremigen Masse köcheln lassen.

3 Den Topf vom Herd nehmen. Den Knoblauch schälen und auf der Zestenreibe fein dazureiben. Den Ingwer unterrühren und die Polenta mit Salz, Bohnenkraut, Kurkuma, geräuchertem Paprikapulver, je 1 Prise Chili- und edelsüßem Paprikapulver sowie mit etwas Muskatnuss würzen. Die braune Butter unterrühren. Zuletzt die Sahne steif schlagen und unterziehen.

4 Für die Gewürzbutter die braune Butter mit dem Zimt, dem Knoblauch, dem Ingwer, der Vanilleschote und etwas Chilisalz in einer Pfanne erwärmen. Die Lammrückenfilets aus dem Ofen nehmen und in der Butter wenden.

5 Die Polenta auf vorgewärmte Teller verteilen. Die Lammrückenfilets schräg in 1 cm dicke Scheiben schneiden und darauf anrichten.

MEIN TIPP

Alternativ kann man die gebratenen Lammfilets auch in mediterranem Gewürzöl (siehe Seite 146) oder in leicht erwärmter orientalischer bzw. italienischer Kräuterbutter (siehe Seite 145) wenden. Wer das Fleisch überbacken möchte, mischt unter 100 g italienische Kräuterbutter 30 g Toastbrotbrösel und streicht die Masse auf die gegarten Lammfilets. Den Backofengrill einschalten und die Lammfilets auf der untersten Schiene 3 bis 4 Minuten gratinieren.

FLEISCH

Geschmorte Lammrouladen
mit orientalischen Gewürzen

FÜR 4 PERSONEN

je 1 TL Zimtsplitter, Kardamom-
samen und Korianderkörner
1/4 TL ganzer Kreuzkümmel
200 g Brötchen (vom Vortag)
140 ml Milch
2 Eier
Salz · Pfeffer aus der Mühle
frisch geriebene Muskatnuss
1 EL Petersilie (frisch geschnitten)
1 EL Rosinen
1 EL gehackte Pistazien
8 dünne Lammrouladen
(à 120 g; aus der Keule)
1–2 EL braune Butter
(siehe S. 139)
800 ml Lammfond
2 Zwiebeln
60 g Karotte
120 g Knollensellerie
2 TL Puderzucker
2 EL Tomatenmark
1/4 l kräftiger Rotwein
1 EL Speisestärke
2 Knoblauchzehen (in Scheiben)
4 Scheiben Ingwer
1 Streifen unbehandelte
Zitronenschale

1 Den Zimt mit Kardamomsamen, Korianderkörnern und Kreuzkümmel in eine Gewürzmühle füllen.

2 Für die Rouladen die Brötchen in kleine Würfel schneiden. Die Brotwürfel in eine Schüssel geben. Die Milch einmal aufkochen und den Topf vom Herd nehmen. Die Eier in einer Schüssel verquirlen. Die Milch langsam dazugießen und unterrühren. Die Eiermilch mit Salz, Pfeffer und Muskatnuss würzen, über die Brötchen gießen und zugedeckt einige Minuten ziehen lassen. Petersilie, Rosinen und Pistazien hinzufügen und alles zu einer glatten Masse verarbeiten.

3 Das Rouladenfleisch nebeneinander auf die Arbeitsfläche legen, mit Salz und Pfeffer würzen und gleichmäßig mit der Brotmasse bestreichen. Die Längsseiten etwas einklappen, die Rouladen aufrollen und mit Rouladennadeln feststecken. Die Rouladen in einer Pfanne in der braunen Butter rundum anbraten und herausnehmen. Die Pfanne mit Küchenpapier trocken tupfen und den Bratensatz mit 1 Schöpflöffel Fond ablöschen.

4 Für die Sauce die Zwiebeln schälen, die Karotte und den Sellerie putzen und schälen. Alles in 1/2 cm große Würfel schneiden. Den Puderzucker in einem Topf bei mittlerer Hitze goldbraun karamellisieren. Das Tomatenmark dazugeben und kurz anrösten. Mit dem Wein ablöschen und sämig einköcheln lassen. Den Fond dazugießen. Die Rouladen hineinlegen und im Fond zugedeckt knapp unter dem Siedepunkt 1 1/2 Stunden schmoren.

5 Die Rouladen herausnehmen und die Sauce auf zwei Drittel einköcheln lassen. Die Speisestärke mit etwas kaltem Wasser glatt rühren. Unter die leicht kochende Sauce rühren, bis sie sämig gebunden ist, und die Sauce 1 bis 2 Minuten köcheln lassen. Knoblauch, Ingwer und Zitronenschale hinzufügen und die Sauce mit Salz und der Mischung aus der Mühle würzen. Die ganzen Gewürze entfernen. Die Rouladennadeln entfernen und die Rouladen wieder in die Sauce geben. Als Beilage dazu passen Nudeln, Couscous oder Kartoffelpüree.

FLEISCH

Gedämpfte Lammlaiberl
mit Bohnen-Kräuter-Pesto

FÜR 4 PERSONEN

Für die Laiberl:

8 große Kopfsalatblätter
je 1 geh. EL sehr kleine Karot-
ten- und Zucchiniwürfel · Salz
400 g Kalbsbrät (vom Metzger)
5 EL kalte Sahne
1 Msp. abgeriebene
unbehandelte Zitronenschale
1 TL getrocknetes Bohnenkraut
1/2–1 TL scharfer Senf
Pfeffer aus der Mühle
mildes Chilipulver
200 g Lammrücken
(küchenfertig)
1 Stück Langer Pfeffer
1/4 l Hühnerbrühe oder
Geflügelfond
1 Knoblauchzehe (in Scheiben)
1 gestr. TL getrocknetes
Bohnenkraut
2 Streifen unbehandelte
Zitronenschale

Für das Pesto:

100 g weiße Bohnen
(aus der Dose)
2 Knoblauchzehen
150 ml Gemüsebrühe
3 EL Mandelblättchen
7 EL mildes Olivenöl
Salz · mildes Chilipulver
2 EL frisch geschnittene Kräuter
(z. B. Kerbel, Basilikum,
Petersilie)

1 Für die Laiberl die harten Rippen aus den Kopfsalatblättern herausschneiden. Die Blätter kurz in kochendem Wasser blanchieren, mit
dem Schaumlöffel herausnehmen, kalt abschrecken und abtropfen
lassen. Die Blätter zwischen zwei Küchentüchern mit dem Nudelholz
leicht glatt rollen.

2 Die Karotten- und Zucchiniwürfel in einem Topf in kochendem Salzwasser kurz bissfest blanchieren. In ein Sieb abgießen, kalt abschrecken, abtropfen lassen und mit Küchenpapier trocken tupfen.

3 Für die Farce das Kalbsbrät mit der Sahne glatt rühren. Zitronenschale, Bohnenkraut, Gemüsewürfel und Senf untermischen und
das Kalbsbrät mit etwas Salz, Pfeffer und 1 Prise Chilipulver würzen.

4 Den Lammrücken in 4 gleich große Stücke schneiden und mit Salz
würzen. Den Langen Pfeffer auf der Zestenreibe fein darüberreiben
(siehe Seite 137).

5 Zwei Kopfsalatblätter leicht überlappend in einen Schöpflöffel (etwa
1/8 l Inhalt) legen. Etwa 1 EL Farce daraufgeben, 1 Stück Lammfleisch
daraufsetzen und mit 2 EL Farce bedecken, sodass der Löffel bis zum
Rand gefüllt ist. Die überhängenden Blattränder darüberlegen und
gut andrücken. Das Päckchen aus dem Löffel stürzen. Auf die gleiche
Weise 3 weitere Laiberl formen.

6 Die Brühe oder den Fond mit Knoblauch, Bohnenkraut und Zitronenschale in einem Dämpftopf zum Köcheln bringen. Die Lammlaiberl
in den Dämpfeinsatz legen und zugedeckt über dem heißen Dampf
15 Minuten garen.

7 Für das Pesto die weißen Bohnen in einem Sieb abbrausen, gut abtropfen lassen und in den Küchenmixer geben. Den Knoblauch schälen,
in Scheiben schneiden und in der Hälfte der Brühe 1 bis 2 Minuten
leicht köcheln lassen. Die Mandelblättchen in einer Pfanne ohne Fett
hell rösten.

8 Die Knoblauchbrühe und die Mandelblättchen zu den Bohnen in
den Mixer geben. Das Olivenöl hinzufügen, alles mit Salz und 1 Prise
Chilipulver würzen und zu einer Paste pürieren. Die restliche Brühe in
einem kleinen Topf erhitzen, unter die Bohnenpaste rühren und die
Kräuter hinzufügen. Gegebenenfalls noch etwas nachwürzen.

9 Das Bohnen-Kräuter-Pesto auf vorgewärmte Teller verteilen. Die Lammlaiberl quer zur Faser aufschneiden und darauf anrichten. Etwas Langen
Pfeffer fein darüberreiben und das Gericht servieren.

FLEISCH

Gefüllte Paprika
mit Lamm und Safransauce

FÜR 4 PERSONEN

Für die Paprika und die Sauce:

12 Mini-Paprikaschoten
40 g Toastbrot · 50 ml Milch
1/2 kleine Zwiebel · 1 EL Öl
1/2 kleine Avocado
1 1/2 Knoblauchzehen
1 Ei
Salz · Pfeffer aus der Mühle
mildes Chilipulver
1 TL scharfer Senf
frisch geriebene Muskatnuss
abgeriebene Schale von
1/4 unbehandelten Zitrone
1 Msp. abgeriebene unbehandelte
Orangenschale
je 125 g Lamm- und
Kalbshackfleisch
1 TL getrockneter Thymian
1 EL Petersilie (frisch geschnitten)
1/4 l Hühnerbrühe
1/2 Döschen Safranfäden (0,05 g)
1 Scheibe Ingwer
1/2 Kartoffel (ca. 50 g)
1 Lorbeerblatt · 1 getrocknete rote
Chilischote
5 EL mildes Olivenöl

Für den Spargel:

500 g grüner Spargel · Salz
1 EL braune Butter
(siehe S. 139)
1 halbierte Knoblauchzehe
2 Scheiben Ingwer
1 kleines Stück Vanilleschote
Chilisalz

1 Für die Paprika von den Paprikaschoten den Strunk wie einen Deckel abschneiden und die Kerne entfernen. Die Schoten waschen und trocken tupfen. Den Backofen auf 160 °C vorheizen.

2 Das Toastbrot in Würfel schneiden. Die Brotwürfel in eine Schüssel geben und die Milch darübergießen. Die Zwiebel schälen und in feine Würfel schneiden. Das Öl in einer Pfanne erhitzen und die Zwiebelwürfel darin bei milder Hitze glasig dünsten.

3 Die Avocado schälen, den Kern entfernen und das Fruchtfleisch in kleine Würfel schneiden. Den Knoblauch schälen, 1/2 Zehe hacken und die restliche Zehe in Scheiben schneiden. Das Ei mit Salz, Pfeffer, 1 Prise Chilipulver, Senf, gehacktem Knoblauch, Muskatnuss, Zitronen- und Orangenschale verquirlen. Beide Hackfleischsorten mit den Avocadowürfeln, dem eingeweichten Brot, den Zwiebelwürfeln, dem verquirlten Ei, Thymian und Petersilie mischen. Die Paprika mit der Hackfleischmischung füllen und die »Deckel« aufsetzen.

4 Für die Sauce die Brühe mit Knoblauchscheiben, Safran und Ingwer in einen Schmortopf geben. Die Paprikaschoten dicht nebeneinander hineinsetzen. Den Deckel auflegen und die Paprika im Ofen auf der mittleren Schiene 1 1/4 bis 1 1/2 Stunden schmoren.

5 Inzwischen die Kartoffel schälen, waschen und in kleine Würfel schneiden. Die Kartoffelwürfel in Salzwasser mit Lorbeerblatt und Chilischote etwa 20 Minuten weich kochen. In ein Sieb abgießen, Lorbeerblatt und Chilischote entfernen.

6 Für den Spargel den Spargel waschen, nur im unteren Drittel schälen und die holzigen Enden entfernen. Die Spargelstangen in kochendem Salzwasser bissfest garen, in ein Sieb abgießen und kalt abschrecken. Die Spargelstangen halbieren und in einer Pfanne in der braunen Butter bei milder Hitze erwärmen. Knoblauch, Ingwer und Vanilleschote dazugeben und den Spargel mit Chilisalz würzen.

7 Die Paprikaschoten aus dem Schmortopf nehmen. Den Ingwer entfernen und den Schmorsud mit den Kartoffelwürfeln mit dem Stabmixer pürieren, dabei das Olivenöl hinzufügen. Die Safransauce mit 1 Prise Chilipulver und gegebenenfalls mit etwas Salz würzen.

8 Je 3 gefüllte Mini-Paprikaschoten mit dem Spargel und der Safransauce auf vorgewärmten Tellern anrichten.

302

Geflügel & Wild

GEFLÜGEL & WILD

Orientalische Hähnchenkeulen
auf Ofenkartoffeln

FÜR 4 PERSONEN

100 g braune Butter
(siehe S. 139)
je 1 TL ganzer Kreuzkümmel,
Koriander- und schwarze
Pfefferkörner
¹/₂ TL Kardamomsamen
¹/₂ TL geschroteter Zimt
1 TL gehackter Ingwer
1 TL abgeriebene unbehandelte
Orangenschale
¹/₂ TL gemahlene Kurkuma
1 TL Paprikapulver (edelsüß)
¹/₂ TL mildes Chilipulver
Salz
700 g festkochende kleine
Kartoffeln
2–3 EL mildes Olivenöl
4 Hähnchenkeulen (à 200 g)
2 Knoblauchzehen
4 Scheiben Ingwer
4 Streifen unbehandelte
Zitronenschale
4–5 Curryblätter
milde Chiliflocken

1 Den Backofen auf 200 °C vorheizen. Ein Backblech mit Backpapier auslegen.

2 Für die Gewürzbutter 80 g braune Butter in einem kleinen Topf zerlassen und vom Herd nehmen. Kreuzkümmel mit Koriander, schwarzem Pfeffer, Kardamom und Zimt in eine Gewürzmühle füllen und alles grob in die Butter mahlen. Ingwer, Orangenschale, Kurkuma, Paprika- und Chilipulver unterrühren und die Butter mit Salz würzen.

3 Die Kartoffeln waschen, mit der Schale in 1¹/₂ bis 2 cm große Stücke schneiden und in eine große Schüssel geben. Das Olivenöl hinzufügen, die Kartoffeln mit Salz würzen und alles gut mischen. Die Kartoffeln auf dem Backblech verteilen.

4 Die Hähnchenkeulen waschen und trocken tupfen, mit der restlichen braunen Butter bestreichen und leicht mit Salz würzen. Die Keulen auf die Kartoffeln legen und im Ofen auf der mittleren Schiene 50 bis 60 Minuten garen.

5 Die Hähnchenkeulen nach 40 bis 45 Minuten Garzeit mit der Gewürzbutter bestreichen. Den Knoblauch schälen und in nicht zu dünne Scheiben schneiden. Mit dem Ingwer, der Zitronenschale und den Curryblättern unter die Kartoffeln mischen und weitergaren. Am Ende der Garzeit die ganzen Gewürze entfernen und die Kartoffeln mit 1 Prise Chiliflocken würzen.

6 Die Hähnchenkeulen mit den Ofenkartoffeln auf vorgewärmten Tellern anrichten und servieren.

MEIN TIPP

Mit der Gewürzbutter kann man auch einem Brathendl eine orientalische Note geben. Das Hähnchen im auf 160 °C vorgeheizten Ofen auf dem Ofengitter 1¹/₄ Stunden garen, dann mit der Gewürzbutter bestreichen und bei 200 °C etwa 15 Minuten knusprig braten.

GEFLÜGEL & WILD

Hähnchenkeulen
mit Zimt und Orange

FÜR 4 PERSONEN

2 Zwiebeln
1/2 Karotte
120 g Knollensellerie
1 EL braune Butter
(siehe S. 139)
4 Hähnchenkeulen
(à 250 g)
1 EL Öl
1 TL Puderzucker
2 EL Tomatenmark
1/4 l kräftiger Rotwein
1/8 l Ananassaft
800 ml Hühnerbrühe
250 g passierte Tomaten
(aus dem Tetrapak)
je 1 TL Pimentkörner und
Wacholderbeeren
1/2 TL Zimtsplitter
1/4 Vanilleschote
1 Lorbeerblatt
1 EL Speisestärke
1 TL Paprikapulver (edelsüß)
1/2 TL gemahlene Kurkuma
3 Knoblauchzehen (in Scheiben)
5 Scheiben Ingwer
3 Streifen unbehandelte
Orangenschale
30 g kalte Butter
Salz · Pfeffer aus der Mühle

1 Die Zwiebeln schälen, die Karotte und den Sellerie putzen und schälen. Das Gemüse in etwa 1 cm große Stücke schneiden. Die braune Butter in einer großen Pfanne erhitzen und das Gemüse darin bei mittlerer Hitze anbraten.

2 Die Hähnchenkeulen häuten, an den Gelenken halbieren und die überstehenden Knochenenden von den Unterkeulen hacken. Die Keulen waschen und trocken tupfen.

3 In einem Topf das Öl erhitzen, die Hähnchenkeulen darin bei mittlerer Hitze rundum anbraten und herausnehmen. Den Puderzucker in den Topf stäuben und hell karamellisieren. Das Tomatenmark hinzufügen und kurz mitrösten. Mit dem Wein ablöschen und auf ein Drittel einköcheln lassen.

4 Den Ananassaft dazugeben und ebenfalls etwas einköcheln lassen. Die Brühe und die passierten Tomaten mit den Gemüsewürfeln dazugeben. Die angebratenen Hähnchenkeulen hineingeben und den Deckel so auflegen, dass noch ein Spalt offen bleibt. Die Hähnchenkeulen knapp unter dem Siedepunkt etwa 45 Minuten schmoren.

5 Die Pimentkörner grob zerstoßen, die Wacholderbeeren andrücken und beides mit den Zimtsplittern, der Vanilleschote und dem Lorbeerblatt nach 20 Minuten hinzufügen.

6 Am Ende der Garzeit die Hähnchenkeulen aus dem Topf nehmen. Die Sauce durch ein Sieb in einen Topf gießen, dabei das Gemüse etwas ausdrücken. Die Sauce aufkochen und auf etwa zwei Drittel einköcheln lassen. Die Speisestärke mit etwas kaltem Wasser glatt rühren. Unter die leicht kochende Sauce rühren, bis sie sämig gebunden ist, und die Sauce 1 bis 2 Minuten köcheln lassen. Das Paprikapulver mit etwas kaltem Wasser glatt rühren. Mit Kurkuma, Knoblauch, Ingwer und Orangenschale in die Sauce geben. Die ganzen Gewürze nach einigen Minuten wieder entfernen. Die kalte Butter mit dem Stabmixer unterrühren und die Sauce mit Salz, Pfeffer und nach Belieben 1 Prise mildem Chilipulver würzen.

7 Die Hähnchenkeulen nochmals in der Sauce erwärmen. Die Keulen mit der Sauce auf vorgewärmten Tellern anrichten und nach Belieben mit Kartoffel- oder Sellerie-Vanille-Püree (siehe Seite 318), Spätzle, Polenta oder Couscous servieren.

GEFLÜGEL & WILD

Hähnchenbrust
in Biermarinade

FÜR 4 PERSONEN

3 EL Schuhbecks Brathendl-
gewürz · 1 EL Honig
70 ml helles Bier · 4 Hähnchen-
brustfilets (à 120 g; ohne Haut)
1–2 EL braune Butter
(siehe S. 139)

1 Den Backofen auf 100 °C vorheizen. Ein Ofengitter auf die mittlere Schiene und darunter ein Abtropfblech schieben. Das Brathendl-gewürz in einer Schüssel mit dem Honig und dem Bier gut verrühren.

2 Die Hähnchenbrustfilets waschen, trocken tupfen und rundum mit der Marinade bestreichen. Die braune Butter in einer Pfanne erhitzen und die Hähnchenbrustfilets darin bei milder Hitze auf beiden Seiten anbraten. Die Hähnchenbrustfilets auf dem Gitter im Ofen 25 bis 30 Minuten garen. Als Beilage passt ein bunter Blattsalat dazu.

Hähnchenbrust
im Parmesan-Kardamom-Mantel

FÜR 4 PERSONEN

2 TL Kardamomsamen
160 g geriebener Parmesan
100 g doppelgriffiges Mehl
40 g Weißbrotbrösel
6 Eier
1 TL geriebener Ingwer
frisch geriebene Muskatnuss
mildes Chilisalz
1 Stück Zimtrinde
4 Hähnchenbrustfilets
(à 120 g; ohne Haut)
5 EL Öl

1 Die Kardamomsamen im Mörser fein zerstoßen. Den Parmesan mit 20 g Mehl und den Bröseln in einem tiefen Teller mischen. Die Eier verquirlen, mit dem Ingwer zur Parmesan-Mehl-Mischung geben und unterrühren. Mit Kardamom, Muskatnuss und etwas Chilisalz würzen und etwas Zimt darüberreiben.

2 Die Hähnchenbrustfilets waschen und trocken tupfen, schräg in jeweils 4 bis 5 Scheiben schneiden und mit Chilisalz würzen. Das restliche Mehl in einen tiefen Teller geben. Die Hähnchenscheiben nacheinander zuerst im Mehl wenden und dann durch die Parmesan-Ei-Masse ziehen.

3 Das Öl in einer großen Pfanne erhitzen und die panierten Hähnchen-scheiben darin portionsweise bei milder Hitze auf beiden Seiten etwa 2 bis 3 Minuten braun braten, dabei einmal wenden. Die Hähnchen-brustscheiben herausnehmen und auf Küchenpapier abtropfen lassen.

309

GEFLÜGEL & WILD

Perlhuhnbrust
auf Kolonialsauce

FÜR 4 PERSONEN

Für die Perlhuhnbrust:
4 Perlhuhnbrustfilets
(à 120 g; mit Haut) · 1 EL Öl
2 EL braune Butter
(siehe S. 139)
Chilisalz

Für die Sauce:
2 TL schwarze Pfefferkörner
40 g Champignons
1 Zwiebel · 1 EL Öl
2 cl Cognac · 80 ml Apfelsaft
1/4 l Hühnerbrühe
80 g Sahne
1/4 ausgekratzte Vanilleschote
1 Knoblauchzehe (in Scheiben)
1 Scheibe Ingwer
1 TL Speisestärke
1 EL scharfer Senf
gemahlene Kakaobohnen
(aus dem Schokoladenladen)
gemahlener Kaffee
1 Msp. abgeriebene unbehan-
delte Orangenschale
30 g kalte Butter

Außerdem:
1 reife, feste rotschalige Birne
1–2 TL Puderzucker
1 EL Butter
1–2 schwarze Nüsse
(siehe S. 233 oder aus dem
Feinkostladen)

1 Für die Perlhuhnbrust den Backofen auf 100 °C vorheizen. Ein Ofengitter auf die 2. Schiene von unten und darunter ein Abtropfblech schieben.

2 Die Perlhuhnbrustfilets waschen und trocken tupfen. Das Öl in einer Pfanne erhitzen und die Perlhuhnbrüste darin auf der Hautseite bei mittlerer Hitze knusprig anbraten. Das Fleisch wenden und kurz auf der Fleischseite ziehen lassen. Die Perlhuhnbrüste aus der Pfanne nehmen und auf dem Gitter im Ofen etwa 25 Minuten garen.

3 Für die Sauce die Pfefferkörner in einem kleinen Topf in kochendem Wasser 2 Minuten blanchieren, in ein Sieb abgießen und abtropfen lassen. Die Champignons putzen, trocken abreiben und klein schneiden. Die Zwiebel schälen und in feine Würfel schneiden.

4 Das Öl in einer Pfanne erhitzen und Champignons, Zwiebelwürfel und Pfefferkörner darin andünsten. Mit Cognac ablöschen, Apfelsaft, Brühe und Sahne dazugeben und auf zwei Drittel einköcheln lassen. Vanilleschote, Knoblauch und Ingwer hinzufügen und kurz ziehen lassen.

5 Die Speisestärke mit etwas kaltem Wasser glatt rühren. Unter die leicht kochende Sauce rühren, bis sie sämig gebunden ist, und die Sauce 1 bis 2 Minuten köcheln lassen. Die Sauce durch ein Sieb gießen, den Senf unterrühren und mit je 1 Prise Kakaobohnenpulver und Kaffee sowie der Orangenschale würzen. Zuletzt die kalte Butter unterrühren.

6 Die Birne waschen, vierteln, entkernen und in dünne Spalten schneiden. Den Puderzucker in einer Pfanne bei mittlerer Hitze goldbraun karamellisieren und die Birnenspalten darin auf beiden Seiten anbraten. Die Butter hinzufügen, schmelzen lassen und die Pfanne vom Herd nehmen. Die schwarzen Nüsse in Scheiben schneiden.

7 Die braune Butter in einer Pfanne erhitzen, mit Chilisalz würzen und die Perlhuhnbrustfilets kurz darin wenden. Die Sauce mit dem Stabmixer aufschäumen. Die Perlhuhnbrustfilets mit der Kolonialsauce, den Birnenspalten und den schwarzen Nüssen auf vorgewärmten Tellern anrichten und servieren.

GEFLÜGEL & WILD

Kräuterbackhendl
mit Buttermilch-Remoulade

FÜR 4 PERSONEN

Für die Remoulade:

1 Ei · 100 g Schmand
4–5 EL Buttermilch
1 TL scharfer Senf
1 kleine Essiggurke
1 EL Kapern
2 EL Schnittlauchröllchen
1 TL Zitronensaft
1 Msp. abgeriebene
unbehandelte Zitronenschale
Salz · mildes Chilipulver
Zucker

Für das Backhendl:

2 Eier
40 g doppelgriffiges Mehl
1–2 TL scharfer Senf
einige Spritzer Zitronensaft
abgeriebene Schale von
1/2 unbehandelten Zitrone
Salz · Pfeffer aus der Mühle
je 1/2 TL getrockneter Oregano,
Rosmarin und Thymian
1/2 TL getrocknetes Bohnenkraut
frisch geriebene Muskatnuss
150–200 g Weißbrotbrösel
4 Hähnchenbrustfilets
(à 120 g; ohne Haut)
Erdnussöl zum Ausbacken

1 Für die Remoulade das Ei 10 Minuten hart kochen, kalt abschrecken, pellen und auskühlen lassen. Den Schmand mit der Buttermilch und dem Senf glatt rühren. Die Essiggurke abtropfen lassen und in kleine Würfel schneiden. Das Ei ebenfalls in kleine Würfel schneiden. Die Kapern grob hacken. Schnittlauch, Ei, Essiggurke und Kapern zur Schmandmischung geben. Die Remoulade mit Zitronensaft und -schale, Salz, Chilipulver und 1 Prise Zucker würzen und kühl stellen.

2 Für das Backhendl die Eier mit dem Mehl und dem Senf in einem tiefen Teller glatt rühren und mit Zitronensaft und -schale, Salz, Pfeffer, den getrockneten Kräutern und 1 Prise Muskatnuss würzen. Die Brösel auf einen Teller geben.

3 Die Hähnchenbrustfilets waschen und trocken tupfen. Die Filets schräg in jeweils 3 bis 4 Scheiben schneiden und mit Salz und Pfeffer würzen. Die Hähnchenscheiben nacheinander zunächst in der Eier-Mehl-Mischung und dann in den Bröseln wenden.

4 Reichlich Erdnussöl in einer Pfanne erhitzen und die panierten Hähnchenscheiben darin portionsweise bei milder Hitze auf beiden Seiten insgesamt 4 bis 5 Minuten goldbraun ausbacken. Auf Küchenpapier abtropfen lassen und leicht mit Salz würzen.

5 Die Backhendlstücke mit der Buttermilch-Remoulade und nach Belieben Blattsalat servieren.

MEIN TIPP

Nach Belieben können Sie unter die Buttermilch-Remoulade noch kleine, weich gekochte Blumenkohlröschen rühren. Achten Sie darauf, die Hähnchenbrustfilets in möglichst nur 1 1/2 cm dicke Scheiben zu schneiden. Dann können die Backhendlstücke innen gut durchgaren, ohne dass die Panade beim Braten zu dunkel wird.

GEFLÜGEL & WILD

Reisfleisch Louisiana
mit Paprika und Frühlingszwiebeln

FÜR 4 PERSONEN

1 TL schwarze Pfefferkörner

1/2 TL ganzer Kreuzkümmel

1/2 TL getrockneter Thymian

1 TL getrockneter Oregano

1/2 EL Paprikapulver (edelsüß)

1/2 TL mildes Chilipulver

1 Stange Staudensellerie

1 rote Paprikaschote

800 ml Geflügelfond

1 Zwiebel

350 g passierte Tomaten

(aus dem Tetrapak)

1 TL geriebener Ingwer

1 Knoblauchzehe

300 g Langkornreis

4 Frühlingszwiebeln

3 Hähnchenbrustfilets

(à 120 g; ohne Haut)

3 EL braune Butter

(siehe S. 139)

mildes Chilisalz

1 Für die Gewürzmischung den Pfeffer und den Kreuzkümmel im Mörser fein zerstoßen und mit Thymian, Oregano, Paprika- und Chilipulver mischen.

2 Den Staudensellerie putzen, waschen und schräg in Scheiben schneiden. Die Paprikaschote längs halbieren, entkernen und waschen. Die Paprikahälften in etwa 1 1/2 cm große Würfel schneiden. Den Backofen auf 180 °C vorheizen.

3 Den Fond in einem Topf um ein Viertel auf etwa 600 ml einköcheln lassen. Die Zwiebel schälen und in feine Würfel schneiden. Die Zwiebelwürfel im Fond bei milder Hitze 2 bis 3 Minuten leicht köcheln lassen. Dann die passierten Tomaten und den Ingwer hinzufügen. Den Knoblauch schälen und auf der Zestenreibe fein dazureiben.

4 Sellerie, Paprika und Reis dazugeben und unterrühren. Ein Drittel der Gewürzmischung unter den Gemüsereis mischen. Den Reis in eine ofenfeste Form geben und zugedeckt im Ofen auf der mittleren Schiene etwa 40 Minuten garen.

5 Die Frühlingszwiebeln putzen, waschen und schräg in 1/2 cm breite Ringe schneiden. Die Hähnchenbrustfilets waschen, trocken tupfen und in etwa 2 cm große Stücke schneiden. In einer Pfanne 1 EL braune Butter erhitzen, die Hähnchenstücke darin rundum anbraten und mit Chilisalz würzen.

6 Nach 25 Minuten Garzeit die Hähnchenstücke und die Frühlingszwiebeln unter den Reis mischen, die Form wieder zudecken und das Reisfleisch fertig garen.

7 Das Reisfleisch aus dem Ofen nehmen und die restliche braune Butter unterrühren, gegebenenfalls nochmals mit der Mischung aus der Mühle würzen.

MEIN TIPP

Mit der übrig gebliebenen Gewürzmischung kann man Gemüse- oder Bohneneintöpfen, aber auch Fleisch- und Fischgerichten eine exotische Note verleihen. Ihre besondere Raffinesse verdankt die Mischung dem Kreuzkümmel, den man nur vorsichtig dosieren sollte, damit er nicht zu dominant hervorschmeckt.

GEFLÜGEL & WILD

Zweierlei vom Fasan
mit Berglinsen und Speck

FÜR 4 PERSONEN

Für das Ragout:

30 g Berglinsen · Salz
4 Fasanenkeulen (à 120–130 g;
ohne Haut)
1 kleine Zwiebel
1/2 kleine Karotte
80 g Knollensellerie · 2 EL Öl
1 TL Puderzucker
1–2 EL Tomatenmark
200 ml Champagner
(ersatzweise Sekt oder Prosecco)
1/2 TL gemahlene Kurkuma
350 ml Geflügelfond
je 1 gestr. TL Wacholderbeeren,
Koriander- und Pimentkörner
1 TL schwarze Pfefferkörner
1 Lorbeerblatt
1 Knoblauchzehe (in Scheiben)
2 Scheiben Ingwer · 50 g Sahne
1 TL Speisestärke
Chilipulver
1/2 TL abgeriebene unbehandelte
Zitronenschale
1 EL kalte Butter
1 EL Petersilie (frisch geschnitten)

Für die Fasanenbrust:

4 Fasanenbrustfilets (à 80–100 g)
4–5 EL braune Butter
(siehe S. 139)
Kaffeesalz (siehe S. 142)

Zum Anrichten:

4 Scheiben Frühstücksspeck
1 EL Öl

1 Für das Ragout die Linsen in einer Schüssel 2 Stunden in Wasser einweichen. Abgießen und in einem Topf in Salzwasser etwa 30 Minuten weich garen. In ein Sieb abgießen und abtropfen lassen.

2 Die Keulen waschen und trocken tupfen. Das Fasanenfleisch von den Sehnen und Knochen lösen und in kleine Würfel schneiden. Die Zwiebel schälen, die Karotte und den Sellerie putzen und schälen. Alles in etwa 3 mm große Würfel schneiden. Das Fleisch in einem Topf in 1 EL Öl bei mittlerer Hitze anbraten und wieder herausnehmen. Das Fett mit Küchenpapier aus dem Topf tupfen, den Puderzucker in den Topf stäuben und karamellisieren. Das Gemüse dazugeben und glasig dünsten. Das Tomatenmark unterrühren und kurz mitrösten. Mit Champagner ablöschen und einköcheln lassen. Das Fleisch wieder hinzufügen, Kurkuma unterrühren und den Fond dazugießen. Das Ragout 30 Minuten schmoren lassen.

3 Wacholderbeeren, Koriander-, Piment- und Pfefferkörner in ein Gewürzsäckchen füllen. Das Säckchen verschließen und nach 15 Minuten Garzeit mit dem Lorbeerblatt zum Fleisch geben. Am Ende der Garzeit Knoblauch und Ingwer hinzufügen, einige Minuten in dem Ragout ziehen lassen und mit den anderen ganzen Gewürzen wieder entfernen.

4 Die Sahne unterrühren. Die Speisestärke mit etwas kaltem Wasser glatt rühren. Unter das kochende Ragout rühren, bis es leicht sämig ist, und das Ragout 1 bis 2 Minuten köcheln lassen. Die Linsen unterrühren und erhitzen. Das Ragout mit Salz, 1 Prise Chilipulver und der Zitronenschale würzen. Zuletzt die Butter mit der Petersilie unterrühren.

5 Für die Fasanenbrust den Backofen auf 80 °C vorheizen. Ein Ofengitter auf die mittlere Schiene und darunter ein Abtropfblech schieben. Die Fasanenbrustfilets waschen und trocken tupfen. In einer Pfanne 1 EL braune Butter erhitzen und die Brustfilets darin bei mittlerer Hitze auf beiden Seiten etwa 1 Minute anbraten. Herausnehmen und auf dem Gitter im Ofen 20 Minuten garen.

6 Die restliche braune Butter in einer Pfanne erwärmen und mit 1 Prise Kaffeesalz würzen. Die Fasanenbrustfilets aus dem Ofen nehmen und in der Gewürzbutter wenden.

7 Die Speckscheiben in einer Pfanne im Öl bei mittlerer Hitze auf beiden Seiten kross braten. Herausnehmen und auf Küchenpapier abtropfen lassen. Das Ragout auf vorgewärmte Teller verteilen, die Fasanenbrustfilets halbieren und mit je 1 Speckscheibe darauf anrichten. Nach Belieben mit Kräuterfingernudeln oder Gnocchi servieren.

GEFLÜGEL & WILD

Wirsingkrautwickerl vom Kaninchen
mit Estragon-Senf-Sauce

FÜR 4 PERSONEN

Für die Krautwickerl:
1 EL gelbe Senfkörner
1 Kaninchenkeule (ca. 300 g)
Salz · mildes Chilipulver
frisch geriebene Muskatnuss
Pfeffer aus der Mühle
2 TL Dijonsenf
1/2 TL abgeriebene unbehandelte
Zitronenschale
200 g eiskalte Sahne
6 große Wirsingblätter
4 Kaninchenrückenfilets
(à 80–100 g; küchenfertig)
mildes Chilisalz
6 EL frisch geschnittene Kräuter
(z. B. Petersilie, Basilikum,
Kerbel, Estragon)
zerlassene braune Butter
(siehe S. 139)

Für die Sauce:
1 TL Puderzucker
80 ml Weißwein
1 kleine Kartoffel (ca. 50 g)
300 ml Gemüsebrühe
gemahlene Kurkuma
150 g Sahne
1 TL Dijonsenf
4–5 Estragonblätter
(frisch geschnitten)
Salz · Chiliflocken
1/2 TL abgeriebene unbehandelte
Zitronenschale

1 Für die Krautwickerl die Senfkörner in einem kleinen Topf in Wasser 5 Minuten köcheln lassen. In ein Sieb abgießen, kalt abschrecken und gut abtropfen lassen.

2 Das Fleisch der Kaninchenkeule vom Knochen lösen. Das Fleisch in Würfel schneiden, salzen und im Tiefkühlfach 5 Minuten anfrieren lassen. Das Fleisch in den Blitzhacker geben und mit 1 Prise Chilipulver, Muskatnuss und Pfeffer würzen. Den Senf und die Zitronenschale dazugeben und etwas anmixen, bis die Masse nach kurzer Zeit leicht zu binden beginnt. Dann ein Drittel der eiskalten Sahne hinzufügen und so lange mixen, bis die Sahne gebunden und die Masse glatt ist. Die restliche Sahne in 2 Portionen untermixen, bis sie gebunden ist. Die Masse in eine Schüssel geben, die Senfkörner unterrühren und die Farce kühl stellen.

3 Die Wirsingblätter auf die Arbeitsfläche legen und die Blattrippen herausschneiden, sodass 12 halbe Blätter entstehen. Die Blätter in einem Topf in kochendem Salzwasser 4 bis 5 Minuten fast weich garen. Mit dem Schaumlöffel herausnehmen, kalt abschrecken und die Blätter mit Küchenpapier gut trocken tupfen.

4 Die Kaninchenfilets leicht mit Chilisalz würzen und in den Kräutern wälzen. Je 3 halbe Wirsingblätter leicht überlappend auf die Arbeitsfläche legen und mit der Farce bestreichen. Je 1 Kaninchenrückenfilet quer drauflegen und einrollen. Die Krautwickerl kühl stellen.

5 Für die Sauce den Puderzucker in einem Topf bei mittlerer Hitze hell karamellisieren. Mit dem Wein ablöschen und einköcheln lassen. Die Kartoffel schälen, waschen und in 1 cm große Würfel schneiden. In der Brühe mit 1 Prise Kurkuma knapp unter dem Siedepunkt 20 Minuten mehr ziehen als köcheln lassen. Mit dem Stabmixer pürieren. Den eingekochten Wein hinzufügen. Sahne, Senf und Estragon dazugeben und die Sauce mit Salz, 1 Prise Chiliflocken und Zitronenschale würzen.

6 In einen Topf 2 bis 3 cm hoch Wasser gießen und zum Kochen bringen. Einen Dämpfeinsatz (z. B. ein Bambuskörbchen) draufsetzen, die Krautwickerl hineinlegen und zugedeckt im heißen Dampf 12 Minuten garen. Den Topf vom Herd nehmen und die Krautwickerl mit aufgelegtem Deckel weitere 2 bis 3 Minuten ziehen lassen.

7 Die Sauce auf vorgewärmte tiefe Teller verteilen. Die Wirsingkrautwickerl schräg halbieren und auf der Sauce anrichten. Mit etwas brauner Butter bestreichen und mit wenig Chilisalz würzen. Als Beilage dazu passen Kartoffeln, Kartoffelpüree und Wurzelgemüse.

GEFLÜGEL & WILD

Barbarie-Entenbrust
mit Karotten-Koriander-Gemüse

FÜR 4 PERSONEN

Für die Entenbrust:

2 große Barbarie-Entenbrustfilets
(à 400 g) · 2 EL Öl
4 EL braune Butter (siehe S. 139)
Kaffeesalz (siehe S. 142)

Für das Gemüse:

je 250 g gelbe und orangefarbene
Karotten
2 Schalotten
2–3 EL mildes Olivenöl
150 ml Gemüsebrühe
mildes Currypulver
mildes Chilipulver
1/2 TL geriebener Ingwer
Salz · Pfeffer aus der Mühle
gerösteter Koriander aus
der Mühle
1 EL Petersilie (frisch geschnitten)
20 g kalte Butter

1 Für die Entenbrust den Backofen auf 100 °C vorheizen. Ein Ofengitter auf die mittlere Schiene und darunter ein Abtropfblech schieben. Die Entenbrustfilets waschen und trocken tupfen, eventuelle Federkiele mit einer Pinzette herauszupfen. Die Hautseite der Entenbrüste bis an die Ränder rautenförmig einritzen.

2 Das Öl in einer Pfanne erhitzen und die Entenbrüste darin auf der Hautseite bei mittlerer Hitze etwa 5 Minuten anbraten. Die Entenbrustfilets wenden und auf der Fleischseite ebenfalls kurz anbraten. Das Fleisch aus der Pfanne nehmen und auf dem Gitter im Ofen etwa 50 Minuten garen.

3 Für das Gemüse die Karotten putzen, schälen und schräg in 2 bis 3 mm dicke Scheiben hobeln. Die Schalotten schälen und in feine Würfel schneiden. Das Olivenöl in einem Topf erhitzen und die Schalottenwürfel darin glasig dünsten. Die Karottenscheiben hinzufügen, kurz mitdünsten und die Brühe dazugießen. Die Karotten zugedeckt bei milder Hitze etwa 10 Minuten garen.

4 Das Karottengemüse mit je 1 Prise Curry- und Chilipulver, dem geriebenen Ingwer, Salz und Pfeffer würzen. Den Koriander grob darübermahlen und die Petersilie und die Butter unterrühren. Gegebenenfalls nochmals etwas nachwürzen.

5 Die braune Butter in einer Pfanne bei milder Hitze erwärmen und mit 1 Prise Kaffeesalz würzen.

6 Das Karotten-Koriander-Gemüse mit dem Sud auf vorgewärmte tiefe Teller verteilen. Die Entenbrüste schräg in Scheiben schneiden, auf den Karotten anrichten und mit der Kaffeebutter beträufeln.

MEIN TIPP

Kaffeesalz passt ausgezeichnet zur Barbarie-Ente. Nach Belieben kann man die Entenbrust nach dem Braten auch in zerlassener orientalischer Gewürzbutter oder Senfbutter (siehe Seite 145) oder in mediterranem Gewürzöl (siehe Seite 146) wenden.

316

GEFLÜGEL & WILD

Hirschrücken
mit Sellerie-Vanille-Püree

FÜR 4 PERSONEN

Für die Sauce:

1 ½ kg Hirschknochen
2 Zwiebeln · 1 Karotte
150 g Knollensellerie
1–2 TL Puderzucker
1 EL Tomatenmark
300 ml Rotwein
¾ l Wild- oder Geflügelfond
1 TL Wacholderbeeren
1 TL Pimentkörner
je ½ TL schwarze Pfeffer-
und Korianderkörner
1 Splitter Zimtrinde
1 Lorbeerblatt
2 TL Speisestärke
1 EL Preiselbeeren (aus dem Glas)
½–1 TL gehackte Zartbitterkuvertüre
Salz · Pfeffer aus der Mühle
1–2 EL milder Aceto balsamico

Für den Hirschrücken:

5 EL braune Butter
(siehe S. 139)
500 g Hirschrücken (küchenfertig,
ohne Knochen;
aus dem Mittelstück)
Wildgewürzmischung für
die Mühle (siehe Tipp)
1 Scheibe Ingwer
je 1 Streifen unbehandelte
Zitronen- und Orangenschale
1 Zweig Rosmarin
mildes Chilisalz

1 Für die Sauce den Backofen auf 200 °C vorheizen. Ein Backblech mit Backpapier auslegen. Die Knochen klein hacken, waschen und auf dem Blech verteilen. Im Ofen auf der mittleren Schiene 30 Minuten hell rösten. Das ausgetretene Fett entfernen.

2 Die Zwiebeln schälen. Die Karotte und den Sellerie putzen und schälen und alles in 1 bis 2 cm große Würfel schneiden. Den Puderzucker in einem Topf bei mittlerer Hitze hell karamellisieren. Das Gemüse darin andünsten, das Tomatenmark unterrühren und kurz anrösten. Mit dem Wein ablöschen und etwas einköcheln lassen. Die Knochen hinzufügen, den Fond dazugießen und alles knapp unter dem Siedepunkt etwa 1 Stunde ziehen lassen.

3 Wacholderbeeren, Piment-, Pfeffer- und Korianderkörner sowie den Zimt in einer Pfanne ohne Fett leicht rösten. Mit dem Lorbeerblatt in die Sauce geben. Nach weiteren 20 Minuten die Sauce durch ein feines Sieb streichen. Die Speisestärke mit etwas kaltem Wasser glatt rühren. Unter die leicht kochende Sauce rühren, bis sie sämig gebunden ist, und die Sauce 1 bis 2 Minuten köcheln lassen. Die Preiselbeeren und die Kuvertüre unterrühren und die Sauce mit Salz, Pfeffer und Essig würzen.

4 Für den Hirschrücken den Backofen auf 100 °C vorheizen. Ein Ofengitter auf die mittlere Schiene und darunter ein Abtropfblech schieben. In einer Pfanne 1 EL braune Butter erhitzen und den Hirschrücken darin bei mittlerer Hitze rundum anbraten. Das Hirschfleisch aus der Pfanne nehmen, auf dem Gitter im Ofen etwa 45 Minuten rosa garen.

5 Für das Püree die Kartoffeln waschen und mit der Schale in einem Topf in Salzwasser mit dem Kümmel weich garen. Den Sellerie putzen, schälen und in kleine Würfel schneiden. In einem Topf 100 ml Milch mit der Vanilleschote erhitzen, die Selleriestücke dazugeben und etwa 20 Minuten zugedeckt garen.

6 Für das Gemüse den Rosenkohl putzen und in die einzelnen Blätter teilen. Die Rosenkohlblätter in kochendem Salzwasser bissfest garen. In ein Sieb abgießen, kalt abschrecken und gut abtropfen lassen. Kurz vor dem Servieren die Rosenkohlblätter mit Zimt, Vanilleschote und Brühe in einem Topf erhitzen. Mit Salz, Pfeffer und je 1 Prise Muskatnuss und Chilipulver würzen und zuletzt das Arganöl dazugeben.

GEFLÜGEL & WILD

Für das Püree:
500 g mehlig kochende
Kartoffeln · Salz
1/2 TL ganzer Kümmel
350 g Knollensellerie
175 ml Milch
1/4 Vanilleschote
2 EL Butter
2 EL braune Butter
Pfeffer aus der Mühle
mildes Chilipulver
frisch geriebene Muskatnuss

Für das Gemüse:
200 g Rosenkohl
Salz · 1/2 Zimtrinde
1/2 ausgekratzte Vanilleschote
4 EL Gemüsebrühe
Pfeffer aus der Mühle
frisch geriebene Muskatnuss
Chilipulver
1 EL Arganöl
(ersatzweise braune Butter)

7 Die Kartoffeln abgießen, kurz ausdampfen lassen, noch heiß pellen und durch die Kartoffelpresse drücken. Die restliche Milch erhitzen und mit einem Kochlöffel unter die durchgedrückten Kartoffeln rühren. Die Vanilleschote entfernen. Den Sellerie mit der Kochflüssigkeit im Blitzhacker pürieren. Den Sellerie mit dem Kartoffelpüree verrühren, die Butter und die braune Butter unterrühren und das Püree mit Salz, Pfeffer, 1 Prise Chilipulver und etwas Muskatnuss würzen.

8 Die restliche braune Butter in einer Pfanne bei milder Hitze zerlassen und mit reichlich Wildgewürz aus der Mühle würzen. Ingwer, Zitronen- und Orangenschale sowie den Rosmarin hinzufügen und einige Minuten ziehen lassen.

9 Den Hirschrücken aus dem Ofen nehmen, in der Gewürzbutter wenden und mit Chilisalz würzen. Das Fleisch in Scheiben schneiden und mit dem Sellerie-Vanille-Püree auf vorgewärmten Tellern anrichten. Mit dem Rosenkohl bestreuen und die braune Sauce dazu servieren.

MEIN TIPP

Für die Wildgewürzmischung 2 EL Wacholderbeeren mit 3 TL Pimentkörnern, 1 EL schwarzen Pfefferkörnern, 1 TL Korianderkörnern, 1 TL geschrotetem Zimt und 1 TL zerstoßenem Lorbeerblatt in eine Gewürzmühle füllen. Man kann mit dieser Mischung – wie oben beschrieben – zerlassene braune Butter aromatisieren und gebratenes Wildfleisch darin wenden. Natürlich kann man das Gewürz auch direkt über kurz gebratenen Reh- oder Hirschrücken mahlen und Schmorgerichte am Ende der Garzeit damit verfeinern.

GEFLÜGEL & WILD

Hirschfiletspitzen
in Wacholder-Zimt-Rahmsauce

FÜR 4 PERSONEN

4 Scheiben Frühstücksspeck
1 TL Öl
3 Schalotten
40 g Karotte
80 g Knollensellerie
2 EL braune Butter
(siehe S. 139)
400 ml Wildfond
500 g Hirschrückenfilet
(küchenfertig)
1–2 TL Puderzucker
1 EL Tomatenmark
50 ml roter Portwein
150 ml kräftiger Rotwein
1 EL getrocknete Champignons
1 EL zerbröckelter
Saucenlebkuchen
150 g Sahne
1 gestr. EL Speisestärke
1 EL Wacholderbeeren
3–4 Splitter Zimtrinde
1 TL Marzipanrohmasse
1 Streifen unbehandelte
Orangenschale
2 Scheiben Knoblauch
2 Scheiben Ingwer
1/4 TL Instant-Kaffeepulver
Salz · Pfeffer aus der Mühle
mildes Chilipulver

1 Den Speck in 1 cm breite Streifen schneiden. In einer Pfanne das Öl erhitzen und die Speckstreifen darin auf beiden Seiten kross braten. Herausnehmen und auf Küchenpapier abtropfen lassen.

2 Die Schalotten schälen, die Karotte und den Sellerie putzen und schälen. Alles in 1/2 cm große Würfel schneiden. In einer Pfanne 1 EL braune Butter erhitzen und die Gemüsewürfel darin bei mittlerer Hitze einige Minuten andünsten. Mit 100 ml Fond ablöschen und vollständig einköcheln lassen.

3 Das Hirschfleisch in 1/2 bis 1 cm breite Streifen schneiden. Die restliche braune Butter in einer Pfanne erhitzen und das Fleisch darin portionsweise rundum kurz anbraten. Aus der Pfanne nehmen und den Bratensatz mit 100 ml Fond ablöschen.

4 Den Puderzucker in einem Topf bei mittlerer Hitze goldbraun karamellisieren. Das Tomatenmark unterrühren und kurz anrösten. Mit Port- und Rotwein ablöschen und auf ein Drittel einköcheln lassen. Den restlichen Fond mit dem abgelöschten Bratensatz dazugießen. Die getrockneten Pilze und den Saucenlebkuchen hinzufügen und die Sauce auf zwei Drittel einköcheln lassen. Die Sahne dazugeben. Die Speisestärke mit etwas kaltem Wasser glatt rühren. Unter die kochende Sauce rühren, bis sie leicht sämig gebunden ist, und die Sauce 1 bis 2 Minuten köcheln lassen.

5 Die Wacholderbeeren andrücken und in einer Pfanne ohne Fett bei mittlerer Hitze erhitzen, bis sie zu glänzen beginnen. Die Wacholderbeeren mit dem Zimt unter die Sauce rühren. Das Marzipan klein zupfen und ebenfalls hinzufügen. Die Orangenschale, den Knoblauch und den Ingwer mit dem Kaffeepulver unter die Sauce rühren und einige Minuten ziehen lassen.

6 Die Sauce durch ein Sieb in einen Topf streichen, das gedünstete Gemüse und das angebratene Fleisch dazugeben und mit Salz, Pfeffer und 1 Prise Chilipulver würzen. Nur noch kurz erhitzen, aber nicht mehr kochen lassen.

7 Die Hirschfiletspitzen mit dem Gemüse und der Sauce auf vorgewärmte tiefe Teller verteilen und mit dem Speck bestreut servieren.

GEFLÜGEL & WILD

Rehpfeffer
mit Dattel-Couscous

FÜR 4 PERSONEN

Für den Rehpfeffer:

2 Zwiebeln · 1 Karotte
150 g Knollensellerie · 2 EL Öl
1 kg Rehfleisch (aus der Schulter)
2–3 TL Puderzucker
1 EL Tomatenmark
4 cl Cognac · 300 ml Rotwein
¾ l Hühnerbrühe
5 Wacholderbeeren · 1 Lorbeerblatt
½ TL schwarze Pfeffer- und
Korianderkörner · 5 Pimentkörner
1 halbierte Knoblauchzehe
1 Scheibe Ingwer
1 Streifen unbehandelte
Orangenschale
5 EL Rotweinessig
10 g Zartbitterschokolade
1 EL Johannisbeergelee
Salz · Pfeffer aus der Mühle
2 EL kalte Butter

Für den Couscous:

je 1 TL Zimtsplitter, Kardamomsamen und Korianderkörner
¼ TL ganzer Kreuzkümmel
100 g getrocknete Datteln
¼ l Gemüsebrühe
1 Knoblauchzehe
½–1 TL geriebener Ingwer
½ TL gemahlene Kurkuma
mildes Chilipulver
200 g Instant-Couscous
2–3 EL braune Butter
(siehe S. 139) · je 1 EL Petersilie
und Minze (frisch geschnitten)

1 Für den Rehpfeffer die Zwiebeln schälen, die Karotte und den Sellerie putzen und schälen. Alles in 1 cm große Würfel schneiden. In einer Pfanne 1 EL Öl erhitzen und die Gemüsewürfel darin 2 bis 3 Minuten andünsten.

2 Das Rehfleisch von groben Sehnen befreien und in 3 bis 4 cm große Würfel schneiden. Das restliche Öl in einem weiten Topf erhitzen, die Fleischwürfel darin in 2 Portionen bei mittlerer Hitze rundum anbraten und wieder herausnehmen. 1 bis 2 TL Puderzucker in den Topf stäuben und hell karamellisieren. Das Tomatenmark unterrühren und kurz anrösten. Mit Cognac und einem Drittel des Weins ablöschen und die Flüssigkeit sirupartig einköcheln lassen. Den restlichen Wein in 2 Portionen hinzufügen und jeweils einköcheln lassen. Das Gemüse dazugeben, die Brühe dazugießen und das Rehfleisch bei milder Hitze knapp unter dem Siedepunkt 1½ bis 2 Stunden schmoren.

3 Nach 1 Stunde die Wacholderbeeren leicht andrücken und mit dem Lorbeerblatt sowie den Pfeffer-, Koriander- und Pimentkörnern zum Ragout geben.

4 Am Ende der Garzeit die Fleischwürfel aus dem Topf nehmen. Die Sauce durch ein Sieb streichen und wieder in den Topf geben, dabei das Gemüse etwas ausdrücken. Den Knoblauch, den Ingwer und die Orangenschale in die Sauce geben, einige Minuten ziehen lassen und wieder entfernen.

5 Den restlichen Puderzucker in einer Pfanne bei mittlerer Hitze hell karamellisieren. Mit dem Essig ablöschen und auf die Hälfte einköcheln lassen. Die Sauce mit Schokolade, Gelee, Salz, Pfeffer und dem eingekochten Essig würzen und zuletzt die kalte Butter unterrühren. Das Rehfleisch wieder dazugeben und in der Sauce erwärmen.

6 Für den Couscous Zimt, Kardamom, Koriander und Kreuzkümmel in eine Gewürzmühle füllen. Die Datteln, falls nötig, entsteinen und in kleine Stücke schneiden. Die Brühe in einen Topf geben. Den Knoblauch schälen und auf der Zestenreibe fein dazureiben. Den Ingwer hinzufügen und mit Kurkuma, 1 Prise Chilipulver und der Mischung aus der Mühle würzen. Die Gewürzbrühe aufkochen, den Couscous mit den Datteln unterrühren. Den Deckel auflegen, den Topf vom Herd nehmen und den Couscous 5 bis 7 Minuten quellen lassen. Den Couscous mit einer Gabel auflockern und die braune Butter unterrühren. Die Petersilie und die Minze untermischen. Den Rehpfeffer mit dem Dattel-Couscous auf vorgewärmte tiefe Teller verteilen.

GEFLÜGEL & WILD

Rehrücken im Riesenchampignon
auf Wirsing mit weißer Pfeffersauce

FÜR 4 PERSONEN

Für den Rehrücken:

4 große Riesenchampignons
1–2 TL Zitronensaft
200 g Kalbsbrät (vom Metzger)
3–4 EL Sahne
Salz · Pfeffer aus der Mühle
mildes Chilipulver
frisch geriebene Muskatnuss
1 Msp. abgeriebene
unbehandelte Zitronenschale
je 2 EL Petersilie und Kerbel
(frisch geschnitten)
200–250 g Rehrückenfilet
(küchenfertig)

Für das Gemüse:

1 kleiner Wirsing · Salz
50 g getrocknete Aprikosen
50 ml Hühnerbrühe · 80 g Sahne
1 EL Meerrettich (aus dem Glas)
mildes Chilisalz · frisch geriebene
Muskatnuss · Zimtpulver

Für die Sauce:

1–2 EL schwarze Pfefferkörner
40 g Champignons · 1 Zwiebel
1 Knoblauchzehe · 1 EL Öl
5 Wacholderbeeren
2 cl Cognac · 80 ml Apfelsaft
¼ l Hühnerbrühe · 80 g Sahne
¼ ausgekratzte Vanilleschote
1 Scheibe Ingwer · 1–2 TL Speise-
stärke · 1 Msp. abgeriebene
unbehandelte Orangenschale
30 g kalte Butter

1 Für den Rehrücken den Backofen auf 120 °C vorheizen. Die Pilze putzen, trocken abreiben und den Stiel herausdrehen. Die Lamellen entfernen und die Pilzköpfe auf der Innenseite mit Zitronensaft beträufeln.

2 Das Kalbsbrät mit der Sahne glatt rühren und mit Salz, Pfeffer, 1 Prise Chilipulver, Muskatnuss und Zitronenschale würzen. Etwas Kalbsbrät in die Champignons streichen und mit den Kräutern bestreuen. Die Rehrückenfilets in 4 Stücke schneiden und mit Salz und Pfeffer würzen. Je 1 Filetstück in einen Champignon setzen, das restliche Brät darauf verteilen und mit einem Messer glatt streichen (das Messer dabei immer wieder in warmes Wasser tauchen). Die gefüllten Champignons auf ein Backblech setzen und im Ofen auf der mittleren Schiene etwa 35 Minuten garen.

3 Für das Gemüse den Wirsing putzen, waschen und die Blattrippen herausschneiden. Die Wirsingblätter in kochendem Salzwasser blanchieren, in ein Sieb abgießen, kalt abschrecken und gut abtropfen lassen. Den Wirsing in Rauten schneiden. Die getrockneten Aprikosen klein schneiden.

4 Den Wirsing mit den Aprikosen und der Brühe in einem Topf erhitzen. Die Sahne und den Meerrettich unterrühren und das Wirsinggemüse mit Chilisalz, Muskatnuss und Zimt würzen.

5 Für die Sauce die Pfefferkörner in einem kleinen Topf in kochendem Wasser 2 Minuten blanchieren, in ein Sieb abgießen und abtropfen lassen. Die Champignons putzen und trocken abreiben. Die Zwiebel schälen und wie die Pilze in feine Würfel schneiden. Den Knoblauch schälen und in Scheiben schneiden. Das Öl in einer Pfanne erhitzen und Champignons, Zwiebel, Pfeffer und Wacholderbeeren darin andünsten. Mit Cognac ablöschen, Apfelsaft, Brühe und Sahne dazugeben und auf zwei Drittel einköcheln lassen. Vanille, Knoblauch und Ingwer hinzufügen. Die Speisestärke mit etwas kaltem Wasser glatt rühren. Unter die kochende Sauce rühren, bis sie leicht sämig gebunden ist, und die Sauce 1 bis 2 Minuten köcheln lassen. Durch ein Sieb gießen, mit Orangenschale würzen und die kalte Butter unterrühren.

6 Den Wirsing auf vorgewärmten Tellern anrichten, den Rehrücken im Riesenchampignon halbieren und auf dem Wirsing anrichten. Die weiße Pfeffersauce mit dem Stabmixer aufschäumen und darüberträufeln. Nach Belieben 1 Birne in Spalten schneiden und in Butter andünsten. 1 EL Puderzucker darüberstäuben und karamellisieren, die Birnen mit Zimt und Orangenlikör aromatisieren und zu dem Rehrücken servieren.

Desserts

DESSERTS

Crème brulée
mit Lavendel und Fenchel

FÜR 4 PERSONEN

1 TL Puderzucker
15 Fenchelsamen
270 g Sahne
270 ml Milch
1 Vanilleschote
2 gestr. TL getrocknete
Lavendelblüten
1/2 Streifen unbehandelte
Orangenschale (3 cm)
60 g Zucker
6 Eigelb
2 EL brauner Zucker

1 Den Puderzucker in einer Pfanne bei milder Hitze karamellisieren und die Fenchelsamen unterrühren. Den Karamell mit einem hitzebeständigen Teigschaber herausnehmen und auf Backpapier abkühlen lassen. Den Fenchelkaramell im Mörser fein zerstoßen.

2 Die Sahne mit der Milch in einen Topf geben. Die Vanilleschote der Länge nach halbieren und das Mark mit einem spitzen Messer herauskratzen. Die Vanilleschote und das -mark, den Fenchelkaramell, die Lavendelblüten, die Orangenschale und die Hälfte des Zuckers hinzufügen und die Mischung zum Kochen bringen. Vom Herd nehmen und zugedeckt etwa 10 Minuten ziehen lassen.

3 Den Backofen auf 150 °C vorheizen. Die Eigelbe mit dem restlichen Zucker in einer Schüssel verrühren, aber nicht schaumig schlagen. Die noch heiße Milch-Sahne-Mischung langsam unter die Eigelbmasse rühren. Die Eiermilch durch ein feines Sieb gießen und auf Portionsförmchen (à 150 ml Inhalt; am besten aus Keramik) verteilen.

4 Die Förmchen in ein tiefes Backblech stellen und so viel heißes Wasser angießen, dass die Förmchen zu einem Drittel im Wasser stehen. Die Creme im Ofen auf der mittleren Schiene 40 bis 50 Minuten stocken lassen. Nach spätestens 30 Minuten zum ersten Mal die Konsistenz der Creme prüfen und die Creme eventuell früher aus dem Ofen nehmen. Die Förmchen aus dem Wasserbad nehmen und die Creme vollständig abkühlen lassen.

5 Kurz vor dem Servieren den Backofengrill einschalten. Die Creme gleichmäßig mit braunem Zucker bestreuen und sofort unter dem Grill auf der obersten Schiene goldbraun karamellisieren. Die Lavendel-Crème-brulée nach Belieben mit in Zucker gewendeten Lavendelblüten garniert servieren.

MEIN TIPP

Achten Sie darauf, dass beim Einfüllen der Eiermilch in die Förmchen keine Luftblasen entstehen, nur dann hat die Creme später eine glatte Oberfläche. Wenn Sie flache Crème-brulée-Förmchen verwenden, kann die Creme bereits nach 20 Minuten gestockt sein. In diesem Fall sollten Sie bereits nach 15 Minuten zum ersten Mal die Konsistenz prüfen.

DESSERTS

Sauerrahm-Chili-Creme
mit Holunderblütengelee

FÜR 4 PERSONEN

Für das Gelee:

120 g Holunderblüten
(frisch gezupft, ohne Stiel)
300 ml Weißwein
300 ml Sekt
150 g Zucker
1 Gewürznelke
Saft von 2 Zitronen
5 Blatt Gelatine
2 EL Orangensaft
einige Spritzer Zitronensaft
250 g kleine Erdbeeren

Für die Creme:

3 Blatt Gelatine
180 g saure Sahne
380 g süße Sahne
2–3 EL Puderzucker
1 TL Orangenlikör
1 Msp. Vanillemark
milde Chiliflocken
1/2 TL abgeriebene unbehandelte
Orangenschale
1 Stück Zimtrinde

1 Am Vortag für das Gelee die Holunderblüten verlesen und in ein hohes Gefäß (z. B. eine Kanne oder ein großes Einmachglas) füllen. Den Wein mit 150 ml Wasser, 150 ml Sekt, dem Zucker, der Nelke und dem Zitronensaft in einem Topf aufkochen und köcheln lassen, bis sich der Zucker aufgelöst hat. Den Sud etwas abkühlen lassen und noch warm über die Blüten gießen. Die Mischung direkt mit Küchenpapier bedecken, kühl stellen und mindestens 24 Stunden ziehen lassen.

2 Am nächsten Tag für die Creme die Gelatine in kaltem Wasser einweichen. Die saure und 180 g süße Sahne in eine Schüssel geben. Den Puderzucker darübersieben und alles gut verrühren. Den Likör in einem kleinen Topf erhitzen. Die Gelatine ausdrücken und unter Rühren darin auflösen. Das Vanillemark, 1 Prise Chiliflocken sowie die Orangenschale hinzufügen. Etwas Zimt auf der Zestenreibe über die Sauerrahmcreme reiben und unterrühren. Die restliche Sahne halbsteif schlagen und unterheben.

3 Große Dessertgläser zur Hälfte mit der Sauerrahmcreme füllen und zugedeckt mindestens 2 Stunden kühl stellen.

4 Den Holunderblütensud durch ein feines Sieb gießen. Die Gelatine in kaltem Wasser einweichen. Den Orangensaft in einem kleinen Topf erhitzen. Die Gelatine ausdrücken und unter Rühren darin auflösen. Mit dem restlichen Sekt unter den Holunderblütensud rühren und mit Zitronensaft abschmecken. Den Holunderblütensud kühl stellen, bis er zu gelieren beginnt.

5 Die Erdbeeren waschen, putzen, vierteln und unter das Holunderblütengelee mischen. Die Creme aus dem Kühlschrank nehmen und das Gelee darauf verteilen. Nach Belieben mit Minzeblättern und 1 EL gehackten Pistazien garniert servieren.

MEIN TIPP

Die Erdbeeren sind kein Muss. Sie können genauso gut Himbeeren oder Heidelbeeren für das Gelee verwenden. Wenn man den Holunderblütensud ohne Gelatine zubereitet, kann man den Sirup auch mit Mineralwasser verdünnen oder mit gut gekühltem Prosecco aufgegossen als Aperitif servieren.

DESSERTS

Persische Rosen-Safran-Creme
mit marinierten Feigen

FÜR 4 PERSONEN

Für die Rosenblätter:
2 unbehandelte hellrosafarbene
Rosen
2 Eiweiß · 6 EL Zucker

Für die Creme:
60 g Zucker
1 Stück Zimtrinde
400 ml Milch · Salz
Mark von 1/2 Vanilleschote
100 g Milchreis
je 1 Streifen unbehandelte
Zitronen- und Orangenschale
1 EL Orangenlikör
1 Döschen Safranfäden (0,1 g)
3 1/2 Blatt Gelatine
1/2–1 TL Rosenwasser
(aus der Apotheke)
2 Eiweiß
100 g Sahne

Für die Feigen:
4 große reife Feigen
2 TL Puderzucker
einige Spritzer Zitronensaft
1 Stück Zimtrinde
abgeriebene unbehandelte
Orangenschale

Für das Himbeermark:
150 g Himbeeren
1 EL Zucker
einige Spritzer Zitronensaft

1 Für die Rosenblätter den Backofen auf 50 °C vorheizen. Ein Backblech mit Backpapier auslegen. Von den Rosen die einzelnen Blütenblätter abzupfen. Die Eiweiße mit 2 TL Wasser verquirlen und die Blätter mit einem Pinsel auf beiden Seiten dünn damit bestreichen. Die Rosenblätter rundum dick mit Zucker bestreuen und auf das Blech legen. Die Blütenblätter im Ofen auf der mittleren Schiene 3 bis 4 Stunden trocknen lassen. Aus dem Ofen nehmen und die Hälfte der Blätter grob zerstoßen.

2 Für die Creme den Backofen auf 170 °C vorheizen. Ein Drittel des Zuckers mit etwas geriebenem Zimt mischen. Die Milch mit dem Zimtzucker, 1 Prise Salz und dem Vanillemark in einem ofenfesten Topf aufkochen lassen. Den Milchreis unterrühren und die Zitronen- und die Orangenschale dazugeben. Den Reis zugedeckt im Ofen etwa 30 Minuten quellen lassen, dabei gelegentlich umrühren.

3 Den Likör in einem kleinen Topf erwärmen. Vom Herd nehmen und die Safranfäden 10 Minuten darin ziehen lassen. Die Gelatine in kaltem Wasser einweichen. Den Milchreis aus dem Ofen nehmen. Die Gelatine ausdrücken und unter Rühren im heißen Reis auflösen. Den Safran mit den zerstoßenen Rosenblättern und dem Rosenwasser unterrühren und den Reis abkühlen lassen.

4 Die Eiweiße zu einem cremigen Schnee schlagen, dabei nach und nach den restlichen Zucker einrieseln lassen. Den Eischnee unter den lauwarmen Milchreis ziehen und auskühlen lassen. Die Sahne steif schlagen und unter die kalte Creme heben. Die Safrancreme in Portionsförmchen (à 150 ml Inhalt) füllen und 2 bis 3 Stunden kühl stellen.

5 Für die Feigen die Feigen schälen, in Scheiben oder Spalten schneiden und nebeneinander auf einen großen Teller legen. Mit dem Puderzucker bestäuben, mit Zitronensaft beträufeln und etwas Zimt und Orangenschale auf der Zestenreibe fein darüberreiben.

6 Für das Himbeermark die Himbeeren verlesen, waschen und trocken tupfen. Mit dem Zucker und dem Zitronensaft in einen hohen Rührbecher geben und mit dem Stabmixer pürieren. Das Himbeerpüree durch ein feines Sieb streichen und die Kerne entfernen.

7 Zum Anrichten die Förmchen bis knapp unter den Rand kurz in heißes Wasser tauchen und die Rosen-Safran-Creme auf Dessertteller stürzen. Die Feigen und das Himbeermark daneben anrichten und die restlichen kandierten Rosenblütenblätter darüberstreuen.

DESSERTS

Orangenblätter
mit Sesam-Mousse

FÜR 4 PERSONEN

Für die Mousse:
70 g helle Sesamsamen
1 Vanilleschote
350 g Sahne
Salz
2 Blatt Gelatine
3 Eigelb
50 g Puderzucker
1 EL Orangenlikör

Für die Orangenblätter:
250 g Puderzucker
75 g Mehl
90 g geschälte gemahlene
Mandeln
40 g helle Sesamsamen
50 ml Orangensaft
1 TL abgeriebene unbehandelte
Orangenschale
2 EL Zitronensaft
120 g zerlassene Butter

Für die Früchte:
2 reife Nektarinen
80 g Brombeeren
1 EL Puderzucker
1 TL Orangenlikör
einige Spritzer Zitronensaft
1 Msp. abgeriebene
unbehandelte Orangenschale

1 Für die Mousse den Sesam in einer Pfanne ohne Fett goldbraun rösten. Die Vanilleschote der Länge nach halbieren und das Mark mit einem spitzen Messer herauskratzen. Die Sahne mit dem Vanillemark und 1 Prise Salz in einem Topf leicht erwärmen. Den Sesam unterrühren und die Sahne im Kühlschrank 2 Stunden ziehen lassen.

2 Die Sesamsahne mit dem Stabmixer pürieren und durch ein feines Sieb streichen. Die Sesamsahne mit den Quirlen des Handrührgeräts halb steif schlagen und kühl stellen.

3 Die Gelatine in kaltem Wasser einweichen. Die Eigelbe mit dem Puderzucker in einer Schüssel mit den Quirlen des Handrührgeräts hellschaumig schlagen. Den Likör in einem kleinen Topf erwärmen. Die Gelatine ausdrücken, unter Rühren im Likör auflösen und unter die Eigelbmasse mischen. Ein Drittel der Sesamsahne mit dem Schneebesen unter die Eigelbmasse ziehen, den Rest mit dem Teigschaber vorsichtig unterheben.

4 Die Creme in Portionsförmchen (à 150 ml Inhalt; am besten aus Keramik) füllen und im Kühlschrank etwa 2 Stunden fest werden lassen.

5 Für die Orangenblätter den Backofen auf 190 °C vorheizen. Ein Backblech mit Backpapier auslegen. Alle Zutaten in einer Schüssel zu einem flüssigen Teig verrühren. Mit einem Teelöffel kleine Portionen abnehmen und mit ausreichend Abstand zueinander auf das Blech setzen. Im Ofen auf der mittleren Schiene etwa 10 Minuten goldbraun backen. Die Blätter aus dem Ofen nehmen, auskühlen lassen und mithilfe einer Palette vom Blech heben.

6 Für die Früchte die Nektarinen waschen, halbieren, entsteinen und in Spalten schneiden. Die Brombeeren verlesen, waschen und trocken tupfen. Die Früchte in eine Schüssel geben, mit Puderzucker bestäuben und mit dem Likör und dem Zitronensaft beträufeln. Die Orangenschale hinzufügen und alles vorsichtig mischen.

7 Zum Anrichten die Förmchen bis knapp unter den Rand kurz in heißes Wasser tauchen und die Mousse auf Dessertteller stürzen. Die Orangenblätter und die marinierten Früchte daneben anrichten.

332

DESSERTS

Maracuja-Parfait
mit Rosenblüten-Karamell-Blättern

Für 8–10 Personen

Für das Parfait:
2 Blatt Gelatine
1/2 Vanilleschote
250 g Maracujamark
2 Scheiben Ingwer
1 geh. TL Speisestärke
2 cl Maracujalikör
(ersatzweise Orangenlikör)
500 g Sahne
3 Eier
100 g Zucker

Für die Karamellblätter:
120 g harte Karamellbonbons
1–2 EL getrocknete Rosenblüten
(aus dem Gewürzladen)

Für das Sabayon:
1/4 Blatt Gelatine
200 g Himbeeren
70 ml Prosecco
30 g Zucker
2 Eigelb
1 EL Zitronensaft

Außerdem:
Öl für die Form

1 Am Vortag für das Parfait die Gelatine in kaltem Wasser einweichen. Die Vanilleschote der Länge nach halbieren und das Mark mit einem spitzen Messer herauskratzen. Das Maracujamark mit Vanilleschote und -mark sowie Ingwer in einem Topf zum Kochen bringen. Die Speisestärke mit etwas kaltem Wasser glatt rühren. Unter das leicht kochende Fruchtmark rühren, bis es sämig gebunden ist. Das Mark 1 bis 2 Minuten köcheln lassen und vom Herd nehmen. Die Gelatine ausdrücken und unter Rühren darin auflösen. Das Fruchtmark im eiskalten Wasserbad kalt rühren und den Likör hinzufügen. Die Vanilleschote und den Ingwer wieder entfernen.

2 Die Sahne steif schlagen und kühl stellen. Die Eier mit dem Zucker in eine Metallschüssel geben und mit dem Schneebesen im heißen Wasserbad zu einem feinporigen dicken Schaum schlagen. Die Creme im eiskalten Wasserbad kalt rühren. Das Maracujamark untermischen und mit dem Teigschaber rühren, bis die Masse leicht zu gelieren beginnt. Dann die Sahne unterheben.

3 Eine Kastenkuchenform (30 cm Länge) mit Öl einfetten und mit Frischhaltefolie oder Backpapier auslegen. Die Parfaitmasse darin verteilen, glatt streichen und direkt mit Backpapier bedecken. Im Tiefkühlfach 24 Stunden gefrieren lassen.

4 Am nächsten Tag für die Karamellblätter den Backofen auf 200°C vorheizen. Ein Backblech mit Backpapier auslegen. Die Bonbons im Blitzhacker fein zerkleinern, auf das Backblech sieben und die Rosenblüten daraufstreuen. Im Ofen auf der mittleren Schiene 2 bis 3 Minuten erhitzen, bis der Karamell zu einer dünnen Platte geschmolzen ist. Den Karamell auskühlen lassen und in Stücke brechen.

5 Für das Sabayon die Gelatine in kaltem Wasser einweichen. Die Himbeeren in einen hohen Rührbecher geben und mit dem Stabmixer pürieren. Das Beerenpüree durch ein Sieb streichen und die Kerne entfernen. Den Prosecco, den Zucker und die Eigelbe in einer Metallschüssel im heißen Wasserbad mit dem Schneebesen zu einem feinporigen festen Schaum schlagen. Die ausgedrückte Gelatine in der warmen Eigelbmasse unter Rühren auflösen. Das Sabayon im eiskalten Wasserbad kalt rühren. Das Himbeermark untermischen und das Sabayon mit dem Zitronensaft abschmecken.

6 Die Kuchenform kurz unter fließendes lauwarmes Wasser halten und das Parfait mithilfe der Folie oder dem Papier aus der Form stürzen. Das Maracuja-Parfait in Scheiben schneiden und je 2 Scheiben mit dem Sabayon und den Karamellblättern auf Desserttellern anrichten.

333

DESSERTS

Gegrillte Wassermelone
mit Sauerrahm-Orangen-Eis

FÜR 4 PERSONEN

500 g saure Sahne
100 g Puderzucker
2–3 EL Zitronensaft
1 unbehandelte Orange
1 EL Glukosesirup
(aus der Konditorei)
Mark von 1/2 Vanilleschote
500 g Wassermelone
Pfeffer aus der Mühle
2 EL mildes Olivenöl

1 Die saure Sahne mit dem Puderzucker und dem Zitronensaft in einer Schüssel verrühren.

2 Die Orange heiß waschen, trocken reiben und die Schale fein abreiben. Die Orange halbieren und auspressen. Den Glukosesirup mit dem Vanillemark sowie der Orangenschale und dem -saft in einem Topf unter Rühren erwärmen. Die saure Sahne mit dem Schneebesen unterrühren. Die Sauerrahmmischung in der Eismaschine zu einem cremigen Eis gefrieren lassen.

3 Das Sauerrahm-Orangen-Eis in eine gefrierfeste eisgekühlte Schüssel füllen, direkt mit Backpapier bedecken und bis zum Servieren in das Tiefkühlfach stellen.

4 Die Wassermelone schälen und das Fruchtfleisch in 1 cm dicke Scheiben schneiden. Einen Sandwichmaker (ersatzweise eine Grillpfanne) vorheizen und die Melonenstücke darin ohne Fett kurz grillen.

5 Die gegrillten Melonenscheiben auf Desserttellern anrichten, etwas Pfeffer grob darübermahlen und wenig Olivenöl darüberträufeln. Von dem Sauerrahm-Orangen-Eis mit einem Esslöffel Nocken abstechen und danebensetzen, den Löffel dabei immer wieder in heißes Wasser tauchen. Nach Belieben mit Orangenzesten und Minzeblättern garniert servieren.

MEIN TIPP

Die gegrillte Wassermelone kann man auch sehr gut mit Sichuanpfeffer würzen – mit seiner erfrischenden Zitrusnote ist er ideal, um Fruchtdesserts raffiniert abzurunden.

DESSERTS

Litschi-Eis
mit Rosa Pfefferbeeren

FÜR 4 PERSONEN

1 Blatt Gelatine
130 g Zucker
1 EL Glukosesirup
(aus der Konditorei)
800 g Litschisaft
3 EL Zitronensaft
2 EL Pistazien
1 EL Rosa Pfefferbeeren

1 Die Gelatine in kaltem Wasser einweichen. Den Zucker mit 50 ml Wasser in einem Topf aufkochen, bis sich der Zucker aufgelöst hat und die Flüssigkeit klar ist. Den Topf vom Herd nehmen und den Glukosesirup unterrühren.

2 Die Gelatine ausdrücken und in der Zuckerlösung auflösen. Den Litschi- und den Zitronensaft unterrühren und die Mischung in der Eismaschine zu einem cremigen Sorbet gefrieren lassen.

3 Die Pistazien hacken und mit den Pfefferbeeren unter das Sorbet rühren. Das Litschi-Eis in eine gefrierfeste eisgekühlte Schüssel füllen und direkt mit Backpapier bedecken. Bis zum Servieren im Tiefkühlfach aufbewahren.

Rotwein-Granité
mit Nelken und Cassislikör

FÜR 4 PERSONEN

3/4 l kräftiger Rotwein
200 g Zucker
1 Vanilleschote
2 Zimtrinden
4 Scheiben Ingwer
6 Gewürznelken
je 6 Streifen unbehandelte
Zitronen- und Orangenschale
2 cl Cassislikör

1 Am Vortag den Wein mit dem Zucker in einem Topf aufkochen lassen. Die Vanilleschote der Länge nach halbieren und das Mark mit einem spitzen Messer herauskratzen. Vanilleschote und -mark mit Zimt, Ingwer, Nelken, Zitronen- und Orangenschalen in den Weinsud geben. Den Topf vom Herd nehmen und den Sud auskühlen lassen. Den Likör unterrühren.

2 Den Sud durch ein Sieb gießen und in eine flache gefrierfeste Form füllen. Den Rotweinsud im Tiefkühlfach 24 Stunden gefrieren lassen.

3 Am nächsten Tag kurz vor dem Servieren das Granité mit einem Löffel fein abschaben, in eisgekühlte Gläser füllen und sofort servieren.

DESSERTS

Ingwer-Eistee
mit Orange und Minze

FÜR 4 PERSONEN
1 geh. EL Zucker
2 grüne Kardamomkapseln
1/4 Vanilleschote
25 g getrockneter geschroteter
Ingwer
6 Streifen unbehandelte
Orangenschale
1/8 l Orangensaft · 3 Streifen
unbehandelte Zitronenschale
1 EL Zitronensaft
1−2 Splitter Zimtrinde
1 Gewürznelke
8 Scheiben Ingwer
4 Stiele Minze

1 In einem Topf 1 1/2 l Wasser mit dem Zucker aufkochen lassen, bis sich der Zucker aufgelöst hat. Den Topf vom Herd nehmen. Die Kardamomkapseln andrücken. Die Vanilleschote der Länge nach halbieren und das Mark mit einem spitzen Messer herauskratzen. Vanilleschote und -mark, Kardamom, getrockneten Ingwer, Orangenschale und -saft, Zitronenschale und -saft, Zimt und Nelke hinzufügen. Die Mischung 20 Minuten ziehen lassen.

2 Den Ingwertee durch ein feines Sieb gießen. Bis zum Anrichten 1 bis 2 Stunden in den Kühlschrank stellen.

3 Zum Servieren pro Person 6 Eiswürfel, 2 Ingwerscheiben und 1 Minzestiel in ein Glas geben und mit dem Ingwer-Eistee aufgießen.

Hibiskus-Eistee
mit Nelken und Zimt

FÜR 4 PERSONEN
1 geh. EL brauner Zucker
1 EL Honig
1 Zimtrinde · 2 Gewürznelken
1 TL grüne Kardamomkapseln
6 Scheiben Ingwer
1/2 ausgekratzte Vanilleschote
2 EL getrocknete Hibiskusblüten
(aus dem Teeladen)
je 1 Streifen unbehandelte
Zitronen- und Orangenschale
1 Orange · 1/2 Zitrone

1 In einem Topf 1 1/2 l Wasser mit dem braunen Zucker aufkochen lassen und den Topf vom Herd nehmen. Honig, Zimt, Nelken, Kardamom, Ingwer, Vanilleschote, Hibiskusblüten sowie die Zitronen- und Orangenschale hinzufügen und die Mischung abkühlen lassen.

2 Die Orange und die Zitronenhälfte auspressen und die Säfte unter den kalten Hibiskustee rühren. Den Tee durch ein feines Sieb gießen und bis zum Servieren 1 bis 2 Stunden kühl stellen.

3 Den Hibiskus-Eistee mit Eiswürfeln in hohe Gläser füllen und nach Belieben mit je 1 Streifen unbehandelter Zitronen- und Orangenschale sowie Zitronenmelisse- oder Minzeblättern garniert servieren.

337

DESSERTS

Schokoladen-Fondue
mit Kaffee-Eis und Zimtwaffeln

FÜR 4 PERSONEN

Für das Eis:

80 g Kaffeebohnen
500 g Sahne · ⅛ l Milch
70 g Zucker · ¼ Zimtrinde
5 Eigelb · 1 Ei · Salz
1 EL Kaffeelikör

Für die Waffeln:

60 g Mehl · 60 g Puderzucker
60 g zerlassene Butter
2 Eiweiß
1 TL getrocknete Rosenblüten
(aus dem Gewürzladen)
Salz · Zimtpulver

Für das Fondue:

400 g gemischte Früchte der
Saison (z. B. Bananen, Ananas,
Papaya, Trauben, Mango,
Erdbeeren)
150 g Haselnusskrokant,
gehackte Pistazien und
gehackte, geröstete Mandeln
700 g Zartbitterkuvertüre
(60–70 % Kakaogehalt)
70 g Kakaobutter
(ersatzweise Kokosfett)
abgeriebene Schale von
½ unbehandelten Orange
½ TL arabisches Kaffeegewürz
(aus dem Gewürzladen)
Chiliflocken

Außerdem:
Öl für das Waffeleisen

1 Für das Eis die Kaffeebohnen in einer Pfanne kurz erhitzen. Die Sahne mit der Milch, 30 g Zucker und dem Zimt in einem Topf aufkochen lassen. Den Topf vom Herd nehmen, die Kaffeebohnen dazugeben und die Kaffeesahne mindestens 6 Stunden ziehen lassen.

2 Die Kaffeesahne durch ein Sieb in einen Topf gießen und die Kaffeebohnen entfernen. Die Sahne einmal aufkochen lassen. Die Eigelbe und das Ei mit dem restlichen Zucker und 1 Prise Salz in einer Metallschüssel hellweiß schlagen. Die Schüssel in das heiße Wasserbad stellen, die heiße Kaffeesahne dazugießen und die Masse so lange rühren, bis sie dick wird und etwa 75 °C warm ist.

3 Die Kaffeecreme durch ein Sieb in eine Schüssel gießen und im eiskalten Wasserbad kalt rühren. Den Likör unterrühren und die Creme in der Eismaschine zu einem cremigen Eis gefrieren lassen. Das Kaffee-Eis in eine gefrierfeste eisgekühlte Schüssel füllen und direkt mit Backpapier bedecken. Bis zum Servieren in das Tiefkühlfach stellen.

4 Für die Waffeln das Waffeleisen vorheizen. Das Mehl mit dem Puderzucker, der zerlassenen Butter und den Eiweißen verrühren. Die Rosenblüten mit je 1 Prise Salz und Zimt hinzufügen.

5 Das Waffeleisen mit etwas Öl einfetten. Ein Viertel des Teigs daraufgeben, das Waffeleisen schließen und den Teig zu einer goldbraunen Waffel backen. Die Waffel herausnehmen, in eine Kaffeetasse oder ein Schälchen drücken und zu einem Körbchen formen. Aus dem restlichen Teig drei weitere Waffeln backen und ebenso formen.

6 Für das Fondue die Früchte putzen und waschen bzw. schälen und gegebenenfalls entkernen bzw. entsteinen. In mundgerechte Stücke schneiden und nach Belieben auf Holzspieße oder Fonduegabeln stecken. Die Nüsse auf Schälchen verteilen. Die Kuvertüre und die Kakaobutter fein hacken und in einer Metallschüssel im heißen Wasserbad unter Rühren schmelzen. Die Orangenschale, das Kaffeegewürz und 1 Prise Chiliflocken unter die Schokoladenmasse rühren.

7 Das Schokoladen-Fondue in einer vorgewärmten Schüssel anrichten. Von dem Kaffee-Eis Nocken oder Kugeln abstechen, in die Waffelkörbchen füllen und mit den Früchten und den Nüssen zum Dippen zu dem Schokoladen-Fondue servieren.

DESSERTS

Schokoladencreme
mit Chili und Zimt

FÜR 8 PERSONEN

120 g Zartbitterkuvertüre
350 g Sahne
1/4 l Milch
70 g Zucker
1/2 TL mildes Chilipulver
Zimtpulver
Salz · 4 Eier

1 Für die Creme die Kuvertüre fein hacken. In einem Topf 250 g Sahne mit der Milch, dem Zucker, dem Chilipulver und je 1 Prise Zimt und Salz zum Kochen bringen.

2 Die Eier mit der Kuvertüre in einen hohen Rührbecher geben. Die heiße Gewürzmilch daraufgießen und alles mit dem Stabmixer kurz verrühren, bis die Kuvertüre geschmolzen ist.

3 Den Backofen auf 130 °C vorheizen. Auf die unterste Schiene ein tiefes Backblech schieben und etwa 2 cm hoch mit heißem Wasser füllen.

4 Die Schokoladenmasse durch ein feines Sieb streichen und auf Kaffeetassen oder ofenfeste kleine Gläser verteilen, sodass diese zu etwa drei Vierteln gefüllt sind. Die Tassen in das vorbereitete Backblech stellen und im Ofen im heißen Wasserbad etwa 70 Minuten stocken lassen. Die Creme herausnehmen und lauwarm abkühlen lassen.

5 Die restliche Sahne halb steif schlagen und auf der Schokoladencreme verteilen. Die Creme mit etwas Zimt bestäuben und nach Belieben mit Chilischoten garniert servieren.

MEIN TIPP

Besonders fein schmeckt auch ein Häubchen aus weißer Kaffeesahne: Dafür 2 EL Kaffeebohnen in 200 g Sahne geben und im Kühlschrank mehrere Stunden ziehen lassen. Die aromatisierte Sahne durch ein Sieb gießen, halb steif schlagen und auf der Schokocreme verteilen.

DESSERTS

Mohr im Hemd
mit Gewürzsahne

FÜR 4 PERSONEN
Für die Soufflés:
2 EL Mandelblättchen
35 g Zartbitterschokolade
3 Eier
35 g weiche Butter
1 TL Rum
Salz · 40 g Zucker

Für die Sahne:
200 g Sahne
1 TL Vanillezucker
je 1/2 TL gemahlener Kardamom
und Zimtpulver
je 1 Msp. gemahlener Anis
und Piment
1/2 TL abgeriebene unbehandelte
Orangenschale

Außerdem:
Butter und Zucker
für die Förmchen

1 Für die Soufflés vier Souffléförmchen (à 150 ml Inhalt) mit Butter einfetten und mit Zucker ausstreuen. Den Backofen auf 220 °C vorheizen. Auf die unterste Schiene ein tiefes Backblech schieben und etwa 2 cm hoch mit heißem Wasser füllen.

2 Die Mandelblättchen in einer Pfanne ohne Fett anrösten. Die Schokolade hacken und in einer Metallschüssel im heißen Wasserbad schmelzen lassen.

3 Die Eier trennen. Die Butter in einer Schüssel mit den Quirlen des Handrührgeräts schaumig schlagen. Nach und nach die Eigelbe unterrühren. Die flüssige Schokolade und den Rum ebenfalls hinzufügen und unterrühren.

4 Die Eiweiße mit 1 Prise Salz zu einem cremigen Schnee schlagen, dabei nach und nach den Zucker einrieseln lassen. Den Eischnee vorsichtig unter die Schokoladenmasse ziehen und die Mandelblättchen unterheben.

5 Die Souffléförmchen etwa drei Viertel hoch mit der Schokoladenmasse füllen und in das vorbereitete Blech stellen. Die Schokoladensoufflés im Ofen im heißen Wasserbad 15 bis 20 Minuten garen.

6 Für die Sahne die Sahne mit den Gewürzen und der Orangenschale in einer Schüssel verrühren und mit den Quirlen des Handrührgeräts halb steif schlagen.

7 Die Schokoladensoufflés aus dem Ofen nehmen und sofort auf Dessertteller stürzen. Die Soufflés zur Hälfte mit der Gewürzsahne überziehen und sofort servieren.

MEIN TIPP

Die Schokoladensoufflés sollten Sie erst kurz vor dem Servieren backen – frisch aus dem Ofen sind sie wunderbar luftig und schmecken am besten. Um die heißen Förmchen zu stürzen, fasst man sie mit einem gefalteten Küchentuch oder einer Stoffserviette an.

DESSERTS

Gewürzäpfel mit Walnüssen
auf Buttermilchpfannkuchen

FÜR 4 PERSONEN

Für die Pfannkuchen:

65 g Mehl
Salz · 1 EL Vanillezucker
je 1 TL abgeriebene
unbehandelte Zitronen- und
Orangenschale
1 Stück Zimtrinde
100 g Buttermilch
60 ml Milch
2 Eier
2 EL zerlassene braune Butter
(siehe S. 139)
4 TL braune Butter zum
Backen

Für die Äpfel:

4 säuerliche Äpfel
(z. B. Elstar)
2 EL Zucker
1 EL Zitronensaft
2 EL Orangensaft
3 EL Butter
1/2 Vanilleschote
2 Zacken Sternanis
2 Scheiben Ingwer
2 Streifen unbehandelte
Orangenschale
4 EL Walnüsse (grob gehackt)
1 Stück Zimtrinde
1/2 TL milde Chiliflocken

1 Für die Pfannkuchen das Mehl in eine Schüssel sieben und 1 Prise Salz, den Vanillezucker sowie die Zitronen- und Orangenschale dazugeben und etwas Zimt darüberreiben. Die Buttermilch und die Milch verrühren und mit der Mehlmischung zu einem glatten Teig verarbeiten. Die Eier und die zerlassene braune Butter unterrühren und den Teig 30 Minuten quellen lassen.

2 Den Backofen auf 70 °C vorheizen. Eine kleine Pfanne bei mittlerer Temperatur erhitzen. 1 TL braune Butter hineingeben, etwas Pfannkuchenteig in die Pfanne gießen und gleichmäßig dünn darin verteilen. Den Teig auf der Unterseite goldbraun backen. Den Pfannkuchen wenden und auf der zweiten Seite ebenfalls goldbraun backen. Den fertigen Pfannkuchen im Ofen warm halten. Das Fett mit Küchenpapier aus der Pfanne tupfen und aus dem restlichen Teig in der übrigen braunen Butter auf die gleiche Weise Pfannkuchen backen.

3 Für die Äpfel die Äpfel schälen, vierteln, entkernen und in dünne Spalten schneiden. Den Zucker in einer weiten Pfanne karamellisieren. Die Apfelspalten hinzufügen, mit Zitronen- und Orangensaft ablöschen und die Butter darin schmelzen lassen. Die Vanilleschote längs halbieren und das Mark mit einem spitzen Messer herauskratzen. Vanilleschote und -mark, Sternanis, Ingwer und Orangenschale mit den Walnüssen dazugeben. Etwas Zimt auf der Zestenreibe darüberreiben und die Äpfel mit den Chiliflocken würzen. Die Apfelspalten in der Pfanne einige Minuten dünsten, bis sie weich sind. Die ganzen Gewürze wieder entfernen.

4 Die Buttermilchpfannkuchen mit den Apfelspalten und den Walnüssen auf vorgewärmten Desserttellern anrichten.

MEIN TIPP

Dazu passt 1 Kugel Vanilleeis, Vanillesauce oder Rumsahne. Für Rumsahne wird Sahne mit etwas Puderzucker halb steif geschlagen und mit 1 Spritzer Rum aromatisiert. Ganz nach Geschmack kann man die Sahne aber auch mit etwas Orangenlikör oder Amaretto verfeinern.

DESSERTS

Marmorierte Salzburger Nockerl
mit Gewürzmirabellen

FÜR 4 PERSONEN

Für die Mirabellen:

350 ml Weißwein
100 g Zucker
1 TL Zitronensaft
Saft von ¹/₂ Orange
je 4 Streifen unbehandelte
Zitronen- und Orangenschale
¹/₂ Zimtrinde
¹/₂ ausgekratzte Vanilleschote
1 Scheibe Ingwer
5 angedrückte Wacholderbeeren
400 g Mirabellen
2 geh. TL Speisestärke

Für die Nockerl:

100 g Himbeeren
25 g Zucker
3 Eiweiß · Salz
2 Eigelb
3 gestr. EL Mehl

Außerdem:

Butter für die Formen
Puderzucker zum Bestäuben

1 Für die Mirabellen den Wein mit 100 ml Wasser, Zucker, Zitronen- und Orangensaft, Zitronen- und Orangenschale, Zimt, Vanilleschote, Ingwer und Wacholderbeeren in einen Topf geben. Die Mischung zum Kochen bringen und köcheln lassen, bis sich der Zucker aufgelöst hat.

2 Die Mirabellen waschen und entsteinen. Die Mirabellen in den Weinsud geben und einmal aufkochen lassen. Vom Herd nehmen und die Mirabellen 1 bis 2 Minuten weich ziehen lassen. Mit dem Schaumlöffel herausnehmen und die ganzen Gewürze dabei entfernen.

3 Die Speisestärke mit 2 EL kaltem Wasser glatt rühren. In den leicht kochenden Mirabellensud rühren, bis er leicht sämig gebunden ist, und den Sud unter Rühren 1 Minute köcheln lassen. Vom Herd nehmen, die Mirabellen wieder dazugeben und das Kompott auf Schälchen verteilen.

4 Für die Nockerl den Backofen auf 180 °C vorheizen. Vier flache ofenfeste Portionsformen (à 150 ml Inhalt) mit Butter einfetten. Die Himbeeren verlesen, waschen und trocken tupfen. Mit 2 TL Zucker in einen hohen Rührbecher geben und mit dem Stabmixer pürieren. Das Himbeerpüree durch ein feines Sieb streichen und die Kerne entfernen.

5 Die Eiweiße mit dem restlichen Zucker und 1 Prise Salz in einer Schüssel zu einem festen Schnee schlagen. Die Eigelbe hinzufügen und locker mit dem Teigschaber oder einem Kochlöffel unterheben. Das Mehl auf die Masse sieben und ebenfalls unterheben. Ein Viertel der Masse abnehmen, mit 2 bis 3 EL Himbeermark mischen und locker unter die restliche Masse ziehen, bis eine Marmorierung entsteht.

6 Mit einer großen Teigkarte je 1 große, hohe Teignocke in die Formen setzen, mit dem restlichen Himbeermark beträufeln und im Ofen auf der untersten Schiene 10 bis 15 Minuten hell backen. Aus dem Ofen nehmen, mit Puderzucker bestäuben und sofort mit den Gewürzmirabellen servieren.

MEIN TIPP

Für die Salzburger Nockerl ist der Eischnee richtig, wenn er seidig glänzt und nicht brüchig wirkt. Nach dem Backen sind die Nockerl innen noch etwas cremig. Fallen sie beim Herausnehmen zusammen, waren sie etwas zu lange im Ofen.

DESSERTS

Waldmeister-Savarins
mit Sabayon und Erdbeeren

FÜR 8 PERSONEN

Für das Sabayon:
1 Vanilleschote
1/2 l Weißwein · 200 ml Sekt
einige Spritzer Zitronensaft
160 g Zucker
2 Scheiben Ingwer
2 Bund getrockneter
Waldmeister
5 Eigelb

Für die Savarins:
1/4 Würfel Hefe (12 g)
55 ml lauwarme Milch
10 g Zucker · 165 g Mehl
2 Eier
Mark von 1/4 Vanilleschote
1 TL abgeriebene unbehandelte
Zitronenschale
1 Msp. Zimtpulver
Salz · 65 g weiche Butter

Für die Erdbeeren:
500 g Erdbeeren
1–2 EL Puderzucker
einige Spritzer Zitronensaft
2 TL Orangenlikör

Außerdem:
Butter und Mehl für
die Förmchen

1 Für das Sabayon die Vanilleschote der Länge nach halbieren und das Mark mit einem spitzen Messer herauskratzen. Den Wein mit dem Sekt, dem Zitronensaft, dem Zucker, der Vanilleschote und dem -mark sowie dem Ingwer in einem Topf aufkochen. Vom Herd nehmen, den Waldmeister dazugeben und die Mischung 1 Stunde ziehen lassen.

2 Den Waldmeistersud durch ein feines Sieb gießen – eine Hälfte des Suds wird zum Tränken der Savarins, die andere für die Zubereitung des Sabayons verwendet.

3 Für die Savarins die Hefe zerbröckeln und in einer Schüssel in der Milch auflösen. Den Zucker und 55 g Mehl dazugeben und alles zu einem zähen Teig verrühren. Den Vorteig zugedeckt an einem warmen Ort etwa 15 Minuten gehen lassen.

4 Inzwischen die Eier mit dem Vanillemark, der Zitronenschale, dem Zimt und 1 Prise Salz mit den Quirlen des Handrührgeräts schaumig schlagen. Den Vorteig mit dem restlichen Mehl zur Eiermischung geben und verkneten. Die Butter nach und nach hinzufügen und 5 Minuten weiterkneten, bis ein geschmeidiger, zäher Teig entstanden ist. Den Hefeteig zu einer Kugel formen und in der Schüssel mit Frischhaltefolie bedeckt an einem warmen Ort etwa 30 Minuten gehen lassen.

5 Acht Savarin-Förmchen (à 8 1/2 cm Durchmesser) mit Butter einfetten und mit Mehl bestäuben. Den Teig mit einem Kochlöffel nochmals kurz durchschlagen und mit einem Löffel in die Förmchen füllen. Den Hefeteig zugedeckt an einem warmen Ort etwa 15 Minuten gehen lassen, bis er bis zum Rand der Förmchen aufgegangen ist.

6 Den Backofen auf 190 °C vorheizen. Die Savarins im Ofen auf der mittleren Schiene etwa 15 Minuten backen. Aus dem Ofen nehmen, sofort stürzen und noch heiß mit der Hälfte des Waldmeistersuds tränken.

7 Den restlichen Waldmeistersud für das Sabayon mit den Eigelben in einer Metallschüssel im heißen Wasserbad mit dem Schneebesen zu einem feinporigen Schaum schlagen. Das Sabayon mit etwas Zitronensaft abschmecken.

8 Für die Erdbeeren die Beeren waschen, putzen und vierteln. Mit dem Puderzucker bestäuben, mit Zitronensaft und Likör beträufeln und vorsichtig mischen. Je 1 getränkten Savarin auf einen Dessertteller setzen, zur Hälfte mit dem Sabayon überziehen und die Erdbeeren danebenan richten.

345

DESSERTS

Kokos-Milchreis
mit Heidelbeeren

FÜR 4 PERSONEN

Für den Milchreis:
3/4 l Milch
1/4 l Kokosmilch
130 g Milchreis
1/2 Vanilleschote · Salz
1 Zimtrinde
5 grüne Kardamomkapseln
1–2 EL Zucker
1 TL abgeriebene unbehandelte
Zitronenschale

Für die Beeren:
250 g Heidelbeeren
2 EL gehackte Pistazien
1 TL Puderzucker
1–2 TL Orangenlikör
1 Stück Zimtrinde

1 Für den Milchreis die Milch mit der Kokosmilch und dem Milchreis in einen Topf geben, die Vanilleschote und 1 Prise Salz dazugeben und die Mischung zum Kochen bringen. Den Reis unter häufigem Rühren 25 bis 30 Minuten mehr ziehen als köcheln lassen. Nach 20 Minuten den Zimt und den Kardamom dazugeben.

2 Am Ende der Garzeit den Topf vom Herd nehmen und den Zucker und die Zitronenschale unter den Milchreis rühren. Vanilleschote, Zimt und Kardamomkapseln wieder entfernen.

3 Für die Beeren die Heidelbeeren verlesen, waschen und trocken tupfen. Die Beeren mit den Pistazien mischen. Mit dem Puderzucker bestäuben, mit dem Likör beträufeln und alles gut mischen. Etwas Zimt auf der Zestenreibe darüberreiben.

4 Zum Servieren den Milchreis auf Schälchen verteilen und je 1 bis 2 EL marinierte Beeren daraufgeben oder separat dazu servieren.

MEIN TIPP

Wenn man den Milchreis erst am Ende der Garzeit mit Zucker süßt, wird er schneller weich. Eine raffinierte Note bekommt das Dessert, wenn man zum Anrichten noch etwas Kardamom aus der Mühle darübergibt. Zum Verfeinern kann man auch die »Süße Mühle« von Seite 141 verwenden.

Gebäck & Konfekt

GEBÄCK & KONFEKT

Schokoladen-Tarte
mit Mandeln und Kardamom

FÜR 12–16 STÜCKE

Für den Mürbeteig:

120 g zimmerwarme Butter · Salz
30 g geschälte gemahlene
Mandeln · 1 Ei
90 g Puderzucker
175 g Mehl

Für die Füllung:

75 g Zartbitterkuvertüre
75 g Butter · 1 TL Vanillezucker
abgeriebene Schale von
¹/₂ unbehandelten Orange
4 Eier · Salz · 2 EL Zucker
50 g geschälte gemahlene
Mandeln
2 EL Orangenlikör

Für die Creme:

125 g Zartbitterkuvertüre
175 g Crème fraîche
40 g Zucker
Mark von ¹/₂ Vanilleschote
50 ml Milch · 2 Eigelb · Salz
1 schwach geh. TL gemahlener
Kardamom
1 gestr. TL Zimtpulver
je 1 Msp. Nelkenpulver,
gemahlener Piment und
frisch geriebene Muskatnuss

Außerdem:

Butter für die Form
Mehl für die Arbeitsfläche
getrocknete Hülsenfrüchte
zum Blindbacken

1 Für den Mürbeteig die Butter mit dem Salz, den Mandeln und dem Ei in eine Schüssel geben. Den Puderzucker und 60 g Mehl darübersieben und alles zu einer glatten Masse verrühren, aber nicht schaumig schlagen. Dann das restliche Mehl rasch unterkneten. Den Teig zu einem flachen Ziegel formen, in Frischhaltefolie wickeln und im Kühlschrank mindestens 1 Stunde (am besten über Nacht) ruhen lassen.

2 Eine Tarteform (28 cm Durchmesser) mit Butter einfetten. Den Mürbeteig auf der bemehlten Arbeitsfläche dünn ausrollen, die Form damit auslegen und den Teig nochmals 30 Minuten kühl stellen.

3 Den Backofen auf 180 °C vorheizen. Den Teig mit einer Gabel mehrmals einstechen, mit Backpapier belegen und mit Hülsenfrüchten auffüllen. Im Ofen auf der mittleren Schiene 10 Minuten blindbacken. Die Form herausnehmen, das Papier mit den Hülsenfrüchten entfernen und den Teigboden weitere 10 Minuten hell backen. Die Form aus dem Ofen nehmen.

4 Die Backofentemperatur auf 190 °C erhöhen. Für die Füllung die Kuvertüre grob hacken und in einer Metallschüssel im heißen Wasserbad unter Rühren schmelzen. Auf etwa 35 °C abkühlen lassen. Die Butter mit dem Vanillezucker und der Orangenschale schaumig schlagen. Die Eier trennen und die Eigelbe nach und nach unter die Buttermasse rühren. Die Kuvertüre ebenfalls unterrühren.

5 Die Eiweiße mit 1 Prise Salz zu einem cremigen Schnee schlagen, dabei nach und nach den Zucker einrieseln lassen. Den Eischnee vorsichtig unter die Schokoladenmasse ziehen. Die Mandeln mit dem Likör unterheben. Die Füllung auf dem Teigboden verteilen und im Ofen auf der mittleren Schiene etwa 15 Minuten backen. Herausnehmen und die Backofentemperatur auf 120 °C reduzieren.

6 Für die Creme die Kuvertüre grob hacken und in einer Metallschüssel im heißen Wasserbad unter Rühren schmelzen lassen. Die Crème fraîche mit dem Zucker und dem Vanillemark in einem Topf aufkochen lassen und die geschmolzene Kuvertüre unterrühren. Die Milch mit den Eigelben und 1 Prise Salz mit dem Stabmixer verrühren und mit der Schokoladen-Crème-fraîche und den Gewürzen zu einer glatten Masse verrühren. Auf die Schokoladen-Tarte gießen und im Ofen auf der mittleren Schiene etwa 10 Minuten backen. Die Schokoladen-Tarte herausnehmen und etwas abkühlen lassen. Noch lauwarm in Stücke schneiden und servieren.

GEBÄCK & KONFEKT

Heidelbeer-Tarte
mit weißem Gewürztee

FÜR 12–16 STÜCKE

Für den Mürbeteig:

100 g zimmerwarme Butter

70 g Zucker

Salz · 1 Ei

200 g Mehl

30 g Kokosraspel

Für die Schmandmasse:

2 Eier · 60 g Zucker

Salz · 400 g Schmand

1 EL Vanillepuddingpulver

Mark von 1/2 Vanilleschote

Saft und abgeriebene Schale

von 1 unbehandelten Limette

Für den Belag:

400 g Heidelbeeren

1/2 Vanilleschote

1 Zimtrinde

1 Gewürznelke

10 angedrückte grüne

Kardamomkapseln

1 TL Anissamen

je 1 Streifen unbehandelte

Zitronen- und Orangenschale

1 EL loser weißer Tee

1 EL Honig

1 Päckchen klarer Tortenguss

Außerdem:

Butter für die Form

Mehl für die Arbeitsfläche

getrocknete Hülsenfrüchte

zum Blindbacken

1 Für den Mürbeteig die Butter mit dem Zucker und 1 Prise Salz mit den Knethaken des Handrührgeräts oder mit der Teigkarte zu einer glatten Masse verarbeiten. Das Ei dazugeben und unterkneten. Zuletzt das Mehl mit den Kokosraspeln hinzufügen und unterkneten. Den Mürbeteig zu einem flachen Ziegel formen, in Frischhaltefolie wickeln und im Kühlschrank 30 Minuten ruhen lassen.

2 Den Backofen auf 180 °C vorheizen. Eine Tarteform (28 cm Durchmesser) mit Butter einfetten. Den Mürbeteig auf der bemehlten Arbeitsfläche dünn ausrollen und die Form damit auslegen. Den Teigboden mit einer Gabel mehrmals einstechen, mit Backpapier belegen und mit Hülsenfrüchten auffüllen. Die Tarte im Ofen auf der untersten Schiene 10 Minuten blindbacken. Die Form herausnehmen, das Papier mit den Hülsenfrüchten entfernen und den Teig weitere 10 Minuten hell backen.

3 Für die Schmandmasse die Eier mit dem Zucker und 1 Prise Salz in einer Schüssel mit den Quirlen des Handrührgeräts hellschaumig schlagen. Den Schmand mit dem Puddingpulver, dem Vanillemark sowie dem Limettensaft und der -schale verrühren. Auf dem vorgebackenen Teig verteilen und im Ofen auf der untersten Schiene 20 Minuten backen. Die Tarte herausnehmen.

4 Für den Belag die Heidelbeeren verlesen, waschen und trocken tupfen. Die Beeren auf der Tarte verteilen. Die Vanilleschote der Länge nach halbieren und das Mark mit einem spitzen Messer herauskratzen. In einem Topf 350 ml Wasser aufkochen. Vanilleschote und -mark mit den restlichen Gewürzen sowie der Zitronen- und der Orangenschale dazugeben und den Sud knapp unter dem Siedepunkt 10 Minuten ziehen lassen.

5 Den Topf vom Herd nehmen, den Tee dazugeben und zugedeckt 3 Minuten ziehen lassen. Den Tee durch ein feines Sieb gießen, den Honig unterrühren und den Tee abkühlen lassen. Nochmals durch ein feines Sieb gießen.

6 Den Tortenguss nach Packungsanweisung anrühren. Mit dem weißen Gewürztee in einem kleinen Topf unter ständigem Rühren langsam aufkochen lassen. Den Guss löffelweise auf den Heidelbeeren verteilen und bei kühler Zimmertemperatur erstarren lassen. Die Tarte in Stücke schneiden und servieren.

GEBÄCK & KONFEKT

Blutorangen-Tarte
mit Sternanis und Ingwer

FÜR 12–16 STÜCKE

Für den Mürbeteig:

175 g zimmerwarme Butter

75 g Puderzucker · Salz

Mark von 1/2 Vanilleschote

abgeriebene Schale von

1/2 unbehandelten Zitrone

2 Eigelb · 240 g Mehl

Für die Füllung:

1/2 Vanilleschote

300 ml Blutorangensaft

200 g Zucker

2 Sternanis · 1/3 Zimtrinde

2 Scheiben Ingwer

abgeriebene Schale von

2 unbehandelten Blutorangen

5 Eier · Salz

125 g Crème double

Außerdem:

Butter für die Form

Mehl für die Arbeitsfläche

getrocknete Hülsenfrüchte

zum Blindbacken

1 Eiweiß zum Bestreichen

1 Für den Mürbeteig die Butter, den Puderzucker, 1 Prise Salz, das Vanillemark und die Zitronenschale mit den Knethaken des Handrührgeräts oder mit der Teigkarte zu einer glatten Masse verarbeiten. Nacheinander die Eigelbe dazugeben und unterkneten, die Masse dabei aber nicht schaumig schlagen. Zuletzt das Mehl hinzufügen und nur so lange kneten, bis der Teig glatt ist. Den Mürbeteig zu einem flachen Ziegel formen, in Frischhaltefolie wickeln und im Kühlschrank 1 bis 2 Stunden ruhen lassen.

2 Eine Tarteform (28 cm Durchmesser) mit Butter einfetten. Den Mürbeteig auf der bemehlten Arbeitsfläche dünn ausrollen, die Form damit auslegen und 30 Minuten kühl stellen.

3 Den Backofen auf 180 °C vorheizen. Den Teigboden mit einer Gabel mehrmals einstechen, mit Backpapier belegen und mit Hülsenfrüchten auffüllen. Im Ofen auf der mittleren Schiene 10 Minuten blindbacken. Die Form herausnehmen, das Papier mit den Hülsenfrüchten entfernen und den Teig weitere 10 Minuten hell backen. Mit Eiweiß bestreichen und weitere 2 Minuten backen. Die Form aus dem Ofen nehmen und die Backofentemperatur auf 140 °C reduzieren.

4 Für die Füllung die Vanilleschote der Länge nach halbieren und das Mark mit einem spitzen Messer herauskratzen. Den Orangensaft mit der Vanilleschote und dem -mark, dem Zucker, dem Sternanis, dem Zimt sowie dem Ingwer in einem Topf erwärmen. Die Orangenschale hinzufügen und den Topf vom Herd nehmen. Die Mischung 10 Minuten ziehen lassen und dann durch ein Sieb gießen.

5 Die Eier mit 1 Prise Salz und der Crème double mit dem Stabmixer verrühren. Den Blutorangensud hinzufügen und untermixen. Auf dem Teig verteilen und im Ofen auf der mittleren Schiene etwa 45 Minuten backen. Die Blutorangen-Tarte aus dem Ofen nehmen und abkühlen lassen. In Stücke schneiden und servieren.

GEBÄCK & KONFEKT

Zimtroulade
mit Kirschkompott

FÜR 1 ROULADE

Für den Biskuit:

3 Eier

1 EL Vanillezucker

1 TL abgeriebene unbehandelte
Zitronenschale

Salz · 60 g Zucker

60 g Mehl

2 geh. EL Zimtpulver

60 g Mandelblättchen

Für das Kompott:

200 g Sauerkirschen
(aus dem Glas)

2 Blatt Gelatine

2 EL Zucker

100 ml Rotwein

2 EL roter Portwein

1/2 Zimtrinde

1 Gewürznelke

1/4 Vanilleschote

1 Zacken Sternanis

1 Streifen unbehandelte
Orangenschale

Für die Füllung:

2 Blatt Gelatine

400 g Sahne

2 EL Vanillezucker

30 g Zartbitterkuvertüre

1 Für den Biskuit den Backofen auf 200 °C vorheizen. Ein Backblech mit Backpapier auslegen. Die Eier trennen. Die Eigelbe mit dem Vanillezucker und der Zitronenschale in einer Schüssel schaumig schlagen. Die Eiweiße mit 1 Prise Salz zu einem cremigen Schnee schlagen, dabei nach und nach den Zucker einrieseln lassen. Den Eischnee auf die Eigelbmasse geben. Das Mehl mit dem Zimt mischen, darübersieben und alles locker unterheben. Die Biskuitmasse auf dem Blech verteilen, glatt streichen und mit den Mandeln bestreuen. Den Biskuit im Ofen auf der mittleren Schiene 12 bis 15 Minuten backen. Herausnehmen, mit dem Papier vom Blech ziehen und auskühlen lassen.

2 Für das Kompott die Kirschen in ein Sieb abgießen und abtropfen lassen, dabei den Saft auffangen. Die Gelatine in kaltem Wasser einweichen. Den Zucker in einem Topf goldbraun karamellisieren und mit dem Rot- und dem Portwein ablöschen. Die Gewürze und die Orangenschale hinzufügen und den Sud auf die Hälfte einköcheln lassen.

3 Den Topf vom Herd nehmen, die Gelatine ausdrücken und im Weinsud auflösen. 1/8 l Kirschsaft abmessen und dazugeben. Den Kirschsud durch ein Sieb in eine Schüssel gießen, die Kirschen hinzufügen und das Kompott abkühlen lassen. Das Kompott etwa 1 Stunde kühl stellen, bis es fest geworden ist.

4 Für die Füllung die Gelatine in kaltem Wasser einweichen. Die Sahne steif schlagen und kühl stellen. Den Vanillezucker in einen kleinen Topf geben. Die Gelatine tropfnass dazugeben und beides bei milder Hitze unter Rühren erwärmen, bis sich die Gelatine aufgelöst hat. Den Topf vom Herd nehmen, 2 bis 3 EL geschlagene Sahne mit der warmen Gelatine verrühren und unter die restliche Sahne ziehen.

5 Den Biskuit auf einen großen Bogen Backpapier stürzen und das angebackene Backpapier abziehen. Die Vanillesahne gleichmäßig auf dem Biskuit verstreichen und die Kuvertüre auf der Zestenreibe fein darüberreiben. Das Kirschkompott auf dem unteren Drittel der schmalen Seite verteilen, die Roulade von dieser Seite her aufrollen und mit der Naht nach unten auf eine Servierplatte legen. Die Zimtroulade vor dem Servieren 1 bis 2 Stunden kühl stellen.

GEBÄCK & KONFEKT

Gewürzgugelhupf
mit Rotwein

FÜR 12–16 STÜCKE

Butter und Mehl für die Form
280 g weiche Butter
240 g Zucker
1 EL Vanillezucker
6 Eier
280 g Mehl
1 TL Backpulver
je 1 gestr. TL gemahlener
Kardamom und Zimtpulver
je ½ TL gemahlener Piment,
frisch geriebene Muskatnuss
und Nelkenpulver
100 g Zartbitterschokolade
Salz
150 ml Rotwein
Puderzucker zum Bestäuben

1 Den Backofen auf 175°C vorheizen. Eine Gugelhupfform (2 l Inhalt) mit Butter einfetten und mit Mehl bestäuben.

2 Die Butter mit der Hälfte des Zuckers und dem Vanillezucker in einer Schüssel mit den Quirlen des Handrührgeräts cremig schlagen. Die Eier trennen. Nach und nach die Eigelbe zur Buttermasse geben, unterrühren und die Masse hellschaumig schlagen.

3 Das Mehl mit dem Backpulver mischen und in eine Schüssel sieben. Kardamom, Zimt, Piment, Muskatnuss und Nelkenpulver hinzufügen und untermischen. Die Schokolade grob hacken und ebenfalls mit der Mehlmischung vermengen.

4 Die Eiweiße mit 1 Prise Salz zu einem cremigen Schnee schlagen, dabei den restlichen Zucker einrieseln lassen. Die Mehl-Gewürz-Mischung nach und nach abwechselnd mit dem Wein und dem Eischnee unter die Buttermasse ziehen. Den Teig in die Form füllen, glatt streichen und im Ofen auf der untersten Schiene 50 bis 55 Minuten backen.

5 Den Gugelhupf aus dem Ofen nehmen und einige Minuten in der Form ruhen lassen. Dann vorsichtig stürzen und auskühlen lassen. Zum Servieren mit Puderzucker bestäuben und in Stücke schneiden. Nach Belieben mit Kardamomsahne (siehe Tipp) und Orangenzesten garniert servieren.

MEIN TIPP

Für die Kardamomsahne 200 g Sahne cremig schlagen und etwas fein gemahlenen Kardamom und Zimtpulver unterrühren. Die Sahne mit 1 Spritzer Orangen- oder Mandellikör aromatisieren.

GEBÄCK & KONFEKT

Quarkstollen
mit Muskatblüte

FÜR 1 STOLLEN

je 50 g Zitronat und Orangeat
50 ml Rum
1 EL Mandellikör
100 g Rosinen
60 g Pistazien
abgeriebene Schale von
je 1/2 Zitrone und Orange
Mark von 1 Vanilleschote
1/2–1 TL Macispulver
(Muskatblütenpulver)
1/2–1 TL Zimtpulver
1 kleine Tonkabohne
(aus dem Gewürzladen)
300 g Mehl
1/2 Päckchen Backpulver
60 g geschälte gemahlene
Mandeln
90 g Zucker · Salz
100 g zimmerwarme Butter
125 g Speisequark · 2 Eier
Butter und Mehl für die Form
Mehl für die Arbeitsfläche
Puderzucker zum Bestäuben

1 Ein bis zwei Tage im Voraus Zitronat und Orangeat mit dem Rum beträufeln, fein hacken und in eine Schüssel geben. Den Likör, die Rosinen, die Pistazien, die Zitronen- und Orangenschale, das Vanillemark, das Macis- und Zimtpulver dazugeben. Die Tonkabohne auf der Muskatreibe fein dazureiben und alles gut mischen. Die Mischung zugedeckt über Nacht ziehen lassen.

2 Am nächsten Tag den Backofen auf 175 °C vorheizen. Ein Backblech mit Backpapier auslegen. Das Mehl mit dem Backpulver mischen und in eine Schüssel sieben. Die Mandeln mit dem Zucker und 1 Prise Salz dazugeben. Die Butter in kleine Stücke schneiden und mit dem Quark und den Eiern in die Schüssel geben. Alles mit den Knethaken des Handrührgeräts zu einem glatten Teig verkneten. Zuletzt die marinierte Fruchtmischung dazugeben und kurz unterkneten.

3 Eine Stollenform (20 bis 25 cm Länge) mit Butter einfetten und mit Mehl bestäuben. Den Teig auf der bemehlten Arbeitsfläche zu einer 20 bis 25 cm langen Rolle formen und die Teigrolle in die Stollenform drücken. Die Form auf das Blech stürzen und den Quarkstollen in der Form im Ofen auf der mittleren Schiene etwa 50 Minuten backen.

4 Das Blech aus dem Ofen nehmen, die Form abnehmen und den Stollen lauwarm abkühlen lassen. Den Quarkstollen dick mit Puderzucker bestäuben und am besten über Nacht ruhen lassen.

MEIN TIPP

Tonkabohnen haben ein süßliches Aroma, das an Vanille erinnert. Deshalb kennt man die mandelförmigen Samen des in der Karibik und im Norden Südamerikas beheimateten Tonkabaums auch unter dem Namen »Mexikanische Vanille«. Sparsam dosiert, verwendet man Tonkabohnen zum Aromatisieren von Sahnedesserts, Gebäck und Kuchen.

GEBÄCK & KONFEKT

Johannisbeer-Muffins
mit Joghurt und Vanille

FÜR 12 STÜCK

Butter und Mehl für die Form
120 g Rote Johannisbeeren
80 g Zartbitterschokolade
120 g Mehl
2 TL Backpulver
80 g fein gemahlene Haselnüsse
120 g Zucker
200 g Naturjoghurt
2 Eier
1 gestr. TL milde Chiliflocken
je 1 Msp. abgeriebene
unbehandelte Zitronen- und
Orangenschale
je 1 Msp. Zimtpulver und
Vanillemark
80 g zerlassene braune Butter
(siehe S. 139)

1 Den Backofen auf 180 °C vorheizen. Die Vertiefungen einer Muffinform mit Butter einfetten und mit Mehl bestäuben oder Papierförmchen hineinsetzen.

2 Die Johannisbeeren verlesen, waschen und mit Küchenpapier trocken tupfen. Die Beeren von den Rispen zupfen. Die Zartbitterschokolade grob hacken.

3 Das Mehl mit dem Backpulver mischen und in eine Schüssel sieben. Die Nüsse, die Schokolade und den Zucker untermischen.

4 Den Joghurt mit den Eiern in einer Schüssel verrühren. Die Chili-flocken, die Zitronen- und Orangenschale, den Zimt und das Vanille-mark hinzufügen und untermischen.

5 Die Joghurtmischung zur Mehlmischung geben und mit dem Schnee-besen oder dem Kochlöffel nur so lange verrühren, bis alle Zutaten feucht sind. Zuletzt die braune Butter kurz unterrühren.

6 Den Teig abwechselnd mit den Johannisbeeren maximal drei Viertel hoch in die Vertiefungen der Muffinform füllen. Die Muffins im Ofen auf der untersten Schiene 30 bis 35 Minuten goldbraun backen. Aus dem Ofen nehmen und etwa 5 Minuten ruhen lassen. Die Muffins aus der Form lösen und abkühlen lassen.

MEIN TIPP

Bei der Zubereitung von Muffins ist es wichtig, dass der Teig nicht zu lange gerührt wird. Am besten mischt man – wie hier im Rezept beschrieben – erst alle trockenen und alle flüssigen Zutaten jeweils separat und verrührt dann beides nur so lange, bis eine glatte Masse entstanden ist.

GEBÄCK & KONFEKT

Apfelkuchen
mit Mandelbaiser

FÜR CA. 20 STÜCKE

Für den Belag:

1,2 kg Äpfel

1 EL Zitronensaft

2 EL Rumrosinen (siehe Tipp)

Für den Rührteig:

200 g weiche Butter

100 g Zucker

1 EL Rum

1/2 TL Zimtpulver

Nelkenpulver

2 Eier

3 Eigelb

225 g Mehl

50 g Speisestärke

2 TL Backpulver

4 EL Milch

Für das Baiser:

100 g Mandelblättchen

3 Eiweiß · Salz

150 g Zucker

Außerdem:

Butter und Mehl für das Blech

1 Für den Belag die Äpfel schälen, halbieren, entkernen und auf der Gemüsereibe raspeln. Die Apfelraspel mit dem Zitronensaft und den Rumrosinen mischen. Den Backofen auf 200 °C vorheizen.

2 Für den Rührteig die Butter mit dem Zucker, dem Rum, dem Zimt und 1 Prise Nelkenpulver in einer Schüssel mit den Quirlen des Handrührgeräts cremig schlagen. Nach und nach die Eier und die Eigelbe unterrühren und einige Minuten zu einer hellschaumigen Masse weiterschlagen. Das Mehl mit der Speisestärke und dem Backpulver mischen, auf die Buttermasse sieben und mit der Milch unterheben.

3 Ein Backblech mit Butter einfetten und mit Mehl bestäuben. Den Teig darauf verteilen und glatt streichen. Die Apfel-Rosinen-Mischung gleichmäßig auf dem Teig verteilen und den Kuchen im Ofen auf der mittleren Schiene 20 Minuten backen.

4 Inzwischen für das Baiser die Mandelblättchen in einer Pfanne ohne Fett anrösten. Die Eiweiße mit 1 Prise Salz cremig schlagen, dabei nach und nach den Zucker einrieseln lassen. Die Mandelblättchen unter den Eischnee heben. Den Apfelkuchen aus dem Ofen nehmen, das Mandelbaiser auf die Äpfel streichen und den Kuchen im Ofen weitere 15 bis 20 Minuten fertig backen.

5 Den Kuchen noch lauwarm in Stücke schneiden und nach Belieben mit Puderzucker bestäubt servieren.

MEIN TIPP

Für die Rumrosinen 100 ml Wasser in einem Topf zum Kochen bringen und vom Herd nehmen. 1/2 TL schwarze Teeblätter dazugeben und zugedeckt etwa 5 Minuten ziehen lassen. Den Tee noch heiß durch ein Sieb in eine Schüssel gießen und 3 EL Rum hinzufügen. 50 g Rosinen dazugeben und mindestens 2 Stunden in der Tee-Rum-Mischung ziehen lassen. Die Rumrosinen vor der Verwendung etwas abtropfen lassen. Übrigens: Ganz nach Geschmack kann man die Hälfte der Äpfel auch durch Birnen ersetzen.

GEBÄCK & KONFEKT

Zwetschgenkuchen
aus dem Glas mit kandiertem Ingwer

FÜR 6 STÜCK

Butter und Weißbrotbrösel
für die Gläser
16 Zwetschgen
30 g kandierter Ingwer
200 g Mehl
1 Päckchen Backpulver
100 g geschälte gemahlene
Mandeln
100 g Zucker
1 EL Vanillezucker
Salz · 2 Eier
50 ml Orangensaft
abgeriebene Schale von
1 unbehandelten Limette
1 EL Limettensaft

1 Den Backofen auf 200 °C vorheizen. Sechs Einmachgläser (à 200 ml Inhalt) mit Butter einfetten und mit Bröseln ausstreuen, dabei darauf achten, dass die Ränder sauber bleiben. Die Gummiringe der Einmachgläser in kaltem Wasser einweichen.

2 Die Zwetschgen waschen, vierteln und entsteinen. Den kandierten Ingwer in feine Würfel schneiden.

3 Das Mehl mit dem Backpulver mischen und in eine Schüssel sieben. Die Mandeln, den Zucker, den Vanillezucker und 1 Prise Salz hinzufügen und untermischen. Die Eier mit dem kandierten Ingwer, dem Orangensaft sowie der Limettenschale und dem -saft dazugeben und alles mit den Quirlen des Handrührgeräts zu einem glatten Teig verrühren.

4 Den Teig abwechselnd mit den Zwetschgen etwa drei Viertel hoch in die Gläser verteilen, dabei darauf achten, dass die Ränder sauber bleiben. Die Zwetschgenkuchen im Ofen auf der mittleren Schiene 35 bis 40 Minuten backen.

5 Die Kuchen aus dem Ofen nehmen, Gummiringe und Deckel auflegen und die Gläser gut verschließen. Die Kuchen auskühlen lassen und bis zum Servieren kühl stellen. Die Kuchen zum Servieren aus den Gläsern stürzen, in Stücke schneiden und nach Belieben mit halb steif geschlagener Sahne anrichten.

MEIN TIPP

Die Kuchen bleiben besonders saftig, wenn man die Gläser nach dem Backen sofort verschließt. Sie sehen hübsch aus und sind zudem ein originelles Mitbringsel. Im Kühlschrank halten sie sich bis zu 2 Wochen. Man kann den Teig mit den Zwetschgen auch in die Vertiefungen einer Muffinform oder in kleinere Einmachgläser schichten. Die kleinen Küchlein dann aber nur etwa 30 Minuten backen und die Einmachgläser zum Auskühlen nicht verschließen.

GEBÄCK & KONFEKT

Aniskekse
mit Kakao und Fenchel

FÜR CA. 50 STÜCK

170 g Mehl · 1/2 TL Natron
75 g Zucker · 1 TL Vanillezucker
Salz · 2 TL gemahlener Anis
1 TL Fenchelsamen
(fein gehackt)
1 EL zerstoßene Kakaobohnen
100 ml Dessertwein
(z. B. Moscato, Portwein)
100 ml mildes Olivenöl
Puderzucker zum Bestäuben

1 Den Backofen auf 190 °C vorheizen. Zwei Backbleche mit Backpapier auslegen.

2 Das Mehl mit dem Natron mischen und in eine Schüssel sieben. Den Zucker, den Vanillezucker, 1 Prise Salz, den Anis, den Fenchel und die Kakaobohnen untermischen. Den Wein mit dem Olivenöl dazugeben und alle Zutaten rasch zu einem glatten Teig verrühren.

3 Von dem Teig mit einem Teelöffel kleine Portionen abnehmen und als Häufchen mit ausreichend Abstand zueinander auf die Bleche setzen. Die Kekse im Ofen auf der mittleren Schiene 15 bis 18 Minuten nicht zu hell backen.

4 Die Kekse herausnehmen und auskühlen lassen. Mit Puderzucker bestäuben und in gut verschließbaren Dosen aufbewahren.

Schoko-Cookies
mit Pistazien und Rosa Pfefferbeeren

FÜR CA. 50 STÜCK

150 g Zartbitterschokolade
60 g Pistazien
170 g Mehl
1 gestr. TL Natron
2 EL Rosa Pfefferbeeren
120 g weiche Butter
60 g feiner brauner Zucker
Mark von 1/2 Vanilleschote
1 TL abgeriebene unbehandelte
Orangenschale · Salz · 1 Ei
Mehl für die Arbeitsfläche
weiche Butter für die Bleche

1 Die Schokolade und die Pistazien klein hacken. Das Mehl mit dem Natron mischen und in eine Schüssel sieben. Die Schokolade, die Pistazien und die Pfefferbeeren untermischen.

2 Die Butter mit dem braunen Zucker, dem Vanillemark, der Orangen-schale und 1 Prise Salz hellschaumig schlagen. Das Ei trennen und zuerst das Eigelb, dann das Eiweiß hinzufügen und unterrühren. Die Mehlmischung dazugeben und alles rasch zu einem glatten Mürbe-teig verkneten. Den Teig auf der bemehlten Arbeitsfläche zu 2 etwa 30 cm langen Rollen formen und mindestens 30 Minuten kühl stellen.

3 Den Backofen auf 200 °C vorheizen. Zwei Backbleche mit Butter ein-fetten. Von den Teigrollen 1/2 bis 1 cm dicke Scheiben abschneiden und mit etwas Abstand zueinander auf die Bleche setzen. Die Cookies im Ofen auf der mittleren Schiene etwa 12 Minuten backen. Heraus-nehmen, auskühlen lassen und in Dosen aufbewahren.

GEBÄCK & KONFEKT

Karamellschnitten
mit Schokolade und Schwarzkümmel

FÜR CA. 50 STÜCK

Für den Mürbeteig:

100 g zimmerwarme Butter
50 g Zucker
1 Msp. Vanillemark
Salz · 150 g Mehl

Für den Karamell:

200 g Butter
100 g Zucker
4 EL Glukosesirup
(aus der Konditorei)
1 Dose Kondensmilch
(340 g; 10 % Fettgehalt)

Für die Glasur:

150 g Zartbitterkuvertüre
50 g dunkle Kuchenglasur
1 gestr. EL ganzer
Schwarzkümmel

Außerdem:

Butter für das Blech
Mehl für die Arbeitsfläche

1 Für den Mürbeteig den Backofen auf 200 °C vorheizen. Ein Backblech mit Butter einfetten oder mit Backpapier auslegen. Die Butter mit dem Zucker, dem Vanillemark und 1 Prise Salz verrühren. Das Mehl unterkneten und den Teig auf der bemehlten Arbeitsfläche zu einem 1 cm dicken Rechteck ausrollen. Den Teig auf das Blech legen und im Ofen auf der mittleren Schiene 10 bis 12 Minuten hell backen. Herausnehmen und abkühlen lassen.

2 Für den Karamell die Butter mit dem Zucker, dem Glukosesirup und der Kondensmilch in einen Topf geben. Die Masse bei milder Hitze etwa 25 Minuten köcheln lassen, bis sie eine Temperatur von 110 °C erreicht hat (mit dem Küchenthermometer messen!) und zu bräunen beginnt. Den Karamell vom Herd nehmen und 5 Minuten abkühlen lassen. Auf dem Mürbeteig verteilen und auskühlen lassen.

3 Für die Glasur die Kuvertüre und die Kuchenglasur grob hacken und in einer Metallschüssel im heißen Wasserbad unter Rühren schmelzen lassen. Die geschmolzene Schokolade auf dem Karamell verteilen, glatt streichen und mit dem Schwarzkümmel bestreuen.

4 Den Karamell-Schokoladen-Block bei kühler Zimmertemperatur einige Stunden fest werden lassen. Dann den Block mit einem Messer in Würfel schneiden, dabei das Messer zwischendurch immer wieder in warmes Wasser tauchen.

MEIN TIPP

Die Karamellschnitten sind in einer gut verschließbaren Dose etwa 1 Woche haltbar. Damit die süßen Würfel auch nach dieser Zeit noch gut aussehen, legen Sie beim Einschichten in die Dose am besten Backpapier dazwischen.

GEBÄCK & KONFEKT

Champagnertrüffeln
mit Wodka und Safran

FÜR CA. 60 STÜCK

Für die Trüffelmasse:
2 cl Wodka
1 Döschen Safran (0,1 g)
50 g Sahne
2 EL Butter · Salz
mildes Chilipulver
1 Msp. Vanillemark
200 g weiße Kuvertüre
90 ml Champagner (ungekühlt)
ca. 60 weiße Pralinenhohl-
kugeln (aus der Konditorei)

Für den Überzug:
300 g weiße Kuvertüre
70 g weiße Kuchenglasur
50 g Vollmilchkuchenglasur

1 Am Vortag für die Trüffelmasse den Wodka in einem kleinen Topf leicht erwärmen. Vom Herd nehmen, die Safranfäden hinzufügen und etwas ziehen lassen.

2 Die Sahne mit der Butter in einem Topf aufkochen, die Wodka-Safran-Mischung mit je 1 Prise Salz und Chilipulver sowie dem Vanillemark unterrühren, vom Herd nehmen und 10 Minuten ziehen lassen.

3 Die weiße Kuvertüre fein hacken und in eine Schüssel geben. Die Gewürzsahne nochmals erhitzen, aber nicht kochen lassen. Die heiße Sahne zur Kuvertüre gießen und 1 Minuten stehen lassen. Dann mit dem Stabmixer zu einer glatten Masse pürieren. Den Champagner untermixen. Die Trüffelmasse in einen Gefrierbeutel geben und am unteren Ende eine kleine Ecke abschneiden oder die Masse in einen Spritzbeutel mit kleiner Lochtülle füllen. Die Pralinenhohlkugeln mit der Trüffelmasse füllen. Die Pralinen bei kühler Zimmertemperatur über Nacht stehen lassen.

4 Am nächsten Tag für den Überzug die weiße Kuvertüre und die weiße Kuchenglasur fein hacken. Beides in einer Metallschüssel im heißen Wasserbad unter Rühren schmelzen lassen. Die Öffnungen der Hohlkugeln mit etwas geschmolzener Schokolade verschließen und fest werden lassen.

5 Die gefüllten Hohlkugeln nacheinander mit einer Pralinengabel in die weiße Schokolade tauchen, herausnehmen, etwas abtropfen lassen und auf Backpapier setzen. Die Trüffelpralinen bei kühler Zimmertemperatur fest werden lassen.

6 Die Vollmilchglasur grob hacken und in einer Metallschüssel im heißen Wasserbad unter Rühren schmelzen lassen. In einen Gefrierbeutel oder einen Spritzbeutel mit kleiner Lochtülle füllen und auf jede Praline einen Punkt oder eine Spirale spritzen. Die Champagnertrüffeln möglichst bald servieren. Kühl und luftdicht verschlossen, halten sie sich etwa 2 Wochen.

MEIN TIPP

Die gefüllten Kugeln müssen über Nacht stehen, damit die Trüffelmasse anziehen und man die Öffnungen mit Schokolade versiegeln kann. Dann läuft später beim Überziehen der Pralinen die Füllung nicht aus.

GEBÄCK & KONFEKT

Orangen-Koriander-Stangen
mit Schokolade und Honig

FÜR CA. 50 STÜCK

100 g Butter

15 g Honig

*1/2–1 TL abgeriebene
unbehandelte Orangenschale*

520 g Vollmilchschokolade

*2 1/2 EL geröstete Koriander-
körner aus der Mühle*

2 cl Orangenlikör

70 g Vollmilchkuchenglasur

1 Am Vortag die Butter mit dem Honig und der Orangenschale in einer Schüssel schaumig schlagen. 220 g Schokolade grob hacken und in einer Metallschüssel im heißen Wasserbad schmelzen lassen. Mit 2 EL Koriander aus der Mühle würzen und abkühlen lassen.

2 Die Korianderschokolade nach und nach unter die Buttermasse rühren. Dann den Likör hinzufügen und die Masse cremig rühren. Falls die Masse zu flüssig wird, einige Minuten kühl stellen und erst dann weiterrühren.

3 Die Schokoladenmasse in einen Spritzbeutel mit mittelgroßer Loch-tülle füllen und die Masse als lange Streifen auf ein mit Backpapier ausgelegtes Backblech spritzen. Über Nacht fest werden lassen.

4 Am nächsten Tag die restliche Schokolade mit der Kuchenglasur grob hacken und im heißen Wasserbad schmelzen lassen. Die Koriander-stangen mit einem Messer in 5 cm lange Stücke schneiden, dabei das Messer immer wieder in warmes Wasser tauchen. Die Stangen in die Schokolade tauchen und auf Backpapier trocknen lassen. Den rest-lichen Koriander aus der Mühle auf die noch weiche Glasur mahlen.

Muskatnüsse
mit Vanille

FÜR CA. 50 STÜCK

100 g Sahne

1/4 Muskatnuss (frisch gerieben)

1 Msp. Vanillemark · Salz

160 g Zartbitterschokolade

70 g dunkler Nussnougat

150 g Puderzucker

200 g Zartbitterkuvertüre

1 Die Sahne aufkochen. Muskatnuss, Vanillemark und 1 Prise Salz unterrühren. Die Schokolade fein hacken. Mit dem Nougat in einer Metallschüssel im heißen Wasserbad schmelzen lassen. Die Sahne unter die Schokomasse mischen und auf etwa 25 °C abkühlen lassen. Mit dem Handrührgerät schaumig schlagen und in einen Spritzbeutel mit großer Lochtülle füllen. Auf ein mit Backpapier ausgelegtes Back-blech muskatnussgroße Tropfen spritzen und fest werden lassen.

2 Den Puderzucker auf ein Backblech sieben. Die Kuvertüre schmelzen. Jeweils etwas Kuvertüre in eine Hand geben, eine Praline daraufsetzen und kurz zwischen den Händen rollen. Sofort im Puderzucker wälzen und bei kühler Zimmertemperatur etwa 30 Minuten fest werden lassen. Die Pralinen in ein grobes Sieb geben und den überflüssigen Puder-zucker absieben. Die Muskatnüsse kühl aufbewahren.

GEBÄCK & KONFEKT

Elisenlebkuchen
mit Marzipan und Rum

FÜR CA. 20 STÜCK

Für den Teig:
1/2 TL Hirschhornsalz
1 EL Rum
40 g Orangeat
30 g Zitronat
200 g gemahlene Mandeln
50 g gemahlene Haselnüsse
40 g Mehl
1 TL Lebkuchengewürz
Salz · 4 Eiweiß
190 g Zucker
130 g Marzipanrohmasse

Für die Glasur:
1 Eiweiß
100 g Puderzucker
1 EL Zitronensaft

Außerdem:
ca. 20 runde Oblaten
(9 cm Durchmesser)
150 g geschälte Mandeln oder
Haselnüsse zum Garnieren

1 Am Vortag für den Teig das Hirschhornsalz im Rum auflösen. Das Orangeat und das Zitronat möglichst fein hacken und mit den Mandeln, den Nüssen, dem Mehl, dem Lebkuchengewürz und 1 Prise Salz in einer Schüssel mischen.

2 Die Eiweiße in einer Schüssel zu einem cremigen Schnee schlagen, dabei nach und nach den Zucker einrieseln lassen.

3 Das Marzipan auf der Küchenreibe raspeln und in einer Schüssel mit etwas Eischnee glatt rühren. Das aufgelöste Hirschhornsalz unterrühren. Das Marzipan abwechselnd mit dem Eischnee unter die Mandel-Nuss-Mischung ziehen.

4 Zwei Backbleche mit Backpapier auslegen. Die Lebkuchenmasse kuppelförmig auf die Oblaten streichen und auf die Bleche setzen. Mit Mandeln oder Nüssen garnieren. Die Lebkuchen an einem trockenen Ort 24 Stunden ruhen lassen.

5 Am nächsten Tag den Backofen auf 170 °C vorheizen. Die Lebkuchen im Ofen auf der mittleren Schiene etwa 30 Minuten backen.

6 Inzwischen für die Glasur das Eiweiß mit dem Puderzucker und dem Zitronensaft in einer kleinen Schüssel glatt rühren. Die Lebkuchen aus dem Ofen nehmen, nur leicht abkühlen lassen und noch warm mit der Glasur bestreichen. Die Elisenlebkuchen halten sich kühl und trocken aufbewahrt 3 bis 4 Wochen.

MEIN TIPP

Die Lebkuchen gehen beim Backen gleichmäßiger auf und schmecken noch besser, wenn man die Masse vor dem Aufstreichen auf die Oblaten 2 bis 3 Tage im Kühlschrank durchziehen lässt. Besonders gut eignen sich zum Garnieren geschälte Mandeln: Dafür die Mandeln in einem Topf in Wasser etwa 2 Minuten köcheln lassen, in ein Sieb abgießen und so heiß wie möglich aus den Häutchen drücken.

GEWÜRZMISCHUNGEN

Schuhbecks Gewürzmischungen:

Apfelkuchen-Gewürz

Eine Mischung aus Zimt, Nelken, Muskatnuss, Ingwer, Rosenblütenblättern

Verwendung: Gibt Apfelkuchen und -strudel, aber auch anderem Gebäck und Heißgetränken eine feine Note. Eignet sich auch zum Würzen von herzhaften Gerichten wie Brühen, Hähnchengeschnetzeltem und Blumenkohl.

Arabisches Kaffeegewürz

Eine Mischung aus Kardamom, Zimt, Nelken, Piment, Muskatnuss, Vanille

Verwendung: Gibt Kaffee, Cappuccino und Co. sowie heißer Schokolade eine orientalische Note. Eignet sich auch für Desserts, Pralinen und Gebäck sowie für Obstsalat, Joghurt und Müsli.

Asiatisches Wokgewürz

Eine Mischung aus Kurkuma, Zwiebeln, Knoblauch, Chili, Zitronengras, Sichuanpfeffer, Ingwer, Kardamom, Rosa Pfefferbeeren, Zimt, Koriander, Curryblättern, Sternanis, Nelken

Verwendung: Würzt Wokgerichte, asiatische Suppen und Saucen.

Bayrisches Brathähnchen-Gewürz

Eine Mischung aus Meersalz, Paprika, Tomaten, Knoblauch, Rosmarin, Koriander, Fenchel, Chili, Senfmehl, Oregano

Verwendung: Sorgt bei gebratenem oder gegrilltem Hähnchen für eine unnachahmlich würzige Haut. Passt auch gut zu kurz gebratenem Fleisch (Kalb, Rind und Schwein).

Bratkartoffel-Gewürz

Eine Mischung aus Kümmel, Meersalz, Knoblauch, Zwiebeln, Koriander, schwarzem Pfeffer, Zitronenschale, Muskatnuss, Ingwer, Thymian, Oregano, Bohnenkraut, Majoran, Rosmarin, Kurkuma

Verwendung: Ideal für Bratkartoffeln, würzt aber auch Eintöpfe, Pürees, Gemüse, Nudel- und Reisgerichte.

Bruschetta-Gewürz

Eine Mischung aus Tomaten, Paprika, Knoblauch, Ingwer, Bohnenkraut, Mandeln, Chili, Koriander, Schnittlauch, Zimt, Nelken

Verwendung: Verfeinert italienische Brotaufstriche, Frischkäse, Tomatensauce, Nudelgerichte, Reis, Risotto, Minestrone und Lasagne.

GEWÜRZMISCHUNGEN

EINE AUSWAHL

Ente und Gans

Eine Mischung aus Majoran, Kümmel, Knoblauch, Ingwer, Koriander, Orangenschale, Apfel, Champignonpulver, Zimt, Beifuß, Schokoladenteewürzmischung (Kakaobohnen, Rotbuschtee, Apfel, Pfeffer, Ingwer, Zichorienwurzel, natürliches Aroma)

Verwendung: Perfekt für Geflügel, rundet jede Sauce zu Ente und Gans ab.

Fischgewürz zum Braten und Grillen

Eine Mischung aus Meersalz, Knoblauch, Ingwer, Koriander, Kurkuma, Paprika edelsüß, Chili, Fenchel, Thymian, Bohnenkraut, Majoran, Oregano, Rosmarin

Verwendung: Gibt nicht nur gebratenem und gegrilltem Fisch, sondern auch Saucen und Marinaden einen mediterranen Touch.

Karibisches Scampi- & Fischgewürz

Eine Mischung aus Kurkuma, Paprika edelsüß, Senfkörnern, Knoblauch, Kreuzkümmel, Kardamom, Chili, Ingwer, Zwiebeln

Verwendung: Eignet sich bestens für Scampi, Garnelen, Hummer, Langusten und Muscheln und gibt auch Geflügel einen Hauch von Exotik.

Schuhbeck Curry mild

Eine Mischung aus Kurkuma, Koriander, Senfmehl, Paprika, Zwiebeln, Kümmel, Kardamom, Zimt, Muskatnuss, Chili, Knoblauch, Fenchel, Rosmarin, Piment, Nelken, Kreuzkümmel, Bockshornklee, Vanille

Verwendung: Allrounder für Fleisch- und Fischgerichte. Würzt Saucen, Suppen, Eintöpfe, Gemüse und Reis.

Schuhbecks Nudelgewürz

Eine Mischung aus Tomaten, Knoblauch, Paprika edelsüß, Ingwer, Maisstärke, Bohnenkraut, Mandeln, Chili, Zwiebeln, Koriander, Schnittlauch, Sellerie, Vanille, Zimt, Muskatnuss, Nelken

Verwendung: Gibt Tomatensuppen und -saucen, Nudelgerichten, Reis, Risotto, Lasagne, Frischkäse, Gratins und Hackfleisch das gewisse Etwas.

Schuhbecks Steak- und Grillgewürz

Eine Mischung aus Meersalz, Knoblauch, Paprika edelsüß, Kurkuma, Koriander, schwarzem Pfeffer, Kardamom, Senfkörnern, Ingwer, Zimt, Zucker, Thymian, Rosa Pfefferbeeren, Kaffeebohnen, Oregano, Majoran, Bohnenkraut, Rosmarin

Verwendung: Zum Würzen von Grillfleisch, Steaks und Gemüsespießen.

REGISTER

An der Gräte gebratener Steinbutt mit Fenchel-Kartoffel-Püree 258

Anis 16/17
Aniskekse mit Kakao und Fenchel 364
Gedämpfte Muscheln in Anis-Ingwer-Sud 274
Oktopus-Sülze mit Fenchel 160

Äpfel
Apfelkuchen mit Mandelbaiser 360
Brät-Maultaschen auf Rahmkraut mit Chili-Apfel 210
Gewürzäpfel mit Walnüssen auf Buttermilchpfannkuchen 342
Schweinefilet mit Arganöl und Kaffeesalz auf Apfelrahmkraut 280

Aprikosen
Aprikosensenf 168
Lammeintopf mit Marzipan 190
Pfiffiges Bayerisch Kraut mit Chili 232

Arabische Gewürzbutter 144

Arabischer Gewürzzucker 143

Asiatisch gebeizter Lachs mit Wasabi-Dip 154

Avocado
Gefüllte Kalamari mit Jakobsmuscheln und Avocado 271
Avocado-Aufstrich mit Wasabi und Koriander 165

Bandnudeln, grüne, mit Kalbsleber-Birnen-Ragout 208

Barbarie-Entenbrust mit Karotten-Koriander-Gemüse 316

Barbecue-Sauce, Roastbeef mit Bratkartoffeln und 288

Bärlauch 18/19
Fenchel-Bärlauch-Spinat 262

Basilikum 20/21
Chili-Vanille-Nudeln mit Erdnüssen und Basilikum 204
Gebratene Meeresfrüchte auf Tomatengelee mit Basilikumrahm 158
Italienisches Kartoffelgemüse mit Oliven und Basilikum 226

Bayerisch Kraut, pfiffiges, mit Chili und Aprikosen 232

Beifuß 22/23

Birnen
Fenchelrisotto mit Gorgonzola und Birne 217
Grüne Bandnudeln mit Kalbsleber-Birnen-Ragout 208
Rote-Bete-Carpaccio mit gebratenen Birnenspalten 153

Blumenkohlsuppe mit Ras-el-Hanout 183

Blutorangen-Tarte mit Sternanis und Ingwer 353

Bockshornklee 24/25
Grünes Gemüsecurry mit Minze und Bockshornklee 237

Bohnen
Gedämpfte Lammlaiberl mit Bohnen-Kräuter-Pesto 301
Gepökelte Kalbszunge auf lauwarmem Dill-Bohnen-Salat 161
Soufflierter Steckerlfisch auf Bohnen-Tomaten-Salat 256

Bohnenkraut 26/27
Lammrückenfilets auf Bohnenkraut-Polenta 299
Tomatennudeln mit Zucchini und Bohnenkraut 203

Bouillabaisse mit Rouille 195

Bratkartoffelsalat, lauwarmer, mit Steinpilzen und Kümmel 224

Brät-Maultaschen auf Rahmkraut mit Chili-Apfel 210

Braune Butter 139

Brotzeitgewürz für die Mühle 141

Bunte Pfeffermühle (Gewürzmischung) 141

Buntes Pfannengemüse mit Rosmarin 228

Buttermilch
Gewürzäpfel mit Walnüssen auf Buttermilchpfannkuchen 342
Kräuterbackhendl mit Buttermilch-Remoulade 312
Marinierter Thunfisch mit Holunder-Buttermilch-Schaum 150

Caserecce mit Steinpilzen und Liebstöckel 202

Champagnertrüffeln mit Wodka und Safran 366

Chili
Chili-Apfel, Brät-Maultaschen mit 210
Chili con Carne mit Zucchini und Paprika 193
Chili-Croûtons 182
Chili-Fleischpflanzerl mit Aprikosensenf 168
Chili-Minze-Dip 227
Chilipulver 28/29
Chili-Schoko-Zucker 143
Chilischoten 30/31, 137
Chili-Vanille-Nudeln mit Erdnüssen und Basilikum 204
Chili-Vanille-Salz 142
Sauerrahm-Chili-Creme 328
Schokoladencreme mit Chili und Zimt 340

Crème brulée mit Lavendel und Fenchel 326

Curry
Curryblätter 32/33
Currypulver 34/35
Fenchel-Curry-Suppe mit Rostbratwürsteln 186
Grünes Gemüsecurry mit Minze und Bockshornklee 237
Jakobsmuscheln mit Mango auf Curryschaum 162

Paprika-Garnelen-Curry mit Frühlingszwiebeln und Zucchini 266

Rotes Wallercurry mit Weißkraut und Cocktailtomaten 264

Dill 36/37
Gebratene Lachs-Zander-Strudel mit Honig-Senf-Dill-Sauce 248
Gepökelte Kalbszunge auf lauwarmem Dill-Bohnen-Salat 161
Knuspriger Kartoffelwaller auf Dillgurken mit Zitronensauce 246
Lammpilaw mit Kreuzkümmel und Dill 220

Echter Pfeffer 86/87
Elisenlebkuchen mit Marzipan und Rum 368

Entenbrust
Barbarie-Entenbrust mit Karotten-Koriander-Gemüse 316
Geräucherte Entenbrust auf Vanillekürbis 170

Estragon 38/39
Estragon-Senf-Sauce 315
Klare Spargelsuppe mit Schinkenknödeln und Estragon 174

Fasan
Zweierlei vom Fasan mit Berglinsen und Speck 314

Fenchel 40/41
An der Gräte gebratener Steinbutt mit Fenchel-Kartoffel-Püree 258
Aniskekse mit Kakao und Fenchel 364
Crème brulée mit Lavendel und Fenchel 326
Fenchel-Curry-Suppe mit Rostbratwürsteln 186
Fenchelöl mit Zitrone und Orange 147
Fenchelrisotto mit Gorgonzola und Birne 217
Gebratene Seezungen auf Fenchel-Orangen-Salat 263
Gemüsepizza mit Fenchel, Artischocken und Pilzen 241
Oktopus-Sülze mit Fenchel und Anis 160
Rotbarbe mit Kurkuma-Ingwer-Butter und Fenchel-Bärlauch-Spinat 262
Wolfsbarsch in der Folie mit Fenchel und Lavendelblüten 268

Feuriger Gemüseeintopf mit Paprikawurst 192

Fischgewürz für die Mühle 140

Fladenbrot, orientalisches, mit Kichererbsen-Dip 167

Flammkuchen mit Kabanossi 171

Forellenaufstrich mit Frischkäse und Kapern 165

REGISTER

Frischkäse-Thymian-Ravioli mit Tomaten-Kardamom-Sauce 212

Galgant 42/43
Garam Masala (Tipp) 221
Garnelen
Kichererbsenpilaw mit Joghurt-garnelen 221
Paprika-Garnelen-Curry 266
Tomatensuppe mit Zimt und Garnelen 194
Gebackener Fisch mit Paprika-Remoulade 270
Gebackenes Gemüse mit zweierlei Dips 230
Gebratene Kalamari mit Frühlingszwiebeln und Kardamom 272
Gebratene Lachs-Zander-Strudel mit Honig-Senf-Dill-Sauce 248
Gebratene Meeresfrüchte auf Tomatengelee mit Basilikumrahm 158
Gebratene Seezungen auf Fenchel-Orangen-Salat 263
Gebratener Zander auf geräuchertem Linsenfond 250
Gedämpfte Lammlaiberl mit Bohnen-Kräuter-Pesto 301
Gedämpfte Muscheln in Anis-Ingwer-Sud 274
Gefüllte Kalamari mit Jakobsmuscheln und Avocado 271
Gefüllte Paprika mit Lamm und Safran-sauce 302
Gegrillte Wassermelone mit Sauerrahm-Orangen-Eis 334
Gegrillter Spanferkelrücken mit Gewürzbutter 284
Gemüse, gebackenes, mit zweierlei Dips 230
Gemüseeintopf, feuriger, mit Paprika-wurst 192
Gepökelte Kalbszunge auf lauwarmem Dill-Bohnen-Salat 161
Geräucherte Entenbrust auf Vanille-kürbis 170
Geschmorte Kalbshaxe mit Kräuter-Salsa 289
Geschmorte Lammrouladen mit orientalischen Gewürzen 300
Geschmorte Rinderschulter mit geröstetem Sternanis 290
Geschmorter rosa Kalbstafelspitz in Zitronengras-Sauce 294
Gesottene Kalbsschulter mit Liebstöckel-Petersilien-Pesto 295
Gewürzäpfel mit Walnüssen auf Buttermilchpfannkuchen 342
Gewürzbutter 144, 284, 299
Arabische Gewürzbutter 144
Spanische Lavendelbutter 144
Wacholderbutter 144
Gewürzgugelhupf mit Rotwein 356

Gewürzkrustenbraten auf Schmor-gemüse 282
Gewürzmischungen 140/141
Bunte Pfeffermühle 141
Brotzeitgewürz für die Mühle 141
Fischgewürz für die Mühle 140
Mischungen für die Mühle 140/141
Steak- und Grillgewürz (Mühle) 140
Süße Mühle 141
Gewürznelken 44/45
Hibiskus-Eistee mit Nelken und Zimt 337
Rotwein-Granité mit Nelken und Cassislikör 336
Schwarze Nüsse mit Nelken und Muskatnuss 233
Gewürzöl 146/147
Fenchelöl mit Zitrone und Orange 147
Ingwer-Knoblauch-Öl mit Vanille 147
Mediterranes Gewürzöl 146
Paprikaöl 147
Zitronengrasöl mit Ingwer 146
Gewürzrisotto mit Auberginen und Zucchini 216
Gewürzsäckchen binden 137
Gewürzsalze 142
Chili-Vanille-Salz 142
Kaffeesalz 142
Kräutersalz 142
Granatapfelkerne 218
Grillgewürz aus der Mühle 140
Grüne Bandnudeln mit Kalbsleber-Birnen-Ragout 208
Grünes Gemüsecurry mit Minze und Bockshornklee 237
Gugelhupf, Gewürz-, mit Rotwein 356
Gulasch, Szegediner, mit Sauerkraut und Zitronenschmand 285
Gulaschgewürz 189
Gulaschsuppe mit geräuchertem Paprika und Chili 189
Gurken-Ingwer-Salat, Saibling-Rouladen auf 254

Hähnchen
Hähnchenbrust in Biermarinade 309
Hähnchenbrust in Parmesan-Kardamom-Mantel 309
Hähnchenkeulen mit Zimt und Orange 308
Juwelenreis mit Hähnchenbrust und Safran 218
Kokos-Zitronengras-Suppe mit Kaffir-limettenblättern 188
Kräuterbackhendl mit Buttermilch-Remoulade 312
Orientalische Hähnchenkeulen auf Ofenkartoffeln 306
Reisfleisch Louisiana mit Paprika und Frühlingszwiebeln 313
Harissa-Gnocchi mit Mohnbutter 206

Heidelbeeren
Kokos-Milchreis mit Heidelbeeren 346
Heidelbeer-Tarte mit weißem Gewürztee 352
Heilbutt auf Vanillespinat mit Tomaten-Kapern-Salsa 259
Herbstliches Rettichgemüse mit karamellisiertem Apfelessig 232
Hibiskus-Eistee mit Nelken und Zimt 232
Hirsch
Hirschfiletspitzen in Wacholder-Zimt-Rahmsauce 320
Hirschrücken mit Sellerie-Vanille-Püree 318
Hochrippe mit dreierlei Dips 292
Holunderblütengelee, Sauerrahm-Chili-Creme mit 328
Holunder-Buttermilch-Schaum, Marinierter Thunfisch mit 150
Hühnerleber-Ravioli mit Sichuanpfeffer und Paprikapesto 211

Ingwer 46/47
Blutorangen-Tarte mit Sternanis und Ingwer 353
Gedämpfte Muscheln in Anis-Ingwer-Sud 274
Ingwer-Eistee mit Orange und Minze 337
Ingwer-Knoblauch-Öl mit Vanille 147
Kurkuma-Ingwer-Butter 262
Rindertatar mit mariniertem Ingwer und geröstetem Bauernbrot 152
Saibling-Rouladen auf Gurken-Ingwer-Salat 254
Italienische Kräuterbutter 145
Italienisches Kartoffelgemüse mit Oliven und Basilikum 226

Joghurtgarnelen, Kichererbsenpilaw mit 221
Johannisbeer-Muffins mit Joghurt und Vanille 359
Juwelenreis mit Hähnchenbrust und Safran 218

Kaffeesalz 142
Schweinefilet mit Arganöl und Kaffeesalz auf Apfelrahmkraut 280
Kaffirlimettenblätter 48/49
Kokos-Zitronengras-Suppe mit Kaffir-limettenblättern 188
Kalamari
Gebratene Kalamari mit Frühlingszwiebeln und Kardamom 272
Gefüllte Kalamari mit Jakobsmuscheln und Avocado 271
Kalb
Chili-Fleischpflanzerl mit Aprikosen-senf 168
Gepökelte Kalbszunge auf lauwarmem Dill-Bohnen-Salat 161

373

REGISTER

Geschmorte Kalbshaxe mit Kräuter-Salsa 289

Geschmorter rosa Kalbstafelspitz in Zitronengras-Sauce 294

Gesottene Kalbsschulter mit Liebstöckel-Petersilien-Pesto 295

Grüne Bandnudeln mit Kalbsleber-Birnen-Ragout 208

Kalbfleischbällchen in Kardamom-Zitronen-Sauce 296

Kalbfilet in der Brotkruste mit Rotweinsauce 298

Kaninchen

Wirsingkrautwickerl vom Kaninchen mit Estragon-Senf-Sauce 315

Karamellschnitten mit Schokolade und Schwarzkümmel 365

Kardamom 50/51

Frischkäse-Thymian-Ravioli mit Tomaten-Kardamom-Sauce 212

Gebratene Kalamari mit Frühlingszwiebeln und Kardamom 272

Hähnchenbrust in Parmesan-Kardamom-Mantel 309

Kalbfleischbällchen in Kardamom-Zitronen-Sauce 296

Orientalische Linsen-Kokos-Tarte mit Kreuzkümmel und Kardamom 240

Schokoladen-Tarte mit Mandeln und Kardamom 350

Verarbeitung 138

Karotten-Koriander-Gemüse, Barbarie-Entenbrust mit 316

Kartoffeln

An der Gräte gebratener Steinbutt mit Fenchel-Kartoffel-Püree 258

Grünes Gemüsecurry mit Minze und Bockshornklee 237

Hirschrücken mit Sellerie-Vanille-Püree 318

Kartoffelgemüse, italienisches, mit Oliven und Basilikum 226

Kartoffelgulasch mit Wiener Würstchen 236

Kartoffelkäs mit Schnittlauch 166

Kartoffelsuppe mit Edelpilzkäse und Walnüssen 176

Kartoffelwaller, knuspriger, auf Dillgurken mit Zitronensauce 246

Lauwarmer Bratkartoffelsalat mit Steinpilzen und Kümmel 224

Mit Kümmel gebratene Lotte auf Kartoffel-Majoran-Sauce 260

Orientalische Hähnchenkeulen auf Ofenkartoffeln 306

Roastbeef mit Bratkartoffeln und Barbecue-Sauce 288

Würzige Reiberdatschi mit Majoran und Chili 226

Kerbel 52/53

Kichererbsen

Kichererbsen-Dip, Orientalisches Fladenbrot mit 167

Kichererbsenpflanzerl mit Chili-Minze-Dip 227

Kichererbsenpilaw mit Joghurtgarnelen 221

Klare Spargelsuppe mit Schinkenknödeln und Estragon 174

Knoblauch 54/55

Knuspriger Kartoffelwaller auf Dillgurken mit Zitronensauce 246

Kokos

Kokos-Milchreis mit Heidelbeeren 346

Kokos-Zitronengras-Suppe mit Kaffirlimettenblättern 188

Orientalische Linsen-Kokos-Tarte mit Kreuzkümmel und Kardamom 240

Spinatsuppe mit Knoblauch und Kokos-Chips 178

Kopfsalat-Erbsen-Suppe mit geräuchertem Saibling 177

Koriander 56/57

Avocado-Aufstrich mit Wasabi und Koriander 165

Barbarie-Entenbrust mit Karotten-Koriander-Gemüse 316

Orangen-Koriander-Stangen mit Schokolade und Honig 367

Kraut (Kohl)

Brät-Maultaschen auf Rahmkraut mit Chili-Apfel 210

Pfiffiges Bayerisch Kraut mit Chili und Aprikosen 232

Rotes Wallercurry mit Weißkraut und Cocktailtomaten 264

Schweinefilet mit Arganöl und Kaffeesalz auf Apfelrahmkraut 280

Szegediner Gulasch mit Sauerkraut und Zitronenschmand 285

Wirsingkrautwickerl vom Kaninchen mit Estragon-Senf-Sauce 315

Zander-Krautwickerl mit Safran-Limetten-Sauce 249

Kräuter

Kräuteraufstrich mit Quark und Leinöl 166

Kräuterbackhendl mit Buttermilch-Remoulade 312

Kräuterrührei mit Räucheraal und Meerrettichrahm 156

Kräuter- und Gewürzbutter

Italienische Kräuterbutter 145

Orientalische Gewürzbutter 145

Senfbutter 145

Kräutersalz 142

Kreuzkümmel 58/59

Lammpilaw mit Kreuzkümmel und Dill 220

Orientalische Linsen-Kokos-Tarte mit Kreuzkümmel und Kardamom 240

Kubebenpfeffer 60/61

Kümmel 62/63

Lauwarmer Bratkartoffelsalat mit Steinpilzen und Kümmel 224

Mit Kümmel gebratene Lotte auf Kartoffel-Majoran-Sauce 260

Kürbis

Geräucherte Entenbrust auf Vanillekürbis 170

Paprika-Kürbis-Suppe mit Knoblauch-Croûtons 184

Kurkuma 64/65

Kurkuma-Ingwer-Butter 262

Lachs

Lachs, asiatisch gebeizter, mit Wasabi-Dip 154

Fischpflanzerl mit buntem Blattsalat 252

Lachs-Zander-Strudel, gebratene, mit Honig-Senf-Dill-Sauce 248

Lamm

Lammlaiberl, gedämpfte, mit Bohnen-Kräuter-Pesto 301

Paprika, gefüllte, mit Lamm und Safransauce 302

Lammrouladen, geschmorte, mit orientalischen Gewürzen 300

Lammeintopf mit Marzipan und Aprikosen 190

Lammpilaw mit Kreuzkümmel und Dill 220

Lammrückenfilets auf Bohnenkraut-Polenta 299

Langer Pfeffer 88/89, 137

Lauwarmer Bratkartoffelsalat mit Steinpilzen und Kümmel 224

Lavendel 66/67

Lavendelbutter, spanische 144

Crème brulée mit Lavendel und Fenchel 326

Wolfsbarsch in der Folie mit Fenchel und Lavendelblüten 268

Leber

Grüne Bandnudeln mit Kalbsleber-Birnen-Ragout 208

Hühnerleber-Ravioli mit Sichuanpfeffer und Paprikapesto 211

Liebstöckel 68/69

Caserecce mit Steinpilzen und Liebstöckel 202

Gesottene Kalbsschulter mit Liebstöckel-Petersilien-Pesto 295

Linguine mit arabischem Sugo 207

Linsen

Gebratener Zander auf geräuchertem Linsenfond 250

Orientalische Linsen-Kokos-Tarte mit Kreuzkümmel und Kardamom 240

Zweierlei vom Fasan mit Berglinsen und Speck 314

REGISTER

Litschi-Eis mit Rosa Pfefferbeeren 336
Lorbeer 70/71
Lotte, mit Kümmel gebratene, auf Kartoffel-Majoran-Sauce 260

Majoran 72/73
  Mit Kümmel gebratene Lotte auf
  Kartoffel-Majoran-Sauce 260
  Würzige Reiberdatschi mit Majoran
  und Chili 226
Mandeln
  Apfelkuchen mit Mandelbaiser 360
  Mandel-Knoblauch-Dip 230
  Safran-Mandel-Suppe mit Chili-
  Croûtons 182
  Schokoladen-Tarte mit Mandeln und
  Kardamom 350
Maracuja-Parfait mit Rosenblüten-
  Karamell-Blättern 333
Marinierter Thunfisch mit Holunder-
  Buttermilch-Schaum 150
Mariniertes Schweinekotelett mit Pfeffer
  und Piment 281
Marmorierte Salzburger Nockerln mit
  Gewürzmirabellen 344
Maronensuppe mit Portwein und Schoko-
  lade 180
Mediterranes Gewürzöl 146
Meeresfrüchte, gebratene, auf Tomaten-
  gelee mit Basilikumrahm 158
Meerrettich 74/75
  Kräuterrührei mit Räucheraal und
  Meerrettichrahm 156
Minzepesto 200
Mit Kümmel gebratene Lotte auf Kartoffel-
  Majoran-Sauce 260
Mohn 76/77
  Harissa-Gnocchi mit Mohnbutter 206
Mohr im Hemd mit Gewürzsahne 341
Muscheln
  Bouillabaisse mit Rouille 195
  Muscheln, gedämpfte, in Anis-Ingwer-
  Sud 274
  Gefüllte Kalamari mit Jakobsmuscheln
  und Avocado 271
  Jakobsmuscheln mit Mango auf
  Curryschaum 162
Muskatnuss 78/79
  Muskatnüsse mit Vanille 367
  Quarkstollen mit Muskatblüte 358
  Schwarze Nüsse mit Nelken und
  Muskatnuss 233

Nüsse
  Chili-Vanille-Nudeln mit Erdnüssen 204
  Gewürzäpfel mit Walnüssen auf Butter-
  milchpfannkuchen 342
  Kartoffelsuppe mit Edelpilzkäse und
  Walnüssen 176
  Schwarze Nüsse mit Nelken und
  Muskatnuss 233

Ofenkartoffeln, Orientalische Hähnchen-
  keulen auf 306
Offene Saibling-Lasagne mit Wok-
  gemüse 253
Oktopus-Sülze mit Fenchel und Anis 160
Orangen
  Blutorangen-Tarte mit Sternanis und
  Ingwer 353
  Gebratene Seezungen auf Fenchel-
  Orangen-Salat 263
  Gegrillte Wassermelone mit Sauerrahm-
  Orangen-Eis 334
  Hähnchenkeulen mit Zimt und
  Orange 308
  Ingwer-Eistee mit Orange 337
  Orangenblätter mit Sesam-Mousse 332
  Orangen-Koriander-Stangen mit
  Schokolade und Honig 367
  Orangenzucker 143
Oregano 80/81
Orientalische Gewürzbutter 145
Orientalische Hähnchenkeulen auf Ofen-
  kartoffeln 306
Orientalische Linsen-Kokos-Tarte mit
  Kreuzkümmel und Kardamom 240
Orientalisches Fladenbrot mit Kicher-
  erbsen-Dip 167

Paprika
  Chili con Carne mit Zucchini und
  Paprika 193
  Paprika, gefüllte, mit Lamm und Safran-
  sauce 302
  Gulaschsuppe mit geräuchertem
  Paprika und Chili 189
  Paprika-Garnelen-Curry mit Frühlings-
  zwiebeln und Zucchini 266
  Paprika-Kürbis-Suppe mit Knoblauch-
  Croûtons 184
  Paprikaöl 147
  Paprikapesto 200, 211
  Paprikapulver 82/83
  Paprika-Remoulade 270
  Reisfleisch Louisiana mit Paprika und
  Frühlingszwiebeln 313
  Spareribs in Tomaten-Paprika-
  Marinade 281
  Würzige Gemüse-Tarte mit Kidney-
  bohnen und Paprika 238
Perlhuhnbrust auf Kolonialsauce 310
Persische Rosen-Safran-Creme mit
  marinierten Feigen 330

Petersilie 84/85
Pfannengemüse, buntes, mit
  Rosmarin 228
Pfeffer, Echter 86/87
Pfeffer, Langer 88/89, 137
Pfefferbeeren, Rosa 90/91

Pfefferminze 92/93
  Grünes Gemüsecurry mit Minze 237
  Ingwer-Eistee mit Orange und
  Minze 337
  Kichererbsenpflanzerl mit Chili-Minze-
  Dip 227
  Minzepesto 200
Pfiffiges Bayerisch Kraut mit Chili und
  Aprikosen 232
Piment 94/95
  Mariniertes Schweinekotelett mit
  Pfeffer und Piment 281
Pistazien
  Pistazienrisotto mit gebratener
  Rotbarbe 214
  Schoko-Cookies mit Pistazien und Rosa
  Pfefferbeeren 364

Quark
  Kräuteraufstrich mit Quark und
  Leinöl 166
  Quarkstollen mit Muskatblüte 358

Räucheraal, Kräuterrührei mit 156
Ras-el-Hanout, Blumenkohlsuppe mit 183
Ravioli
  Frischkäse-Thymian-Ravioli mit
  Tomaten-Kardamom-Sauce 212
  Hühnerleber-Ravioli mit Sichuanpfeffer
  und Paprikapesto 211
Reh
  Rehpfeffer mit Dattel-Couscous 321
  Rehrücken im Riesenchampignon auf
  Wirsing mit weißer Pfeffersauce 322
Reiberdatschi, würzige, mit Majoran und
  Chili 226
Reisfleisch Louisiana mit Paprika und
  Frühlingszwiebeln 313
Remoulade
  Gebackener Fisch mit Paprika-
  Remoulade 270
  Kräuterbackhendl mit Buttermilch-
  Remoulade 312
Rettichgemüse, herbstliches, mit
  karamellisiertem Apfelessig 232
Riesenchampignon, Rehrücken im, auf
  Wirsing mit weißer Pfeffersauce 322
Rind
  Chili con Carne mit Zucchini und
  Paprika 193
  Gulaschsuppe mit geräuchertem
  Paprika und Chili 189
  Hochrippe mit dreierlei Dips 292
  Rinderfiletsteaks mit Tomaten und
  Estragon 286
  Rinderschulter, geschmorte, mit gerös-
  tetem Sternanis 290
  Rindertatar mit mariniertem Ingwer und
  geröstetem Bauernbrot 152
  Roastbeef mit Bratkartoffeln und
  Barbecue-Sauce 288

375

REGISTER

Risotto
Fenchelrisotto 217
Gewürzrisotto 216
Pistazienrisotto 214
Rosa Pfefferbeeren 90/91
Litschi-Eis mit Rosa Pfefferbeeren 336
Schoko-Cookies mit Pistazien 364
Rosenblüten-Karamell-Blätter, Maracuja-Parfait mit 333
Rosen-Safran-Creme, persische, mit marinierten Feigen 330
Rosmarin 96/97
Buntes Pfannengemüse mit Rosmarin 228
Rotbarbe
Pistazienrisotto mit gebratener Rotbarbe 214
Rotbarbe mit Kurkuma-Ingwer-Butter und Fenchel-Bärlauch-Spinat 262
Rote-Bete-Carpaccio mit gebratenen Birnenspalten 153
Rotes Wallercurry mit Weißkraut und Cocktailtomaten 264
Rotwein-Granité mit Nelken und Cassislikör 336
Rouille, Bouillabaisse mit 195

Safran 98/99
Champagnertrüffeln mit Wodka und Safran 366
Gefüllte Paprika mit Lamm und Safransauce 302
Juwelenreis mit Hähnchenbrust 218
Persische Rosen-Safran-Creme mit marinierten Feigen 330
Safrangrießnockerl auf Pfifferling-Spargel-Gemüse 234
Safran-Mandel-Suppe mit Chili-Croûtons 182
Zander-Krautwickerl mit Safran-Limetten-Sauce 249
Saibling
Kopfsalat-Erbsen-Suppe mit geräuchertem Saibling 177
Saibling-Lasagne, offene, mit Wok-gemüse 253
Saibling-Rouladen auf Gurken-Ingwer-Salat 254
Salbei 100/101
Salz 102/103
Salzburger Nockerl, marmorierte, mit Gewürzmirabellen 344
Sauerampfer 104/105
Sauerkraut, Szegediner Gulasch mit 285
Sauerrahm-Chili-Creme mit Holunderblütengelee 328
Schafskäse, Tomatensalat mit mariniertem 157
Schnittlauch 106/107
Schoko-Cookies mit Pistazien und Rosa Pfefferbeeren 364

Schokoladencreme mit Chili und Zimt 340
Schokoladen-Fondue mit Kaffee-Eis und Zimtwaffeln 338
Schokoladen-Tarte mit Mandeln und Kardamom 350
Schwarze Nüsse mit Nelken und Muskatnuss 233
Schwarzkümmel 108/109
Karamellschnitten mit Schokolade und Schwarzkümmel 365
Schwein
Chili-Fleischpflanzerl mit Aprikosensenf 168
Gegrillter Spanferkelrücken mit Gewürzbutter 284
Gewürzkrustenbraten auf Schmorgemüse 282
Mariniertes Schweinekotelett mit Pfeffer und Piment 281
Schweinefilet mit Arganöl und Kaffeesalz auf Apfelrahmkraut 280
Schweinemedaillons aus dem Gewürzsud mit Wasabi-Pesto 278
Spareribs in Tomaten-Paprika-Marinade 281
Szegediner Gulasch mit Sauerkraut und Zitronenschmand 285
Seezungen, gebratene, auf Fenchel-Orangen-Salat 263
Sellerie-Vanille-Püree 318
Senf 110/111
Senfbutter 145
Sesam 112/113
Orangenblätter mit Sesam-Mousse 332
Sichuanpfeffer 114/115
Hühnerleber-Ravioli mit Sichuanpfeffer und Paprikapesto 211
Soufflierter Steckerlfisch auf Bohnen-Tomaten-Salat 256
Spanferkelrücken, gegrillter, mit Gewürzbutter 284
Spanische Lavendelbutter 144
Spareribs in Tomaten-Paprika-Marinade 281
Spargel
Safrangrießnockerl auf Pfifferling-Spargel-Gemüse 234
Klare Spargelsuppe mit Schinkenknödeln und Estragon 174
Spinat
Heilbutt auf Vanillespinat mit Tomaten-Kapern-Salsa 259
Rotbarbe mit Kurkuma-Ingwer-Butter und Fenchel-Bärlauch-Spinat 262
Spinatsuppe mit Knoblauch und Kokos-Chips 178
Steakgewürz 140
Steckerlfisch, soufflierter, auf Bohnen-Tomaten-Salat 256
Steinbutt, an der Gräte gebratener, mit Fenchel-Kartoffel-Püree 258

Steinpilze
Caserecce mit Steinpilzen und Liebstöckel 202
Lauwarmer Bratkartoffelsalat mit Steinpilzen und Kümmel 224
Sternanis 116/117
Blutorangen-Tarte mit Sternanis und Ingwer 353
Geschmorte Rinderschulter mit geröstetem Sternanis 290
Strudel
Gebratene Lachs-Zander-Strudel mit Honig-Senf-Dill-Sauce 248
Gemüsestrudel mit Thunfischsauce 242
Süße Mühle (Gewürzmischung) 141
Szegediner Gulasch mit Sauerkraut und Zitronenschmand 285

Tarte
Blutorangen-Tarte mit Sternanis und Ingwer 353
Heidelbeer-Tarte mit weißem Gewürztee 352
Orientalische Linsen-Kokos-Tarte mit Kreuzkümmel und Kardamom 240
Schokoladen-Tarte mit Mandeln und Kardamom 350
Würzige Gemüse-Tarte mit Kidneybohnen und Paprika 238
Thunfisch
Gemüsestrudel mit Thunfischsauce 242
Thunfisch, marinierter, mit Holunder-Buttermilch-Schaum 150
Thymian 118/119
Frischkäse-Thymian-Ravioli mit Tomaten-Kardamom-Sauce 212
Tomaten
Frischkäse-Thymian-Ravioli mit Tomaten-Kardamom-Sauce 212
Gebratene Meeresfrüchte auf Tomatengelee mit Basilikumrahm 158
Linguine mit arabischem Sugo 207
Rinderfiletsteaks mit Tomaten und Estragon 296
Rotes Wallercurry mit Weißkraut und Cocktailtomaten 264
Soufflierter Steckerlfisch auf Bohnen-Tomaten-Salat 256
Spareribs in Tomaten-Paprika-Marinade 281
Tomaten-Ciabatta mit schwarzer Tapenade 164
Tomatennudeln mit Zucchini und Bohnenkraut 203
Tomatensalat mit mariniertem Schafskäse 157
Tomatensuppe mit Zimt und Garnelen 194
Tonkabohnen 358

376

REGISTER

Vanille 120/121
Chili-Vanille-Nudeln mit Erdnüssen und
Basilikum 204
Geräucherte Entenbrust auf Vanille-
kürbis 170
Heilbutt auf Vanillespinat mit Tomaten-
Kapern-Salsa 259
Johannisbeer-Muffins mit Joghurt und
Vanille 359
Muskatnüsse mit Vanille 367
Sellerie-Vanille-Püree 318
Vanilleschoten verarbeiten 138

Wacholder 122/123
Hirschfiletspitzen in Wacholder-Zimt-
Rahmsauce 320
Wacholderbutter 144

Waldmeister 124/125
Waldmeister-Savarins mit Sabayon und
Erdbeeren 345

Waller
Knuspriger Kartoffelwaller auf Dill-
gurken mit Zitronensauce 246
Wallercurry, rotes, mit Weißkraut und
Cocktailtomaten 264

Walnüsse
Gewürzäpfel mit Walnüssen auf Butter-
milchpfannkuchen 342
Kartoffelsuppe mit Edelpilzkäse und
Walnüssen 176

Wasabi 126/127
Asiatisch gebeizter Lachs mit Wasabi-
Dip 154
Avocado-Aufstrich mit Wasabi und
Koriander 165
Schweinemedaillons aus dem Gewürz-
sud mit Wasabi-Pesto 278
Wassermelone, gegrillte, mit Sauerrahm-
Orangen-Eis 334
Wiener Würstchen, Kartoffelgulasch
mit 236
Wildgewürzmischung 319
Wildkabeljau mit Peperoni-Grünkohl-
Gemüse 267

Wirsing
Rehrücken im Riesenchampignon
auf Wirsing mit weißer Pfeffersauce 322
Wirsingkrautwickerl vom Kaninchen mit
Estragon-Senf-Sauce 315
Wolfsbarsch in der Folie mit Fenchel und
Lavendelblüten 268
Würzige Gemüse-Tarte mit Kidneybohnen
und Paprika 238
Würzige Reiberdatschi mit Majoran und
Chili 226

Zander
Lachs-Zander-Strudel, gebratene, mit
Honig-Senf-Dill-Sauce 248
Zander, gebratener, auf geräuchertem
Linsenfond 250
Zander-Krautwickerl mit Safran-
Limetten-Sauce 249

Zimt 128/129
Hähnchenkeulen mit Zimt 308
Hibiskus-Eistee mit Nelken und
Zimt 337
Hirschfiletspitzen in Wacholder-Zimt-
Rahmsauce 320
Schokoladencreme 340
Tomatensuppe mit Zimt 194
Zimtroulade mit Kirschkompott 354
Zimtwaffeln 338

Zitronengras 130/131
Geschmorter rosa Kalbstafelspitz in
Zitronengras-Sauce 294
Kokos-Zitronengras-Suppe mit Kaffir-
limettenblättern 188
Zitronengrasöl mit Ingwer 146

Zitronenmelisse 132/133

Zucchini
Chili con Carne mit Zucchini 193
Gewürzrisotto mit Auberginen und
Zucchini 216
Paprika-Garnelen-Curry mit Frühlings-
zwiebeln und Zucchini 266
Tomatennudeln mit Zucchini 203

Zuckermischungen 143
Arabischer Gewürzzucker 143
Chili-Schoko-Zucker 143
Orangenzucker 143

Zweierlei vom Fasan mit Berglinsen und
Speck 314
Zwetschgenkuchen aus dem Glas mit
kandiertem Ingwer 362

BILDNACHWEIS

Jana Liebenstein: Umschlagklappe
hinten, S. 6, 7, 13

StockFood/Eising: S. 11; StockFood/
P. A. Eising: Vorsatz und Nachsatz;
StockFood/Losito & Losito: S. 9, 12;
StockFood/Maximilian Stock Ltd: S. 10

WILLKOMMEN BEI ALFONS SCHUHBECK!

Alfons Schuhbecks Sterne-Restaurant »Südtiroler Stuben« liegt am Platzl, dem
berühmtesten Platz Münchens. Hier finden Sie auch seine Kochschule, sein Wein-
bistro, seinen Eissalon sowie seinen Gewürz- und Schokoladenladen. Über alle Ange-
bote können Sie sich im Internet, per Telefon oder auch gern persönlich informieren.

Einzelgewürze, Gewürz-, Salz- und Zuckermischungen und vieles mehr können Sie
auch bequem im Online-Shop bestellen.

Schuhbecks
Platzlgassen 2
80331 München
Tel.: 089/2166900

www.schuhbeck.de
www.schuhbeck-gewuerze.de